KB023374

표류 사회

표류 사회

_ 한국의 여성 인식사

1판 1쇄 2021년 10월 20일

지은이 이소정
펴낸이 유연식

펴낸곳 도서출판 아이필드
주 소 전북 완주군 이서면 반교로 51, 302동 505호
전 화 02. 323. 9491
팩 스 02. 6499. 1225
이메일 ifieldpub@hanmail.net
신고연월일 2001년 11월 6일
신고번호 제2015-000006호

ISBN 978-89-94620-20-6 (03120)

• 이 도서는 한국출판문화산업진흥원의 '2021년 출판콘텐츠 창작 지원 사업'의 일환으로 국민체육진흥기금을 지원받아 제작되었습니다.

한국의 여성 인식사

이소정 지음

머리말

새로운 여성상과 가족문화 그려보기

여자는 결혼 후 남편과 시댁의 소속인 듯 대접받고, 맞벌이에도 가사와 육아 부담이 높으며, 친정보다 시댁 일이 우선시된다. 암묵적으로 그런 것들이 요구된다. 거스르는 것은 왠지 무례해 보이고, 전통 파괴의 일탈 같으며, 나쁜 사람이 된 듯한 느낌에 자존감마저 낮아진다.

하지만 전통이라 이야기되는 가부장적 남성 중심의 가족문화는 18세기 이후에야 자리 잡은, 어찌 보면 외래문화이다. 특히 많은 것들이 일제의 잔재들인 경우도 많다. 이전까지 우리의 가족문화는 모계와 부계를 모두 존중하고, 가문이나 형식보다는 인정과 현실을 더 중요시했다. 남자와 여자를 떠나 자신과의 사회적·혈연적 관계를 더 중심에 놓았고, 결혼을 해도 남자와 여자가 동등하게 자신의 권리와 재산을 행사하였으며, 시댁과 처가가 거의 대등한 '평등의 문화'였고, 여성도 자신의 주체적 삶을 살 수 있는 '인간 존중의 문화'였다.

그렇다면 그 '평등의 문화'가 어떻게 오늘날과 같은 차별화·서열화의 문화로 변질된 것일까? 지금의 선진국들이 모두 지향하는 '인간 존중의 문화'를 우리는 어떻게 해서 잃어버리게 된 것일까? 많은 사람이 말하듯 단지 유교 사상의 잔재가 남긴 병폐일 뿐일까? 그렇다면 과거 중국이 5·4 운동을 통해 유교의 잔재를 청소하였듯 우리도 그렇게만 하면 되는 문제인 것일까?

이 책에서 다루려고 하는 '남녀 차별의 문화'와 현대 한국 사회의 고질병인 '서열화 문화'는 사실 뿌리가 비슷하다. 때문에 우리 사상사에 잘못 뿌리내린 문제의 근원을 정확히 알고 지양하고자 노력한다면, 남녀평등과 인간 존중의 평등 문화는 함께 성장해 갈 것이다. 그리고 그러기 위해서는 문제의 근원과 거쳐 온 과정을 살펴보는 것도 좋은 방법이리라 생각한다. 문제를 직시하는 것으로부터 해결의 실마리는 시작되기 때문이다.

『며느라기』『B급 며느리』『며느리 사표』 등, 봇물처럼 터져 나오는 여성들만의 공분 문화는 여성에 대한 인식과 가족문화가 더 많이 변해야 한다는 반증이다.

무언가 시대와 맞지 않고 누군가 소외되고 누군가 자유롭지 못하다면 그것은 분명 좋은 문화가 아니다. 올바른 문화와 전통이란 시대에 맞게 변화하는 생명력이 있어야 한다. 그리하여 사람들을 더 바르고 행복한 방향으로 이끌 수 있어야 한다.

이 책에서는 '사람'과 '인정'人情을 그 중심에 두었던 우리 고유의 가족문화를 살펴보는 동시에, 잘못 꿰어진 첫 단추를 찾아 나설 것이다. 그리고 이후 우리 사상사에 밀려온 몇 차례의 파도와 그로 인한 여성에 대한 인식 및 가족문화의 변화상을 적나라하게 살펴볼 것이다.

그 과정을 통하여 이 시대에 걸맞은 새로운 여성상과 가족문화의 도출을 독자와 함께 생각해 보고자 한다. 이에 여성 및 가족문화의 문제점과 새로운 방향성에 대해 진지한 고민의 필요성을 느끼고 있는 분들이 읽어보시면 도움이 될 만한 내용으로 구성했다.

2021년 한여름에

이 소 정

차 례

제3장 남녀 차이보다 인간 존중이 먼저였던 우리 문화

제4장 한국 여성사에 몰려든 큰 파도

제5장 큰 파도를 넘어 '우리다움'의 문화로

에필로그 새로운 시대를 위한 이상

제 1 장

분노하는 사회, 절망하는 사람들

01

가부장제로부터 이야기를 시작해야 하는 이유

동서양의 관점 차이

EBS 다큐멘터리 〈동과 서〉(2008년 4월 방영)에서는 동양인과 서양인에 관한 흥미로운 실험이 소개됐다. 동양인과 서양인들에게 '판다, 원숭이, 바나나' 그림을 보여주며 이 가운데 2개를 묶게 했다. 그러자 두 집단 간에 흥미로운 차이점이 드러났다.

서양인들은 '판다와 원숭이'를 동그라미로 묶은 반면, 동양인들은 '원숭이와 바나나'를 하나로 묶었다. EBS의 설명에 의하면 서양인들은 '둘 다 동물이다'와 같이 '범주'에 의해 세상을 바라보지만, 동양인들은 '원숭이는 바나나를 먹는다'처럼 '관계'로 연관 짓는 성향이 더 강해서라고 한다.

잘 생각해 보니 틀린 말은 아닌 것 같다. 우리가 평소 사용하는 호칭을 들여다보면 그런 면이 더 잘 드러난다. 누군가를 소개할 때 '이 친구는 우리 큰형님네 며느리인 주연 엄마야'라는 식으로 나와의 관계와 역할로 설명한다. 우리나라 사람의 경우 이런 상황에서 그 사람의 이름이 무엇이

▌EBS 다큐프라임 2부작 〈동과 서〉에 방송된 내용을 표현해 본 그림. 동서양의 사상·철학·문화적 차이의 근원을 파헤친 이 다큐멘터리는 그 차이를, 동양인은 사물을 볼 때 전체 속의 조화를 중시하고, 서양인은 각 사물의 개별성을 먼저 본다고 말한다.

고, 나이는 몇 살이며, 어떤 사람인지부터 소개하는 사람은 거의 없다.

마찬가지로 결혼 전에는 당연히 '누구네 딸, 어느 집 아들'로 소개되다가, 결혼을 하면 '어느 집 며느리, 누구네 사위'가 되었다가, 아이를 낳으면 금세 '누구 아빠, 누구 엄마'가 된다. 사회적으로 지위가 높아지면 '어느 기업 상무님, 어느 병원 원장님' 등 사회적인 역할이 덧붙기도 한다. 행여 수다가 길어지면 그가 관계에 걸맞은 역할을 얼마나 잘하는지도 회자된다. 그 집 자녀는 얼마나 엄친아인지, 어느 집 사위는 장인장모에게 얼마나 살뜰하고 친근한지, 누구네 아빠는 얼마나 가정적이며 누구네 엄마는 얼마나 요리솜씨가 좋은지….

이처럼 전체 속에서 관계를 중심으로 사람을 볼 경우, 관계에 걸맞은 역할을 얼마나 잘하고 있는지가 사람을 판단하는 중요한 잣대가 된다. 따라서 사람들은 암묵적으로 기대되는 역할을 잘 수행해내고자 노력한다. 그런 사회에서는 개인의 구체적인 성향이나 각자가 어떤 내면세계를 가졌는지 등에는 큰 관심이 없다. 일차적인 관심은 '본분에 맞는 역할을 얼마나 잘 수행하고 있는가'이다. 그리고 아이들은 어른들의 역할놀이를 그대로 닮아가며 세대를 이어 문화를 재생산해 간다.

성 역할 고정관념

전체라는 큰 그림을 먼저 보고, 그 안에서 각자의 본분을 지키며 맡은 역할에 최선을 다하는 것은 사실 좋은 미덕이다. 그것 자체로는 문제가 없다. 하지만 그 역할에 대한 사람들의 기대가 잘못되어 있다면 얘기는 달라진다. 만약 중학생에게 대학생과 같은 학습태도를 기대하고, 바쁘기 짝이 없는 고속도로 휴게소에서 호텔급 서비스를 기대한다면 어떤 일이 생길까? 기대하는 사람이나 기대에 부응하려는 사람이나 모두 불편부당함에 불만이 넘쳐날 것이다.

오늘날 사회문제 중 하나는 바로 '역할에 대한 기대'가 빠르게 변하는 현대사회의 현실과는 잘 맞지 않는다는 것이다. 대표적인 것 중 하나가 바로 남자와 여자라는 성性에 기대하는 '성 역할 고정관념'의 문제이다.

사람이 태어나자마자 맺게 되는 기본적인 관계가 바로 '아들, 딸'이라는 관계이다. 그리고 그 관계는 어릴 적부터 '아들다운' 혹은 '딸다운' 역할을 기대받게 한다. 사회의 문화와 규범은 아이들이 타고난 성에 맞는 '성 역할'을 충실히 학습하고 실천해 나가도록 늘상 주변에서 조잘거린다. 부모와 주변인의 입을 통해, 대중매체를 통해, 그리고 간접적인 무언가를 통해…. 그렇게 아이의 내면에선 '아! 나는 여자니까 이래야지', '나는 남자니까 이래야지'라고 하는 성 역할 고정관념도 함께 자라난다. 그리고 아이들이 사회에 나갔을 때, 또 부모가 되었을 때, 주변과 자녀에게 자신이 익혀 온 성 역할 고정관념과 똑같기를 기대한다. '무릇 남자란 이래야지, 여자란 저래야지' 하며 말이다.

때문에 유치원에서 여자아이가 장난감 칼을 들고 뛰어다니면 '무슨 여자애가 저래?'라며 유치원 토픽이 되지만, 남자아이라면 '활달한 친구'란 평을 듣기 마련이다. 아이들 옷이나 물건 역시 획일적이다. 성인 여성복의 경우 파란색과 네이비는 인기 색상 중 하나이다. 여자아이들 역시 파란색이나 네이비가 잘 어울릴 법도 하지만, 실제 매장의 여아 물품들은 핑크 일색이라 선택에 한계가 있다. 마치 아이들에게만큼은 '여아는 핑크, 남아는 파랑'이라는 공식이라도 있다는 듯 말이다. 어른들 세계 역시 마찬가지다. 불편함을 내색하지 않고 늘 상냥하게 웃는 여성에게는 여성스럽다는 칭찬이 쏟아지지만, 불편함이나 불평등을 표현하기라도 하면 즉시 '페미니즘? 메갈? 꼴페미?' 등의 뾰족한 말들이 날아온다.

본래 고정관념이란 한두 해에 걸쳐 만들어진 것이 아니다. 같은 유형의 일이 반복되면 사람들은 그 패턴을 기억한다. 착각, 선입견, 편견 등은 반복되는 패턴 속에서 빠른 판단을 내리기 위한 두뇌의 잔꾀이다. 하지만 오랜 시간 전통이라는 이름으로 문화 세탁을 거치고 나면 그야말로 단단히 굳어진 고정관념이 된다. 그리고 고정관념은 사람들을 얽어매는 정신적인 족쇄가 된다. 고정관념에 묶이지 않으려면 관념과 생각도 현실에 맞게 부단히 변해야 한다. 하지만 사람들의 관념은 세상의 변화만큼 쉽게 변하지 못한다. 더 나아가 이처럼 '변화를 잊은 묵은 관념'이 전통이란 근사한 이름까지 뒤집어쓰면 온갖 폐단의 온상이 되고 만다. 설상가상인 것은 그 케케묵은 고정관념을 깨려고 하면 사람들은 마치 오래된 신앙을 깨는 듯한 극심한 불안마저 느끼곤 한다. 지금의 상황이 딱 그러하다.

4차 산업혁명에 따른 사회와 가족 구성 변화의 흐름을 따르지 못하고

구시대의 잘못된 역할을 계속 기대하게 만드는 것, 이미 구시대의 유물로 취급받으면서도 아직까지 구태의연하게 작동하는 강력한 고정관념, 그것이 바로 '가부장제'다.

우리는 사회와 가족문화 중 남녀 차별적이고 불편한 부분이 있을 때마다 그 원인으로 가부장제를 들먹거린다. 하지만 정작 가부장제가 무엇인지 정확히 알고 있을까? 가부장제는 비단 여성차별과 가족문화에만 해당하는 문제인 걸까?

가부장 문화의 해결책은 과연 페미니즘뿐일까?

큰 틀에서 보면 봉건시대의 질서인 가부장제는 현재의 남녀 모두에게 좋을 것이 없다. 때문에 현재 한국 사회는 가부장적 사고를 극복하고자 페미니즘의 논리를 많이 활용하고 있다. 서점마다 쌓여 있는 페미니즘 관련 서적의 약진이 그 한 예일 것이다. 하지만 한국의 가부장제는 서양의 가부장제와는 전혀 다른 뿌리와 전통을 가지고 있다. 겉으로는 비슷한 가부장제이지만 기원과 내재한 사상이 다르기에 안에서 작동하는 가부장제의 방식은 서양과는 또 다르다. 따라서 서양식 페미니즘으로는 한국의 가부장제와 한국 가족문화 내부의 불평등 문제를 다 풀어내기에 역부족일 수 있다. 마치 똑같은 면 요리이지만 스파게티용 포크로 한국의 얇은 잔치국수를 먹으려면 무언가 불편하고 안 맞는 것과 같다.

그럼 이제부터 한국식 가부장제의 뿌리와 변천 과정에 대한 이야기를 시작해 보도록 하겠다.

02

여자라서 행복해요?

지금은 과연 여초 시대인가?

여성은 오래전부터 사회적인 약자로 규정되어 왔다. 그래서 여성을 위한 우대정책도 지속적으로 등장했다. 여성 할당제, 생리휴가, 여성 전용 휴게실, 안심귀가 서비스, 버스와 지하철의 여성 전용칸이나 임산부 전용 좌석, 여성 전용 주차장 등이 그 대표적인 예이다. 이렇게만 놓고 보면 우리나라의 여권은 많이 높아졌고 오히려 여성이 우대받는 여성 천국 같아 보인다.

그뿐인가? 연말연초, 취직과 이직 철이 되면 '여초 시대'란 키워드가 유독 자주 보인다. 과거에는 공무원, 대기업, 전문 직종 등 양질의 일자리는 거의 남성의 일이었다. 그래서 높은 연봉을 받는 고위직, 전문 직종과 고급 외제차는 오랫동안 남성적인 이미지로 굳어졌다. 반면 시간제 계약직, 비정규직, 저임금 일자리는 여성의 일이라는 암묵적인 편견도 있었다. 하지만 요즘은 여러 분야에서 비율이 거의 비슷해지고 있다. 대학 진학률도 취업률도 공시나 전문 직종 자격시험의 합격률도 남성과 여성의 비율이 거의 엇비슷해지고 있다. 초등 교사나 사회복지사, 9급 공무원 등 특정 분야에서는 여성이 남성을 앞지르는 모습마저 보인다. 그리고 그런 일이 일어날 때마다 뉴스에선 어김없이 '여초 현상'이라는 단어로 사람들을 자극한다. 하지만 남성 중심 사회였을 때는 남성이 과반수를 차지했어도 '남초 현상'을 운운했던 적이 없다. 사실을 직설적으로 말하자면 '오랜 남초 시대의 끝'이나 '남녀 비율이 비슷해지고 있다'라고 해야 옳은 것 아닐까?

양성평등기의 문화적 과도기가 낳은 길 잃은 분노

'아' 다르고 '어' 다른 것이 우리말이다. 그리고 말은 생각을 정의한다. 같은 현상이라도 관심을 끌기 위해 사용하는 어떤 표현은 쓸데없는 불안감과 경쟁심을 조성하는 감정 소모식 자극이 된다. 실제로 이런 말들이 가뜩이나 경쟁이 심하고 여러모로 어려운 젊은 세대를 자극한다. 남성이기에 안정적으로 보장될 수 있었던 자리가 여성들의 진출로 더는 보장받지 못하게 된 불안함, 아버지 세대는 당연히 누리던 가부장으로서의 혜택과 권리를 자신은 누릴 수 없는 데서 오는 불만감, 사회에 만연한 성 고정관념을 무심코 따라할 때 쏟아지는 비난과 갑작스러운 데미지에 대한 당혹감, 의식은 아직 양성평등에 익숙지 못한데 제도와 정책은 급속히 변하는 데서 느껴지는 역차별감, 가부장적 성 역할, 고정관념이 만들어낸 남성성에 대한 기대와 과도한 책무로 인한 불합리함, 기존에는 별 문제의식 없이 해오던 당연한 행동들에 문제가 제기되는 것에 대한 불편감….

가부장적 문화에서 양성평등 문화로 향하며 나타나는 과도기적 불완

전함은 남성과 여성 모두를 불편하고 불안하게 만든다. 특히 남녀 문화에 대한 차이가 더욱 컸던 기성세대와 신세대와의 가치 차이도 팽팽하게 맞서고 있다. 그런 긴장감 속에서 분노의 불똥은 엉뚱한 곳으로 튄다.

문제는 '남성'과 '여성'이 아니라 '사람을 그렇게 행동하도록 만드는 관념과 제도'다. 즉, 손가락이 가리키는 달은 사회구조를 만드는 관념과 제도이다. 하지만 달을 보지 못하고 손가락만 보다가 엉뚱하게도 '여혐·남혐'과 같은 피해자끼리의 물고 뜯기로 끝나고 만다. 더 심하게 나가면 여성이라는 이유로 '묻지마 살인'을 저지르거나, 자신의 아버지를 보고 '한남충'이라며 모욕하기도 한다.

여성 문제를 바라보는 우리의 진짜 속마음은?

'결혼할 때 남자는 집을 사고 여자는 혼수를 한다', '큰일은 남자가 하고 작은 일은 여자가 해야지', '술은 여자가 따라야 제 맛이다', '남자는 울면 안 돼', '남자는 가족을 책임지고 여자는 애나 키우며 부업이나 하는 거지' 등등…, 우리가 싫어하는 이런 것들은 대체 누가 만든 것인가? 오늘도 성실히 삶터로 향하는 그녀가 만든 것인가? 나를 사랑하시는 아버지가 만든 것인가?

그것은 사회 전반을 지배하는 사상 패러다임이 만든 것이다. 사상은 가치관을 만들고, 가치관은 제도와 문화를 규정하며, 제도와 문화는 사람들의 생각과 행동을 조각한다. 사회적 동물인 인간은 사회적 규범에서 절대적으로 자유롭지 못하다. 모두가 생각하고 행동하는 대로 함께하고자 하는 습성이 내재해 있기 때문이다. 남과 완연히 다른 생각과 행동을 하는 것을 우리는 '일탈'이라 부른다. 그리고 사람들은 일탈을 매우 불편해한다. 특히 규칙을 잘 지켜가던 이들은 타인의 일탈은 보는 것만으로도 화가 날 수 있다. 하지만 정당한 일탈은 세상을 올바른 방향으로 변화시키기도 한다. 한 사람의 정당한 일탈에 많은 이들이 동조할 때 세상이 올바른 방향으로 바뀌는 것을 역사는 수없이 보여준다.

그렇지만 일탈에는 큰 용기가 필요하다. 지금은 우리를 지배해 오던 가부장적 사상이 깨지기 시작하는 과도기이다. 과도기일수록 흔들림의 뿌리본질가 무엇인지 더 정확히 주시해야 할 필요가 있다. 사람은 자신이 생각한 정의와 다른 것에 불의함을 느끼고 분노한다. 그리고 자신이 믿는 정의로움이란 대개 기존 사고체계와 고정관념에서 만들어진다. 나아가 불합리함과 변화의 필요성은 느끼지만 올바로 변화하지 않을 때 분노하기도 한다.

우리가 진정으로 분노해야 할 것은 무엇인가? 그것을 우리의 생각과 정의의 기준을 만들어내는 고정관념과 묵은 가치, 그리고 변화하는 세상에 발맞추지 못하는 낡은 관습과 제도들일 것이다. 남녀 모두를 원치 않은 적으로 만들고 서로를 힘들게 만드는 묵은 사상과 문화일 것이다.

이제는 진정 분노해야 할 본질이 무언지 정확히 보려는 사회적 합의와 노력이 필요하다. 그리하여 변화를 촉구하는 분노들이 잘못된 극단으로 치달아 '남혐·여혐'이란 엉뚱한 모습으로 드러나지 않도록 노력해야 할 것이다. 본질적으로 따져보자면 우리는 함께 살아가는 내 옆의 '여성·남성'에게 화가 나는 것이 아니다. 원치 않게 머릿속을 채운 낡은 생각과 불합리한 행동을 만들어내는 시스템에 화가 나는 것이다. 원래 생각이 바뀌면 행동이 바뀌고, 행동이 바뀌면 새로운 문화와 가치관이 생겨난다. 과도기인 지금이야말로 본질적인 문제를 향해 분노해야 할 때이리라.

여성을 바라보는 우리의 진짜 마음은?

1967년 하버드대 스탠리 밀그램이라는 심리학자에 의해 행해진 '좁은 세상 실험'이라는 것이 있다. 그는 네브래스카 거주자 160명을 무작위로 뽑아 소포를 전달해 달라는 부탁을 했다. 소포의 주인은 보스턴에 거주하는 부동산 중개인이라는 사실과 이름만 알려준 채 말이다. 소포가 뿌려진 네브래스카에서 보스턴까지는 자동차로 온종일 가야 하는, 2,525km나 떨어진 곳이다. 게다가 1967년은 지금보다 사람의 이동이 적고 교통편도 느렸던 시절이다. 하지만 놀랍게도 무려 42개의 소포가 보스턴의 중개인에게 무사히 도착했다. 밀그램은 소포가 몇 단계의 손을 거쳐 도착했는지를 알아보았다. 그랬더니 평균 5.5명의 손을 거쳐 중개인에게 도착할 수 있었다고 한다. 한 연구에 의하면, 인터넷 등으로 지구촌이 촘촘히 연결된 현재는 4단계만 거치면 지구촌 인류가 모두 연결될 수 있다고 한다. 그리고 우리나라는 평균 3.6명 정도만 거치면 모두 연결된다고 한다. 이처럼 세상은 좁고, 나와 상관없어 보이는 사람조차 4명 정도의 인맥만 거치면 모두 연결된다는 사실에서 우리는 더 큰 세상을 보게 된다.

여초 현상, 알파걸의 약진, 여권 신장 시대라는 화려한 겉모습 뒤에서 사회경제적인 성 불평등과 불안에 고민하는 여성들은 사실 나와 동떨어진 남이 아니다. 불평등의 그늘 속에 빠진 그녀들은 바로 우리의 딸, 여동생, 누나이자 어머니이다. 우리 사회와 가정의 절반을 이루고 있는 '우리의 반쪽'들이다. 오늘도 딸을 둔 여느 부모들은, 자매를 둔 여느 가족들은 순수한 마음으로 바랄 것이다. 딸이, 여동생이, 누나가, 어머니가 사회에 나가 차별받지 않고 능력과 노력한 만큼 활짝 피어나길 말이다. 그것이 우리 모두의 깊숙한 곳에 자리한 진정한 본마음이지 않을까?

03

포털에서 외면당한 '며느라기'를 62만 팔로워가 지켜본 까닭

한국의 독특한 문화 _ 눈치 보기

우리나라는 집단주의 사회다. 개인보다 집단이나 관계성으로 보려는 관점이 강하다. 그러다 보니 개인에 대한 관심보다는 구성원 간의 조화나 내적인 질서가 더 중요시된다. 따라서 상대의 기분을 상하지 않게 하고자 직접적인 표현보다 간접적인 표현을 더 많이 쓰고[1], 겉으로 드러나는 분위기나 모습에도 많은 신경을 쓴다. 그래서 중요하게 여겨지는 것이 바로 눈치다. 한국에서 '눈치 없는 사람'이란 표현은 사회성이 떨어진다는 최고의 타박이다. 눈치란 보이지 않는 불문율을 어기려고 할 때, 주변의 '뒷공론'이 만들어내는 암묵적인 압력을 감지하고 그에 순응하려는 정서적 행동이다.

---

1 Hall, E.T & Hall, M.R, *Understanding cultural differences* : 이슬비, 「눈치와 정서조절의관계」, 2018, 경북대 심리학과 석사학위논문, p.8. 재인용.

원래 한국인 특유의 '눈치 문화'는 인간의 보편적 속성인 사회적 학습 능력에서 비롯된 것이다. 사람들은 다수의 행동에 동조하려는 본성이 있다. 열 사람이 하늘을 올려다보면 지나던 사람도 같이 올려다보거나, 모두가 함께하는 규칙에 동조할 때 마음이 편안해진다. 군중 심리, 모방 심리, 동조 행동, 사회 학습 등이 모두 비슷한 맥락에서 생기는 현상들이다. 사실 이같이 거창한 이론이나 이름을 몰라도 '대다수'에게 영향받는 우리 자신의 모습을 자주 발견할 수 있다. 무언가 옳지 않다고 느껴도 회칙이 그렇다면, 교칙이 그렇다면, 관습상 상부의 결정을 그렇게 따라왔다면, 내색하지 않고 따르는 일들이 한둘이 아닐 것이다.

다수에 의해 오랜 시간 합의된 관습과 규범들은 사회의 전통이 되고 시대가 변해도 큰 계기가 없는 한 사람들은 다수의 흐름에 동조한다. 특히 오래된 전통의 힘은 더욱 강력하다. 긴 시간 동안 전 세대가 다 함께 공유하는 규범이 되었기 때문이다. 그래서 사람들은 그 암묵적인 불문율을 계속 지키고 실행하고자 노력한다. 기원이나 이유 등을 몰라도, 혹 매우 불합리하더라도 일단은 지키려고 노력한다. 자칫 어길 경우 졸지에 '예의 없는 사람', '막장 인간', '인간 말종'으로 치부되어 뒷담화의 주인공이 되기 때문이다. 특히 우리처럼 관계성이 중요한 나라에서 주변인들의 뒷담화에 오르내린다는 것은 정신적인 고난을 예고한다. 그러다 보니 누군가 문제를 제기하면 전체적인 조화를 깨뜨리는 발칙함으로 여겨지기도 하는 것이다.

'우리는 아무 문제없이 잘 따르는데 왜 너만 유난하게?'

하지만 어떤 전통문화와 규범들은 시대의 흐름에 잘 맞지 않아 전 세대에 걸쳐 불협화음을 내기도 한다. 대표적인 예가 바로 집집마다, 조직마다 침투해 있는 '가부장 문화'이다. 하지만 어릴 때부터 가부장 문화에 익숙해진 이들은 무언가 불편함이 느껴져도 대체 무엇이 문제인지 알아채기가 쉽지 않다. 너무나 익숙한 데다 어릴 적 추억과 어우러졌기 때문이다. 한편으로는 변화의 필요성을 이해하면서도 막상 무엇을 어떻게 바꿔야 할지 알 수 없는 경우도 많다. 익숙해진 흐름을 바꾼다는 것은 우리 같은 보수 중심의 사회에서는 참으로 힘들고 불편한 일이다.

그런데 그런 불편함과 변화에 대한 욕망을 표면 위로 드러낸 출렁임이 2018년부터 중요한 문화 키워드가 되었다. 그 키워드는 바로 '며느리'이다. 2018년 1월에 출간된 『며느라기』가 그 시작이었다. 『며느라기』의 작가 수신지 씨는 본래 웹툰 업체와 포털 등 3곳에 원고를 보냈지만 모두 거절당했다고 한다.

"거절 사유를 구체적으로 듣진 못했어요. 다만 기업에서 결정하는 권한을 가진 분들 중에 남성이 많을 테고 공감하기 어렵지 않을까 생각했었어요. 그래서 더 보내볼 필요도 없겠다 싶었어요."[2]

그래서 그녀는 인스타그램의 이미지 제한 매수인 10컷짜리 웹툰으로

---

2 진주원(2018.10.09.), 「[여성신문-만남] 포털에 거절당한 〈며느라기〉, 미혼 여성까지 사로잡다」, 《여성신문》.

그려 인스타와 페이스북에 올렸다. 가득 차오른 가부장적 가족문화에 대한 불만은 짧은 열 컷짜리 웹툰 〈며느라기〉에서 폭발했다. 포털에서 거절했던 〈며느라기〉는 며느리들의 입소문을 타고 62만 팔로워를 만들어냈다. 추석 명절 때는 맘 카페와 인터넷 뉴스를 통해 더욱 관심이 집중되었고, 매 회마다 달리는 수백 개의 댓글은 작은 토론장을 연상시켰다. 하지만 정작 〈며느라기〉의 내용은 크게 대단할 게 없었다. 작가는 너무도 담담한 시선으로 며느리들의 평범한 일상을 그려냈다. 대단히 많은 말을 한 것도 아니고 대담한 표현이 있었던 것도 아니다.

그렇게 무난하게 보통의 일상을 그렸을 뿐이지만 사람들은 그 익숙함 속에서 축적된 '답답함'을 느꼈다. 그것은 우리 내면에 쌓아 오던 복잡한 심정을 정면으로 마주함으로써 느껴지는 '착잡함'과 '이젠 변하고 싶다'는 거센 욕망이었다. 그리고 이러한 불씨는 사그라지지 않은 채 계속 이어졌다. 며느리들의 가슴속 '홧병'은 그렇게 쉽게 꺼질 수 없었었던가 보다.

2018년 2월에는 『며느리 사표』가, 8월에는 『B급 며느리』가 영화의 흥행과 함께 책으로 출간됐다. 그리고 2018~19년까지 MBC에서는 '며느리'라는 담론을 본격적으로 다루는 〈이상한 나라의 며느리〉를 방영하였고, 기타 〈웰컴 투 시월드〉(채널A), 〈속풀이쇼 동치미〉(MBN) 등에서도 며느리라는 키워드는 지속적인 주제가 되었다. 그리고 2020년 11월부터 2021년 2월까지 『며느라기』는 다시 소환되어 카카오TV에서 12부작 드라마로 재탄생하였다. 매우 오래된 화두이지만 아직도 정리될 기미가 보이지 않으며, 심지어 토론 테이블 위에 올리는 것조차 부담스럽고 꺼려지기만 하는 주제, 그것이 바로 '며느리 문화'이다.

누구도 소외되지 않는 가족문화에 대한 갈망

며느리에 관한 작품들을 통해 우리는 애써 외면하고자 했던 고질적인 문제와 마주할 수 있었다. 덕분에 문제의 본질과 마주하며 침묵 속에 묻힌 오래된 불편함에 대해 다 함께 고민해 볼 수 있었다. 세상의 빠른 변화에 발맞추지 못하는 우리의 구태의연한 가족문화를 다시 한번 반성해 보는 계기가 된 것이다. 무엇이든 숨기고 싶은 문제일수록, 애써 감추고 싶은 불편함일수록 오히려 정면으로 마주하는 것이 좋다. 문제의 본질을 정확히 바라볼 때, 그제야 비로소 수많은 해결의 실마리가 떠오르기 시작한다. 문제의 해결은 그렇게 문제를 직시하는 것에서부터 시작되기 때문이다.

한편 요즘은 시어머니들이 며느리살이를 한다는 말도 있다. 뉴스란 본래 일반적이지 않은 것들이 오르내리는 것이다. 대개는 며느리살이보다 시집살이가 대세인 것이 사실이다. 하지만 중요한 것은 둘 다 모두 올바른 방향은 아니라는 점이다. 시어머니든 며느리든 누군가 불편하고 억압된다면 그것은 올바른 가족문화가 아니다. 모두가 편안한 가운데, 누구도 소외되지 않고 진심어린 가족의 정을 나눌 수 있는 가족문화! 그것이 가부장적 가족문화를 극복하고 우리가 추구하고 싶어 하는 가족문화의 종착지일 것이다.

04

독감에 걸려도 일하는 엄마

자기 성장을 즐기는 연주와 따뜻한 집밥을 즐기는 주헌

아직 미혼인 연주는 새내기 사원이다. 퇴근하고 오면 엄마가 따뜻한 밥상을 차려주셨고, 그녀의 사회생활을 가족 모두가 응원했다. 연주는 부모님의 금지옥엽이었고, 연주 역시 부모님을 존경하고 사랑했다. 무엇보다 연주는 자신을 사랑할 줄 아는 자존감 높은 여성이었다. 대개 자존감이 높은 사람은 업무성과도 좋다고 한다. 연주는 업무를 처리할 때도 자신만의 창의성과 전문성으로 늘 좋은 성과를 냈다. 게다가 매사 긍정적이며 적극적이었기에 대인관계도 매우 좋았다. 힘든 과정의 연속이었지만 그래도 연주는 나날이 발전하고 단단해지는 자신의 모습을 보며 바쁜 일상을 즐길 줄 알게 되었다.

같은 회사 입사동기인 주헌도 아직 미혼이다. 주헌은 집이 멀어서 자취생활을 한다. 퇴근하면서 사온 편의점 도시락을 레인지에 돌릴 때면 따뜻한 엄마의 밥상이 그리워진다. 같은 밥이어도 사온 밥에서는 '갓 지은 밥

냄새'가 나지 않는다. 배는 부르지만 무언가 더 중요한 영양소가 빠진 느낌이다. 그래서 내일은 집밥 분위기로 유명한 백반집에서 테이크아웃을 해 오리라 생각해 본다.

주헌은 정성이 느껴지는 따뜻한 저녁 밥상에서 하루를 마감하고 재충천하는 특별한 의미를 느낀다. 그래서 가끔은 인터넷 레시피와 고군분투하며 자신을 위해 근사한 밥상을 차려 본다. 그에게 요리는 좋은 취미이자 삶의 질을 높이는 중요 생존 기술이다. 그렇게 자신을 위한 밥상을 챙기며 그는 내일을 위한 힘을 보충한다.

여자에게 결혼이란?

그런 연주와 주헌이 부푼 꿈을 안고 결혼을 했다. 그렇게 다른 두 사람은 서로의 다른 점에 이끌렸고, 더욱 오랜 시간 함께 있고 싶어 결혼을 했다. 그리고 결혼을 축하하는 양가 가족의 미소가 더욱 환해지리라 믿으며 결혼식장을 들어섰다.

원래 결혼은 연애와는 많이 다르다고 한다. 그래서일까? 새댁이 되어 일상으로 복귀한 연주에게 주변의 결혼 선배들은 경쟁이나 하듯 결혼 소감들을 쏟아냈다.

'아! 결혼이란 건 말이야, 연애할 때 상상했던 것과는 많이 다른 것 같아.'
'사랑하는 사람과 더 많이 함께하고자 결혼했는데, 왜 더 멀어지는 느낌일까?'
'그 사람과 결혼한 게 아니라 그의 집안과 결혼한 것 같아.'
'여자에겐 왜 이렇게 불합리한 관습과 제약들이 많을까?'

'결혼하니 왠지 더 초라하고 무능력해진 것 같아.'

결혼한 선배들이 푸념을 쏟아낼 때마다 연주는 그저 딴 세상 이야기로만 들었다. 다 사람 사는 곳인데, 마음을 열고 열심히 살다 보면 모든 관계는 당연히 잘 유지되지 않을까, 하는 생각에 그저 남의 일인 듯 멀게만 느껴졌다. 그래서 연주는 모두가 향하는 거대한 흐름을 거스름 없이 따라갔다. 남편과 시어른들의 사랑과 기대에 부응하고자 누구보다 열심히 '관습'이란 정해진 길을 성실하게 따라갔다.

하지만 시간이 지날수록 점점 이상한 일이 생겼다. 명절, 제사 등 시댁과 함께할 때마다 이유를 알 수 없는 불합리함에 왜인지 모를 답답함이 쌓여 갔다. 하지만 문제의 본질을 곱씹어 보려 하면 마음 한편에서 이유 없는 죄책감과 원인 모를 불편함이 밀려들었다. 다들 그렇게 잘 살아가는데 마치 자신만 투덜이 스머프가 된 것 같은 느낌이었다. 그래서 연주는 불만과 답답함이 솟아오를 때마다 애써 자신의 감정을 외면했다.

결혼 후 바뀐 것들

퇴근 후 집에 가는 것은 마치 집안일을 하러 새롭게 출근하는 느낌이었다. 서둘러 저녁을 차려 먹고 나면 청소, 빨래, 다림질, 쓰레기 버리기 등 집안일이 줄을 서서 기다렸다. 하지만 남편은 설거지만 해 주고는 내내 소파와 한 몸이 되었다가 은근슬쩍 방으로 가 버렸다. 미혼일 때는 멋진 요리를 자랑하던 남편이 이제는 설거지에도 생색을 냈다. 마치 부엌일은 처음부터 연주의 일이었다는 듯.

서운한 것은 남편으로 끝나지 않았다. 시어른들도 주헌의 생일 전날엔 '아들이 무슨 음식을 좋아하니 꼭 해 주라'며 챙기셨지만, 연주의 생일에는 축하인사로 시작하다 결국은 남편 잘 챙기라는 말씀으로 끝이 났다. 명절이나 중요한 날에는 은연중에 친정보다 시댁이 우선이 되었다. 그러다 보니 시댁에만 가면 자연히 앞치마가 유니폼이 되었다. 양가를 모두 가야 하는 명절이 되면 차라리 회사에 있는 것이 더 편하다는 생각이 들 정도로 바빠졌다. 서둘러 시댁에 도착하면 온종일 주방을 지키다가 시누이 내외가 도착하고 나서야 그들의 밥상을 차려 주고 겨우 친정으로 출발할 수 있었다. 특히 힘든 것은 제사였다. 제사가 다가오면 시어머니는 아들 주헌이 아닌 며느리 연주에게 전화해서 일정을 상의했다. 결국 연주는 늘 반차를 내고 주헌보다 먼저 시댁으로 출발해야 했다.

그중 유난히 서운했던 건 부모님의 생신 문제였다. 연주는 전날부터 시댁에 가 손수 정성 가득한 생신상을 차렸지만, 친정엄마 생신날에는 당일에 모여 간단한 외식으로 끝이 났다. '전날 가겠다'는 연주의 말에 친정엄마는 '사위 힘들 텐데 뭘 일찍 오니?'라며 단호히 거절하기 일쑤였다. 그러고는 오히려 사위가 좋아하는 반찬과 과일들을 미리 준비해 두었다가 돌아가는 길에 바리바리 실어 주셨다. 사위는 백년손님, 며느리는 백년일꾼이라는 말을 뼈저리게 느낄 수 있었다.

아이 문제 역시 마찬가지였다. 빨리 아이를 낳고 싶었던 부부는 산전 검사를 하다가 주헌에게 약간의 문제가 있음을 알게 되었다. 하지만 시간이 흐를수록 주변 사람들은 모두 연주에게만 건강한 음식을 먹고 몸을 따듯하게 하라는 둥, 어디 한의원이 좋다는 따위의 이야기를 해댔다. 다들 아이가 안 생기는 원인은 당연히 여자인 연주의 문제라고 생각하는 것 같았다.

몇 년 후 연주는 딸을 낳았다. 그렇게나 기다렸던 아이였지만 연주는 서글픈 감정을 지울 수 없었다. 축하인사를 하러 온 사람들은 대개 두 부류의 이야기를 인사말처럼 해 주었다. 각자 이유는 달랐지만, '든든한 아들부심' 또는 '평생친구 딸부심'을 가진 엄마들로 나뉜 것 같았다. 단순한 아이의 성별 하나에 생각보다 많은 의미를 쏟아내고 그렇게 돌아갔다. '아들 선호 문화가 무너져 가는 데서 오는 과도기적인 모습인 걸까? 내 딸이 컸을 때 나는 또 어떤 모습을 하고 있을까?' 조리원을 나올 즈음 연주는 아이가 딸이라서 좋은 건지 아닌 건지, 하는 쓸데없는 생각을 몇 번이나 하게 되었다.

워킹맘이 된다는 것

짧은 육아휴직을 마치고 복직할 때만 해도 연주는 남편과 같은 회사에 다닌다는 사실이 정말 든든했다. 그런데 시간이 갈수록 연주의 기대는 점차 무너져 갔다. 어린이집 종료시간에 맞춰 아이를 찾아오려면 칼퇴근을 해야 했고, 조금이라도 늦는 날엔 어린이집 선생님께 죄인이 된 듯 미안해졌다. 어린 식구가 하나 늘었을 뿐인데 퇴근 후 해야 할 일은 몇 배로 많아졌다. 어른과 달리 아이와 관련된 일은 넘치고 넘쳤다. 분유 타기, 기저귀 갈기, 트림시키기, 재우기, 놀아주고 달래주기, 그리고 넘쳐나는 빨래들…. 그 와중에 신기한 것은 아기에게 반응하는 '몸'이었다. 아이가 울면 엄마는 멀리 있더라도 자동으로 몸이 움직였다. 하지만 아빠는 잘 듣지도 못할뿐더러 느릿느릿 일어나 곤란한 표정을 지으며 한 가지 주문을 외워대기 일쑤였다. "여보! 애 울어, 어떻게 해?"

마치 육아는 처음부터 연주만이 할 수 있는 고유한 능력이라는 듯이.

갑작스럽게 아이가 아프거나 어린이집에 행사가 있으면 연주는 아껴 둔 연차를 썼다. 하지만 한창 회사일이 바쁠 때 어린이집 방학이나 휴원 등이 생기면 연주의 속은 까맣게 타들어 갔다. 아이 맡길 곳을 찾으러 종종대는 것은 대부분 연주의 몫이었다. 결국 주헌에게 휴가를 쓰라고 닦달해 보지만 주헌은 회사에 눈치 보인다며 슬며시 연주에게 미룰 뿐이었다.

어느 날 연주는 회사 화장실에서 우연히 미혼 후배들의 대화를 엿듣게 되었다.

"연주 선배 정말 양심 없지 않냐? 그렇게 매일 칼퇴근하면서도 하필 제일 바쁠 때 연차를 써 버리냐? 저번 주에 피크였는데 선배가 안 와서 나 혼자 정말 힘들었어."

"그런데 오늘 선배 어디 아픈 것 같지 않니? 계속 얼굴색이 안 좋던데?"

"요즘 장염이 유행이라던데…. 옮기면 어쩌려고…. 이럴 땐 연차를 안 내나? 병원에라도 가 봐야 하는 거 아냐?"

"병원에 갈 반차도 안 남았을 걸?"

"정말 아줌마 되면 다 그렇게 되는 걸까? 난 결혼하면 그런 민폐녀는 되지 말아야지."

결국 연주는 얼마 후 회사에 사직서를 냈다. 회사일도 가사도 육아도 모두 엇박자를 낼 수밖에 없는 상황에 지쳐 버리고 말았다. 선배들의 딴 세상 얘기 같던 결혼 생활 푸념들이 이제 자신의 이야기가 된 것을 느끼며 연주는 고개를 흔들었다. 세상은 빨리 변해 가는데 가족문화는 왜 이렇게 느리게 변하는지, 맞벌이가 대세인 시대에 여성이 마음 편하게 일하기는 왜 이렇게 버거운지 야속할 뿐이었다.

05

성공한 여성의 유일한 약점

고위직에 오르는 여성은 어떤 사람?

한 맘 카페의 워킹맘 방에 갔더니 눈길을 잡아끄는 글이 하나 있었다. '부장까지 승진하는 분들은 어떤 분들일까요?'라는 글이었다. 생각보다 많은 댓글이 달려 있었다.

'정말 일에만 몰두하는 독종'
'우리 회사 여자 부장님들 하나같이 늦게 퇴근해요.'
'회의하고 프레젠테이션 할 때 보면 남자들도 못 따라갈 여전사 스타일이세요.'
'무조건 먼치킨[3]이 돼야 해요.'
'집안일에 신경 쓰시는 분 하나도 못 봤음. 그래서 미스들이 많은가 봄'

---

3 혼자서도 모든 문제를 해결해내는, 극단적으로 강하고 완벽한 캐릭터

고위직에 오르는 것은 남성에게도 힘든 일이다. 하지만 여성이 고위직에 오르는 건 몇 배나 더 힘들다. 실제로 2020년 기준 우리나라의 여성임원 비율은 4.5% 정도에 불과했다.[4]

슈퍼우먼이라 쓰고 독종이라 읽는다

생명이 걸린 중요한 수술 담당 주치의나 직장 내 고위 간부, 학교의 학생주임 등은 여성보다 남성일 때 더 편안하게 느끼는 경우가 많다. 해당 직종과 업무에 남성의 모습이 더 낯익고 익숙하기 때문이다. 똑같은 과정을 거쳐 공부하고 자격을 검증받아 그 자리에 선 사람들이지만, 성별에 따라 다른 느낌이 드는 것은 부인할 수 없다. 그것은 여성에 대한 기존의 성편견이 여전히 작동하기 때문이다.

'여성은 멀리 보지 못해서 큰일을 맡길 수 없어.'
'여성은 잘 삐지고 오래가서 인간관계가 힘들어.'
'여성은 회식 참여나 출장·야근을 잘 안 하려 하고, 출산과 육아휴직 등으로 업무 단절이 생겨. 같은 능력이라면 남자를 뽑는 게 훨씬 낫지.'
'여성은 힘든 일을 기피하고, 이기적이며 약은 짓만 해.'
'여성은 이랬다저랬다 변덕스러워. 좋아할 땐 언제고 이번엔 성추행이래. 머리 아파.'

---

4 《한겨레》(2020.06.30.), 상장기업 2,148곳의 여성임원 비율은 4.5%인데 그나마도 거의 교육 및 서비스업이었고, 전체 산업의 62.1%를 차지하는 제조업 분야에서 여성임원은 4.0%에 그쳤다. 또한 전체 여성노동자 수 대비 여성임원은 0.34%였다. 남성은 비율이 7.3배나 더 높았다.

'여자는 공간 감각이 부족해서 운전도 이상하게 하고 돈에 약하며 책임감이 없어. 게다가 이성적이지 못하고 감정적이라 합리적인 판단을 못 해.'

여성에 대한 이런 이미지와 편견은 오랜 시간에 걸쳐 만들어졌다. 따라서 큰일을 함께해야 할 때, 남성을 더 신뢰하는 것은 남성들만이 아니다. 사회 전반에 퍼진 고정관념과 편견은 여성에게도 똑같이 영향을 미친다. 그래서 많은 여성이 상사나 부하 직원으로 남성을 더 선호하기도 한다. 더 전문적이고 듬직한 느낌이 들기 때문이다. 그것은 어릴 적부터 심어진 '남녀의 이미지'가 그랬고, 또 살아오면서 많이 보아 온 '익숙함'이 영향을 미치기 때문이다.

심지어 같은 여성들조차 사회적으로 성공한 여성에게 괴리감을 느끼기도 한다. 고위직은 '남성다움'이 가장 잘 어울린다는 편견을 여성 역시 학습했기 때문이다. 그러다 보니 여성과 남성 고위직은 같은 모습에도 다른 말로 표현된다.

고위직 남녀의 이미지 차이

고위직 남성에 대한 시선	고위직 여성에 대한 시선
근면·성실	독종·일중독
근성 있다	악바리 같다
활동가	여전사, 쌈닭
능력자	먼치킨, 사기캐릭터
회사를 위해 가족도 못 돌보는 대인배	회사일 한다고 가족도 안 돌보는 이기심
회사일로 바쁠 텐데도 집안일까지 잘 챙기는 가정적인 남자	공사를 구분 못 하여 회사에서도 집안일만 신경 쓰는 무책임
성공한 아빠를 두어 아내와 아이는 좋겠네	엄마는 성공했지만 남편과 아이는 불쌍하다

성공하려면 남성답게 _ 고정관념의 힘

과거 여성에 대한 성 역할 고정관념은 집 안에서 살림하고 남편을 내조하며 아이와 시부모를 돌보는 '남편에게 딸린 존재'였다. 그래서 남편의 지위는 곧 부인의 지위가 되었고 남편의 집안과 가족은 부인의 집안과 가족이 되었다. 그래서 시집갈 땐 '시집 선산에 뼈를 묻어라, 죽어도 시집 귀신이 돼라'는 가르침을 들으며 집 안에서 살림만 하는 출가외인의 숙명을 받아들여야 했다. 반면 남성은 학문에 매진하여 큰일을 하고 식구들을 통솔하며 밖에서는 존경을, 안에서는 내조를 받으며 가문의 대를 이어 가는 가정과 사회의 주체적인 존재였다.

이러한 가부장적 가치관은 윗세대의 교육과 행동 방식을 통해 다음 세대로 전달되고, 수많은 문화 콘텐츠에 녹아들어 끊임없이 재생산되었다. 오늘날까지도 아이들이 보는 만화나 위인전 속에서 무수한 가부장적 가치관을 발견해낼 수 있다. 그러다 보니 남성의 일로 여겨졌던 '바깥일·큰일'을 여자가 맡을 때, 우리에게 잠재된 고정관념과 편견은 괴리감을 느끼게 만든다. 즉 어릴 적부터 익숙해진 것과 다른 것을 보게 될 때 자신도 모르게 '아! 저건 무언가 어색한데?'라는 낯선 느낌을 받고 마는 것이다.

여성들 또한 가사, 내조, 육아는 주로 엄마의 소관이고 사회생활은 아빠의 일이었다는 것을 어릴 적부터 익숙하게 접해 왔다. 이에 적극적으로 사회생활을 하는 여성들은 자신도 모르게 '여성다움'을 누르고 '남성다움'으로 무장하곤 한다.

이러한 구조는 사회적으로 성공한 여성의 가족이나 집안 문제도 여성의 흠이 되게 만든다. 성공한 여성임원의 자녀가 학교 성적이 안 좋거나, 남편이 바람을 피우거나, 시부모님께 안 좋은 일이 생기면 마치 집안일을 소홀히 한 것처럼 타박하기 일쑤다. 반면 성공한 남성에게는 가족과 집안 일이 전혀 별개의 문제가 된다. 자식이나 부인이나 부모님께 소홀히 하여 설혹 결과가 좋지 않더라도 그것은 집안일을 제대로 못 챙긴 와이프의 문제일 뿐 성공한 남성의 책임이 아니다.

배운 대로 보고, 아는 만큼 보며, 믿는 대로 보고, 원하는 대로만 본다

한편으로는 양성평등을 외치며 자신을 실현하는 여성들을 응원하지만, 아직 사회는 전통적인 역할현모·양처·효부에 소홀한 여성들을 포용하지 못한다. 요즘처럼 양성평등을 소리 높이는 시대에 무슨 소리냐고 할지도 모르겠다. 하지만 사상과 가치는 보이지 않는 지하수와 같은 것이다. 우리가 소비하는 수많은 문화 콘텐츠와 다양한 문화 행위에는 자각하기도 힘든 기존의 성 역할 고정관념이 녹아 있다. 오랜 시간 익숙해졌기에 양성평등적인 것은 오히려 낯설고 어색하게 느껴지기 일쑤이다.

이러한 문제를 해결하려면 보이지 않으면서도 거대한 변화를 요하는, 매우 지난한 노력이 필요하다. 겉으로 흐르는 물줄기만 바꾸려 해 봐야 땅속에는 여전히 기존의 물길이 흐르기에 결국 근본적인 흐름까지는 다 바꿀 수 없다. 마찬가지로, 문화 전체에 녹아든 가치관을 바꿔 가는 일은 지하수의 물길까지 바꾸는 일과도 같다. 그만큼 사회 구성원들의 폭넓은 합의와 많은 노력이 필요한 일인 것이다.

하지만 자주 본 것은 익숙해지고, 익숙해진 것은 또 다른 고정관념이 된다. 그렇게 사회 변화에 맞춰 새로운 고정관념은 계속 대치되어 간다. 지금은 낯선 것들이 시간이 지나면 어느새 익숙함이 되고 새로운 고정관념과 가치가 되는데, 그것이 바로 문화의 속성이다. 그리고 그것이야말로 바뀔 수 있다는 또 다른 희망이다.

우리는 미래를 위해 어떠한 문화를 만들어 갈 것인가? 대중적인 불편함은 새로운 가치와 문화로 변화할 때가 되었다는 경종이다. 이제 우리는 다양한 불편과 불안으로 요란하게 울려대는 경종들을 통해, 익숙한 것들에서부터 문제의식을 갖고 새로운 관점에서 바라보려는 노력을 기울여가야 할 것이다.

06

명절 후 이혼율이 증가하는 이유

결혼한 여성에게 주어지는 세 이름

"사춘기, 갱년기처럼 며느리가 되면 겪게 되는 '며느라기'라는 시기가 있대. 시댁 식구한테 예쁨받고 싶고 칭찬받고 싶은 그런 시기. 보통 1, 2년이면 끝나는데 사람에 따라 10년 넘게 걸리기도, 안 끝나기도 한다더라고."
_『며느라기』 중에서

연애할 때까지의 남녀 구도는 결혼 후 완전히 무게중심이 바뀐다. 그것이 바로 결혼의 마법이다. 게임에 몰입하면 점차 게임의 세계관에 익숙해지듯, 결혼 생활은 서서히 가부장적 가치관에 익숙해지게 만든다. 현실적으로 우리 사회를 지배하는 가부장 문화는 아직도 공고하다. 따라서 가부장적 가족문화를 공유하는 사회에서 나 홀로 가부장 문화를 거부하기는 힘든 일이다. 그것은 인간 본연에 깔린 사회심리, 모방 심리를 거스르는 행동이기에 고치려 할 때마다 불안감을 일으킨다. 마치 떼 지어 사는 것이 본능인 작은 물고기에게 범고래처럼 홀로 지내는 건 어떠냐고 권유하는 것과 같다. 때문에 아직까지 결혼은 곧 〈웰컴 투 시월드〉[5]이고, 며느리들은 현대와 3천 년 전의 가부장 세계를 오가는 〈이상한 나라의 며느리〉[6]가 되어 간다.

결혼 후 여자는 세 가지 이름을 얻는다. 바로 '아내, 며느리, 엄마'라는 이름이다. 그리고 세 이름에는 공통된 미덕이 있으니 바로 '헌신'이다. 아내는 집안일과 남편 뒷바라지에 헌신한다. 양처=내조의 여왕 며느리는 시부모님 봉양과 시댁 대소사 등에 헌신한다. 효부=시댁에 잘하는 며느리 엄마는 육아와 자녀 교육에 헌신한다. 현모=억척스런 뒷바라지로 자식을 성공시키는 엄마 그래서 과거에 결혼할 여자를 평가하는 항목은 대개 이 세 가지였다. '현모, 양처, 효부 기질을 얼마나 가졌느냐?' 요즘엔 '재력'이란 항목이 더 붙는다.

명절 풍속도 _ 봉건시대 사회질서인 가부장적 질서로 회귀하는 날

결혼한 여성들은 이처럼 남편, 시댁, 자녀들 챙김에 집중하느라 정작 자신을 챙길 틈은 별로 없다. 하지만 이 땅의 '아내 = 며느리 = 엄마'들은 끝없는 헌신을 계속한다. 무언가 불합리하고 불편하다고 느끼지만 그럼에도 계속한다. 하지 않으면 마음이 불편하기 때문이다. 그리고 그렇게 하지 않는 사람을 봐도 마음이 불편하다. 그 이유는 바로 사회가 개인에게 심어 준 '가부장적 성 역할 고정관념'이 내면에서 열심히 작동하고 있

---

5 채널A에서 2012~14년까지 방영한 토크쇼 이름
6 MBC에서 2018~19년에 방송한 고부생활 리얼 관찰 프로그램의 이름

어서이다.

명절이 되면 기혼 여성들의 답답함과 '홧병' 스토리가 맘 카페나 인터넷 뉴스 등을 통해 일시에 터져 나온다. 명절 몇 주 전부터 맘 카페는 시댁 중심의 가부장 문화에 대한 성토장이 되고, 인터넷 뉴스들은 잘못된 명절 문화와 양성평등에 대한 글들로 넘쳐난다. 평소 잘 생각해 보지 않았던 시댁·친정 간 호칭 속 차별 문제 등도 이즈음에는 인터넷 메인 뉴스 기사로 올라오곤 한다. 그런 관심과 공론들이 평소에도 꾸준히 이어진다면 다양한 문제가 더 빨리 개선되는 데 많은 도움이 될 것이다. 하지만 안타깝게도 명절에 모인 공론은 일상의 시작과 함께 다시 시들해진다. 불편한 진실을 계속 직시하는 것은 대단히 피곤한 일이기에 그러하리라.

하지만 현실과 맞지 않는 가치와 관습은 몸에 안 맞는 옷처럼 어색하고 불편하다. 게다가 대다수가 함께하는 암묵적인 강요의 무게는 더욱 무겁고 답답하다. 세상은 그 어느 때보다도 빠른 속도로 변해 간다. 그리고 우리는 유례없이 빠른 변화를 만들고 있다. 하지만 일 년에 두 번, 명절이 되면 우리나라 전체가 갑자기 조선 시대로 되돌아간다. 남녀 차별을 실천하고 부계 중심의 가부장 시스템으로 되돌아가는, 나도 불편하고 너도 불편한 시기가 바로 명절이다. 그리고 매년 반복되는 명절을 통해 가부장 문화는 전통이란 이름으로 사람들에게 재생산되며 명맥을 유지해 간다.

가부장 질서의 핵심 원리 _ 구별과 서열화

가부장 사회에서 가정은 오직 부계를 중심으로 구성된다. 그런 가부장 질서의 핵심은 '구별'과 '서열화'이다. 즉, 가장과의 혈연적 거리와 성별로 서열이 정해지고 그에 따라 역할이 달라진다. 이때 집안에서 가장 낮은 서열이 바로 '며느리'이다. 따라서 가부장적 가족문화는 '남성 가장'을 중심으로 돌아가고, 가정의 평화를 위해 모든 걸 참아야 하는 건 며느리가 된다. 남편과 자식을 위한 삶, 집안일과 육아 도맡기, 시댁에서의 상하 관계와 암묵적인 봉양의 강요, 심지어는 남편의 외도 문제마저 '가정을 위해 여자가 참으라'는 조언이 등장하곤 한다. 한 사람만 참고 포기하고 헌신하면 일단 가정은 유지된다. 따라서 가정의 평화를 위해 '참을 인忍' 자 백 번을 새기라는 말은 '아내 = 며느리 = 엄마'가 될 딸에게 전하는 안쓰러운 미담이 된다.

사실 가정 폭력, 가정과 사회의 성차별, 서열화 문화 등 여러 악폐가 가부장적 사고에 그 뿌리를 두고 있다. 그리고 가부장적 가족문화로 상처받고 힘들어하던 사람들에게 '변화는 요원하다'라는 절망감은 미래를 함께할 의지마저 지워 버린다. 여기에 성격 차이나 폭력 등 다른 복합적인 요인이 가세하면 그 흐름은 더 빨라진다. 명절을 통해 그런 절망을 확인하고 반복하다가 결국 '매년 명절 후 이혼율 증가'라는 사회적 기현상을 만들어낸다.

예법의 본래 정신 _ 예는 시속에 맞게 고쳐가는 것

그렇다면 이렇게 불편하고 힘든 명절 풍속도를 우리는 왜 반복하는 것일까? 그것은 기성세대에게 자리 잡은 전통에 대한 잘못된 믿음 때문이다. 본래 전통이란 대대손손 지켜 갈 가치가 있는 아름다운 '정신'을 말한다. 하지만 예법의 형식만을 전통이라 믿은 많은 어른들 덕분에 시대와 맞지 않는 여러 전통 예법의 껍데기가 전통이란 이름으로 이유도 모른 채 반성 없이 반복되고 있다. 예법이 만들어진 본래의 이유와 지속해 온 까닭을 모르기에 막상 무엇이 잘못됐다고 느끼더라도 무엇을 어떻게 바꿔 가야 할지 난감한 것이다. 그렇다면 기성세대가 그토록 지키고자 하는 명절 풍속의 정체는 대체 무엇일까?

현재 사용하는 대부분의 명절 풍속은 대개 유교식 예법을 따른다. 본래 유교의 예학이란 유교 사상의 꽃이자 열매였다. 오랫동안 유교의 예학은 우리 문화와 전통을 만들어 왔다. 지금도 혼례, 상례, 제례, 명절 문화 등에 유교 의례를 사용한다. 그래서 많은 이들이 유교 하면 무조건 고리타분하고 나쁜 것이라고만 생각한다. 하지만 유교의 본질은 본래 그런 것이 아니었다. 보통 '예법'이라고 하면 허례허식이라 생각하기 쉽지만, 예법이야말로 사람 간의 원만한 일상생활을 위해 꼭 필요한 것이다. 예禮란 사람들이 때와 장소에 맞게 인정人情을 올바로 표현하도록 도와주는 것이기 때문이다.

슬픔이 가득한 초상집에 가면 어떻게 처신하고 행동해야 하는지 혼란스러운 적이 한 번쯤 있었을 것이다. 그런 상황에 고민할 필요 없도록 상황에 적절한 행동과 도리에 알맞은 표현을 딱 정해 놓은 것이 바로 예법이다. 그렇기에 사람들은 정해진 예법에 따라 행동하면 마음이 편해진다. 더불어 예법을 따르며 적절한 마음 표현법을 배워 간다. 그것이 바로 예법의 존재 이유이다.

그리고 그런 유교 예법의 핵심은 바로 '시의적절성'時宜適切性이다. 즉, 시대의 정신과 사람들의 인정 및 풍속에 맞추어 '올바른 마음을 올바르게 표현하게 하는 것'이 예의 핵심이다. 그런데 시대정신과 인정은 시간이 흐를수록 변하는 것이다. 이에 '융통성 있는 변화權道'는 예법의 생명이 된다. 따라서 시대와 인정에 맞게 변하지 못하는 예는 죽은 예법이 된다. 즉 형식만을 고수하는 예법은 잘못된 예법이 되는 것이다.

하지만 지금 우리의 모습은 어떠한가? 유교와 예학의 좋은 점은 다 잃어버리고 껍데기인 형식만 붙잡고 있는 것이 현재 우리의 모습이다. 의미도 모른 채 겉모습만 고수해가다 보니, 예의 본질인 시의적절성과 변화는 이미 사라져 버린 지 오래다. 이것은 옳은 예가 아니다. 이것은 유교도 아니고 전통도 아닌 그저 무지가 만들어낸 고집과 아상我相에 불과하다.

사상이란 더 나은 세상을 만들기 위한 밑그림이자 추동력이다. 하지만 때에 맞지 않는 사상은 사람의 정신을 병들게 한다. 집집마다, 가족들 모두가 함께 웃고 행복하려면 '사람을 그렇게 만드는' 시대의 사상을 고쳐가야 할 것이다. 또한 가족들을 서로 아프게 만드는 잘못된 형식은 벗어버리고, 진정으로 지켜야 할 본질적인 가치를 찾아가야 할 것이다.

제 2 장

가부장제가 대체 뭐길래?

01

동양과 서양 가부장제의 뿌리

페미니즘에 대한 서양과 우리의 차이

2018년 미투Me Too 운동과 페미니즘이 큰 화제가 된 이후 페미니즘과 관련한 온갖 문학, 영화, 뉴스, 사건과 그에 대한 백래쉬가 줄을 이었다. 오늘날까지도 미투, 페미니즘과 관련된 관심은 계속되고 있다.

그렇다면 페미니즘이란 대체 무엇인가?

지구촌 대부분 지역은 오랫동안 남성 중심 사회였다. 필연적으로 여성은 남성에 의해 억압되고 또 차별받을 수밖에 없었다. 성 불평등한 사회 관념과 제도의 실태를 밝히고, 여성의 자유와 평등한 사회 참여를 촉구하는 다양한 사회적·정치적 이론과 운동을 페미니즘이라 한다. 서양에서는 1792년 울스턴크래프트의 『여성의 권리 옹호』라는 책을 필두로 페미니즘에 대한 논의가 시작되었다. 이후 21세기에 이르기까지 산업혁명, 사회주의, 세계대전 등의 격렬한 사회 변화를 경험하며 남성에 의해 억압된 여성의 문제를 다양한 사상적 관점에서 바라보게 되었다. 이에 자유주의적 페미니즘, 마르크스주의적 페미니즘, 유물론적 페미니즘, 급진주의적 페미니즘, 문화적 페미니즘, 에코생태주의 페미니즘 등 여러 분파로 나뉘어 각자 다양한 방안을 제시하였다. 이 복잡한 이름 속에 숨은 각자의 주장을 우리가 모두 알 필요는 없다. 하지만 페미니즘이 즉흥적으로 체계 없이 나온 게 아니라 오랜 기간 다양한 관점에서 진지한 논의가 진행되어 왔다는 사실만큼은 생각해 볼 필요가 있다. 서양 페미니즘은 이처럼 오랫동안 다른 인권운동들과 역사를 함께하며 사회 변화 속의 모순을 발견해 왔다. 그리고 그들이 여성차별 문제의 끝에서 발견해낸 가장 근본적인 원인은 바로 '가부장제'라는 것이었다.

반면 우리는 서양과 다르다. 19~20세기까지 우리는 강한 가부장적 체제하에서 서양과 일본의 침략과 식민 지배로 신음했다. 민족의 관심은 인권보다는 국가의 자주독립과 안정에 있었다. 그리고 전 세계에서 유례없는 한강의 기적을 만들고, 나아가 4차 산업혁명의 주도국으로 자리매김하는 데 모든 에너지를 집중해 왔다. 그러다 보니 인권이나 페미니즘에 대해서는 역사도 짧고 문제 인식이나 이해도 낮았다. 최근 들어 페미니즘이란 말이 다양한 분야에서 사용되면서 비록 귀에는 익숙해졌지만 깊은 의미를 속속들이 이해하지는 못하는, 아직은 낯선 개념이다. 결국 수박 겉핥기식으로 이해한 인권이란 개념과 페미니즘에 관한 이해는 세상을 시끄럽게 한 몇몇 뉴스와 주변에서 일어난 몇몇 불미스런 상징적 사건들로 채워지게 되었다. 그러다 보니 페미니즘에 대한 우리 사회의 인식은 부정적인 경향이 크다. 더불어 우리 사회의 전통적 관점과도 차이가 크기에 더욱 큰 괴리감을 낳기도 한다.

여성을 바라보는 서양의 관점

서양과 동양의 사회철학은 사상적 뿌리가 다르다. 즉, 드러난 모습은 똑같은 가부장적 모순이지만 그 이면에 작동하는 사상과 시스템에는 차이가 있다. 때문에 서양의 페미니즘을 우리 사회에 그대로 적용하기에는 조금 무리가 있다. 같은 현상을 보고 비슷하게 논한다 해도 내면에서 작동하고 있는 가치와 인식이 다르기 때문이다. 그럼 잠시 서양과 동양의 남녀를 바라보는 관점의 뿌리에 대해 살펴보도록 하겠다.

서양 문명은 그리스 문명과 성경을 빼면 올바로 논할 수 없다. 우선 그리스 문명과 그들의 여성관부터 살펴보도록 하자. 그리스에는 아테네와 스파르타라는 양대 도시국가가 있었는데 많은 면에서 달랐다. 아테네는 민주정이 발달했지만 스파르타는 주변 지역을 정복하고 지배하는 강력한 군사 사회였다.

아테네의 여성들은 반反남성적인 존재로서 미성년자와 같은 취급을 받았다. 여성은 집 안에서 필요한 물품을 만들고 시민 남성을 출산하는 존재들일 뿐이었다. 대부분의 시간을 집에서 보내며 가내수공업에 매진했고, 집에서도 남성들과 분리되어 생활했다. 대개 집 안에서 불편하거나 창 없이 어둡고 비위생적인 곳이 여성들의 거주지가 되었다. 여성들은 아버지, 남편, 아들 등 남성 후견인을 통해서만 무언가를 할 수 있었고, 투표권은 물론 재산조차 독자적으로 소유할 수 없었다. 여성의 불임이나 외도는 이혼 사유가 되었으나, 남성들은 얼마든지 첩을 둘 수 있었고 이혼은 특별한 경우를 제외하곤 남성만의 권리였다.

반면 스파르타의 여성은 군사력의 기반이자 전사를 낳는 중요한 존재였다. 수준 높은 교육뿐 아니라 어느 정도의 경제력과 사회권을 인정받았다. 군사 활동과 신체 훈련에 참여하며 사냥을 즐기기도 했다. 독자적으로 토지나 재산을 소유·관리할 수 있었고 자유로운 연애도 가능했다.[7]

오늘날 서양 문명의 근간이 된 것은 대체적으로 아테네의 문화이다. 그리스 신화에서 판도라의 상자를 열어 인류에게 재앙을 선사한 것이 여성이었듯, 그리스인들에게 여성은 딱 그런 존재였다. 남성들만의 완벽한 이상 세계를 질투한 신에 의해 뒤늦게 만들어진, 선천적으로 우매하며 질투가 많아 늘상 재앙을 만드는 존재, 그리하여 늘 남성의 관리하에 있어야만 하는 존재, 그것이 바로 여성이었다.

그런 관점에서 성경 역시 크게 다르지 않았다. 아담의 갈빗대로 만들어진 종속적 존재이자, 뱀의 꼬임에 빠져 아담을 타락시키고 인간을 에덴동산에서 고통의 세계로 끌어내린 원죄자가 바로 아담의 여인 하와였다. 이처럼 서양 문명 속의 여성은 그 기원에서부터 남성의 종속물이자 재앙과 화의 근원으로 인식되었다. 따라서 여성은 필연적으로 남성의 관리와 통제를 받아야 한다는 인식이 생겨났다. 그리고 이러한 사상을 바탕으로 서양의 가부장제는 펼쳐져 나갔다.

여성을 바라보는 동양의 관점

한편 동양의 사상은 어머니를 중심으로 하는 모계 씨족 집단으로부터 출발했다. 고대로부터 여성은 음陰이자 땅인 생명의 근원으로 여겨져 신

---

7 장주은(2012), pp.7~11.

성시됐다. '성씨'의 성姓이란 글자는 여자女를 품고 있다. 고대 동양에서는 어머니를 중심으로 부족을 형성했고 부족원들은 어머니의 성을 공유했다. 그리고 초기에 성은 모계로 전해졌다. 그래서 강姜씨, 희姬씨 등 동양의 오래된 성씨들은 글자에 여자女라는 글자를 붙여 썼다. 이처럼 동양에서의 여성은 곧 생명의 근원이었다.

나아가 세상 모든 것을 상대성이 있는 구조로 파악했는데, 예를 들면 '세상에는 하늘과 땅', '인간은 남자와 여자', '온도에는 뜨거움과 차가움', '방향에는 앞과 뒤' 등 서로 상반된 양면으로 나뉘어 있다는 식이다. 이렇게 상반된 성질을 더 근원적으로 살펴보면, 뜨거워서 확장하는 성질인 '양'陽과 차가워서 응축하는 성질인 '음'陰으로 나눠 볼 수 있다고 이해했다. 세상의 모든 것들은 이처럼 상반된 음양의 성질을 한 몸에 다 가지고 있다. 그리고 음양陰陽 중에서 음을 모든 것의 근원이자 돌아가야 할 기원으로 보아, 음을 항상 양 앞에 두고 음적인 것을 귀하게 여겼다.

음과 양은 서로를 추구하며 계속 돌고 돌며 변화하는데 이것이 생명의 근본 원리가 된다. 순환하지 않는 것은 변하지 않고, 변화하지 않는 것은 유지하지 못한다. 즉, 계속 생명이 이어지려면 음과 양은 끝없이 서로를 향해 돌고 돌며 순환하고 조화를 이뤄가야 한다. 마치 남녀가 조화를 이루어야 새 생명이 태어나고 인체 안의 따뜻하고 찬 기운이 잘 순환해야 건강이 유지되는 것과 같다.

이에 음과 양의 순환을 계속 유지하기 위해 그 성질을 잘 이용하려고 노력했다. 그 성질이란, 음을 더 높이 두어야 순환이 반복된다는 것이다. 음은 차가워 응축하며 아래로 떨어지는 물 같은 기운이고, 양은 뜨겁고 확장하며 위로 올라가는 불같은 기운이다. 때문에 음을 아래에 두고 양을 위에 두면 각자의 위치에 만족하여 두 기운은 서로를 향해 움직이지 않는다. 따뜻한 불을 찬물의 아래에 두어야 물이 대류하며 덥혀지듯이, 음을 위에 두고 양을 아래에 두어야 두 기운은 조화롭게 순환한다. 따라서 『주역』에서는, 땅이 위에 있고 하늘이 아래에 있는 형상인 지천태괘地天泰卦를 '만사가 모두 이뤄지는 형통함, 태평함'이라 해석하며 매우 길하게 보았다.

도교에서도 '여성성'을 연단煉丹/鍊丹의 기본 원리로 삼았다. 신선이 되려면 남녀불문 여성어머니의 몸처럼 되어 단丹을 낳고 기르는 수련을 해야 했다. 유교에서도 음의 방위인 북방과 음의 덕목인 지智: 지식, 지혜를 근본으로 보아 사람이 죽으면 머리를 북쪽으로 두고, 사람을 기를 땐 앎智을 우선으로 두었다.

이렇듯 동양에서 보는 남녀란 곧 음양으로서 상반된 성질을 가진 동일한 존재이다. 그리고 음양인 남녀는 서로를 만나 조화를 이루고對待: 조화를 이루기 위해 상반된 두 기운이 서로를 기다리는 것 서로 보완하여相補 마침내 서로를 이뤄주는相生 그런 관계이다. 즉 동양은 여성을 신성시하는 데서 출발했고, 남녀는 동등하며 서로를 보완하고 이뤄주는 조화의 관계로 본 것이 특징이다.

동양 가부장제의 밑바탕에 깔린 남녀관은 이처럼 시작부터 서양과는 다르다. 그리고 그것은 사상이란 이름으로 문화와 관념의 깊숙한 곳에 내재되어 그 가치에 맞는 규범과 제도를 만들어낸다. 그러므로 우리는 규범과 제도를 논할 때, 오랫동안 내재된 정신적인 것들도 함께 살펴볼 필요가 있다. 문제의 근원을 살펴야 올바른 해결책을 제시할 수가 있기 때문이다. 나무의 뿌리 상태를 알아야 줄기의 방향을 바꿀 수 있고, 강의 수원지로 거슬러 올라가 봐야 오염원을 찾아낼 수 있듯이 말이다.

02

동양 가부장제를 알기 위한 전초전

우리는 대체 누구?

우리 문화의 뿌리

동아시아 문화권에서 가부장제의 기원은 어디서부터일까? 가부장적인 꼰대를 묘사할 때 '조선 시대에서 막 튀어나온 것 같다'라고 표현하기도 한다. 그렇다면 가부장제는 조선 시대의 문화였을 뿐일까? 그 답을 알기 위해서는 가슴이 답답해질 동아시아 상고사부터 살펴볼 필요가 있다.

옛날, 현 중국 대륙에는 자주 대립하던 두 민족이 있었다. 하나는 동이족東夷族이었고 다른 하나는 화하족華夏族이었다. 중국은 전통적으로 자신들을 화하족 또는 한漢족이라 부르며 천하의 중심中이자 문명의 꽃인 대중화大中華로 자처했다. 주변국들을 모두 오랑캐라 부르며 자기들 멋대로 이름을 붙였는데, 동쪽 민족은 동이東夷 서쪽 민족은 서융西戎 남쪽 민족은 남만南蠻 북쪽 민족은 북적北狄이라 불렀다. 동서남북의 뒤에 붙은 '이·융·만·적'이란 글자는 모두 오랑캐라는 뜻으로 새겨진다. 현재까지도 중국은 자신들을 중화中華: 세상과 문명의 중심에 있는 화하족이란 의미 민족이라 자칭하며 해외의 중국인들은 화華교라 부른다.

화하족은 특히 문화 강국이자 예에 밝은 동이족을 '군자국·대인국'이라 경외하면서도 한편으로는 동쪽의 오랑캐라 부르며 적대시했다. 그래서 동이족의 이夷 자를 그들은 '오랑캐 이'라고 새겼다. 자고로 화하족은 동이족을 같은 민족, 같은 문명으로 생각해 본 적이 없다. 동양 삼국의 오랜 역사 속에서 동이족은 늘 한漢족과는 다른 '이夷족 또는 한韓민족'으로 존재해 왔다.

그렇다면 그들이 본 동이족의 나라는 대체 어떤 나라들이었을까? 중국의 대표적인 역사서 『삼국지』와 『후한서』에는 「동이전」이란 장이 따로 있다. 이 책에서 소개하는 동이 국가들은 부여, 고구려, 동옥저, 예, 한韓, 왜 등이었다. 전통적으로 우리 역사로 여겨진 나라들과 거의 일치한다.

동이족의 유물은 신석기 유적에서부터 보인다. 초기에 동이족이라 불리던 사람들은 무수한 부족국가로 나뉘어 방대한 지역에 펼쳐져 살았다. 당시의 국가 개념은 지금처럼 정확한 국경과 명확한 소속감을 느끼는 그런 것이 아니었다. 이곳의 통치자가 포악하게 굴면 저 나라로 떠나갔고, 저곳에 더 풍요로운 땅이 있다면 그곳으로 향했다. 시대가 흘러 국가 개념이 어느 정도 형성된 춘추시대의 공자만 해도 그렇다. 공자는 자신의 뜻을 받아 줄 나라를 찾아 평생 70여 개 나라를 떠돌았는데, 이러한 사실을 통해서도 당시 국가와 민족의 개념을 짐작해 볼 수 있을 것이다.

수많은 동이의 부족국가들은 시간이 흐르면서 크고 강력한 몇 나라로 통합됐다. 그중 우리와 인연이 깊은 나라로 대개 두 나라를 꼽을 수 있다. 바로 현재 중국 대륙에서 번성했던 상나라은나라와, 대륙의 동북쪽에 위치했던 고조선이다.

오랫동안 중국은 상나라를 전설 속의 나라로, 고조선은 한무제 시절 한 사군의 지배하에 있던 변방 오랑캐로 취급했다. 중국의 사관들은 집요하게 고조선사를 깎아내리려 노력했다. 덕분에 고조선사는 모화사대주의를 선택한 후대의 조선왕조에 의해 분서갱유를 당하고, 황국신민화를 도모한 일제에 의해 단군 '신화'로 전락하면서 더욱 그 실체를 알 수 없게 되어 버렸다. 그 결과 우리 민족은 늘 중국과 일본에게 지배당해 온 뿌리 없는 민족이 되고 말았다. 그래서 우리 역사책의 제일 앞장은 고조선사 한두 쪽 정도로 끝나 버리고 만다. 그렇게 우리가 고조선사를 스스로 신화나 미지의 역사로 치부하는 사이, 중국은 기록에만 등장하는 전설 속 역사를 치밀하게 연구하며 중화 민족의 우수성과 유구함을 포장하고자 노력하고 있었다.

동북공정으로 위기에 처한 한국의 원형 문화

20세기, 과학기술이 발전하면서 큰 문제가 생겼다. 중국은 일찍이 세계 4대 문명으로 알려진 황하문명을 자신들의 기원이라 주장해 왔다. 그런데 1900년대, 대대로 오랑캐의 땅으로 치부했던 만주와 만리장성 북쪽 요서 지방에서 당혹스러운 유물들이 연이어 출토되었다. 나아가 연대고증 결과는 당혹감만으로 끝낼 수 없는 의문을 세상에 던졌다. 유물들은 황하문명보다 천 년 이상이나 앞섰음에도 더욱 뛰어난 선진 문명이었던 것이다. '홍산문화' 등으로 불리는 대륙 동북쪽의 유적들은 황하문명 기원설을 뒤집으며 동북 지역을 고대사의 성토장으로 만들어 갔다.

이후 중국에서는 이 유적들을 어떻게 해석하고 대응할지, 다양한 주장이 난립했다. 마침내 중국 정부는 '통일적 다민족국가론'이라는 설을 전면에 내세웠다. 통일적 다민족국가론이란, 현재 중국 영토 안에 있는 모든 민족과 국가의 흥망사는 모두 중국의 역사라는 주장이다. 그리고 고대사 문제를 더욱 명확히 줄긋기 위해 붓과 칼을 빼어 들고 수십 년간 대공정에 착수했다.

1996~2000년까지 중국은 '하·상·주 단대공정'이라는 국가급 프로젝트를 진행했다. 인문·사회과학과 자연과학의 200여 명에 달하는 학자들, 그리고 30여 개의 연구기관들이 동원되어 옛 기록 속에만 존재하던 하나라, 상나라, 주나라를 공식 역사로 만들어냈다. 그리하여 기존에 동양 최초의 문명으로 언급되던 황하문명의 최초 시작 연대보다 무려 1,229년이나 끌어올려 확정지었다.[8]

2001년부터는 하·상·주 단대공정보다 더 앞선 시대인 '삼황오제'라는 신화 속 시대를 탐색하기 시작했다. 이름하여 '중화 문명 탐원공정探源工程'으로, 중화 문명의 근원을 탐구한다는 명목으로 시작됐다. 황화문명보다 최소 1천 년 이상 앞선다는 요하문명을 중화 민족의 기원이자 세계 최고最古의 문명으로 자리매김하려는 프로젝트다. 하지만 요하문명은 고조선의 강역과 겹쳐 있고, 동이족의 유물이 대거 출토되는 등의 문제가 있었다. 그러자 중국은 '동이족은 현재의 중국 대륙에 살았던 민족이므로 곧 중화 민족의 시조다'라는 논리를 펼쳤다. 그리하여 동이족을 자신들의 조상으로 만들고 상고사 시작 연대를 장장 1만 년 전으로 끌어올렸다.

요하문명이 고조선 및 삼국의 유물과 비슷하다는 점을 들어 고조선의 유적이라는 주장도 분분하다. 하지만 안타깝게도 우리나라에서 고조선사

---

8 우실하(2004), pp.134~141.

는 단군신화로 여겨지기 일쑤라 잊을 만하면 단군상의 목이 잘리고, 중국의 '단대공정-탐원공정-동북공정'에 대응하는 우리 학계의 연구 또한 더디기 그지없다. 덕분에 오늘도 중국은 동북공정과 함께 만리장성을 동쪽으로 연장해 가며 발해, 부여, 고조선, 고구려사마저 중국의 역사로 바꿔 가고 있다.[9]

우리 문화의 원형을 애써 찾아야 할 이유

역사를 보는 여러 관점 중에 '나선형 순환 사관'이라는 것이 있다. 역사는 돌고 돌며 진보한다는 것이다. 만약 우리 시원문화의 원형과 변화 과정을 올바로 안다면 앞으로의 발전 방향 또한 알 수 있을 것이다. 따라서 상류로 거슬러 올라가 초기의 모습부터 찬찬히 살펴보는 것은 문제의 원인을 알고 다양한 답을 찾아낼 좋은 방편이 될 것이다.

한국과 중국은 엄연히 다른 나라, 다른 민족이기에 다른 전통과 가치관을 갖고 있다. 같은 동아시아권에서 유교·불교·도교의 역사를 공유하고 오랫동안 다양한 교류를 통해 섞여 왔다. 하지만 그래도 한국인과 중국인은 근본적인 가치관이 다르다. 다른 가치관은 다른 신념을 만들고, 다른 신념은 다른 문화를 만들며, 다른 문화는 다른 제도를 만들어 결국 다른 '인간'을 만든다. 그것이 바로 민족성이라는 것이다.

중국의 가부장 문화는 우리가 전통적으로 가지고 있던 홍익인간의 평

---

9 이에 대해 우리 학계에서도 「"발을 잘라 신발에 맞추기"」(심재훈, 2008)라는 논문 등을 내며 비판을 쏟아내기도 했다.

등 문화와는 완전히 달랐다. 현재 한국의 가부장 제도는 유교와 성리학의 가치관에 일본의 이에家 문화까지 덧붙여져 우리 역사의 굴곡과 함께 목적과 방향을 잃은 문화가 되었다. 다양한 것이 혼란스럽게 뒤섞여 좋은 향은 다 날아가고 형식만 남은 껍데기, 그것이 바로 현재의 '한국식 가부장 제도'이다. 우리가 가부장 문화의 전성기라 여기는 조선 시대도 차라리 현대보다는 양성평등적이었다. 그리고 더 이전인 고려 시대, 삼국시대는 그보다 더 평등했다. 바로 우리 한민족의 정신적 원형이 홍익인간이라는 '평등'의 정신이 있었기 때문이다.

하지만 중국이 5·4운동 등을 통해 유교식 가부장제를 도려내고 남녀평등 문화를 만들고자 노력하는 동안, 우리는 오히려 평등 문화를 도외시하며 한국식 가부장 문화를 숙성시켜 갔다. 그 결과 오늘날까지도 명절이면 남의 전통을 우리 전통이라 믿으며 지키려는 세대와, 그것에 이질감을 느끼며 변하려는 세대 간에 갈등이 불붙는다.

03

남녀의 차이가 거의 없었던 고대 여성들의 삶

약재상에서 발견한 전설 속의 나라 _ 상나라

아주 먼 옛날에도 남자의 일과 여자의 일이 달랐을까? 이상적인 남성상이나 여성상은 대체 언제부터 생긴 것일까?

일단 질문을 갖고 바라보기 시작하면 역사는 참 묘한 모습을 보여준다. 아무리 절대적이었던 일도 언젠간 기억 속에 묻히고, 묻힌 것들은 예기치 못한 우연과 함께 숨겨진 진실을 드러낸다. 때문에 오늘날 우리가 믿는 것들을 불변의 진리라 호언장담할 수가 없다. 시간이 무르익은 어느 때, 모든 수수께끼를 밝혀 줄 우연이 어떤 모습으로 우리 역사 앞에 나타날지 알 수 없기 때문이다.

19세기 말, 청나라 관리였던 왕의영은 우연히 자신이 먹는 약재에서 이상한 부호를 발견했다. 당시의 농민들은 밭을 갈다가 청동기 유물이나 큰 뼛조각을 발견하면 청동기는 골동품 가게에 팔고, 뼛조각은 용골龍骨이란 이름으로 한약방에 팔곤 했다. 박학다식했던 왕의영은 용골에 새겨진 부호가 어떤 문자라는 것을 단박에 알아챘다. 그는 즉시 북경 곳곳으로 사람을 보내 부호가 새겨진 용골을 전부 사들이게 했다. 그는 이 문자들을 연구하며 혹시 전설 속 나라인 상나라의 유물이 아닐까 하는 추측을 하게 되었다. 실제로 그 부호는 한자의 기원으로 알려진 상나라의 갑골문이었다.

하지만 국자감 관료였던 그는 청나라가 무너지며 비극적인 죽음을 맞이했고 그의 연구도 그렇게 끝이 나는 듯했다. 하지만 '끝'이란 놈 주변엔 늘 '기회'가 어슬렁거리는 모양이다. 다행히도 그의 발견은 여러 우연 속에 연구가 지속되어 마침내 새로운 시작을 열었다. 중국 정부는 그의 갑골문 연구를 밑바탕 삼아 1928년부터 용골이 많이 나온 하남성 안양시 소둔 마을을 대대적으로 탐색했다. 그리고 마침내 땅 밑에서 엄청난 규모의 유적지를 발견해냈다. 얼마나 광대한지 발굴은 아직도 끝나지 않은 상태다. 전설 속에만 존재하던 상나라 수도의 이름이 은이라 은나라라고 부르기도 함는 그렇게 현실 역사 속으로 성큼 걸어들어 왔다. 이 유적이 바로 2006년 유네스코 세계문화유산에 등재된 상나라 유적지 '은허'殷墟이다.[10]

상나라와 우리 역사와의 관계

상나라는 지금으로부터 약 3,200년 전에 존재했던 대표적인 동이족의 나라, 청동기 시대의 국가였다. 유적 발굴을 총지휘한 중국 역사학계 거

---

10 지금의 중국 하남성 안양시 부근에 있었다. 상나라는 몇 번 도읍을 옮겼는데 실제적으로 마지막 도읍지로 정한 곳이 '은'이라는 곳이어서 은나라로 부르기도 한다. 보통은 청동기시대의 나라이자 동이족의 나라로 많이 알려져 있다.

장 부사년傅斯年은 상나라를 세운 민족이 고조선이 있던 '동북 지역'에서 건너왔다고 발표했다.[11] 그리고 상나라가 망하자 상나라 왕족인 기자는 상나라의 유민들을 이끌고 고조선 땅으로 돌아갔는데, 후대에 이들을 기자조선이라 불렀다. 이러한 사연을 가진 상나라는 현재까지도 우리 문화 곳곳에서 흔적을 발견할 수 있다. 달력이나 사주팔자를 볼 때 쓰이는 '갑자, 을축, 병인' 등의 간지는 상나라 때부터 쓰던 것이고, '화·수·금·목·토'의 오행사상도 상나라 왕실의 지혜였다. 조선 시대 창경궁 옆에 종묘를 지었듯 궁궐 옆에 종묘를 짓는 것도 본래 상나라 문화였고, 우리말의 큰 부분을 차지하는 한자 역시 상나라의 갑골문이 기원이다. 또 상의 유민들은 매우 유능해서 상업 등을 발전시켰다고 하는데 오늘날에도 '상업'商業 '상인'商人 등에 상나라 상商 자를 쓴다. 상나라의 새를 숭상하는 문화나 풍백 신앙 등은 중국보다 신라에서 더 중요시되었고, 무덤 양식이나 출토 유물 역시 오히려 우리 문화와의 공통점이 더 크다는 학설도 존재한다.

그런 상나라의 모습은 특히 고조선과 유사함이 많았을 것이다. 문화의 특성상 같은 시대의 주변국들은 큰 틀 안에서 비슷한 문화를 공유하니까 말이다. 게다가 고조선 역사에 큰 영향을 미친 기자조선은 상나라 왕족과 뜻있는 상나라 유민들이 주축을 이루고 있었다. 그런 점에서 우리는 역사가 이어진다는 의미에 대해 다시금 생각해 볼 필요가 있다. 역사와 문화의 정체성은 땅에 매여 있는 것인가? 아니면 문화를 이어가는 사람에게

---

11 부사년(傅斯年, 1896~1950)의 『이하동서설夷夏東西說』: "상나라와 서주 시기 지금의 산동성 전 지역과 하남성의 동부, 강소성의 북부, 안휘성 동북부 전체, 아울러 하북성의 발해 연안 및 바다 건너 요동과 고조선의 양안까지 일체 지역의 모든 부족과 모든 성씨들을 전부 동이족이라 불렀을 것이다.", "동이족 가운데는 부여, 읍루, 고구려, 구려, 맥이, 예, 마한, 진한, 변한, 왜 등이 있다.", "상나라는 동북쪽에서 와서 동북쪽으로 돌아갔다."

달려 있는 것인가? 중국이 주장하듯 해당 국경 안의 역사는 모두 해당 국가의 역사로 이해해야 하는 것인가? 아니면 문화의 주된 정체성이 어디로 이동하고 어떻게 이어졌느냐가 더 중요한 것인가?

은허 최대의 고분에서 발견된 특별한 그것

1976년 은허에서 세상을 떠들썩하게 할 중요한 고분이 발굴되었다. 바로 '부호묘'婦好墓의 발견이었다. 분묘 주인의 이름이 '부호'였기 때문에 부호묘라 부른다. 당시 발굴을 책임졌던 정전샹[12]은 한국의 동양고고학연구소장 이형구 교수와의 대담에서 당시의 일을 이렇게 회고했다.

> "농민들이 농지를 개간하기 시작했어. 은허 궁전 유적에서 120m밖에 떨어지지 않은 곳이니…. 그래 우리가 큰일이다 싶어 긴급 발굴에 들어갔지. 아 그랬더니…. 얼마나 흥분했는지…. '또야, 또야' 하면서 걷어 올린 유물은 모두 1,928점이었어. 청동기 468점, 옥기 755점, 골기 564점…."[13]

이때 발견된 상나라의 고분 중 부호묘만이 도굴되지 않고 완전한 상태를 유지하고 있었다. 게다가 부호묘는 1,928점의 유물 외에도 당시 화폐로 쓰이던 조개껍데기 7천여 개, 묘를 지키기 위한 16명의 시종과 6마리의 개까지 순장된 매우 호화스런 고분이었다.

---

12 중국 북경대 역사학과 출신, 정전샹[鄭振香]은 2002년까지 약 40여 년 동안 은허 발굴에 매진했다.

13 연합뉴스(2008.11.3.), 「〈사람들〉, 은허 유적의 산증인 정전샹」.

"처음엔 무덤 입구가 작아서 큰 발굴 성과를 기대한 건 아닙니다. 그랬는데 실로 엄청난 유물이 쏟아졌으니, 당시에 얼마나 큰 충격을 받았는지 지금도 그때를 생각하면 가슴이 뜁니다."[14]

발견된 유물도 놀라웠다. 부호묘는 청동기시대의 분묘인데, 당시 청동기는 매우 귀한 신세계 아이템이었다. 옥은 지금도 귀하지만 채굴 기술이 부족했던 예전에는 더욱 귀했다. 이처럼 수량도 대단했지만 더욱 놀라운 것은 청동기와 옥기의 내용이었다.[15]

특히 다른 분묘에서 나온 것과는 비교 불가한 위용을 자랑하는 '청동 도끼' 2점은 모두의 찬탄을 자아냈다. 도끼날의 무게만 9kg이나 될 정도로 크기도 월등했지만 새겨진 문양 또한 매우 섬세했다. 당시에는 포로나

▌부호묘 5호묘에서 발견된 도끼날

14 경향신문(2008.11.3.), 「부호는 정복전쟁 이끈 천하여걸」.
15 당시 사람들은 사후세계에서도 살아 있을 때와 똑같이 생활한다고 믿었기에 생전에 사용하던 물품과 명계에서 사용할 물품을 묘에 함께 묻었다. 따라서 부장품을 보면 주인공의 지위와 생활 모습을 유추해 볼 수 있다.

죄인을 사형할 때 도끼로 목을 잘랐다. 그래서 프랑스 혁명의 '단두대'처럼 도끼는 생사여탈권과 심판 및 단죄를 상징하는 통수권자의 중요한 의장 중 하나였다. 그래서 역사적으로 왕이나 대장군들의 중요한 의전에는 통치권을 상징하는 대형 도끼가 사용되곤 했다. 마치 포청천이 행차할 때 작두 행렬이 뒤따르는 것처럼 말이다. 우리나라에서도 고려와 조선 시대까지 왕의 통치권을 상징하기 위해 곤룡포에 도끼 문양을 직접 새기거나 그것을 좌우로 배치한 보불무늬 己己 를 사용하곤 했다.

▌고려 및 조선 시대에 왕의 즉위식 때 입는 구장복에 새겨진 도끼와 보불무늬.(글림자, 『조선시대 우리옷 한복 이야기』, 혜지원, 2018. p.142, p.145 그림을 활용함)

또한 부호의 이름이 새겨진 매우 거대한 '청동 솥' 3점도 발견되었는데, 솥鼎은 대대로 왕권의 상징이었다. 조선 시대 궁궐인 경복궁 근정전

앞에 세 발 달린 청동 솥이 있는 이유가 이 때문이다.

또 눈길을 끄는 것은 제사장의 권위를 드러내는 신성한 청동 거울들이었다. 더불어 부호의 이름이 새겨진 청동 제기祭器들이 무수히 발굴되었는데 그 수가 자그마치 109점이나 되었다. 요즘처럼 기술이 좋아진 시대라도 제기용 유기그릇을 109점이나 보유하는 것은 쉬운 일이 아니다.

가장 수가 많았던 옥기玉器는 의례용 무기와 예기 등이었다. 특이한 점은 500여 점의 장식용 패옥과 머리장식 비녀가 발견된 것이었다. 비녀의 수는 자그마치 499개나 되었는데 옥기와 상아 등 소재도 다양했다.

기이한 점은 여기서 끝이 아니었다. 고분 위에서는 향당이란 사당도 발견되었다. 무덤 위에 세우는 향당은 고구려 장군총이나 백제 적석총 등 주로 우리 문화에서 발견되는 특징이다.

이처럼 부호묘는 특별한 점이 많아 묘 주인의 정체를 유추하기가 쉽지 않았다. 하지만 부장품을 보건대 분명한 것은 최고의 통수권자이면서 제사장이었을 것이고, 왕이거나 혹은 왕의 인척이었으리란 사실이었다.

▌부호묘에서 발견된 솥

상나라 최고의 장수 _ 부호 이야기

어느 시대나 화려한 전성기가 있다. 상나라에도 화려한 전성기를 연 위대한 왕이 있었다. 바로 22대 무정왕이었다. 41세에 즉위하여 자그마치 59년이나 나라를 다스렸던 장수왕이었다. 또한 재위 기간 중 50여 개가 넘는 주변 부족국가들을 정복한 정복왕이기도 했다.

위대한 왕 곁에는 위대한 인재가 있게 마련, 무정왕에게도 수많은 인재가 있었는데 왕이 가장 신임한 것은 부호婦好와 부정婦姘이라는 인물이었다. 그중 부호는 힘든 전쟁마다 가장 선봉을 지킨 대단한 장수였다. 부호가 평소 상나라를 자주 침범했던 토土나라를 정벌할 때의 일이다.

"이게 대체 무슨 일이냐? 평소의 상나라가 아니지 않느냐? 대체 저 무서운 장수는 누구지? 이만큼이나 도망을 왔는데 아직도 쫓아오고 있는 것이냐?"

한참 쫓기고 있는 토나라 군대는 부호와 단 한 번의 전투로 전세가 불리함을 깨달았다. 그래서 몇 달에 걸쳐 열심히 도망쳤지만 상나라 군사는 끈질기게 추격해 왔다.

"부호! 너무 많이 움직였습니다. 이제 그만 쫓으시지요."
"아니. 다시는 상나라에 쳐들어 올 생각조차 못하도록 아주 끝장을 내버리겠어."

부호는 후퇴하다 지쳐 버린 토나라 군대를 끝까지 추격하여 결국 전멸시켜 버렸다. 부호가 이끈 상나라의 기세가 얼마나 무서웠는지 토나라는 이후 상나라의 역사에 다시는 등장하지 않았다.

총사령관 부호의 활약은 이뿐만이 아니었다. 서남쪽의 강성한 파巴나라와 싸울 때는 지략을 발휘하기도 했다. 그녀는 '지알'이란 장군과 연합군을 만들어 적의 뒤쪽에 매복했다. 그리고 왕의 정예병이 약속대로 정면을 공격하자 반대편에서 파나라 군대의 뒤를 급습해 승리를 이끌었다.

가장 강성했던 적은 서북방의 강羌나라였다. 그들은 오랜 유목 생활로 다져져 매우 사납고 용맹했다. 강나라를 정벌할 때는 상나라 최고의 장수들을 이끌고 1만 3천의 군사를 지휘했다.

"부호! 전장에서 힘드셨을 텐데 어서 영지로 돌아가 좀 쉬시지요."
"아니. 왕후란 왕의 가장 힘든 일을 함께 짊어지는 사람이라네. 옛날 순임금께서도 두 왕후와 함께 전쟁에 나가셨지. 나는 왕후이니 당연히 감당해야지. 오랜만에 왕을 뵈러 왕도로 가야겠네."

▌2006년 유네스코 세계문화유산으로 등재된 허난성[河南省] 은허박물관 부호묘에 세워진 갑옷 입은 부호의 동상.

그랬다. 상나라 최고의 장수였던 부호는 바로 무정왕이 가장 사랑했던 왕후였다.

남자와 여자가 함께 정치에 참여했던 상나라

오늘날 사극을 보면 왕과 함께 정사를 논하는 신하들은 어느 시대건 남자들뿐이다. 하지만 만약 상나라 시대의 사극이 만들어진다면 그런 모습을 보기는 쉽지 않을 것이다. 상나라는 작은 관직부터 높은 관직까지 남자와 여자가 함께 맡아 했다. 또한 상나라에서 신성시 여겨진 제사에 관한 일조차 왕실 여성과 남성 관료들이 같이 일을 한 기록이 보인다. 조선시대 왕실 여인들이 관료들과 만날 때 반드시 발을 쳐 놓았던 것과 대비해 보면 참 놀라운 일이다.

부호 역시 전쟁에만 전념한 것은 아니었다. 평소에는 개인 영지를 다스렸고 유사시에는 군사를 차출하기도 했다. 그리고 그녀의 언변과 기지는 외교와 정사에까지 미쳤다. 주변국에 사신으로 파견돼 외교를 하기도 했고, 또 왕을 대신해 지방 시찰 업무를 보러 떠나기도 했다. 그뿐만이 아니었다. 제정일치 사회였던 상나라에서 하늘에 대한 제사는 최고 제사장인 왕의 일이었다. 그런데 부호는 조상신, 자연신 등 다양한 제사를 주관하다가 후에는 하늘에 대한 제사까지 주관하는 상나라 최고의 제사장이 되었다. 그래서 훗날 그녀의 무덤이 발굴되었을 때 '부호'라는 이름이 새겨진 각양각색의 청동 제기들이 무려 109점이나 발견되기도 했다. 아마 이 제기들은 그녀만이 사용할 수 있었을 것이다.

비록 왕후였지만 그녀는 궁에만 묶여 있거나 주어진 일에만 얽매이지

▌부호묘에서 나온 옥인. 남녀 차이가 거의 없어서 남녀 구분으로 논란이 분분하다. 상나라의 남녀 인식을 잘 보여주고 있다.

도 않았다. 부호는 능력이 되고 의지가 있는 일이라면 무엇이든 해내었고, 또 할 수 있었다. 이렇게만 본다면 부호는 왠지 와일드하고 드센 여성이 아니었을까 하는 상상이 들지도 모르겠다. 하지만 그것은 제사장, 군사 활동, 외교관, 관료 등의 일이 남성다워야 잘 할 수 있는 일이라는 우리의 편견 때문은 아닐까?

이 시대에는 여성들도 관료가 됐고 남성 관료들과 같은 자리에서 함께 일을 했다. 봉지를 받은 고위급 여성들은 당연히 공납을 걷고, 군사와 노역을 징집했으며, 정벌전에 나가거나 국경에서 생긴 문제를 해결하고 보고하는 일까지 책임졌다. 정복국의 백성과 피정복국의 노예처럼 신분과 계급의 차이는 있었지만, 남자와 여자의 차이는 별로 없었다. 오히려 아이를 낳고 농업을 책임지는 여성의 생산성을 신성시했다. 그래서인지 부호묘에서 발견된 옥으로 만든 남녀상은 성별이 모호하다. 어느 쪽이 남자고 어느 쪽이 여자인지 아직도 설이 분분하다. 대체 어느 쪽이 여자이고 어느 쪽이 남자인 것 같은가?

정치와 군사를 지휘하던 고대의 여성

이러한 상나라의 남녀관은 역할과 호칭에까지 이어졌다. 왕후인 부호의 유물과 갑골문에 나온 그녀의 활약상을 요약해 보면 대략 이러했다. 그녀는 중요한 전쟁의 선두에서 명민한 전략으로 장수들을 이끌던 총사령관이었고, 제정일치 사회에서 큰 제사들을 주관한 대제사장이기도 했다. 평소에는 왕도王都 주변의 자신의 봉지封地에 머물며 정사를 보았고, 유사시에는 군사를 차출하거나 왕을 대신해 지방 시찰 업무를 보았으며, 때로는 주변국에 사신으로 파견돼 외교를 담당하기도 했다.

이처럼 당시의 왕후는 왕과 함께 전쟁과 정사를 행하며 고유한 정치·경제적 권한을 가지고 있었다. 상나라 왕실의 다른 여성들 또한 고대국가에선 매우 중대사였던 국가 제례에 참여했고, 남성 관료들과 함께 일했다. 남녀 간의 내외가 심해 발을 늘어뜨리고 대신을 대하던 조선의 왕비에 대비해 보면 참으로 비교되는 장면이다. 상나라는 일반 여성들도 낮은 관직부터 재상에 이르기까지 오를 수 있었고, 남녀가 모두 정사에 참여할 수 있었다.

혹자는 왕후였던 부호가 특수 케이스가 아니었을까 생각할지도 모르겠다. 하지만 상나라 여성 중 국가의 큰일을 담당한 것은 부호만이 아니었다. 그 시대 가장 중요한 산업은 농사짓기였는데, 농사는 나라의 목숨줄이었다. 그래서 흉년이 심한 해에 기우제 끝에 비가 오지 않으면 기우제를 지내던 제사장이 스스로 제물이 되어 분신할 정도였다. 특히 왕실 농지의 경작은 왕실의 힘을 좌지우지하는 중대한 일이었기에 아무나 맡을 수 없었다. 그런데 왕실의 농경과 경제, 그리고 왕도 사방 100여 곳의 엄청난 규모의 농경을 책임진 것은 '부정'婦姘이라는 여성이었다. 그녀는 지금의 농림부·기획재정부·문화부 장관을 합한 정도의 일을 하면서도 자신의 봉지 주변에 전란이 생기면 직접 군대를 이끌고 출정하기도 했다.

최고의 존칭어 _ 여성

이처럼 남녀의 역할 차이가 크지 않고 여성을 신성시하여 우대했던 상나라는 여성을 부르는 호칭에서도 후대와 큰 차이가 있었다. 조선 시대 고위 여성들에게 '마마님'이나 '마님'을 붙이는 것이 최고의 존칭이었듯, 당시에는 부인을 뜻하는 '부'婦 자가 최고의 존칭어였다. 더불어 신성함과 존엄함을 표시하고자 하는 대상에 여자 '여'女를 덧붙였다. 예를 들면, 당시 상나라 왕실의 성은 '자'子였는데, 상나라 왕녀인 부호가 왕후가 되면서 성에 여女 자를 덧붙여 '호'好, 女+子=好라 표기한 것 등이다. 그래서 성이 자子였던 부호는 존칭의 의미인 부婦와 신성의 의미인 여女를 덧붙여 '부호'婦好로 기록된 것이다. 즉, 부호를 조선 시대식으로 번역하자면 '자성子姓[16] 마마'쯤 된다. 또 다른 왕후인 부정 역시 정井 땅에서 왔기에 부정婦井이라 했고, 임壬 땅에서 온 또 다른 왕실 여성은 '부임'婦妊이라 기록되었다. 후대에 시끄럽다奻, 간사하다姦, 노예奴, 시샘하다妎, 妬, 투기하다妒, 방해하다妨, 헐뜯다姍 등 온갖 안 좋은 개념에 여女 자를 붙이던 습관과는 정반대인 것이 재밌다.

상나라의 여성들이 이와 같은 지위를 누릴 수 있었던 것은 상나라가 모

---

16 임금의 어머니를 이르는 말

계사회의 유풍이 남아 어머니의 권한이 강한 사회였기 때문이다. 그래서 왕위는 같은 어머니의 아들인 형제에게 우선 세습됐고, 할머니에 대한 특별 제사가 있었다.[17] 또 농경사회에서 가장 중요한 신인 태양신을 '동모'東母라 하였는데, 대부분의 남성 중심 사회에서 태양신을 남성신으로 본 것과 대비된다. 이처럼 남녀 간에 차별이 잘 보이지 않고 평등으로 조화를 이루던 상나라는 막강한 나라로 성장했다. 주변의 수많은 동이 부족국가들을 병합해 554년간 나라를 유지했고, 상나라가 멸망한 이후에도 그 문화는 중국 한족과 우리 한민족에 큰 영향을 미쳤다. 상나라의 가장 큰 저력, 그것은 바로 인구의 절반인 여성들이 자신의 잠재력과 가능성을 온전히 펼 수 있게 해 준 문화에서 나온 것은 아닐까?

---

17 이숙인(1996), pp.14~19.

1. 왕과 왕후의 생활 엿보기

무정왕은 부호를 부인들 중 가장 사랑했다. 무정왕은 정복한 부족국들을 안정적으로 통합하고자 혼인정책을 썼다. 그래서 부인이 무려 64명이나 있었다. 왕이 직접 혼인할 상황이 안 되는 곳에는 왕자나 왕녀를 보내 혼사를 맺기도 했다. 그리고 혼사를 통해 연결된 왕의 부인과 왕자, 왕녀들에게는 관련된 지역을 봉지로 주어 직접 다스리게 했다. 부호 역시 평소에는 자신의 영지에서 지냈다.

왕은 부호와 언제 만날 수 있을지 종종 점을 쳤다. 왕은 제사, 순방, 사냥 등의 일로 외지에 나가는 일이 많았는데, 혹 외지에서 부호를 만날 수 있을지 점쳐 보기도 했다.

- 계유일에 점치고 묻습니다. 다음 13월에 부호가 올까요?
- 다음 13월에 부호가 오지 않을까요?
- 묻습니다. 부호에게 과경으로 가도록 할까요?
- 과경에서 부호를 만날 수 있을까요?

오늘날 우리가 생각하는 왕후란 궁궐 안에서 아름답게 치장하고 앉아 왕의 총애를 기다리는 모습일 것이다. 고대의 왕후라면 더더욱 그런 모습을 상상할지도 모른다. 그런데 그런 상상을 부호와 무정왕은 완전히 뒤집는다. 왕후인 부호는 자신의 봉지를 잘 다스리기 위해 여념이 없고, 무정왕은 그런 부호와 언제 만날 수 있을지 점을 쳐 보고 있다.

하나 짚어 볼 것은, 이 시대의 점은 오늘날처럼 타로카드 어플을 켜서 카드 몇 장 클릭하는 정도의 일이 아니었다는 것이다. 제관이 길일을 잡아 하늘에 고하고 큰거북 껍질을 불에 태우는, 나름 거창한 의식이 필요했다. 게다가 큰거북은 구하기도 어려웠고 손질과 관리도 까다로워 담당 관청을 따로 둘 정도였다.

그럼에도 부호를 향한 왕의 점은 여기서 그치지 않았다. 봉지를 다스리다 보면 노예의 탈출이나 작은 반란 등의 사건이 생기게 마련이다. 왕은 그녀의 노예가 탈출하거나 작은 소요라도 생기면 그녀가 너무 걱정스러워 또다시 신의 뜻을 묻곤 했다.

그리고 왕의 관심은 그녀의 임신과 출산에까지 이어졌다.

- 정유날 점치고 묻습니다. 부호에게 출산 능력이 있을까요?
- 신축날 점치고 묻습니다. 부호에게 임신 소식이 있을까요?
- 부호가 4월에 아이를 가질까요?

그녀가 임신을 할 수 있을지, 또 언제쯤 아이를 가질지 거의 매달 점쳤다. 또 막상 임신을 하자 그녀의 임신에 액운이 끼지는 않을까 걱정하며 수없이 점을 치고 제를 올렸다. 부호에 임신과 출산에 대한 무정왕의 점사占辭는 지나칠 정도이다. 그렇다면 왕은 왜 그렇게 부호의 임신과 출산에 집착을 했던 것일까? 상나라는 왕과 왕의 부모만이 죽은 후 종묘로 들어가 조상신이 된다고 믿었다. 따라서 부호가 왕을 낳아야만 신이 될 수 있는 것이다. 왕이 유난히 부호의 출산에 관심이 많았던 것을 보면, 왕은 부호와 죽어서도 함께하고 싶었던 것 같다.

2. 신이 된 부호

하지만 잦은 출산과 함께한 부호의 무리한 활동은 그녀의 건강을 좀먹었다. 왕의 점사는 어느덧 부호의 병에 관한 내용으로 바뀌고 있었다. 부호의 병을 낫게 하기 위해 어느 신에게 기도해야 하는지, 또 부호의 병이 앞으로 어떻게 되어갈지 왕의 점사는 계속 늘어만 갔다.

- 병진일에 점치고 묻습니다. 부호에게 복통이 있는데 증세가 계속될까요?
- 부호에게 순조롭지 못한 일이 일어날까요?
- 부호가 악몽을 꾸었는데, 조상신께서 (부호의 질병에) 재앙을 내리시지

않을까요?

왕은 부호를 위해 여러 종류의 제사도 올렸다. 재앙을 물리치기 위한 제사뿐 아니라 조상신께 복을 비는 제사도 올렸다. 하지만 부호의 질병은 계속 깊어만 갔다. 어느덧 왕의 점사는 그녀의 죽음을 묻는 내용으로 변하기 시작했다.

- 부호가 죽을까요?
- 부호가 병으로 죽지 않을까요?

그리고 왕이 곽郭 지역에 나가 있던 어느 날, 마침내 이러한 점을 치게 되었다.

- 묻습니다. 곽 땅에서 부호에게 곡제哭祭를 지내야 할까요?

곡제란 죽은 자를 위해 지내는 제사이다. 부호는 결국 유명을 달리했던 것이다. 부호를 잃은 왕은 자주 흉몽을 꾸었다. 그리고 그 이유가 부호 때문이라고 생각했다. 때문에 그녀의 영혼이 빨리 안정을 찾고 신이 되기를 간절히 바랐다. 그래서 부호를 위해 갖가지 제사를 지냈는데 심지어는 잡아 온 노예와 여자를 제물로 올리기도 했다.

부호가 사후세계에서도 행복한 삶을 이어가기를 바라는 왕의 바람은 여기서 끝이 아니었다.

- 묻습니다. (부호를) 상나라 시조신인 탕왕께서 명계의 부인으로 삼으실

까요?

• 묻습니다. 부호를 하늘신 상제께서 명계의 부인으로 삼으실까요?

조상신, 시조신, 상제가 그녀를 명계의 부인으로 삼아 주기를 제사 지내고 그 결과를 궁금해 했다. 살아서는 자신의 왕후였지만 죽어서는 더 높은 신들의 부인이 되어 고귀하고 행복하게 살아가기를 바랐다.

그리고 왕이 정벌 길에 오른 어느 날, 무정왕은 이러한 점을 쳤다.

• 경자일에 점을 칩니다. 부호에게 개방勻方 쪽의 안전을 기도할까요?

왕은 부호가 없는 정벌전에 나서며 더더욱 그녀를 그리워했다. 늘 승리를 안겨 주던 부호였기에 위험에 처하자 신이 되었을 부호에게 기도를 올렸다.

앞에서 왕과 왕의 부모만이 종묘에 들어가 조상신이 될 수 있다고 했는데, 그녀는 결국 왕을 낳았을까? 그녀는 생전에 많은 아들딸을 낳았는데, 그중 두 아들이 무정의 뒤를 이어 차례로 왕이 되었다. 때문에 그녀는 종묘에 들어갔고 상나라의 위대한 신이 되었다.

살아 있을 때는 할 수 있는 모든 일을 다했고, 죽어서는 상나라 백성들의 추앙을 받는 신이 된 부호, 그녀의 삶과 죽음 속에 여자라서 못 할 것은 없었다. 이것이 바로 청동기시대, 상나라 여인의 삶이었다.

04

경국지색은 정말로 나라를 멸망시킬 수 있을까?

설화 뒤집어 보기

회사 중역인 한 남자가 경쟁사 회장님 딸을 우연히 만났다. 차세대 회장으로 꼽히는 그녀는 외모까지 출중했다. 두 남녀는 첫 만남부터 깊은 사랑에 빠졌다. 그러던 어느 날, 여자는 남자에게 엄청난 요구를 했다. 남자가 다니는 회사의 보안 장치를 하루만 꺼 주면 그와 결혼하겠지만, 못 하겠다면 이별뿐이라고 했다. 고민하던 남자는 결국 남몰래 보안 장치를 껐고, 그날 밤 그 회사의 가장 중요한 설계도는 사라져 버렸다. 결국 경쟁사의 유사 제품에 밀린 남자의 회사는 망해 버렸다. 그리고 그가 보안 장치를 끈 것이 밝혀지면서 남자도 함께 몰락했다. 하지만 결혼하겠다던 여자는 그날 이후 다시는 남자 앞에 나타나지 않았다.

이 이야기에 대한 반응은 대개 비슷하다. 역시 예쁜 여자는 조심해야 해, 여자는 믿을 수 없다니깐, 뻔한 미인계네, 암탉이 울면 나라가 망한다더니…, 등 거의 여자를 탓한다. 간혹 여자의 속셈을 간파하지 못한 남자를 탓하기도 하지만 곧 남자를 동정한다.

그런데 이 이야기는 '호동왕자와 낙랑공주' 이야기를 성별과 시대만 바꿔 각색한 것이다. 사랑하는 여자를 위해 보안 장치를 끈 남자는 낙랑공주이고, 사랑을 배신한 회장님의 딸은 호동왕자다. 오늘날 호동왕자와 낙랑공주 이야기는 대체적으로 어떻게 그려지고 있을까? 공주의 일편단심과 슬픈 사랑을 노래하거나 대의를 위해 사적 감정을 억누른 호동왕자의 훌륭함을 강조한다. 왜 주인공의 성별만 바꿨을 뿐인데 다른 느낌이 들고 다른 반응들이 나오는 것일까?

세상사란 숱한 문제들이 복합적으로 쌓여 가다가 아주 사소한 계기로 엉뚱한 데서 터져 버린다. 겉으로 드러난 문제는 빙산의 일각인 경우가 허다한데도 사람들은 본질보다 겉으로 드러난 것을 탓하기 일쑤다. 복잡한 연결고리를 추적해 무거운 진실을 보는 것보다 '탓'을 하기가 더 쉽고 편하기 때문일 것이다. 특히 여자가 개입돼 있다면 '탓'의 방향은 더욱 간단해진다. 역시 '암탉이 울면 집안이 망하고 나라가 망해'라는 간단한 말로 복잡한 문제는 쉽게 답을 얻는다. 그렇다면 암탉이 울면 망한다는 이 '만고불변의 해답'은 도대체 어떻게 시작된 것일까?

동양의 원조 요녀 _ 달기 이야기

여성과 정치에 대해 말할 때 자주 쓰는 말로 '경국지색'이란 말이 있다. 경국지색이란 나라를 기울게 할 정도의 미모라는 뜻이다. 약속이나 한 듯 나라의 멸망사에는 꼭 경국지색이 등장한다. 하나라의 말희, 상나라의 달기, 주나라의 포사, 오나라의 서시, 당나라의 양귀비 등이 그 주인공들이다. 우리나라 역시 지탄받는 왕 옆에는 꼭 경국지색이 있었다. 연산군의 장녹수, 광해군의 김개시, 숙종의 장희빈 등이 대표적이다. 이 여인들의 공통점은 하나같이 똑똑하고 아름다웠다는 것이다. 그래서 역사상 '아름답고 똑똑한 여자는 위험하다'고 치부되어 경계의 대상이 되었다. 그런데 이 이야기에는 '원조'가 있다.

지금으로부터 약 3,600~3,100년 전, 지금의 중국 대륙에 상나라라는 동이족의 나라가 있었다. 상나라 인물 중 우리가 알 만한 사람으로는 기자조선을 세운 기자, 고사리만 먹다 굶어 죽었다는 백이와 숙제, 낚시로 유명한 강태공, 유교의 창시자 공자 등이 있다.

상나라의 마지막 왕인 주왕은 30대의 젊은 나이에 왕 위에 올랐다. 젊었지만 대단한 인재였다.[18] 그래서 금세 태평성대를 이루었다. 그리고 그의 야망은 곧 그 이상을 넘어다보았다. 주왕은 부왕의 꿈을 이어 정복 전쟁에 온 힘을 쏟았다. 상나라는 노예가 최고의 생산력이자 재산이었기에 정복 전쟁은 곧 최고의 생산 활동이었다. 하지만 상나라의 동북쪽에는 훨씬 더 오래되고 강성한 동이 국가인 고조선이 있었고, 동쪽에도 강력한 아홉 개의 동이족 국가가 있었다. 마치 고구려, 신라, 백제가 같은 민족이면서도 오랜 시간 팽팽히 힘을 겨루었고, 현재는 남한과 북한이 서로를 대적하듯 상나라 주변도 그런 상황이었다. 그러나 주왕은 선왕들이 넘보지 못하던 일을 시도했다. 동쪽 산동반도의 강성한 동이 국가들과 빈번하게 전쟁을 일으켰다. 덕분에 주왕의 시대에 상나라의 영토는 최대로 커졌

---

18 주왕을 안 좋게 보았던 사마천조차도 『사기』에 다음과 같이 기록하였다. "주 천자는 자질과 말재주가 뛰어나고 행동이 민첩했으며 견문과 식견이 매우 깊어 명민하였고 재능과 힘이 보통 사람을 뛰어넘었으며 손으로는 맹수를 때려잡고 지혜는 간언을 간파하기에 충분했다."

상나라와 주나라의 수도 및 구이(九夷) 분포도

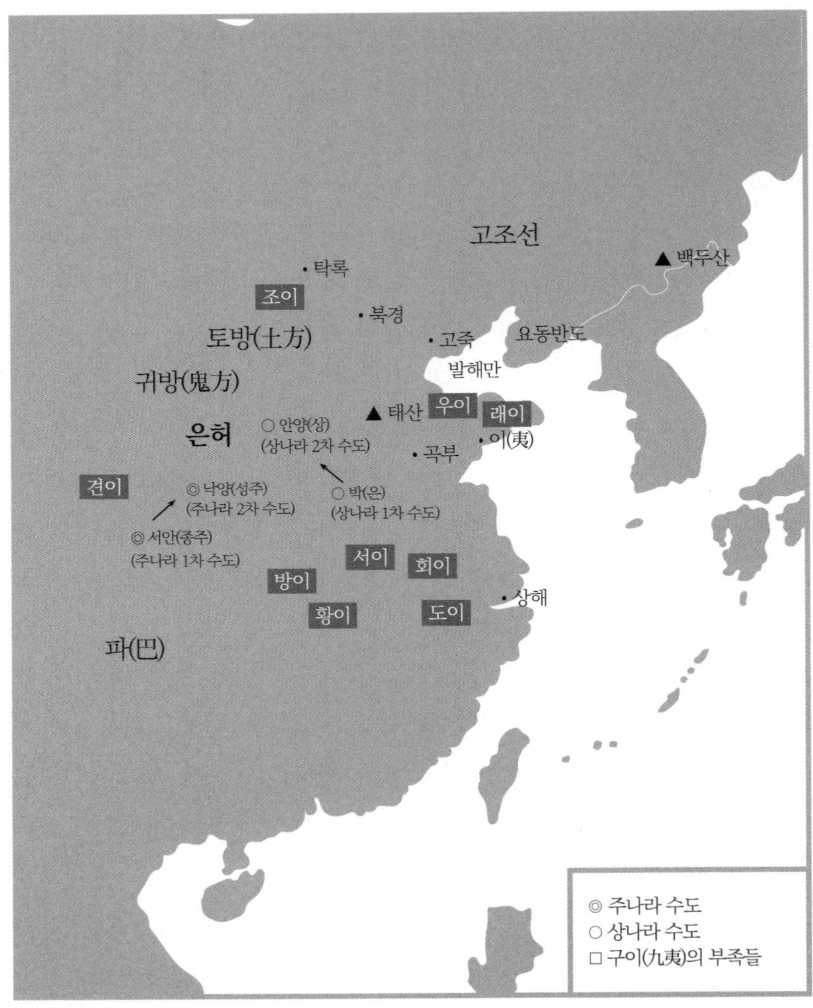

▌이기훈, 『한국 고대사의 모든 비밀, 동이 한국사』(책미래, 2015), p.46 및 p.81의 지도를 참고하여 저자가 작성함

으니, 그는 상나라의 광개토대왕과 같은 영웅이었다.

그런 주왕에게 정복당한 제후 중에 유소씨라는 이가 있었다. 그는 주왕에게 항복의 뜻으로 금지옥엽 딸을 바쳤다. 그녀의 이름은 달기였다. 달기의 아름다움을 기록은 다음과 같이 묘사하고 있다.

"까마귀처럼 검고 구름처럼 겹쳐진 풍성한 머리
하얀 피부에 살구 같은 홍조
복숭아 같은 뺨과 봄날의 산처럼 날렵한 눈썹
아름답고 부드러운 버들가지 같은 허리
진실로 해당화가 해에 취한 듯, 배꽃이 비를 머금은 듯
구천 선녀와 달의 여신이 하강하신 듯하네.
붉은 입술을 여니 한 송이 앵두 같고
혀끝에 토해내는 아름답고 온화한 목소리 추파를 던지는 듯
봉황의 눈 같은 눈동자 속엔 애교 넘치는 만 가지 풍치가 담겨 있구나."
_『봉신연의』

달기는 아름다웠을 뿐만 아니라 매우 총명해서 정치에도 많이 참여했다고 한다. 하지만 후대의 기록에는 그녀의 행적이 상상을 초월할 정도로 음란하고 엽기적으로 묘사됐다.

우선 달기는 주왕을 꼬드겨 주지육림을 만들었다고 한다. 연못에 술을 채우고酒池 나뭇가지마다 고기 안주를 걸어 숲처럼 쌓아肉林 벌거벗은 남녀들이 서로 쫓고 쫓기는 사랑놀음이 주야로 계속됐다. 달기는 또 포락炮烙이란 형벌도 만들었다. 구덩이에 숯불을 채우고 기름칠을 한 구리 기둥을 얹어 죄인을 기둥 위로 걷게 했다. 기둥 끝까지 무사히 가면 죄를 사해 준다며 자비를 가장했지만 기둥에 기름칠을 한 탓에 모두 숯불 위로 떨어졌다. 그뿐만이 아니었다. 주왕을 꼬드겨 7년간 10만의 인부를 동원해 녹대

祿臺라는 보물창고도 지었다. 이곳에 각국 제후의 진상품과 진귀한 보물을 쌓았는데 그 높이가 자그마치 1,000척이나 됐다고 한다. 1,000척은 303미터에 해당하니 부산 해운대의 80층짜리 건물보다 2미터나 더 높은 셈이다.

이렇게 달기에게 푹 빠진 주왕은 조회에도 나오지 않고 폭정만 일삼았다고 한다. 그래서 나라가 피폐해지고 상나라에서는 중요한 행사였던 제사마저 등한시하는 등, 점점 인간쓰레기로 변해 갔다고 한다. 그리하여 마침내 서쪽 변방에서 일어난 주나라 무왕에 의해 상나라는 하루아침에 멸망하고 주왕의 왕후였던 달기는 처형당했다고 전해진다.[19]

이후 주왕은 상나라가 멸망시킨 하나라의 마지막 왕인 걸왕과 함께 폭군의 대명사로 3천 년이나 회자되었다. 역사상 수많은 붓 끝에서 '걸주桀紂 같다'는 표현은 최고의 욕이었다. 또한 오늘날까지도 달기는 소설·영화·만화·게임·드라마 등을 통해 아름답고 치명적인 요녀의 대명사로 묘사되고 있다.

나라를 일으키려면 똑똑한 여자를 없애야

그런데 사실 달기의 죽음에는 많은 상징과 비밀이 녹아 있다. 역사는 승자의 기록이라는 말이 있다. 주왕과 달기 역시 새로운 역사를 쓰기 위

---

19 주왕에게는 또 다른 부인이 있었기에 흔히 달기를 애첩 정도로 표현한다. 그러나 그것은 후대 사관들의 관점이 담긴 기록이다. 상나라에는 본래 적서의 차별이 없었으므로 아직 후궁이나 애첩의 개념이 없었다. 고려 태조의 수많은 왕후의 지위가 동등했던 것과 비슷하다.

한 희생양이었다. 그리고 그들의 몰락은 단지 한 왕조가 문을 닫는 데서 그치지 않고 새로운 패러다임과 문화의 시작을 가져왔다. 주왕의 몰락은 오랜 모계 중심 사회의 몰락이었고, 달기의 참수는 여성의 대외 활동에 대한 참수였다. 그리고 주왕과 달기를 처단한 주나라의 시작은 곧 남성 중심, 부계 중심의 서열 사회인 동아시아 가부장 문화의 시작이었다.

하지만 이런 비의秘義는 곧 시답잖은 야사로 묻혀 사람들이 달을 가리키는 손가락 끝만 보도록 몰아갔다. 야사에서 달기는 매우 아름답지만 결국 인간보다 못한 요괴로 그려졌다. 구미호의 둔갑이었던 달기는 참수를 하려는 젊은 망나니들까지 번번이 홀려서 사형 집행은 계속 실패했다. 그래서 끝내 늙은 고자와 노파까지 동원해서야 겨우 목을 벨 수 있었다고 한다. 그리고 달기의 잘린 목은 오래도록 길가에 내걸려 '아름답고 똑똑한 여성이 정치에 참여한 최후'를 보여주는 상징이 되었다. 그리고 그 상징은 3천 년이 지난 현대인의 뇌리에서도 여전히 작동한다. 아름답고 똑똑한 여성이 큰일을 하거나, 대담한 말을 할 때마다 여기저기서 내뱉는 혼잣말들을 듣게 된다.

"암탉이 울면 나라가 망한다더니 역시 여자가 문제야. 예쁜 여자는 위험해. 주변 놈들이 동의하는 건 미인계에 홀려서일 거야."

자! 그럼 상나라의 몰락과 달기의 죽음에 얽힌 비밀과 가부장 문화의 시작을 엿보러 가보도록 하자.

+ 더 읽기

부계사회로의 전이

모계적 씨족사회는 어머니를 중심으로 경제와 생산 활동을 하는 사회이다. 이 체제에서는 낳아 준 어머니는 알지만 아버지는 누군지 잘 모르는 경우가 많았다. 모계사회의 시조신화를 보면 모두 아버지가 신이나 자연물로만 나타나는 이유가 바로 이것이다. 정확한 아버지를 모르기 때문이다. 하지만 부족 간의 전쟁이 잦아질수록 남자들의 권한과 지위는 높아질 수밖에 없었다. 그리고 남자들의 힘이 강해지자 남자들은 자신의 처와 자식을 분명히 하려고 하고 소유하고자 하는 경향이 강해졌다. 그래서 대개의 원시사회가 모계사회 이후 부계사회로 발전될 수밖에 없었다.

상나라는 모계적 문화가 강한 사회였으나, 주나라는 부권적 가족사회였다.

05

동아시아 가부장 역사의 시작

주나라 이야기

모든 문제의 탓을 여성에게 돌리는 '암탉'이란 만능키는 상나라의 마지막 왕후인 달기의 몰락사에서 비롯되었다. 어머니를 중심으로 모여 생활하던 상나라는 남녀 간 직분의 차이 외에 별다른 남녀 차별은 존재하지 않았다. 따라서 여성이 대외 활동을 하거나 남녀가 함께 일하는 것이 문제될 게 없었고, 왕후들은 왕과 함께 전쟁에 나가고 정사를 행하며 나라의 중요한 일들을 처리했다. 상나라의 마지막 왕인 주왕과 왕후 달기 역시 상나라의 전통적인 모습대로 열심히 살다 간 사람들이었다.

무언가 좀 이상하다고? 주왕과 달기는 3천여 년이 지난 오늘까지도 폭군과 요녀의 대명사로 회자되는데, 열심히 살았다는 말은 좀 이상하게 느껴질 수도 있겠다. 하지만 역사란 시대와 관점에 따라 같은 일이라도 다르게 포장되는 카멜레온 같은 것이다. 그래서인지 달기와 주왕의 악행과 관련한 기록은 상나라 멸망 이후 약 천 년쯤 지나서야 등장한다. 동시대 기록인 갑골문에는 악행이 발견되지 않는다. 최근의 갑골학 연구에 의하면, 오히려 갑골문에 묘사된 주왕은 대단한 명군이었다고 한다. 이 시기 상나라는 최고로 넓은 영토를 자랑했고, 경제적으로도 중흥기를 맞이해 백성들의 추앙도 대단했다고 한다. 또 후대 기록과는 달리 제사 기록도 압도적으로 많았고, 기존에 행해 왔던 인신공양 사람을 제물로 삼는 것 을 폐지한 것도 주왕이었다고 한다.

달기 또한 마찬가지다. 그녀에 관해 가장 자세히 기술된 명나라 때의 장편소설 『봉신연의』는 달기가 본래 선하고 인자한 성품이었다고 말한다. 또한 아름답고 춤과 노래를 잘하며 말재주와 기교가 뛰어난, 매우 총명한 여성이었다고 묘사한다. 비록 '주왕에게 가던 중 천 년 묵은 구미호에 씌워 요녀로 변한 것'이라는 둘러댐이 있긴 하지만 말이다. 칭찬 뒤에 붙인 이유가 좀 믿거나 말거나이지만, 어찌됐든 명군이었던 주왕과 달기에 대한 당시의 인식을 살짝 엿볼 수 있는 부분이다.

가부장 국가, 주나라의 시작

그런 달기가 요녀의 원조가 된 과정을 이해하려면 상은나라와 이 상나라를 멸망시킨 주周나라의 관계를 이해해야 한다. 본래 주나라는 상나라의 서북에 위치한 부족국가였다.[20] 그곳은 매우 척박했기에 주나라는 항상 비옥한 땅을 확보하려는 욕망이 있었다. 하지만 상나라를 넘보기에 주나라는 너무 작고 약했다. 그래서 주나라 왕들은 대대로 상나라에 충성을 바치며 서북방의 강한 적들을 막아내는 신하 역할에 안주했다. 상나라 역시 주나라의 방어선 역할이 중요해지자 상나라의 왕녀들을 시집보내 관

---

20 84쪽의 지도 〈상나라와 주나라의 수도 및 구이(九夷) 분포도〉 참고.

은대의 형세도 및 은의 도읍지 위치

차수	지명	연수
원도읍지	박	227
1차 천도	오	24
2차 천도	상(相)	10
3차 천도	비	9
4차 천도	엄	117
5차 천도	은	204
6차 천도	조가	77

숙신(肅愼)
귀방(鬼方)
고죽(孤竹)
토방(土方)
역(易)
북강(北羌)
(형태)형(邢)[태]
봉(逢)
용방(龍方)
상(相)
제(諸)
상(商)(은)
엄(곡부)
강(羌)
훈육(훈죽)
비
주
훤[오]
박[亳]
인방(人方)
풍
곤오
용
팽
회이(淮夷)
노
육(六)
촉(蜀)(성도)
초
파(巴)
월(越)
원하(洹河)
후가장
무관촌
대사공
소둔
사반마
후강
고루장
안양
은허 위치도

◎ 은나라 도읍지 천도 지역
○ ● 제후국
[ ] 옛 지명 또는 다른 이름
( ) 지금 지명

▌지도는 이인호, 『사기 본기』(사회평론, 2004), p.95의 지도를, 표는 백양(柏楊) 저/ 김영수 역, 『백양 중국사(1)(역사의아침, 2014.), p.222 〈표6. 상 왕조 천도 관련 정보표〉를 활용함.

계를 굳건히 하고자 노력했다. 하지만 상나라와 주나라는 너무나도 다른 문화를 가졌기에 끝내 물과 기름처럼 진정으로 합해질 수는 없었다.

그렇게 겉으로 웃고 속으로 경계하던 어느 날, 주나라에 엄청난 인재가 태어났다. 유교의 시조인 공자가 인류사상 최고의 성인이라며 꿈에서도 흠모하던 '문왕'文王이었다. 원래 뛰어난 2인자는 견제 대상 1순위이다. 문왕 역시 상나라 주왕의 계속된 견제로 아버지와 아들을 모두 잃고, 그 자신마저 7년간 감옥살이를 해야 했다. 하지만 문왕은 감옥 안에서 『주역』[21]이란 책을 쓰며 끊임없이 마음을 닦았고, 현실적으로는 뇌물 등의 정치 공세를 펼쳐 빠져나갈 길을 열었다.

결국 문왕의 꾀에 넘어간 주왕은 문왕에게 주변 제후를 통솔할 막강한 권한을 주어 영지로 돌려보냈다. 이날은 상나라라는 거대한 댐에 치명적인 개미구멍이 생긴 날이었다. 영지로 돌아온 문왕은 부단히 농업과 상업을 일으키고 영토를 넓혔다. 그리고 옛 전쟁터에 뒹구는 연고 없는 뼈들을 장사지내 주는 등, 인덕을 베풀어 백성들의 신망을 얻어갔다. 문왕은 그렇게 주나라가 상나라를 칠 기반 마련에 평생 힘쓰다 운명했다.

암탉이 울면 나라가 망한다는 말의 유래

그리고 마침내 문왕의 아들 무왕은 '아버지 문왕의 이름으로' 주나라

---

21 『주역』은 유교 3대 경전 중 하나로 꼽히는 책이다. 『주역』은 이후 공자에 의해 재해석되어 유교의 중심 사상이 되었고 나아가 동양 문화의 뼈대가 되었다. 오늘날까지도 제사 절차, 건축양식, 음식, 복식, 음악과 춤 등 전통적인 모든 것에서 주역의 원리를 발견할 수 있다.

서남방의 제후들을 연합해 대규모 군사를 일으켰다. 상나라 수도로 향한 무왕은 왕성 앞 목야라는 곳에 도착했다. 그리고 이끌고 온 40만 군사들에게 중국사에서 중요한 의미로 해석되는 '목야의 맹세'를 힘껏 외쳤다.

"내가 맹세하리라! 옛사람이 '암탉은 새벽에 울지 않아야 하니, 암탉이 새벽에 울면 집안이 망한다'고 했다. 이제 상나라 임금 주紂가 오직 부인의 말만 따르고, 어리석게도 지내야 할 제사를 버려두고 신께 보답하지 않았다. 어리석게도 숙부들을 버려두고 등용하지 않았다. … 이제 나는 하늘이 상나라에게 내리시는 벌을 공경히 집행하노라. 힘쓰라! 그대들이여! 너희가 힘쓰지 않으면 너희 몸에 죽임이 있을 것이다!"[22]

신하였던 무왕은 하늘을 대신하여 주왕을 치는 이유를 다음과 같이 주장했다.

첫 번째 이유는, 바로 주왕이 오직 부인인 달기의 말만 듣고 정사를 행했다는 것이다. 상나라는 어머니를 중심으로 모여 경제생활을 하던 씨족 연합체 부족들이 수평적으로 통합된 나라였다. 그리고 당시는 모계의 성을 사용하던 모계 중심 문화가 많이 남아 있던 시대였다. 게다가 지배층과 백성, 정복민과 정복된 노예 정도의 차이 외에는 사람 사이에 큰 서열이 없었다. 이런 문화 속에서 당시 여성과 남성의 지위는 큰 차별 없이 엇비슷했다.[23] 그래서 여자도 관직을 맡는 등 대외 활동을 했고, 가족문화도

---

22 『서경』「주서」, '목서'.

23 상나라는 별다른 남녀 차별이 존재하지 않았다. 또한 어머니 중심의 문화가 강해 왕위도 아들보다는 동생에게 물려주었다. 동생은 같은 어머니의 아들이라 성이 같다. 하지만 아들은 다른 성의 여성이 낳았기에 아버지와 씨는 같으나 성이 다르다. 그래서 상나라 29명의 왕들 중 14명이 형제 세습이었다. 이런 형제 세습 문화는 우리나라 삼국시대 초기까지도 볼 수 있었다.

외가·친가·처가·시가 등을 수직적으로 구분하는 주나라와 달리 매우 수평적이었다. 따라서 유능한 왕후인 달기와 그녀의 인척들이 정치에 참여하는 것이 상나라에선 큰 문제가 아니었다. 역대 왕후들도 왕과 함께 군사활동을 하고 국정을 돌보지 않았던가! 하지만 주나라는 모든 권력이 남성에게 집중되는 남성 중심적 부권 사회였기에 여자가 정치에 참여하는 것은 용납할 수 없는 일이었다. 더욱이 부계 친족들을 버려두고 외가나 처가의 인척들을 등용하는 것은 이해할 수 없는 일이었다.

두 번째 이유는, '지내야 할 제사를 지내지 않았다'는 것이다. 갑골 기록에 보면 주왕의 제사 기록은 그 어느 왕보다 많다. 그런데 왜 제사를 문제 삼은 것일까? 상나라에선 역대 왕과 왕의 어머니王母들이 사후 조상신이 되어 하늘신 상제上帝와 함께 인간사를 주관한다고 믿었다. 때문에 제사의 대상은 주로 역대 왕과 왕모들, 그리고 훌륭한 인물先公들이었다. 게다가 왕의 할머니를 위한 특별 제사까지 있었다. 하지만 주나라는 오로지 '부계 질서'에만 맞춰 제사했다. 그래서 왕–제후–경·대부–사–서민 등의 신분 서열이 엄격했고, 왕실의 부계 쪽 남자 조상만이 제사 대상이었다.[24] 오늘날 우리 예법은 주나라의 예법을 기본 골자로 하기에 지금의 관점으로 주나라를 보면 이해하기가 쉽다. 하지만 부자 세습인 주나라와 달리 상나라는 모계를 중시하여 어머니를 같이하는 형제간에 왕위 세습도 많았기에 상나라와 주나라의 제사 대상과 범위는 차이가 날 수밖에 없었다.

세 번째 이유는, 숙부들을 요직에 등용하지 않았다는 것이다. 상나라는 씨족사회를 기반으로 한 부족국들의 연맹체였기에 모계 중심 문화와 수

---

24 당시의 예를 담고 있는 『예기』에는 천자는 7묘(6대조), 제후는 5묘(4대조), 경·대부 3묘(2대조), 선비 1묘(1대)를 제사지낼 수 있다고 설명하고 있다.

평적 인간 관념이 많이 남아 있었다. 하지만 주나라는 남성 중심의 부계 질서와 지배·종속의 서열 관계, 그리고 신분의 차별을 중시하는 '종법 사상'의 창조국이었다. 예를 들면, 주나라는 천자와의 부계 혈연 촌수를 따져서 신분과 지위가 결정됐다. 즉, 온 천하는 하늘이 천자에게 맡긴 것이기에 천자는 같은 뿌리에서 나온 남성 혈족들과 천하를 나누어 다스려야 한다고 믿었다. 그래서 천자의 큰아들이 천자 지위를 세습하고, 나머지 아들들은 제후가 되어 주변국들을 다스렸다. 제후의 큰아들은 제후를 세습하고, 나머지 아들들은 경·대부가 되어 정사를 보았다. 이런 식으로 천자와의 혈연이 얼마나 가까우냐에 따라 신분과 지위가 결정됐다.

따지고 보면 지배층들은 모두 주나라의 천자와 혈연이든 지연이든 모종의 관계가 있는 자들이었다. 아무 관계도 없는 자들은 평민이었고 등돌린 자들은 노예였다. 즉, 주나라에서 신분과 지위를 결정하는 데 가장 중요한 것은 '금수저 핏줄'이지 능력이 아니었다. 때문에 왕실의 부계 혈연인 숙부들을 요직에 등용하지 않았던 상나라 왕실의 처사는 이해할 수 없는 패륜이었다. 마치 우리나라 1970~90년대에 회장님의 남동생들을 젖히고 처남들이 부회장이나 사장이 되었을 때 사람들이 보였을 반응과 비슷했을 것이다.

06
'여자가 모든 화의 근원'이라는 여화론女禍論의 유래

상나라의 멸망과 주나라의 시작

주나라의 40만 대군을 상대하기 위해 나온 상나라의 군사는 70만에 달했다. 거기에 이름만 들어도 위협적인 강태공이 100인의 결사대를 이끌고 선두에서 길을 뚫었다. 하지만 상나라의 주력 부대는 마침 정벌지에 나가 있었기에 주왕은 노예를 모아 70만 군사를 급조할 수밖에 없었다. 때문에 주왕의 군사들 중 일부는 오히려 무기를 거꾸로 향하여 자기들을 잡아 온 아군을 공격했다. 덕분에 주나라보다 훨씬 큰 규모를 자랑하던 상나라 대군은 엄청난 피해를 입었다. 이때 얼마나 많이 죽었는지 무거운 절굿공이가 흐르는 피에 둥둥 떠다녔을 정도라고 한다. 그래서 아침에 시작된 궁궐 침입은 시시하게도 하루 만에 끝나 버렸다.

상황이 쉽지 않음을 느낀 주왕은 보옥으로 장식된 용포를 걸치고 왕궁에 불을 질렀다. 그리고 가장 높은 녹대 위에 올라가 주나라의 군사들을 내려다보며 뛰어내렸다. 왕으로서 죽을지언정 주나라에게 무릎 꿇을 수는 없다는 의미였다.

상나라를 쓰러뜨리긴 했지만 무왕은 내심 머리가 더 아팠다. 소국이자 신하국으로서 왕이 있는 대국을 치는 것은 쉽지 않은 선택이었다. 게다가 아직 상나라를 따르는 제후도 많았다. 그뿐인가? 백성들은 상나라 왕이 죽으면 영혼이 하늘로 올라가 신이 된다고 굳게 믿고 있었다. 기습이 성공해서 그나마 다행이었지만, 빨리 명분을 세우지 않으면 조만간 주변 다른 제후들이 달려올 것이 뻔했다.

그래서 무왕은 제일 먼저 상나라 왕실의 종묘로 허겁지겁 뛰어갔다. 상나라 신들을 모신 곳에 수많은 이들을 모아 놓고, 주왕의 잘못과 자신의 대의를 미주알고주알 고하고 나서야 조금 안심할 수 있었다. 하지만 상나라는 작은 주나라가 장악하기엔 너무 큰 나라였고 문화마저도 강국이었다. 그래서 무왕이 세운 주나라는 후대까지도 상나라의 종묘와 주나라의 종묘를 함께 모셔야만 했다. 민심은 상나라를 쉽게 버리지 못했던 것이다.

나라와 집안을 망하게 한 책임은 여자에게

주나라는 상나라를 치며 제일 큰 명분으로 '여성인 달기의 정치 참여'를 문제 삼았다. 그리고 상나라 멸망의 모든 책임을 달기에게 전가했다. 달기는 여성들을 집안에 가두기 위한 좋은 구실이 되었다. 이후 그녀는 '화를 부르는 요녀'의 원조이자 '암탉'의 원조가 되어 동양 삼국의 역사에 각인되었다. 이처럼 여자가 모든 화의 근원이라는 논리를 어려운 말로 '여화론'女禍論이라고 한다. 주나라 무왕이 상나라를 치며 제후들 앞에서 늘어놓은 명분은 이후 왕조가 바뀔 때마다 비슷하게 이용되었다.

어느 왕조든 제때 쇄신을 못하면 부패의 늪에 빠져 망국의 길로 치닫게 마련이다. 하지만 나라가 망하는 원인이 왕과 정사를 홀린 여자 때문이라는 정론은 시간이 갈수록 고금의 진리가 되어 갔다. '오월동주'라는 고사성어로 잘 알려진 오나라는 월나라가 보낸 미인 서시西施 때문에 오나라가 망했다고 믿었다. 당시 오나라의 대신은 왕에게 이렇게 간언하기도 했다.

"아름다운 여자는 국가의 화근입니다.
하나라는 말희 때문에 망했고
은나라는 달기 때문에 망했으며
주나라는 포사 때문에 망했습니다."_『오월춘추』

하지만 과연 상나라, 주나라, 오나라가 경국지색인 달기, 포사, 서시 때문에 망한 걸까? 역사는 승자의 기록이란 말이 있다. 승자의 입장에서 쓰여 승리의 정당성을 세워야만 하기에 패자는 당연히 망해야 할 쓰레기로 그려진다. 그 많은 나라가 어떻게 여자 하나 때문에 망했겠는가! 망할 조건이 갖춰졌으니 망한 것이다. 여자는 그저 약점을 감추기 위한 근사한 명분이었을 뿐.

서양은 마녀사냥, 동양은 미인사냥

이렇게 만들어진 '암탉이 울면 나라가 망한다'는 말은 3천 년이 지난 오늘까지도 계속되고 있다. 훗날 가부장제가 자리 잡으면서 '암탉이 울면 집안이 망한다'는 말로도 발전했다. 하지만 어느 시대, 어느 곳에나 진실을 보는 눈은 있는 법, 당나라 말 나은羅隱, 833~909이란 시인은 이런 시를 지어 풍자하였다.

> 국가의 흥망은 스스로 때가 있거늘
> 오나라 사람들은 어찌하여 서시만 원망하는가?
> 만약 오나라를 망하게 한 게 서시라면
> 월나라를 망하게 한 건 또 누구인가?

송나라를 개혁시키고자 변법을 주장한 왕안석王安石, 1021~1086도 〈재상 백비宰嚭〉라는 시를 지어 여자를 망국의 원인으로 핑계 삼는 것을 꼬집었다.

> 본래 모사꾼 신하에게 나라의 안위가 매여 있는 거지요.
> 천첩을 어찌 화의 근원이라 하시나요?
> 부디 군왕께서는 재상 백비를 베십시오.
> 궁궐에 서시가 있다는 걱정일랑 마시구요.

타임머신을 타고 그 시대에 가 보지 않은 다음에야 달기가 진짜 어떤 여인이었는지 알 수 없다. 중요한 것은 어떤 사건이 벌어지면 사람들은 언제나 희생양을 찾는다는 것이다. 희생양에게 모든 잘못을 돌려야 남은 자들이 평안해질 수 있기 때문이다.

그래서 지나치게 말 잘하고 똑똑했던 달기는 상나라를 망하게 한 이유가 되었다. 그리고 상나라의 '모계와 여성 존중' 문화를 끝맺는 일벌백계의 상징이 되었다. 이후 달기의 목은 주나라의 길가에 오래도록 내걸려 정치에 나서는 여성의 말로가 어떻게 되는지 많은 이에게 각인되었다. 그리고 그 이름은 수많은 유학자의 손을 거쳐 오늘날까지 전해지고 있다.

"부인은 집 안에서 음식을 주관하는 자이니 오직 술, 밥, 의복의 예만을 일삼을 뿐이다. 나라에서는 정치에 간여시키지 말아야 하며, 집안에서는 집일을 주장하지 못하게 해야 한다. 만일 총명하고 재주와 지혜가 있으며, 지식이 고금에 통달한 부인일지라도 마땅히 남편을 보좌하여 부족한 점을 보충하는 정도만 권유해야 할 뿐이다. 절대로 암탉이 새벽에 울어 화를 초래하게 해서는 안 된다." _ 중국 남북조시대 유명한 학자인 안지추가 지은 『안씨가훈』 중

오늘날까지 내려오는 상나라 이야기

주나라 백성들은 한때 상나라의 백성이었다. 본래 주나라가 소국이었던 탓에 주나라의 문화는 구석까지 잘 전해지지 않았고 백성들이 쉽게 받아들이지도 않았다. 실제로 상나라의 현인으로 추앙받았던 기자는 핵심 인재 3천 명을 이끌고 고조선으로 망명을 떠나 버렸다. 상나라의 유명한 현자였던 백이와 숙제도 주나라의 음식은 먹지 않겠다며 수양산에 들어가 고사리만 먹다가 굶어 죽었다. 이런 일들이 백성들의 입을 타고 전해져 반란으로 이어지고 있었다.

무왕이 주나라를 세운 지 13년 만에 기자가 고향 땅을 지나가게 되었다. 이때 기자가 옛 상나라 궁실 터를 지나며 보리만 무성한 모습을 보고 한탄했다는 '맥수지탄'의 고사가 아직도 전해온다. 조선으로 떠났던 기자가 돌아왔다는 소식을 들은 무왕은 기자를 찾아갔다.

"아, 기자시여! 하늘은 묵묵히 백성을 안정시키고 서로 화목하게 하시는데, 과인은 그 천성과 인륜이 펴지는 이유조차 모르겠소."
_『서경』「홍범」

그러자 기자는 고대 동이족에게 전해져 내려온 '홍범구주'라는 비법을 전해 주었다. 그 첫 내용이 오늘날까지도 쓰이는 음양오행설이다. 나머지 내용들은 나라를 운영하는 구체적인 방법들이었는데, 이후 공자에 의해 정리되어 유가 사상의 핵심이 되었다.

07

동양 가부장제의 탄생

주나라의 종법 제도

인류 초기 사회의 모습

원래 인류사의 초기에는 대개 모계사회의 모습을 보인다. 고대인들에게 '여성'이란, 어느 날 문득 배가 터질 듯 커지다가 갑자기 작은 인간을 세상에 쑥 내놓는 '신비함' 그 자체였다. 나아가 인간은 탯줄을 잘라야 독립할 수 있는 존재이기에 어머니와 아이의 생명이 처음엔 연결돼 있었다는 것을 확실히 알 수 있었다. 하지만 아버지는 추측만 가능했다. 때문에 고대 신화나 전설 속 영웅들을 보면 모두 어머니 쪽으로만 출신 성분을 설명한다. 그래서 대개 아버지는 신이나 바람, 무지개 같은 자연물 등으로 어물쩍 넘어가 버린다. 즉 아버지를 분명히 알지 못했기에 같이 살지도 않았고, 당연히 어머니를 중심으로 모여 생활할 수밖에 없었다. 그래서 성姓도 어머니의 성을 부족 전체가 같이 사용했다. 따라서 고대의 성은 부족의 상징이나 이름의 역할을 함께했다.

그런 복합적인 이유로 부족 내 어머니의 위상은 높을 수밖에 없었고,

미래의 어머니인 여성들은 신성시되며 존중받았다.

고대의 혼인 풍속

그래서 혼인도 초기에는 남자가 여자 씨족으로 들어와 살거나 임신만 시키고 자기 집으로 돌아가는 것이 기본이었다. 기록이 전해지는 후대 역사에서도 종종 이 흔적을 찾아볼 수 있다. 가까운 우리 역사만 해도 그렇다. 부여의 해모수는 유화가 주몽을 임신했어도 자기 세계로 돌아갔다. 주몽 역시 졸본의 예씨가 유리왕을 임신했지만 자신의 나라로 떠나 버렸다.

시간·공간 차이에 따라 남자가 여자를 약탈해 오는 방식의 약탈혼[25]도 있었다. 또한 이쪽 집안 형제들과 저쪽 집안 자매들이 단체로 혼인을 하는 푸날루아식 군집혼[26]의 모습도 많이 보였다. 중국 전설 속의 성왕인 순임금은 요임금의 두 딸과 혼인했고, 춘추시대까지도 왕비의 혼인 행렬에는 여동생, 여조카들이 첩으로 따라갔으며, 왕비가 죽으면 같은 씨족

---

25 몽골 지역에 많이 남아 있는 약탈혼의 흔적은 조선 시대의 보쌈 문화나 동상례로 남아 있다. 보쌈 문화는 주로 사대부가에서 일찍 과부가 된 딸이나 며느리 등을 은밀히 총각 등이 보쌈해 오기도 했다. 또 동네에 젊은 과부가 있으면 서너 명의 남성이 담을 넘어가 보쌈을 해 오기도 했는데, 걸려도 관청에서는 관여하지 않았다. 노처녀, 노총각, 과부, 홀아비 등 독거인들을 없애려는 의지가 더 강했기 때문이다. 동상례는 전통 혼례 시 신부 집에 온 신랑을 거꾸로 매달고 '도둑놈'이라 하며 발을 때리는 형태로 남아 있다.

26 하와이에 많이 남아 있는 푸날루아식 결혼은, 한 집안의 형제들이 다른 집안의 자매들과 집단 결혼을 하는 것인데, 과거 군혼제의 일면을 엿볼 수 있다. 부여와 고구려에서는 '형사취수제'라는 게 있어서 형이 죽으면 동생이 형수와 혼인했다. 자매가 한 남편과 나란히 혼인한 예로는 고구려 유리왕의 두 왕비와 신라 경문왕의 두 왕비의 일이 있다. 고려 조정에서는 아예 죽은 아내의 자매와 혼인하는 것을 금하자는 논의까지 있었다. 아내나 남편이 죽으면 아내나 남편과 같은 성의 배우자를 얻어 혼인동맹을 이어가려는 의식이 숨어 있는 습속이었다.

의 여자를 다음 왕비로 삼는 것이 의리였다. 부여나 고구려 역시 형이 죽으면 남동생이 형수와 혼인을 하는 형사취수제가 남아 있었다. 고구려 고국천왕이 죽자 고국천왕비가 고국천왕의 막냇동생과 혼인한 후 시동생인 그를 상산왕으로 세운 유명한 역사도 있다.

언니가 죽으면 여동생이 언니 자리를 대신하고, 형이 죽으면 남동생이 형의 역할을 대신하는 것이 오늘의 관점에선 이상할 수도 있겠다. 하지만 혼인을 씨족 간의 약속으로 본 옛날에는 배우자 사망 시, 옛 배우자의 혈족을 무시한 채 생판 남인 다른 씨족 배우자를 얻는 것이 더 배은망덕한 일이었다. 곧 이 시대의 혼인이란 동맹의 의미가 강했고, 그래서 한 번 혼사를 맺으면 대대로 겹사돈을 맺는 누비혼인도 많이 행해졌다. 즉, 신랑이나 신부가 소속된 각 씨족이 가진 힘만이 부부나 시댁, 처가 사이에 '관계의 저울추'를 움직일 뿐이었다.

부계사회로의 변화

하지만 시간이 흐르면서 영토 분쟁 등 무력이 필요한 일이 잦아졌고, 당연히 신체적으로 힘이 센 남성의 위상이 높아지게 되었다. 본래 강한 힘이 생기면 소유욕도 강해지는 법! 강한 남성들은 같은 피가 흐르는 형제, 자식들과 더욱 공고한 그들만의 아성을 만들고 싶어 했다. 그리고 그렇게 이룩한 것을 자식에게 물려주어 대대손손 이어 가고 싶어 했다.

물론 '눈에 넣어도 안 아플 내 새끼'에게 모든 걸 다 주고 싶어 하는 건 지금 부모들도 마찬가지다. 그런데 이 시대의 '자손'은 지금보다 좀 더 특별한 의미를 갖고 있었다. 현재는 제사상에 조상의 이름을 적은 신주神主

를 올려놓지만, 과거에는 제사상 위에 신神을 상징하는 대체물로 '시동'尸童[27]이란 살아 있는 어린아이를 올렸다. 시동의 몸은 곧 조상신이 강림하는 의지처였다. 초기에는 점을 쳐서 시동을 골랐지만 후대로 갈수록 고인의 손자가 맡게 되었다. 그리고 차츰 손자는 사후 현세로 되돌아오기 위한 '현세로의 연결점'神主이라는 인식이 생겼다. 자신의 혈맥을 이은 손자를 통해 제사는 계속되고, 고인은 현세에 지속적으로 간여할 수 있게 되는 것이다.[28]

때문에 여성의 성性을 통제해 내 핏줄이 전해진 '진짜 내 자식'을 낳고, 생전에 이룩한 권력과 유산을 상속하는 일은 대단히 중요한 일이 되었다. 결국 강한 남성들은 그들을 중심으로 '씨'氏를 만들어 다른 핏줄과 구분하기 시작했다. 그리고 점점 더 여성을 집 안에 머물게 하고 남성 가장에게 종속시켜 자유연애와 재혼을 금하는 등 여성의 성을 통제해 갔다. 더불어 남성 가계의 순수 혈통을 지키며 지위를 세습하고 재산을 상속해 특정 가문들이 권력과 재산을 독점하기 시작했다. 결과적으로 고대에 '씨'는 강한 권력을 가진 왕과 귀족만 가질 수 있었던 것이다. 그리고 이러한 생각들이 제도적으로 정착되고 강화된 것이 바로 주나라의 '종법宗法제도'였다.

동양 가부장제의 시작 _ 주나라 왕실의 종법 제도

---

27 시동은 훗날 초상화와 같은 그림으로 대체되었다가 오늘날의 신주가 되었다.

28 그래서 종묘나 사당에서 신주를 보관할 때도 할아버지와 손자는 같은 열에 보관한다. 가운데인 시조를 중심으로 오른쪽 열을 '목'(穆), 왼쪽 열을 '소'(昭)라 하는데 조손(祖孫)간은 같은 소목, 즉 같은 열에 위치한다.

주나라 무왕은 하늘의 명령天命을 받았다고 주장했고, 결국 승리했다. 그렇게 주 천자는 선택받은 하늘의 대행자가 되었고 천하는 천자의 소유가 되었다. 천자는 넓은 영토를 효과적으로 다스리기 위해 제후와 대신을 임명해야 했다.

그럼 고대에 사람을 뽑아 쓰는 기준은 무엇이었을까? 주나라의 인재 발탁 기준은 바로 '혈연·지연·성별'이었다. 천자와 혈연적으로 가까운가 먼가친소(親疏) 그 혈연은 적통인가 비적통인가적서(嫡庶) 직계인가 방계인가대종소종(大宗小宗) 연장자인가 연소자인가장유(長幼) 얼마나 친하고 도움이 됐는가공신(功臣) 남자인가 여자인가를 세세히 따져 신분과 지위를 정하고 서열화했다. 즉, 로얄패밀리와 금수저 가문의 적처 아들 및 지연들은 지배계급이 되고, 나머지는 그들에게 종속되어 순종해야 했다. 종법은 이처럼 권력과 명예와 재산을 정하는 문제였기에 그 구분은 세밀하고 엄정해야 했다. 그래서 아주 작은 것까지도 종법에 맞춰 세밀히 비교하고 엄격하게 서열을 매겼다. 서열은 곧 차별이란 결과로 이어지는데, 차별은 곧 신분제인 봉건질서를 유지하는 근간이 되기 때문이다.

윗물이 흘러 아랫물이 되듯, 사람을 등급 매기고 서열화하는 지배 문화는 오랜 시간에 걸쳐 동양 전체에 퍼져 갔다. 그렇게 오늘날까지 사회적 골칫거리로 남은 혈연, 지연, 학연, 성차별 문화의 뿌리가 된 주나라의 '인간 서열화 문화', 그것이 바로 주나라 종법 제도의 실체였다. 그리고 그것은 오늘날까지 전해 오는 동양 가부장제의 토대가 되었다.

08

미인은 어떻게 나라를 망하게 하는가?

주나라에 전해진 상나라의 보물

주나라까지 전해진 상나라의 보물 중 괴이한 상자가 하나 있었다. 소문에 의하면 상나라 이전인 하나라의 물건이라 했다. 하나라 말에 궁중에 두 마리 용이 나타나 "우리는 포국의 왕과 왕후다"라며 한참을 엉겨 붙어 있더니 끝내 하얀 타액을 쏟아 놓고 사라지는 일이 있었다. 이 괴이한 현상에 당황한 사람들은 점을 쳤고, '숨겨 놔야 길하다'라는 점사를 뽑았다. 그래서 굿을 하며 조심조심 용의 타액을 비단에 싸 상자에 봉한 뒤 사당을 세우고 숨겨 두었다. 훗날 그것을 발견한 상나라 역시 혹여나 이 꺼림칙한 물건에서 불길함이 새어 나올까 두려워 손대지 않았었다.

그런데 주나라의 중흥기를 이끌던 선왕宣王이 호기심을 참지 못했다. 그래서 주변의 만류에도 불구하고 기어코 그 상자를 열어 보고 말았다. 천년 가까운 세월을 갇혀 있던 용의 타액은 햇빛을 받자 곧 새끼용 같은 검은 도마뱀으로 변해 도망쳤다. 왕은 너무 놀라 옆에 있던 활로 쏘아 맞혔고, 도마뱀은 허둥지둥 후궁으로 도망쳤다. 왕과 신하들이 허겁지겁 쫓아가 보니 도마뱀의 발자국 끝에는 쓰러진 어린 궁녀가 있었다.

괴상한 일은 그때부터 시작되었다. 그날부터 어린 궁녀의 배가 불러왔는데 무려 40년 만에야 여자아이를 낳았다. 갑자기 아이를 출산한 궁녀는 두려운 나머지 남들 몰래 강에다 아이를 버리고 말았다. 그리고 마침 강가를 지나던 한 남자가 아이를 주웠다. 그는 아들만 부자라 평소 딸을 원했던 포褒국 사람 사대似大란 남자에게 아이를 팔아 버렸다. 그렇게 '포'국의 사람이 된 아이는 양부의 성인 '사'를 자신의 성으로 사용했기에 사람들은 그녀를 '포사'褒姒라 불렀다.

최초의 여성 스파이 _ 포사 이야기

당시 주나라는 남성 중심적인 사회였다. 상나라가 망한 이유는 달기 때문이라며 여자들의 사회생활을 금하고 집안에서의 권한도 뺏어 버렸다. 그래서 주나라 여자들은 집 안에서 살림만 하며 남자의 명에 따르도록 가르침을 받았다. 처녀 때는 아버지에게, 시집가서는 남편에게, 남편 사후에는 아들에게 순종해야 한다고 배웠다. 여자는 사소한 일이라도 주체적으로 행동하면 안 되었다. 때문에 여자가 자율적으로 할 수 있는 것은 아무것도 없었다.

하지만 포사는 이런 것들이 마음에 들지 않았다. 동네 할머니들이 이야기해 준 달기의 이야기는 들을 때마다 포사의 마음을 들뜨게 했다. 여자도 정치에 참여하고 사회생활을 하며 결혼 후에도 남자와 동등한 권한을 갖고 살았다니! 여자도 남자와 똑같은 인간인데 사실 그런 삶이 당연한 것이 아닐까 하는 생각을 수없이 했다.

하지만 그런 포사에게도 결국 주나라 여인으로서 피할 수 없는 운명이 닥쳐왔다. 포사의 마을로 한 귀족 남자가 지나갔다. 그는 감옥에 갇힌 아버지를 구할 기발한 뇌물을 찾던 중이었다. 그리고 강가에서 빨래하던 포사를 본 순간 자신도 모르게 무릎을 쳤다. 그는 곧장 포사의 의붓아버지에게 막대한 돈을 주고 포사를 샀다. 그리고 포사는 자신이 팔렸다는 사실에 매우 큰 충격을 받았다. 하지만 여자인 포사에게 '순종' 외에는 아무런 선택지가 없었다.

포사는 그렇게 먼 주나라로 끌려갔다. 몇 번이나 도망을 쳤지만 그때마다 힘센 병사들에게 붙잡혀 끌려왔다. 귀족 남자는 날마다 어색한 예법을 가르쳤다. 아름답지만 불편한 옷을 입히고 머리 위엔 그릇을 올린 채 조신하고 요염하게 걷는 법을 연습시켰다. 어쩌다 머리 위의 그릇이 떨어지기라도 하면 그날은 온종일 물도 마실 수 없었다. 절하는 법, 웃는 법, 화장하는 법, 말하는 법…. 아주 사소한 몸놀림까지 배우고 또 익혔다. 그럴 때마다 포사는 자신이 점점 '예쁜 인형'이 되어 간다고 느꼈다.

가식적인 겉꾸밈에 질려 버린 포사는 마침내 마지막 탈출을 계획했다. 하지만 탈출을 감행하기 직전, 포사는 붙들려 나와 괵공에게 바쳐졌다.

"치장하기만 좋아하고 시샘 많은 첩들 등쌀에 질리셨지요? 늘 정무에 힘드신 대신을 위해 아주 순박한 처녀를 구해 왔습니다. 모쪼록 저의 마음을 받아 주십시오."

괵공의 눈썰미는 대단했다. 포사를 찬찬히 뜯어보던 그의 눈길이 곧 포사의 허리에 가 닿았다. 그야말로 버들가지가 따로 없었다.

"그대 부친이 감옥에 들어간 지가 꽤 되었지? 그 정도면 충분하지 않았겠나? 내일 조회에 나가 폐하께 그대 부친의 말씀을 올려 보겠네."

그날부터 포사 곁에는 여러 시녀가 붙어 일거수일투족을 감시하며 쉴 틈 없이 가르쳤다. 예쁘게 밥 먹는 법, 예쁘게 손짓하는 법, 예쁘게 춤추는 법, 예쁘게 노래하는 법 등, 사랑받는 온갖 방법들을 가르쳤다. 마치 여자 인생의 최대 목표는 남자를 즐겁게 하는 데 있다는 듯이.

"아가씨. 우리 나라 이름이 왜 주나라인지 아십니까? 하늘신께서 천자께 천하를 다스리라는 천명을 내리셨대요. 그래서 천자께서는 자신의 형제와 친척들에게 천하를 나눠 주셨지요. 그래서 모든 제후는 천자의 형제, 친척, 아니면 공신들입니다. 이렇게 '제후들이 별처럼 나열해 천하에 두루 퍼졌다'는 뜻에서 이름이 '두루 주周' 자, 주나라인 거예요. 아가씨는 그런 천하의 주인을 모시기 위해 준비하는 것이구요. 그러니 좀 더 노력하셔야지요."
"주나라는 뭔가 이상해. 내 듣기로 전 왕조인 상나라는 덕과 능력을 더 우선시했다던데, 그래서 덕과 능력이 뛰어나면 천자 자리를 형제나 사위에게 주기도 했다던데…. 주나라는 능력이 있건 없건 장남에게만 지위를 넘기니까 폭군과 나쁜 제후들이 많아지는 거야. 장남으로 태어나면 무조건 왕이 되니 덕과 능력을 쌓을 필요도 없는 거잖아. 그래서 지금 왕도 폭군인 게 아닐까?"
"아가씨, 무슨 큰일 날 소릴!"

황후가 된 포사

얼마 후 포사는 폭군이라며 백성들의 원망이 자자한 주나라 유왕에게 바쳐졌다. 포사는 유왕이 정말 싫었다. 얼굴을 보는 순간 속이 메스꺼워졌다. 하지만 유왕은 다른 여자들과는 달리 냉랭하고 싸늘한 포사에게 자꾸만 빠져들었다. 그럴수록 포사는 하루하루가 지옥 같았다. 시간은 흐르고 흘러 어느덧 포사는 아들을 낳았다. 그러자 유왕은 황후인 신후申后와 태자를 쫓아내고 포사와 그녀의 어린 아들을 황후와 태자로 세웠다. 그럼에도 포사는 결코 웃지 않았다.

가는 허리에 우수에 젖은 눈, 세속의 것이라면 무엇이든 관심 없다는 듯 표정 없는 얼굴과 싸늘한 태도, 게다가 주변을 아우르는 알 수 없는 기품과 고고함이 포사에게는 있었다. 유왕에게 포사는 정복할 수 없는 난공불락 그 자체였다. 그래서 더 정복하고 싶은 욕심에 불타올랐다.

어느 밤, 나라에 큰일이 생겼다. 전쟁 등 비상시에만 올라야 할 봉화가 누군가의 실수로 잘못 올라가 버린 것이었다. 잘못된 봉화는 각 지역으로 빠르게 전달됐다. 그걸 본 제후들은 왕도에 진짜 큰일이 난 줄 알고 허둥지둥 군대를 모아 달려왔다. 갑자기 왕도는 군대와 말들로 장사진을 이루었고, 무슨 일인지 궁금해하는 백성들까지 몰려나와 아수라장이 따로 없었다. 혼란의 틈바구니에서 제후들은 천자를 지키겠다며 유왕을 찾아 동분서주했다.

얼마나 시간이 흘렀을까? 유왕은 자신의 건재함을 알리고 잘못된 봉화임을 알려 주기 위해 포사의 손을 잡고 망루 위에 섰다. 환관의 설명을 통해 제후들은 곧 봉화가 잘못 올라갔다는 것을 알게 되었다. 하지만 폭군 유왕의 앞이라 누구도 화 한 번 내지 못하고 거짓 웃음으로 일그러진 표정을 감춘 채 조용히들 물러났다.

그때 그 모습을 가만히 보고 있던 포사가 돌연 큰 웃음을 터트렸다.

'그렇게나 대단하게 위세를 떨던 제후들이 더 큰 권력 앞에서 화 한 번 못 내고 꼬리를 내리는 꼴이라니…. 폭정으로 민심을 잃은 유왕을 존경하지도 않으면서 천자라는 자리가 갖는 허상을 지키겠다는 저 꼬라지 좀 보소. 참으로 내실 없이 겉모양만 번드르르한 사내들이 아닌가! 왕의 마음을 얻겠다고 하루 종일 화장만 하고 있는 후원의 후궁들과 뭐가 다르단 말인가!'

그런 생각이 드니 포사는 웃음을 참을 수 없었다. 오랜만의 웃음에 스스로 취해서 포사는 종일 웃음을 이어 갔다. 그 모습을 본 유왕의 입꼬리도 슬며시 올라갔다. 환하게 웃는 포사의 얼굴은 너무나도 아름답고 사랑스러웠다. 그날 이후 유왕은 포사의 웃음을 보고 싶을 때마다 거짓 봉화를 올려댔다. 그렇게 몇 번이나 거짓 봉화가 오르자 제후들 역시 핑계를 대며 오지 않는 일이 빈번해졌다.

한편, 포사 때문에 쫓겨난 전 황후 신씨申后는 태자와 함께 친정인 신申나라에 가 있었다. 거짓 봉화 이야기를 전해 들은 황후 일족은 절호의 기회임을 직감하고 서쪽의 사나운 유목민족 견융을 끌어들였다. 신국의 제후申候는 견융과 함께 주나라 도성을 침공했다. 하지만 유왕이 올린 봉화를 믿고 구원하러 오는 제후는 아무도 없었다. 결국 유왕은 신후의 손에 죽고 그렇게 주나라는 끝이 났다.

주나라를 멸망시킨 자는 과연 누구?

졸지에 천자를 잃은 주나라 제후들은 동쪽으로 도읍을 옮기고 폐위됐던 옛 태자를 평왕으로 추대해 주나라를 재건했다. 이로써 황제가 유명무실해진 동주東周 시대가 개막하고 온갖 제후들이 각축을 벌이는 춘추시대가 시작되었다.

그리고 포사는 견융족에게 끌려가 왕에게 바쳐졌다. 비록 적국 왕의 첩이 되었지만 포사는 오히려 마음이 홀가분했다. 유목민인 견융의 문화는 주나라와는 달랐다. 그곳에서 포사는 답답할 때면 말을 타고, 무료할 때면 책을 보며 그녀 인생에서 가장 인간다운 삶을 살았다. 하지만 안타깝게도 행복은 오래가지 못했다. 견융을 끌어들였던 신후 일족이 느닷없이 쳐들어왔고 견융은 대패했다. 견융의 왕이 죽었다는 소식을 전해 듣자 포사는 대들보에 흰 끈을 묶었다.

'다시는 너희에게로 돌아가 인형으로 살지 않을 것이다. 절대로 거짓 웃음을 흘리는 일 따위 하지 않으리라.'

그렇게 포사는 죽었고, 당시의 문인들은 그녀를 위한 시를 지어 노래로 남겼다.

"천하에 빛나는 주나라의 사직을 포사가 헐어 버렸다네."_『시경』「소아」'정월'

이후 주나라는 점차 쇠퇴해 갔다. 대신 제후들은 점점 강성해져 갔다. 그리하여 제후국이 서로 먹고 먹히는 약육강식의 춘추전국시대가 열렸다. 그런데 그런 정신없는 와중에도 이상한 일이 있었다. 본래 망한 왕조의 문화는 새 왕조가 일어나면 사그라지는 법이다. 그렇게 주나라의 문화도 새로운 문화에 의해 사그라지는 것이 순리였다. 하지만 주나라의 근간이었던 종법 제도는 이후 2,500년간이나 동양 전체로 퍼져 나갔다. 도대체 무슨 일이 있었던 것일까?

09

모순된 서열 문화의 출발지

모순된 우리의 가족문화

얼마 전 친구 결혼식이 있었다. 오랜만에 만난 동창들이라 서로 달라진 모습을 잘 찾아내며 깔깔대던 중이었다. 사회자의 목소리가 갑자기 엄숙해지더니 곧 주례사가 시작됐다.

> "신랑은 신부만을 아끼고 사랑하며 절대 한눈팔지 말고, 신부는 신랑을 하늘같이 공경하며 좋은 내조자가 되어 아침밥도 잘 차려 주고 시부모님도 잘 모셔 사랑받는 며느리가 되시기를 바랍니다."

피로연의 주제는 당연히 주례사였다. 왜 신랑만 하늘 같은 공경을 받아야 하느냐로 시작해서 결국 각 가정사가 다 쏟아져 나왔다. 사내 커플이었던 친구는 살림을 봐 주시는 친정엄마가 '사돈 보기 부끄럽다'고 미안해한다며 하소연이다. 맞벌이를 하는데도 집안 살림이 어지러운 건 다 여자의 흠이라며 자책하신다는 것이다. 그러자 다른 친구는 맞벌이임에도 명절이면 자기만 앞치마 두르고 종종대다 정작 친정엔 명절 다음날이나 간다며 볼멘소리를 한다. 그때 그런 일쯤은 아무것도 아니라는 듯 전업주부인 친구가 배턴을 낚아챘다.

"너희는 맞벌이니 말이라도 하지. 난 모든 게 독박이다."

전업주부라 살림 전담은 당연히 여기리라 지레짐작들 했기에 모두가 당황해했다.

"야! 넌 전업주부잖아. 남편이 돈 벌어 오니 혼자 살림하는 정도는 어쩔 수 없는 거 아니냐?"
"독박 살림, 독박 육아로만 끝나면 말을 안 해요. 양가 대소사에 식구들 챙기기, 임신·육아·교육 문제까지 전부 독박이다. 그러면서 남편이 깡마른 것도, 아이가 늦되는 것도, 집안에 문제만 생기면 전부 전업주부가 집에서 놀아서라고 타박만 하지. 여하튼 책임도 독박이다."

다들 한순간 숙연해졌다. 뭐라 꼬집어 말할 수는 없지만, 고구마 백 개는 먹은 듯한 알 수 없는 답답함이 밀려왔다. 새로운 가족문화가 나와야 한다는 뉴스 기사들이 머릿속에서 빙빙 돌았다. 도대체 이런 문제는 어디서부터 시작된 것일까? 근본적으로 무엇이 문제인 걸까? 새벽이 다가올 때까지 결국 이야기는 끝나지 않았다.

사회와 가족문화 곳곳에 뿌리내린 서열 문화

우리를 지배하고 있는 문화를 보면 정말 어디서부터 손대야 할지 알 수 없는 서열과 차별의 문화가 깊숙이 자리해 있다. 사회 전반에 양성평등이란 표어가 자주 보이고, 유치원생들도 양성평등 교육을 받는 시대인데 현실과는 참으로 괴리된다. 그것은 특히 결혼을 하면서 더욱 두드러진다. 남편은 거실에 아내는 부엌에, 사위는 백년손님이고 며느리는 백년일꾼이며, 친정에선 부족한 딸을 보낸다며 사돈 앞에 낮아지고, 시댁에선 새아기가 들어왔으니 시댁 문화에 빨리 익숙해지길 기대한다. 촌수 계산과 호칭 문제부터 집안 일정이나 반찬 취향까지 대개 남편을 기준으로 맞춰가고, 친정에 큰 선물이라도 사 가면 친정 부모님은 괜스레 사돈께 미안한 마음을 표현하곤 한다.

무언가 이상하다는 것을 알면서도 고치지 못하는 이 오래된 관습들은 3천 년 전 주나라의 사회질서인 종법에 뿌리를 둔 것이다. 종법 사상은 철저한 비교와 분별을 바탕으로 삼아 '서열화·차별화'를 도리이자 정의로 정의한다. 그러한 종법 사상이 사회질서뿐 아니라 가족문화에까지 영향을 미친 것이 현재의 가부장적 사회질서와 가족문화이다. 때문에 가부장 문화를 깊이 있게 이해하려면 종법에 대해 알아 둘 필요가 있다.

종법의 기본 정신 ① _ 부자 상속을 위한 시스템

아주 먼 옛날에는 훌륭한 성인을 왕으로 추대했다고 한다. 그래서 왕의 내면은 덕이 깊은 성인과 같고, 외양은 능력이 출중한 패왕과도 같았다고 한다. 이른바 '내성외왕설'內聖外王說이다. 그리고 왕은 혈연보다는 덕과 능력이 출중한 자에게 다음 왕위를 넘겼다고 한다. 기록상의 이야기라 사실인지 바람이었던 건지는 불분명하다. 하지만 갑골을 통해 실체가 확인되는 상나라만 해도 전성기까지는 '형제, 숙부, 조카' 등 다양한 경로로 왕위가 전해졌다. 심지어 왕후와 대신을 배출한 부족으로 왕위가 전해지기도 했다. 하지만 주나라에 이르면 부자 세습이 정착되면서, 통치자와의 부계 혈연관계가 머냐 가까우냐를 기준으로 굳건한 신분제도를 만들고 대대로 세습하려는 종법이 만들어졌다.

종법 질서란 쉽게 말하자면 '천하를 한 집안이 다스리는 것'이다. 주나라 무왕은 하늘이 자기를 선택했다고 선언했고, 결국 전쟁에서 승리했다. 그렇게 주나라 천자는 천명을 받은 하늘의 대행자가 되었다. 그리하여 천하는 모두 천자의 소유물이 됐다. 천자는 갑자기 넓어진 영토를 효과적으로 다스리기 위해, 자신과 같은 피가 흐르는 친인척을 제후와 대신으로 임명하여 나라 전체를 다스렸다. 이때 천자와의 혈연이 멀고 가까움을 따져 신분을 정해 가는 방법이 종법이다. 나아가 그와 관련된 예법을 정교하게 가다듬어 풍속과 문화를 종법의 틀에 맞추려 하였다.

종법에는 다음과 같은 규칙이 있었다. 첫째, 신분과 재산의 상속은 남성에게만 해당했다. 둘째, '적과 서'를 구분했다. 올바른 종통宗統을 '적'嫡이라 하고 비종통을 '서'庶라 한다. 그래서 종통 아내는 정실부인인 적처嫡妻라 하고, 비종통 아내는 첩妾이라 부르며 아내가 아닌 소유물로 보았다. 정실부인이 낳은 아들은 적자嫡子라 하고 첩이 낳은 아들은 서자庶子라 하는데, 서자는 신분이 한 단계 낮아졌다. 상나라에는 이러한 적서의 구분이 없었지만, 주나라는 사람의 신분과 서열을 혈연을 기준으로 세세히 나누었다. 종법은 상속을 위한 제도였기 때문이다. 상속에는 신분과 재산 문제가 걸려 있기 때문에 분란을 만들지 않으려면 태어날 때부터 사람의 신분을 철저히 구분해야 했다. 셋째, 가장은 집안의 왕이었다. 그래서 가장을 '가군'家君이라 표현하기도 했다. 가장은 집안의 모든 결정권을 가지는데 가장의 지위는 적장자嫡長子만 계승할 수 있었다. 적장자란 정실부인이 낳은 적자들 중 장남을 말한다.

그래서 천자의 적장자는 천자가 되고 다른 아들들은 제후[30]가 됐다. 다시 제후의 적장자는 제후가 되고 다른 아들들은 공경대부가 됐다. 이런 식으로 천자의 친인척과 소수의 공신만이 통치계급이나 귀족이 되었다. 천자와 아무 혈연관계가 없는 자들은 무지렁이 백성이 되었다. 즉, 통치자의 부계적 혈연관계로 굳건한 신분제도를 만드는 근본이 종법이란 것이다. 그래서 부계 혈통을 순수하게 지키고 확실히 하기 위해 여성의 생활과 성은 더욱 통제되었다. 이 때문에 주나라의 여인들은 정치와 사회생활이 금지되고, 외간 남자와의 만남도 금지되었으며, 결혼 역시 선택할 수 없었다. 재산을 소유할 수도 없었고, 학문도 할 수 없었으며, 아들을 낳아 시어머니가 되기 전까지는 자기주장을 할 수 없었다. 주나라에서 여성이란 남자에게 종속되어 남자 가문의 대를 잇고, 남편을 내조하며, 시부모를 봉양하고, 조상의 제사를 받들기 위한 존재일 뿐이었다.

종법의 기본 정신 ② _ 여성은 시댁 제사를 모시기 위한 존재

주나라의 훌륭한 여성상은, 집 안에서 쉼 없이 살림과 가내수공업을 하고, 시부모를 잘 모시며, 아들 쑥쑥 낳고, 제사 잘 모시는 여성이었다. 때문에 주나라에서 결혼이란 남녀 간의 사랑의 결실이 아니었다. 그저 남자

---

30 주나라는 천자가 다스리고, 형제와 같은 성을 쓰는 친척들을 제후로 삼아 주변국들을 다스렸다. 주나라 초기에는 형제제후국이 15국, 같은 성을 쓰는 친척제후국이 40국이나 되었다.

집안에서 며느리를 받아들이는 일일 뿐이었다. 그래서 애당초 딸은 시집 가 버릴 남의 자식으로 여겨졌고, 딸이 시집을 가는 날 친정 부모는 '이제 네 집으로 돌아가는 것이다'라고 훈계했다.

종법의 기본 정신 ③ _ 제사를 통해 종법 인식을 재생산하기

이러한 종법 제도에서 유독 중요시한 것이 있었는데, 그것이 바로 제사였다. 그 이유는 대략 이러했다.

종법 안에서 모든 역할은 태어날 때부터 정해져 있었다. 하늘에 대한 제사는 천자天子만이 지내며, 집안의 제사는 종자宗子만이 지낼 수 있는 것이었다. 그 단순한 규칙이 종법의 원리를 단단하게 유지하는 역할을 했다. 제사를 주관하는 종자가 누군지, 어떤 대상을 제사하며 자신과는 어떤 관계인지, 그 안에서 자신의 신분과 서열은 어떤 위치인지, 그래서 자신은 어떤 역할을 해야 하는지를 한 번에 보여 주고 느끼게 하는 극적인 퍼포먼스는 바로 제사였다. 그리고 뒤에서 참관하는 사람들에게도 '서열의 관계도'는 한눈에 전해졌다. 제사에 참여한 사람들은 자연스럽게 사람 간에는 지위의 높고 낮음이 있으며, 가깝고 먼 관계가 있다는 것을 직관적으로 배우고 익혀 갔다.

10
주나라의 종법 사상을 오늘날에 전해준 남자

세기의 깨달음, 인류의 큰 스승이 되다

한 남자가 있었다. 천 년에 한 번 나올까 말까 한 인재였지만 너무 엄격하고 완고해서 아무도 함께 일하려 하지 않았다. 그저 사적인 지도를 받고자 밥만 축내는 학생들만 득실거렸다. 게다가 그는 자기를 알아주는 나라가 없다며 평생 많은 나라를 돌며 식객 생활을 했다. 그가 얼마나 완고했는지 하루 세 번 먹는 식사마저 남들은 따라하지 못할 고집이 있었다.

일단 모든 음식과 술은 반드시 홈 메이드여야만 했다. 특히 고기 포, 고기 젓갈이 없으면 식사를 안 할 정도였고, 술도 좋아했는데 역시 시장에서 사 온 것은 절대 먹지 않았다. 그래서 그의 아내는 이 모든 걸 집에서 직접 만들어야 했다. 밥은 늘 하얀 백미밥, 반찬과 과일은 반드시 제철 식품이어야 했는데 조금이라도 색이 바래거나 냄새가 좋지 않으면 먹지 않았다. 또 모양이 반듯하지 않거나 요리에 어울리는 소스가 없으면 수저를 내려놓았다. 게다가 항상 예쁘게 손질된 생강이 있어야만 했다. 그는 고기와 술을 좋아했지만 그조차도 많이 먹지는 않았다.

그에겐 이렇게 까탈스러운 비위를 다 맞춰 주며 힘겹게 아들까지 키워 낸 아내가 있었다. 하지만 그는 '여자와 아이는 기르기 어렵다'며 남편 뜻에 순종하며 조용히 집안일에만 매진하기를 요구했고, 결국 그의 아내는 집을 나가 버렸다. 그는 훗날 전 세계적인 인물이 되었지만 그의 아내는 이름조차 제대로 전해지지 않는다. 전 세계적인 인물이 된 까탈남, 그는 대체 누구였을까? 망해 버렸어야 할 주나라의 사상을 오늘날까지 이어지게 한 유교의 종주宗主, '공자'였다.

이혼한 아내는 자식의 어머니가 될 수 없다

힘들게 살았던 아내는 공자보다 빨리 죽었다. 아들인 백어는 어머니의 부고를 받고 가슴이 미어져 삼년상을 치르고자 했다. 백어가 일 년째 곡을 하던 어느 날, 아버지인 공자가 지나다 그 모습을 보고는 "아! 거 참 심하네"라고 한마디를 툭 던지고 갔다. 그 말을 들은 백어는 '이혼한 아내는 자식의 어머니로 인정하지 않겠다'라는 아버지의 의중을 눈치 채고 곧 곡을 멈추었다. 훗날 백어 역시 이혼을 했는데 백어의 아내는 서씨와 재혼을 했다가 타국에서 죽었다. 백어의 아들 자사공자의 손자는 어머니의 부고를 전해 듣자 집에 사당을 차리고 곡을 했다. 부모가 돌아가시면 삼년상을 해야 한다는 아버지의 가르침을 들은 적이 있었기 때문이다. 그런데 집에 있던 문인이 따져 물었다.

"서씨와 재혼해서 서씨 집안의 어머니가 되셨는데 왜 공씨 집안에서 곡을 하는 것입니까?"

그 말에 자사는 "제가 잘못했습니다"라며 집 안의 사당을 치우고 대신 다른 곳에서 어머니를 위한 곡을 했다. 아버지인 백어는 이 일을 전해 듣고 딱히 뭐라 하지 않았다. 훗날 자사 역시 아내를 쫓아냈는데 아내의 부고를 듣자 아들에게는 상을 치르지 못하게 하였다. 그러자 제자들이 물었다.

"옛날에 선생님의 아버지께서는 쫓겨난 어머니의 상을 치르게 해 주셨잖아요?"
"그랬지."
"그런데 왜 선생님께서는 아드님이 쫓겨난 어머니의 상을 치르지 못하게 하시나요?"
"내 아내 되는 사람만이 내 아들의 엄마가 될 수 있는 걸세. 내 아내가 되지 못하면 내 아들의 엄마도 될 수 없는 거라네."

이로부터 공자를 따르는 유학자의 아내들은 남편의 '정실부인' 자리를 지키며 '아들' 낳는 것을 인생의 중요한 숙제로 삼게 되었다. 정실부인 자리에서 쫓겨나면 아들과의 인연도 끊어졌기 때문이다. 곧 진짜 혈연보다도 명분적인 인간관계가 더 중요해지기 시작한 것이다.

공자가 사모한 나라

공자는 상나라 왕실의 후손이었다. 하지만 공자가 태어날 즈음, 공자의 아버지는 노나라의 하급 관리로 살고 있었다. 나이 일흔에 16세의 아가씨와 정식 결혼 없이 야합하여 공자를 낳았다. 하지만 그런 아버지조차 공자가 3세 되었을 때 세상을 떠났고, 공자가 17세 된 해에는 어머니마저 잃고 말았다.[30] 공자의 살림은 매우 가난했다. 그는 19세에 결혼하여 이듬해 아들을 낳았는데. 생계를 위해 창고지기, 가축 번식시키기 등 다양한 일을 했다. 스스로도 "내가 어릴 때 가난했기 때문에 천한 일도 많이 할 줄 알게 되었다"라고 회고하기도 했다.[31] 하지만 공자는 아무리 사소한 것에서도 늘 배울 거리를 찾아낼 줄 아는 훌륭한 점이 있었다. 그래서 훌륭한 이의 명성이 들려오면 찾아가 묻고 배웠다. 심지어는 자기보다 어리고 어리석은 사람에게도 많은 것을 묻고 배웠다.[32] 이러한 습관은 공자를 삼천 제자를 거느린 큰 스승으로 만들었다.

공자가 살던 시대는 춘추전국시대였다. 천자국인 주나라東周는 몰락했고 170여 개나 되는 제후국이 먹고 먹히며 몇 나라로 통합되어 가던 과도기였다. 이 혼란한 시기에 공자는 종법의 정신을 다시 세워 주나라와 자신의 조국 노나라를 부흥시키려는 꿈을 꾸었다. 하지만 공자에게 호응하는 제후는 하나도 없었다. 그렇다면 공자는 대체 왜 다 망해 가는 주나라와 노나라에 집착했던 것일까?

고대의 성인이 세우고 다스렸다는 하나라와 상나라를 이은 것이 바로 주나라였다. 그래서 공자는 주나라 문화를 성인이 만든 최고의 문화라 생각했다. 그런 주나라의 위대한 현인인 주공周公이 세운 나라가 바로 공자의 모국인 노나라였다. 때문에 노나라에는 주나라 고유의 문화가 어느 제

---

30 공자가 어머니를 여읜 나이는 17세, 24세, 30세 이후 등 여러 설이 있다.
31 『논어』「자한」.
32 그래서 담나라의 담자에게는 고대의 제도를, 사양자란 사람에게는 거문고를, 주나라 노자와 장홍에게는 각각 예와 음악에 대해 묻고 배웠다.

후국보다 많이 남아 있었다. 공자는 상나라 왕실의 후예였지만 정신적으로는 주나라 문왕과 주공의 광팬이었다. 어느 정도였냐면, 이미 예닐곱 살부터 제기祭器를 갖고 놀며 주나라 예법을 익혔고 세상을 주유하면서도 늘 주나라의 전적典籍을 수집했다.[33] 평생 좌절을 맛봐야 했던 공자는 주공이라는 마음속 멘토 덕분에 결국 성인으로 추앙받는 경지에 오를 수 있었다. 그런 공자였기에 가슴에 새긴 길을 이렇게 피력하기도 했다.

> "주나라는 하나라와 상나라를 거울삼아 본받았으니 찬란하도다. 주나라의 문화여! 나는 주나라를 따르리라." _『논어』「팔일」

또 죽을지도 모르는 위험에 처했을 때도 "주나라 문왕께서 이미 돌아가셨지만 주나라 문화의 정수는 나에게 있다. 만약 하늘이 주나라 문화를 없애려 하셨다면 내가 그 정수를 얻지 못했을 테지." 그러면서 아주 태연하게 행동해 주위 제자들을 놀라게 했다. 그만큼 주나라 문화의 정수를 얻었다는 공자의 자부심은 대단했다. 또 "나를 써 주는 사람이 있다면 나는 그 나라를 동쪽의 주나라로 만들 것이다"라며 정치적 포부를 밝힌 적도 있었다. 그래서였을까? 공자는 꿈속에서도 자주 주공을 만났다. 그리하여 죽음을 앞두고는 이렇게 탄식하기도 했다.

> "내가 심히 늙었나 보다. 내가 꿈에서 주공을 뵙지 못한 지가 오래되었구나." _『논어』「술이」

---

33 결국 노년에는 하, 상, 주 세 나라의 문화를 정리해 '육경(六經)'이라는 대작을 지었다. 『시경』·『서경』·『주역』·『예기』·『악기』·『춘추』'라는 이름을 가진 이 여섯 경전들은 유교의 교과서가 되었다.

공자는 도의를 바로 세우고자 70여 나라를 돌아다니며 유세했지만 어떤 왕도 공자를 써 주지 않았다. 결국 뜻을 이루지 못한 공자는 주나라의 종법 사상을 기준 삼아 당시 제후국의 역사를 비판적으로 써 내려갔다. 그것이 바로 『춘추』라는 역사서이다. 그 책의 핵심은 주나라 종법의 회복과 정명正名 사상이었다. 그런데 그 기본 뼈대가 현대의 기본 인권적인 시각으로 보자면 참으로 경악스럽기 그지없다. 하지만 수십 세기 동안 수많은 봉건 군주에게는 매우 매혹적인 명분을 던져 주었다.

종법과 정명 사상 _ 태어날 때부터 정해진 신분과 역할에 충실하라

> "하늘에 열 개의 간지가 있듯이 사람에게는 열 가지 등급이 있다. … 이러한 까닭에 아랫것들은 자기 윗분을 섬기고, 가장 높은 사람은 신께 제사 지낸다." _『좌전』「소공7년」

> "예는 하류층인 서민에게까지 내려가지 않고, 형벌은 상류층인 대부에게까지 올라가지 않는다." _『예기』「곡례 상」

공자가 살고 있는 춘추전국시대는 혼란스러웠고 신분제도도 불안정했다. 공자는 이런 상황을 법도가 무너졌다고 생각해 주나라 사상을 통해 신분 질서를 다시 바로잡고자 했다. 오늘날도 그렇지만, 권력자들은 기존의 신분이 안정적으로 유지되기를 바란다. 그래서 공자의 정명 사상은 오랜 시간 동안 수많은 위정자들의 사랑을 받았다.

정명 사상이란 타고난 신분과 이름에 걸맞은 삶을 살라는 의미이다. 공자는 이를 "임금은 임금답고, 신하는 신하다우며, 어버이는 어버이답고,

자식은 자식다워야 한다"고 표현했다. 자신의 직분에 맞는 내실 있는 덕을 갖추라는 일견 좋은 말처럼 들리지만, 그 시대의 신분과 직분이란 태어날 때부터 타고나는 것이었다. 결국 타고난 운명을 거스르지 말고 순응하며 살라는 말과 다르지 않았다.

사람이 역할을 만들지 않고 역할이 사람을 묶어 버리는 것이 바로 공자의 정명론이었고, 그러한 바탕 위에서 세워진 것이 유교였다.

여성을 집 안에 가둔 공자

공자에게 여성은 신분 및 계층과 상관없이 통제되어야 하는 존재였다. 부계 중심의 질서를 유지하려면 여성이 남성에게 종속되어야 한다고 생각한 것이다.

> "여자와 소인은 기르기가 어려우니 가까이하면 불손해지고, 거리를 두면 원망한다." _『논어』

> "공자께서 말씀하시길, "부인은 남편에게 복종해야 하는 사람이다. 때문에 자기 생각과 판단대로 일을 처리하면 안 된다. … 여자의 가르침과 명령이 안채 문을 넘어서면 안 되며, 하는 일은 음식 마련하는 데서 그쳐야 할 뿐이다. 여자는 안채 안에서만 하루를 마치고, (친인척 상사라도) 먼 곳의 초상에는 가지 말아야 하고, 행동을 독자적으로 해선 안 된다." _『소학』「명륜」

때문에 공자는 여성을 주체적인 존재로 보지 않았다. 일례로, 주나라 무왕이 "내게는 잘 다스리는 신하 열 사람이 있도다"라는 말을 했다는 기록이 있었다. 이 글귀에 대해 공자는 "그중에 부인이 끼어 있었으니 (신하는) 아홉 사람만 있었을 뿐이다"라고 굳이 덧붙였다.

공자는 말년에 고대의 전적들을 모아 육경六經을 지었다. 그중에 아름답고, 교훈이 있고, 도리에 맞고, 후대 사람들이 배울 점이 있다고 판단한 것들을 주제별로 모은 『시경』[34]이란 책이 있었다. 공자의 가치관이 생생히 녹아 있는 『시경』에 나오는 여성에 관한 훈계는 다음과 같았다.

> "지혜로운 지아비는 나라를 세우나 지혜로운 부인은 나라를 망친다네.
> 아름답고 지혜로운 부인이여 올빼미와 솔개 같은 짓을 하는구나.
> 부인의 말 많음이여. 재앙으로 가는 계단이로다.
> 어지러움은 하늘이 내려 주시는 게 아니라 부인으로부터 생겨난다네.
> 가르쳐도 안 되고 깨우쳐도 안 되는 것이 바로 여자와 내시라네.
> 부인은 공적인 일을 하지 말고 한가롭게 베를 짜고 옷이나 지어야 한다네."
> _『시경』「대아」

> "아들을 낳으면 침상에 누이고 화려한 옷을 입혀 구슬을 쥐여 주어라.
> 딸을 낳으면 침상 밑 맨바닥에 눕히고 수수한 홑옷을 입혀 실패를 쥐여 주어라." _『시경』「소아」

실제로 공자의 큰 제자인 증자는 부모님 밥상에 적당히 익힌 나물을 낸 아내를 집에서 쫓아내 버렸다. 옆 사람들이 그게 아내를 내쫓을 일이냐고 한마디 하자 증자는 이렇게 대답했다.

---

34 처음엔 시(詩)라고만 했다. '시'라는 말이 여기서 나왔다. 305편 중 대중가요인 '풍' 160편, 연회 때 부르는 '아' 105편(소아 74, 대아 31), 장례 때 부르는 '송' 40편이 있다.

"내가 나물을 푹~ 삶으라고 명했다네. 내 명령 하나 제대로 이행하지 못하는 데 하물며 더 큰 일은 어떻겠나?"

앞에서 우리는 여성들이 재상이 되어 나랏일을 하고, 장군이 되어 군사 활동을 하는 상나라의 문화를 살펴보았다. 그리고 그런 상나라의 여성 존중 문화를 '여화론'으로 비판하며 상을 멸망시킨 주나라를 보았다. 암탉이 울면 나라가 망한다는 주나라 무왕의 여화론은 공자에 의해 더욱 발전하여 마침내 여성들은 집 안에만 가둬 둬야 한다는 믿음으로 나아가고 있었다.

노자가 공자를 꾸짖은 까닭은?

공자가 죽은 후 그의 학문은 제자백가의 다른 사상들에 밀려 잊혀 가는 듯했다. 하지만 300여 년 후 한나라 무제가 "백가를 배척하고 오직 유교만을 숭상한다"며 유교를 국교로 삼은 이후로 굳건해졌다. 국가를 경영하는 정치 이념으로서 유교의 장점이 빛을 발하여, 이후 많은 창업 군주가 유교를 국교로 선택하게 되었다. 그리하여 공자의 정신은 오늘날까지 동양 삼국에 전해져 중요한 기둥이 되었다. 그렇다면 공자의 남존여비 의식은 무려 2,500년이나 된 지극히 오래된 전통이란 말일까?

우리 역사 속에는 수많은 나라와 왕조가 흥망성쇠를 이어 갔다. 나라를 운영하는 데는 정치체제나 예제 같은 것이 꼭 필요하다. 그리고 그것을 가장 잘하는 것이 유교였다. 불교나 도교는 대중적으로 늘 인기가 있었지만 그런 부분에는 약했다. 그래서 삼국시대부터 조선 중기까지 유교는 늘 우리 역사와 함께했다. 하지만 왕실부터 백성까지 주로 사랑한 것은 전통 사상과 불교 아니면 도교였기에, 유교는 우리의 고유한 전통을 다 바꾸지는 못했다.

공자의 사상은 좋은 점이 많다. 하지만 그 이면에는 공자가 처했던 시대적인 한계도 들어 있다. 때문에 동시대를 살았던 안자는 이미 망한 주나라를 붙잡고 집착하는 공자에 대해 이렇게 말했다.

> "지금 공자는 외양과 형식을 성대히 하면서, 옷차림은 어떻고 상하의 예절은 어떻고 걷는 법은 또 어떻다는 둥 번잡스럽기만 합니다. 대를 이어도 그의 학문과 예는 다 배워 통할 수 없습니다. 임금께서 공자를 써서 제나라 풍속을 바꾸려 하시나 결국 백성을 위하는 일은 아닙니다." _『사기』

『도덕경』으로 유명한 노자는 공자가 찾아와 예를 묻자 이렇게 충고하였다.

> "그대가 말하는 성현들은 이미 뼈까지 썩고 오직 말만 남았다네. 훌륭한 장사꾼은 중요한 물건을 깊이 숨겨 아무것도 없는 듯이 하고, 군자는 아름다운 덕이 있어도 겉으로는 어리석은 듯한다더군. 그대의 교만과 지나친 욕심, 위선적인 외양과 끝없는 야망을 버리시게나. 이런 것들은 그대에게 아무 도움도 되지 않아. 내가 그대에게 할 말은 이뿐이네." _『사기』

과거의 역사와 사상을 접할 때는 장점과 단점을 분명히 살펴야 한다. 그리고 오늘의 현실에 맞도록 잘 가감하여야 한다. 마치 생선을 먹을 때 가시는 발라 버리고 살만 골라 먹듯, 장점은 취하고 단점은 과감히 버려야 한다.

유교에는 인간에 대한 성찰, 효 문화 등 아름다운 장점들이 많다. 하지만 그 안에서 현재와 맞지 않는 것들은 과감히 걸러내야 하는 것이다. 그렇게 할 때 전통을 지키거나 고치려는 세대 간의 갈등은 평화와 조화로 거듭날 수 있을 것이다.

제 3 장

남녀 차이보다 인간 존중이 먼저였던 우리 문화

01
동양의 신들 이야기

서양에는 그리스·로마 신화, 동양에는?

오랜 역사를 통해 만들어진 신화에는 다양한 철학과 지혜가 녹아 있어 시대가 변할수록 새로운 가치를 반짝인다. 특히 신화의 문화 콘텐츠적 가치는 기술이 발전할수록 원초적 상상력의 보물창고로서 그 중요성이 새롭게 빛난다. 어떤 식물의 특성을 알면 적절한 조치를 취할 수 있듯, 한 문화의 정신적 원형을 알면 여러 방면으로 활용이 가능하기 때문이다.

보통 신화라고 하면 사람들은 대개 그리스·로마 신화를 떠올린다. 하지만 동양에도 역동적이고 스펙터클한 신화의 세계가 무궁무진하다. 차이가 있다면 그리스·로마 신화의 영웅들이 험난한 모험 끝에 사랑과 명예를 쟁취했다면, 동양의 영웅들은 나라와 문명을 열고 자연의 이치를 해석해 온갖 문화와 문물을 만들며 결국 신이 된다는 점이다. 그렇다면 동양의 신들은 어떻게 동양의 역사를 만들어 갔고, 또 그것은 현재의 우리에게 어떤 의미가 있을까?

환웅과 함께 온 풍백·우사·운사

우리나라 역사책들은 거의 단군 시대부터 시작한다. 단군신화의 내용은 사료마다 조금씩 다르지만 거의 『삼국유사』의 내용을 기본으로 한다. 그런데 잘 살펴보면 몇 가지 재미있는 사실을 볼 수 있다. 옛날에 환인이란 신이 있었는데 그에게는 아들이 여럿 있었다. 그중 작은아들인 환웅이 인간 세상을 다스리고 싶어 하여 풍백, 우사, 운사를 거느리고 이 땅에 내려왔다.[35] 즉, 어디선가 이주해 온 환웅의 삼천 무리는 곰족을 교화시키고 그들의 땅에 정착하는 데 성공했다. 그래서 곰족 여인웅녀과 결혼해 단군을 낳아 '조선'이란 나라를 열었다고 한다.

여기서 몇 가지 생각해 볼 것이 있다. 환웅이 환인의 서자였고 어딘가에서 온 이주민이었다면 그 어딘가에 환웅의 아버지나 형이 다스리는 나라, 그리고 무리 삼천의 고향 되는 곳이 있다는 것이리라. 그리고 환웅과 함께 360가지의 일을 주관한 풍백, 우사, 운사라는 존재가 있었다는 것이다. 그렇다면 환웅과 풍백, 우사, 운사는 대체 어떤 신들이며 그들은 이후 어떤 모습으로 우리 역사에 남았을까?

동양의 신화시대 기록을 뒤적이다 보면 '천왕, 풍백, 우사, 운사'라는 단어가 동시에 보이는 또 다른 시대를 볼 수 있다. 단군조선보다 약 250여 년 전 시대로, 바로 한국 월드컵 응원단의 상징으로도 유명한 '치우천왕'의 시대이다.

---

35 경상대 손병욱 교수는, 환웅의 무리가 중국의 둔황(돈황) 지역과 시안(서안)으로부터 동쪽으로 이동해 왔다고도 본다. 단군신화에 '삼위태백'이란 내용이 보이는데, 둔황 지역에 삼위산이 있고, 시안에 태백산이 있다는 것이다.(손병욱, 2012, p.297.)

동양 초기의 신들

석기시대가 끝나갈 무렵, 동양에는 삼황오제[36]라는 제왕신들이 있었다. 그리스 신화의 제우스처럼 동양 신화에도 신들의 아버지가 있었는데 바로 염제 신농이란 신이었다. 쟁기와 보습 같은 농기구를 만든 농경의 신이자 시장 제도를 처음 만든 상업의 신이며, 백 가지 풀을 맛보아 약초와 독초를 구분했다는 의약의 신이었다. 지금도 한약방에 가면 신농의 초상을 걸어 놓은 곳들이 많다. 성은 강姜이고, 산동성 곡부에 도읍을 정했는데, 대표적인 강씨의 시조이자 동이족의 성인이다.

황제 헌원은 중국 한족의 시조로 알려진 신으로 용을 타고 다니며 의학을 정리했다는 신이다. 한의학의 교과서라 할 『황제내경』이나 방중술의 기원으로 알려진 『소녀경』의 주인공으로 유명하다. 헌원의 성은 희姬이고 씨는 유웅씨有熊氏이다. 씨에 곰 '웅'熊 자가 있듯이 곰을 토템으로 삼았고 주나라 왕실의 먼 시조가 된다.

당시의 천자였던 신농은 사위인 헌원과 화북성 판천이란 곳에서 큰 전쟁을 벌였다. 전쟁의 이유인즉 이러했다. 신농의 세력이 약해지자 사위인 헌원이 섭정을 하게 되었다. 여기까지는 좋았다. 그런데 헌원은 한 발 더 나아가 자신에게 조공을 바치지 않는 주변국들을 정벌하기 시작했다. 한마디로 자신에게 붙으라는 으름장이었다. 헌원은 강한 군장이었기에 많은 신농의 세력이 헌원에게 옮겨 갔다. 그러자 세력을 되찾고자 하는 신

---

36 삼황오제는 전설 속에 존재하는 8명의 제왕인데, 기록에 따라 조금씩 설정이 다르다. 본고에서는 삼황을 태호 복희, 여와, 염제 신농으로, 오제를 소호 금천, 전욱 고양, 제곡 고신, 요임금, 순임금으로 보는 설을 따랐다.

농과 신흥 세력인 헌원 간에 싸움이 벌어진 것이다. 결국 세 차례에 걸친 전쟁 끝에 장인인 신농이 패배했다. 그런데 그런 헌원을 용납하지 못한 최고의 적수가 있었으니 바로 치우천왕이라는 전쟁의 신이었다.[37]

도깨비 신을 따르던 풍백과 우사

당시에는 산동반도를 중심으로 하북성, 만주, 발해만 일대에 동이족의 나라들이 많이 있었다. 그중 구려九黎, 九夷라는 부족국 연맹체의 왕을 '치우'라 불렀는데, 동양에서 최초로 청동기를 다루고 무기를 만든 '병기의 신이자 전쟁의 신'이었다. 치우천왕은 청동기로 긴 창, 굽은 창, 검, 방패, 활, 북 등 다섯 병기를 만들고, 구리와 철로 된 뿔 모양의 투구를 쓰고 다녀 도깨비의 상징이 되었다. 그 모습은 지금까지도 동양 삼국의 문화사 곳곳에서 발견할 수 있다.

헌원의 후예를 자처했던 한나라 사관 사마천은 그가 쓴 역사서인 『사기』에서 치우가 헌원에게 졌다고 기록했다. 하지만 참 이상하게도 역사상 치우는 한·중·일 모두에서 최고의 강자이자 전쟁과 승리의 신으로 모셔지고 있다. 실제로 진시황과 한무제 등은 중요한 전쟁을 앞둘 때면 승전을 위해 치우천왕에게 제사를 올리곤 했다.[38] 반면 승자로 기록된 헌원에게는 아무도 승리를 기원하지 않았던 점이 의외다.

치우천왕과 황제 헌원은 십여 년간 70여 차례 전투를 치렀는데 매번

---

37 『사기』「오제본기」의 내용.
38 『주례주소』 권19「사사」의 내용을 각색.

치우의 승리로 끝이 났다. 석기를 쓰는 헌원의 부대는 다양한 청동 무기로 무장한 치우 군대의 적수가 되지 못했다. 게다가 치우는 도깨비들을 부리며 온갖 도술을 부렸는데 특히 안개를 잘 일으켰다. 헌원의 부대는 안개에 갇혀 갑자기 쏟아지는 낙석 공격을 받거나, 길을 잃고 헤매다가 불시에 기습을 받기 일쑤였다. 그래서 헌원은 방패의 사용법을 배우기도 하고 안개 속에서도 길을 찾기 위해 나침반을 만들기도 했다. 하지만 헌원의 승리는 늘 요원했다.

그들의 마지막 전투는 하북성 탁록에서 벌어졌다. 헌원은 용을 잘 부렸는데 천 년 묵은 응룡을 불러 많은 물을 모으게 했다. 큰 물로 치우의 부대를 한 번에 쓸어버릴 요량이었다. 하지만 그 사실을 이미 알고 있었던 치우는 바람의 여신 풍백[39]과 비의 여신 우사를 불렀고, 응룡이 모은 물을 폭풍우로 휩쓸어 오히려 헌원을 위태롭게 만들었다. 곤경에 빠진 헌원은 결국 자신의 딸 '한발'을 전장으로 불러들였다. 푸른 옷을 입고 하늘에서 내려온 발은 대단한 미인이었지만 머리카락이 없는 대머리였다. 민둥민둥한 그녀의 머리처럼 그녀는 주변 모든 것들을 바짝 말리는 능력이 있었다. 발은 풍백과 우사가 일으킨 폭풍우를 모두 말려 버렸고, 마침내 헌원은 처음으로 치우를 이길 수 있었다. 하지만 발은 그 일로 인해 다시는 하늘로 올라갈 수 없는 몸이 되었다. 그녀가 머무른 곳들은 모두 바짝 말라 버렸고, 그녀가 있는 곳에는 절대로 비가 내리지 않았기에 사람들은 그녀를 '가뭄의 여신, 한발'이라며 몹시 싫어하게 되었다. 한발은 결국 농경의 신 숙균에 의해 사람들이 살지 않는 먼 곳으로 쫓겨났다. 가끔씩 그녀

---

39 풍백은 여러 연구들에서 여신으로 해석되고 있다. 우사 역시 『산해경』에서 '우사첩'(雨師妾)이라 표현한 것으로 보아 여신이라 보는 견해가 많다.

가 외로움을 참지 못하고 세상에 모습을 드러낼 때면 큰 가뭄이 뒤따라온다고 한다. 이러한 유래로 인해 오늘날까지도 심한 가뭄을 한발이라고 부른다.

이처럼 구려의 치우천왕은 풍백과 우사를 거느렸다. 이를 통해 풍백, 우사, 운사는 예전의 중요 관직임을 알 수 있다. 조선의 삼정승처럼 말이다. 그런데 치우 시대의 운사는 풍백, 우사와 함께 치우천왕을 돕지 않고 대체 어디에 있었던 것일까?

그 답은 사마천이 쓴 『사기』에 나와 있다. 『사기』에 의하면 당시의 운사는 바로 황제 헌원이었다고 한다. 탁록 전투 이후 헌원의 후예들은 곰족과 호랑이족 등을 이끌고 고조선의 변방이 되는 하북성 쪽으로 갔다. 치우는 훗날 산동성에 묻혔고 그의 후예들은 그 일대와 남쪽으로 흩어졌는데, 기록에는 변한弁韓, 묘족, 풍이風夷가 되었다고 한다. 변한은 먼 훗날 가야에 흡수되었다.

그렇다면 치우천왕과 환웅천왕은 어떤 관계이며 풍백, 우사, 운사는 어떤 관직들이었을까? 그리고 그들의 역사는 오늘날 우리에게 어떤 모습으로 남아 있을까?

02

여신의 나라, 신라

단군왕검의 아버지인 환웅은 어디서 온 누구였을까?

다시 처음의 질문으로 돌아가 보자. 단군의 아버지 환웅은 어디서 온 누구였을까? 위서僞書 시비가 끊이지 않는 우리 고대 사서 『환단고기』에는 역대 환웅의 계보가 나와 있다. 그 책에 의하면, 황제 헌원과 싸우고 대륙의 남쪽으로 이동해 묘족의 시조가 된 환웅은 14대 자오지 천왕, 곧 치우 천왕이었다고 한다. 그리고 마지막 환웅인 18대 거불단 환웅이 풍백, 우사, 운사와 무리 삼천을 이끌고 이 땅으로 건너와 곰족 웅녀를 교화시키고 단군을 낳았다고 한다. 그렇다면 결국 우리 민족은 거불단 환웅의 자손이 되는 셈이다.

잠시 이 문제에 대해 주변국의 동태를 둘러보자면, 일본은 교과서를 왜곡하고 중국은 동북공정으로 몇 천 년이나 시원을 끌어올려 고조선과 고구려마저 자신들의 역사로 귀속시키려 하고 있다. 하지만 우리는 스스로 단군조선조차도 외면하고 있으니 안타까운 현실이다.

신라의 기원이 된 새와 석양의 신 이야기

신농 이후 다음 시대의 제왕이 된 것은 바로 신농의 외손자이자 헌원의 아들인 소호 금천씨였다. 그는 '새와 석양의 신'이었다.[40] 우리가 소호 금천을 살펴봐야 할 이유는 그가 고구려, 신라와 큰 연관이 있기 때문이다.

금천의 아버지는 계명성금성이었고 어머니는 인류역사상 처음으로 누에를 쳐 비단을 뽑는 기술을 인간에게 알려주었다는 '잠농의 여신' 누조였다. 누조는 신농의 딸이자 황제 헌원의 왕후였다. 어느 날 뗏목을 타고 놀다가 서해 바닷가 궁상窮桑이란 큰 뽕나무밭에서 아주 잘생긴 청년을 만났다. 그는 자신이 태백성금성, 곧 계명성의 정령이라고 소개했다. 둘은 한눈에 반했다. 청년은 거문고를 타고 누조는 노래를 하며, 둘은 사랑을 나누고 정표를 나눠 가졌다. 헌원의 궁으로 돌아온 누조는 얼마 후 아들을 낳았는데 그 아이가 바로 소호 금천이다.[41]

농사의 신인 신농, 그리고 신농의 딸이자 '누에와 양잠의 여신'인 누조는 동양 삼국에서 오랫동안 모셔진 중요한 신들이다. 조선 역시 봄이면 동대문 선농단에서 왕이 직접 신농 제사를 올렸고, 왕비는 성북동 선잠단에서 누조를 위한 선잠제를 지냈다.

소호는 처음엔 태어난 곳인 궁상에 첫 도읍을 세웠다. 훗날 외할아버지인 신농의 본거지였던 산동성 곡부로 도읍을 옮겼다. 그런데 소호 금천의 즉위식이 있던 날, 축하라도 하듯 사방에서 오색 봉황이 몰려들었다. 이

---

40 소호 금천씨(BC.2472 정미년 ~ BC.2468 계축년). 약 7년간 재위. 중국의 금문학자 낙빈기는 그의 저서 『금문신고』에서 소호 금천이 신농의 사위 자격으로 뒤를 이었다는 내용의 연구를 발표했다. 진위 여부는 역사가들이 풀어야 할 숙제일 것이다.

41 『습유기』 권1.

후 소호는 새를 토템으로 삼고 모든 관직명을 새 이름으로 지었다.[42] 가장 높은 관직의 이름은 봉황, 형벌을 다스리는 관직은 매, 병권을 맡은 관직은 독수리라고 하는 식이었다. 여기서 주의 깊게 볼 것은 최고 관직의 이름이 봉황이었다는 점이다. 봉황은 오늘날에도 우리나라 대통령을 상징하는 문양으로 사용되고 있다.

오늘날까지 전해진 바람의 여신 풍백의 풍속 _ 영등제

예로부터 바람을 타고 다니는 새는 하늘의 뜻을 전하는 전령으로 신성시됐다. 특히 새들의 왕인 봉황은 바람을 몰고 다닌다고 여겨져 봉황鳳과 바람風의 두 글자는 같은 의미로 사용되곤 했다. 오늘날 국무총리 같은 역할이었던 고대의 봉황 직은 후대에 우두머리 '백'伯을 붙여 '풍백'이란 이름으로 대치되었다. 따라서 치우 시대의 풍백은 아마 당시에는 바람을 뜻하는 다른 이름이었다가 후대에 풍백이란 이름으로 기록되었으리란 설이 있다. 더불어 최고의 지위와 여성성을 상징하는 봉황은 조선 시대까지도 왕비의 상징이 되었다.

이러한 문화는 주변 역사에도 많은 영향을 미쳤다. 상나라에서는 '비렴'飛廉이라는 바람의 여신을 매우 중요하게 모셨다. 오늘날 언어학자들의 연구에 의하면, 비렴에서 우리말 '바람'이 나왔다고 한다. 또 상나라 사람들은 모든 길흉화복은 하늘과 땅을 오가는 바람이 몰고 온다고 믿어 바람의 여신에게 영풍제寧風祭를 올렸다. 이러한 믿음은 이후 신라에 영등제라

---

42 『담자』

는 이름으로 이어졌는데, 지금까지도 영등제는 매년 봄마다 우리나라 전국 각지에서 지속되고 있다.

음력 2월 초하루에 '영동 마고 삼신할미'라는 바람신風神이 내려와 한 해 일을 씨 뿌리고 결정지은 후, 보름에 승천하여 하늘에 보고한다고 한다. 때문에 한 해 일의 성패는 영등제로부터 시작된다고 믿는데, 영등신은 부엌으로 내려온다고 하여 반드시 여성이 제주가 된다. 농사와 생명 및 부족 운영의 근간을 여성으로 보고, 신성한 여성이 신관이 되어 제사를 주관하던 고대의 흔적을 엿볼 수 있다.

그런데 조금 이상하지 않은가? 대체 왜 소호 금천과 상나라의 풍속이 오늘날까지 우리 문화에 남아 있는 것일까?

과거에는 그 지역과의 왕래와 교류가 활발했기 때문이다. 때문에 우리 민족 고유의 여성사를 보려면 신라를 보지 않을 수 없고, 신라의 문화사를 보려면 지금의 중국 대륙까지 보지 않을 수 없는 것이다.

신라가 새와 바람의 나라가 된 유래

그럼 다시 소호 금천의 이야기로 돌아가 보겠다. 소호는 우리와도 밀접한 관계가 있는 신이다. 소호 금천의 증손자는 제곡 고신[43]이라는 삼황오제 중 한 명인데, 『삼국사기』는 이렇게 밝히고 있다.

---

43 『삼국사기』「고구려본기」'광개토왕조'에는, 고구려 고주몽이 소호 금천의 손자인 전욱 고양의 후손이라서 성씨를 고씨로 하였다고 기록되어 있다.

"신라 사람들은 스스로 소호 금천씨小昊金天氏의 후손이라 하여 김씨로 성을 삼았고,[44] 고구려 또한 (소호 금천의 증손자인) 고신씨高辛氏의 후손이라 하여 고씨高氏로 성을 삼았다고 한다." _『삼국사기』「백제본기」

"김유신의 비문에 또한 '헌원의 후예요, 소호의 자손이다'라고 하였으니, 곧 남가야의 시조 김수로왕은 신라와 더불어 같은 성씨이다."
_『삼국사기』「열전」 제1, '김유신의 가계'

이처럼 당시인들은 소호 금천을 신라 김씨 왕실의 시조로, 소호의 손자인 고양씨는 고구려 고주몽의 시조로 여기고 있었다. 그렇다면 소호 금천의 후손들은 어떻게 한반도로 흘러들어 오게 된 것일까?

국제적인 다문화 국가였던 신라

사실 신라는 매우 복잡한 구성을 가진 국제적인 나라였다. 이는 과거 동양 사람들이 국경에 큰 의미를 두지 않았던 것도 한몫했다. 덕 있는 왕의 이름이 들리면 백성들은 그 나라로 몰려갔고, 권력자가 패권 다툼에서 패하면 자기 세력을 이끌고 떠나가 다른 나라를 세우기도 했다. 당시에는 국경을 넘을 때 오늘날처럼 꼼꼼하게 여권을 확인하는 일도 없었고, 반드시 태어난 나라에만 머물러야 한다는 의식도 적었다. 춘추시대 공자만 해도 수십 개국을 떠돌았고, 고구려 안장왕은 백제의 한주 낭자와 10년의

---

44 소호 금천이 신라 왕실의 시조라는 기록은 비단 『삼국사기』뿐만이 아니다. 〈문무왕비문〉과 〈재당신라 김씨부인묘지명〉에도 이러한 내용이 명확히 기록되어 있다.

비밀 연애 끝에 결혼했으며, 백제 무왕 역시 신라의 선화공주를 사모하여 신라 저잣거리에서 〈서동요〉를 유행시켰다. 그뿐인가? 신라의 연오랑과 세오녀는 일본으로 넘어가 왕이 되었다는 이야기가 전해지고, 백제의 왕손들도 일본으로 넘어가 천왕이 되었다는 설이 있다.

신라 역시 마찬가지였다. 상나라 유민들은 기자를 따라 망명해 고조선 등 진한辰韓의 백성이 되었고, 다시 1,500여 년이 지나 고조선이 연나라에 쇠하자 진한의 백성들은 남쪽으로 밀려 내려왔다. 또한 진나라 멸망 후 한무제가 재통일하는 진·한 교체기에 수많은 유민이 혼란을 피해 한반도로 건너왔는데 그중 일부가 신라의 초석이 되었다.

> "이전에 조선이 망한 뒤 조선의 유민들이 산골짜기 사이에 나누어 살면서 여섯 부락을 이루었는데, 이것이 진한 육부가 되었다. … 중국 사람들 중 진나라의 난리를 견디지 못하고 동쪽으로 온 자들이 많았는데 마한의 동쪽에 많이 살면서 진한과 섞여 살았다." _『삼국사기』「신라본기」

> "신라는 근본이 진한의 종자이다. … 그 언어와 사물의 이름이 중국인진나라과 비슷하고 마한과는 같지 않았다. … 진한의 왕은 마한 사람이 하고 진한인은 스스로 왕이 되지 않았는데 흘러온 유민임이 분명했기 때문이다."[45]

중국 역사서 『삼국지』에도 "진한의 노인들이 대대로 전하길, '우리는 옛 망명인들로 진나라의 고역을 피해 한국으로 왔다. 마한이 그들의 동쪽 지역을 우리에게 나눠 주었다'고 했다"라는 내용이 보인다. 그런데 신라

---

45 『북사』「신라조」.

의 구성원은 이들뿐만이 아니었다. 2009년 7월 18일 자에 방송된 KBS 〈역사스페셜〉에서는 흉노족이 전래해 신라가 되었다는 설을 소개하기도 했다. 즉, 신라라는 나라는 본래 그 땅에 거주했던 수많은 부족국과 더불어 조선의 유민, 고구려, 백제 그리고 대륙에서 건너온 동이국의 후손들이 섞인 다문화 국가였던 것이다.

신라에 유입된 여인 왕국의 문화

흥미로운 것은 신라 토착국들 중에 여인 왕국도 있었다는 점이다. 『삼국사기』에 의하면, 신라의 석탈해 왕은 본래 다파나국의 왕자였는데 어머니는 여인 왕국인 적녀국의 왕녀였다고 쓰여 있다. 『후한서』와 『산해경』 등의 중국 역사서에도 동쪽 먼 곳에 여인 왕국이 있었다는 기록이 남아 있다.[46] 그리고 그런 바탕 위에서 다양한 사람들이 모여들어 자연스럽게 나라가 되었다. 그것이 바로 신라의 정체성이었고, 신라에만 여왕이 나올 수 있던 이유였으며, 우리가 신라를 주목해 봐야 하는 이유이다. 이처럼 신라는 고구려, 백제와는 다른 빛깔을 가지고 다른 길을 열었다.

오늘날 우리가 가장 많이 접하는 조선과 고려의 역사를 통해 신라를 바라본다면 신라는 참으로 이상한 나라이다. 특히 초기 신라의 여성관은 지금의 관점으로 보아도 부담스러울 만큼 '여성 중심'으로 기울어 있다. 하지만 그런 신라가 유례없이 긴 천 년의 역사를 이어 갔다.

또한 현재 우리가 사용하는 상당수의 성씨들은 신라에 뿌리를 두고 있

---

46 김두진(1999), p.296.

다.[47] 그러한 사실을 알고 보면 신라의 무게는 사뭇 무겁게 다가온다.

신라의 풍백 신앙

그렇다면 신라는 삼국의 다른 나라들과 무엇이 가장 달랐을까?

우선 신라의 시조 신화와 국가 제사가 부여 계통의 고구려나 백제와는 완전히 다른 것을 볼 수 있다. 경상대 손병욱 교수는 이에 대해 환웅의 두 여인이었던 웅녀 계통과 풍백 계통의 차이라는 의미 있는 주장을 제시했다.[48] 토착민이었던 웅녀는 환웅에게 완전히 교화되어 단군을 낳고 일선에서 물러났다. 하지만 환웅과 함께 온 풍백은 환웅과 함께 360가지의 일을 주관했다. 그리고 신라는 실제로 풍백 여신을 국가 신앙의 중심으로 삼았다. 그래서 농사가 시작되는 입춘이면 풍백 여신에게 제사를 지냈고, 입하에는 우사에게 제사를 지냈다. 재밌게도 사마천이 『사기』에서 황제 헌원이었다고 주장한 운사는 제사 대상에서 아예 제외되었다. 오늘날의 추석과 비슷한 '입추 후 지내는 제사'에 신라인들은 운사 대신 농사를 담당하는 별, 영성靈星에게 제사를 올렸다.

바람은 어딘가로부터 날아와 아련한 향기를 전해 주고는 곧 스쳐가 버리는 신비함이다. 보이지도 만져지지도 않지만, 그 바람을 타고 나는 것

---

47 『화랑세기』 번역 등으로 신라 연구에 독보적 위치에 서 있는 서강대 사학과 이종욱 교수는 저서 『상처받은 신라』에서, 현재 한국 성씨의 상당수가 신라에서 기인했음을 들며 한국 정체성의 원점을 신라 오리진이라 주장하였다.

48 국민대 김두진 명예교수는, 신라가 땅인 지모신을 숭상하는 계통을 가져 여자도 가장의 권한을 가졌었던 나라가 아니었을까 하는 견해를 내놓기도 했다.(김두진, 1999); 하현진 역시 신라가 풍백 계통의 여성관을 가져 신라 여성의 지위가 높았음을 주장하였다.(하현진, 2010).

이 바로 깃털 달린 새이다. 새를 숭상한 소호 금천의 후손임을 자처한 신라에는 새와 바람의 흔적이 많다. 심지어는 죽은 후에도 새처럼 날아오르길 희망하며 장례식에 큰 새의 깃털을 사용하기도 했다.

360가지 새들의 왕인 봉황이자 바람의 여신이며, 환웅과 함께 360여 가지 인간사를 주관하던 풍백! 신라인들은 풍백이 농사와 생명을 주관한다고 믿었다. 그리하여 매년 입춘이면 풍백에게 국가적인 제사를 올리는 것으로 한 해를 시작하였다. 그리고 풍백을 숭상하며 그 정신을 따르고자 했던 신라 사람들의 주체적인 여성상은 오늘날에도 많은 것을 생각해 보게 한다.

식민사관과 정쟁에 이용당한 '신라'

2021년은 3·1운동 102주년이 되는 의미 깊은 해였다. 그래서인지 다양한 형태의 독립 만세가 예술로 승화되어 전국 곳곳에 메아리쳤다. 매년 3월 1일이 되면 대중매체와 각종 행사장에선 '대한독립 만세'를 외친다. 하지만 정말로 우리 대한민국은 진정한 독립 만세를 이루어낸 것일까?

겉으로 굴복시키는 것은 쉽지만 진심이 담긴 충정을 받아내는 것은 어렵다. 사람의 진심은 가치관에 따른 신념에서 오는 것이고, 신념은 대개 역사와 문화에 뿌리를 둔다. 때문에 일제는 이 땅의 역사와 문화를 가장 적극적으로 이용하려 했다. 일명 식민사관이란 역사 조작과 호주제 등을 이용한 문화 이식으로 대표된다. 즉, 대한제국의 상고사를 지우고 식민사관으로 채워 넣거나, 전통적인 정신세계와 문화를 지우고자 메이지 유신의 가치관과 문화를 이식하였다.

그리고 그런 식으로 활용된 역사가 바로 신라였다.[49] 신라는 식민사관으로 재해석되어 한반도가 고대부터 일본의 속국이었음을 증명하는 나라가 되었고, 화랑정신은 대한의 젊은이들을 전쟁터와 정신대로 향하게 하는 근거가 되었다.

하지만 해방이 되어서도 우리는 신라를 되찾을 기회를 갖지 못했다. '고조선-고구려-발해-고려'로 북한의 지역적 정통성을 주장한 김일성에 대해, 박정희 전 대통령은 남한에 있었던 '통일신라'를 민족의 정통성으로 삼아 통일의 근거로 내세웠다.[50]

이렇듯 신라가 남북 지도자들에 의해 체제 정당성의 근거로 재해석되면서 오히려 국제적인 다문화를 꽃피웠던 '동양 삼국의 중심지 신라'의 기억은 멀어지고 말았다. 자유롭게 해양과 실크로드를 넘나들며 열린 마음으로 소통하고 교류하던 당당한 신라의 기개를 잊고 말았다. 다름의 가치를 이해하고 차이를 차별 없이 포용하며 융합으로 승화시키던 창조꾼 신라의 재능을 놓치고 만 결과, 진정한 평등의 가치와 융합의 정신이야말로 한민족의 진정한 전통 가치이자 정신적 문화유산이었음을 잃어버리고 말았다. 바로 여기에 우리가 신라를 재해석해 봐야 하는 의의와 필요성이 있는 것이다.

---

49 특히 명성황후를 직접 시해한 아유카이 후사노신(1864~1946)은 조선총독부에서 조선 문화를 연구하며 『화랑고』라는 책을 내었다. 아유카이의 주장을 요약하면 다음과 같았다. '첫째, 화랑도는 유불도(儒佛道)를 접하면서 쇠퇴했다. 둘째, 화랑의 기백은 야마토 민족의 피를 받아 발로된 것이다. 셋째, 신라인들의 주요 구성원은 야마토 민족이다. 넷째, 원화는 창기이고 화랑과 낭도의 관계는 동성애 관계이다.'(조범환, 2009, p.67에서 요약)

50 이에 박정희는 약 18년간 경주고도개발사업을 진행했다. 이 사업은 박정희 대통령의 서거로 중단되었다.

03

삼국에 시조모 신화만 있는 이유

신라를 낳은 여신 _ 서술성모 이야기

『삼국사기』를 쓴 김부식이 송나라에 사신으로 갔다가 우신관이라는 곳에서 참배를 하게 됐다. 그때 송나라 사람이 한 여신상을 가리키며 물었다. "당신네 나라의 여신인데 아십니까?"

하지만 김부식은 금시초문이었다. 그러자 송나라 사람은 "이 여신께서 신라 땅에 가셔서 아들을 낳았는데 해동의 시조가 됐다고 합니다" 하고 알려 주었다. 하지만 김부식은 끝내 그 여신이 누구인지 알 수가 없어 『삼국사기』에 소회를 밝혀 놓았다. "동신성모에게 제사한 제문을 보았는데 '어진 인물을 낳아 처음으로 나라를 세웠다'는 글귀가 있어서 성모가 곧 선도산의 신임을 알았다. 하지만 그 아들이 어느 때 왕 노릇했다는지는 모르겠다."

이에 대해 『삼국유사』를 지은 일연은 이같이 설명했다. "(신라 시조 박혁거세가 태어난 알은) 서술성모西述聖母가 낳은 것이다. 중국에서 성모를 찬

미하는 제문 중에 '어진 인물을 낳아 나라를 세웠다'는 내용이 있는데, 이를 두고 하는 말일 것이다. 또 계룡이 상서로움을 드러내 알영을 낳았다는 얘기 또한 서술성모의 현신을 말한 것이 아니겠는가."[51]

김부식과 일연이 말한 '해동의 시조를 낳았다'는 성모는 대체 어떤 여신이었을까? 또한 성모가 송나라에 모셔지고 송나라 사람들이 제문까지 지어 바친 이유는 무엇 때문이었을까?

옛글에 "태산이 높다 하되 하늘 아래 뫼이로다"라는 문장이 있다. 예로부터 태산은 하늘과 통하는 가장 신령한 산으로 믿어져 사람들 마음속 가장 높은 산으로 여겨졌다. 그것은 태산의 산신인 동악대제가 인간의 수명과 길흉화복을 관장하는 인간에게 가장 중요한 신이었기 때문이다. 그래서 진시황부터 청나라 건륭제까지, 보위가 바뀔 때마다 새 황제는 제일 먼저 태산에 올라가 즉위를 고했다. 그렇게 태산은 오랜 시간 하늘처럼 여겨진 산이었다.

태산을 다스리는 동악대제에게는 아끼는 딸이 하나 있었는데 사람들은 그녀를 천선성모天仙聖母라 불렀다. 동악대제의 사랑을 듬뿍 받아서일까? 천선성모는 늘 인간들에게 복을 내려 주고 다녔다. 그래서 사람들은 태산에 오를 때마다 천선성모에게 복을 비는 것을 잊지 않았다.[52]

태산 천선성모 여신의 두 자녀 _ 박혁거세와 알영

---

51 『삼국유사』 권1 「기이편2」, '신라시조혁거세왕조'.

52 중국 땅에 있던 부여 황실의 황녀 파소가 아비 없는 아이를 임신하여 출궁했는데, 파소가 선도산의 성모였다는 설도 있다.(『환단고기』)

태산이 있던 산동성은 본래 오랫동안 동이족들이 거주하던 땅으로 그들의 신앙과 삶이 가득했던 곳이다. 하지만 수많은 사건과 사연 속에 동이족은 여러 지역으로 흩어졌다. 그리고 진·한 교체기에 노역과 전란에 지친 수많은 유민이 또다시 한반도로 건너왔다. 태산의 여신도 그들을 따라 새로운 땅을 구경하러 갔다가 그곳의 아름다움에 그만 매혹되고 말았다. 그래서 계속 그곳에 머물며 태산으로 돌아가려 하지 않았다고 한다.

한편, 오랫동안 딸을 기다리던 동악대제는 그것이 딸의 소망이자 운명임을 직감했다. 결국 소리개 한 마리를 딸에게 보내며 그 새가 머무는 곳에서 살라고 조언해 주었다. 그렇게 동악대제가 딸을 위해 보낸 소리개가 머문 곳이 바로 지금의 경주 선도산仙桃山이다.

선도산에 안주한 성모는 알을 하나 낳았는데 그 알에서 신라의 시조 박혁거세가 나왔다. 그리고 다시 알영정이란 우물에서 계룡鷄龍: 봉황의 모습으로 나타나 옆구리로 알을 하나 흘리고 갔는데, 그 알에서는 신라의 시조비 알영이 나왔다. 알영은 신라의 시조 박혁거세와 함께 신라를 통치하며 나란히 두 성인으로 추앙받았다. 그것은 왕비로서가 아니라 왕과 여왕과 같은 동일한 통치자로서의 의미를 가지고 있었다. 그래서 『삼국사기』나 『삼국유사』 모두 알영을 왕비가 아닌 '두 성인', '여자 임금'女君, '왕'으로 표현했다. 더욱이 계룡에게 태어난 알영 여왕의 탄생 신화에서 '계림국'이라는 신라 국호가 유래했는데,[53] 근래까지도 팔도강산을 계림팔도라 표현하기도 했다. 이처럼 시조비 알영에게서 신라의 국호가 유래한 것은 시조인 박혁거세보다 더욱 중요하게 여겨질 만한 측면이 있었기 때문

---

53 지증왕 때 신라로 확정짓기 전까지 신라는 서라벌, 사로국, 사라, 계림국 등 참으로 다양한 이름을 갖고 있었다.

이다. 실제로 알영은 박혁거세와 항시 동행하며 신라에 농사와 누에치기를 전하며 권장하였고, 이후 비단은 신라의 중요한 수출품이 되었다. 결국 알영은 훗날 '지모신'地母神으로도 모셔졌다.

이처럼 신라는 선도산 여신이 낳은 박혁거세와 알영을 시조로 모신 나라였다. 특히 알영은 신라의 시조모이자 태산 천선성모 여신의 후예였기에 신라는 후대까지도 '왕실 여성의 혈통'을 특별히 신성시하였다. 그리하여 남성인 왕은 정사를 보고, 왕실 여성은 신관의 역할을 하며 나라의 두 축이 되었다.

시조의 어머니는 있어도 아버지는 없는 까닭

신라의 건국신화에서 조금 의외인 것은 바로 시조의 아버지시조부는 어디에도 보이지 않는다는 점이다. 비슷한 시기에 존재했던 고구려나 백제 역시 시조의 어머니시조모는 국가 제사의 대상이었지만, 시조의 아버지는 상대적으로 부각되지 않는다는 공통점이 있었다. 신라는 곡식과 생명을 주관하는 풍백 여신과 시조모인 선도산 성모를 국신으로 모셨지만 그들의 남편에 대해서는 변변한 기록조차 없다.

고구려의 시조모인 유화부인은 지혜와 신성함을 갖춘 국신國神이자 지모신으로 모셔져 국가 차원에서 제사를 지냈지만, 시조부인 해모수는 정확한 정체조차 알 수 없다. 백제 또한 마찬가지다. 막대한 재산과 지모로 연하의 새 남편과 고구려를 세우고 훗날 전 남편의 두 아들을 앞세워 백제를 세웠던 부여 출신 소서노는 백제의 국모신으로 모셔졌다.[54] 하지만 국신으로는 소서노의 출신국인 부여의 시조 동명왕이 모셔졌을 뿐이다.

그것은 남쪽에 위치했던 가야 또한 마찬가지였다. 가야국의 시조모인 정견모주는 가야산의 산신이었다. 그녀는 어느 날 천신 이비가지에게 감응하여 두 개의 알을 낳았는데, 각각 대가야의 이진아시왕과 금관가야의 김수로왕이 태어났다고 한다. 가야국 역시 정견모주에 대한 신앙이 계속 이어져 현재까지도 가야산의 해인사와 심원사에는 정견모주가 모셔져 있다. 하지만 천신 이비가지에 대해서는 상세히 알 수가 없다.

대체 왜 나라를 세운 시조의 어머니는 신으로 모셔지는데 아버지들은 보이지 않는 걸까?

이는 모계 중심 사회의 흔적 때문이다. 시조의 어머니들은 당시 습속대로 자유연애를 통한 야합이나 약탈혼[55]의 모습으로 시조를 임신했고, 아이는 어머니와 함께 살았다. 그 과정에서 아버지는 보이지 않는다. 그래서 동명성왕 고주몽과 유리왕 모두 어머니와 살다가 아버지를 찾아 나서는 모습이 보인다. 더불어 여성은 생명을 기르고 완성시키는 땅과 같이 여겨졌다. 고주몽은 위험에 빠질 때마다 유화부인의 지혜에 의지해 난국을 헤쳐 나갔고, 아내인 소서노의 도움을 받고서야 왕이 될 수 있었다. 그리고 이 같은 사례는 비단 고주몽만의 이야기로 끝나지 않는다. 우리는 여성부인이나 어머니의 도움으로 시련을 이겨내고 한계를 넘어 마침내 왕이 된 영웅들의 이야기를 역사책 속에서 무수히 발견할 수 있다.

---

54 부여 출신으로 고구려와 백제의 건국에 모두 관여했던 소서노는 부여와 백제에서 모두 부여신으로 모셔졌다.

55 약탈혼이란 고대 원시부족에서 다른 씨족의 여성을 약탈하여 아내로 삼는 혼인 방식이다. 몽골, 말갈족 등의 기록에 약탈혼의 모습이 보인다고 한다. 해모수가 유화를 꾀어내 하룻밤을 보내고 떠나 버린 것에서 약탈혼의 모습을 찾아볼 수 있다.

합천 해인사의 정견모주

가야산 심원사의 정견모주

어머니를 중시하던 문화가 남긴 흔적

이러한 사유와 문화는 후대까지도 영향을 미쳤다. 비록 삼국이 일찍부터 유교를 받아들였지만 정치와 제도적인 측면에서만 주로 사용되었을 뿐이었다. 인간의 본질과 남녀 관계를 바라보는 관점은 고유한 전통문화 속에서 계속 작동했기에 중국과는 다른 우리만의 모습을 오랫동안 유지할 수 있었다. 예를 들면, 유교에서 '어머니'는 아버지의 정실부인만이 가질 수 있는 자리였다. 때문에 어머니가 이혼했거나 첩이었다면 자식은 어머니를 진짜 어머니로 대할 수가 없었다. 우리는 중국 사극에서 후궁이 낳은 황자들이 계모인 황후를 모후라 부르며 어머니로 대우하는 모습을 볼 수 있다. 그리고 온갖 시련 끝에 후궁의 아들이 황위를 이어도 성공의 열매는 정실부인인 황후의 몫일 뿐이었다. 선 황제의 정실이자 새 황제의 계모인 황후는 결국 생모보다 높은 지위의 황태후가 되어 권세를 이어 나간다.

반면 우리나라에서는 조선 중기 이전까지는 새로 즉위한 왕의 진짜 어머니가 대비가 되어 실권을 잡는 경우가 많았다. 또한 조선 초기까지 우리 여성들은 자유롭게 사랑하고 개인적인 재산을 소유하며, 원한다면 친정 부모와 함께 살 수도 있었다. 또한 아들딸이 공평하게 재산을 상속받고 경제활동에도 참여하는 등 활달하고 주체적인 삶을 살아갔다.

조선 시대 문화만을 우리 전통문화라 할 수 있을까?

흔히 조선 후기의 문화를 우리의 전통문화로 생각하는 경우가 많다. 현대와 가장 가까운 시기이고 또 가장 많은 사료가 남아 있어서일 것이다. 하지만 그보다 더 오랜 시간 동안 우리 선조들은 조선 후기의 모습과는 전혀 다른 모습으로 살아가고 있었다. 그리고 그러한 사실을 올바로 아는 것은 우리가 직면한 성 역할 고정관념에서 오는 차별의 문제와 불합리한 가부장적 가족문화를 풀어내는 데 중요한 열쇠가 될 것이다. '익숙함과 낯섦', 그것은 그것 자체로 고정관념을 만들어내지만 낯설음을 깨기란 쉽지 않은 도전이기 때문이다. 성차별을 야기하는 성 역할의 고정관념을 다른 각도에서 바라보는 것, 그리고 사회 전반에 뿌리내린 서열화 문화를 깨어 더 넓고 자유로운 화합의 장으로 나아가는 용기는 '낯섦'을 익숙함으로 바꿀 때에 가능한 것이다. 마치 아빠가 해 주는 요리를 자주 먹는 아이와 엄마가 해 준 요리만 먹어 본 아이의 성 역할 인식이 다를 수밖에 없는 것처럼 말이다.

새를 유달리 좋아했던 바람의 나라, 신라

선도산에 거처를 정한 성모는 왜 하필 계룡의 모습으로 나타나 신라의 시조들을 낳았을까? 계룡이란 곧 봉황의 다른 이름이다. 신라의 김씨 왕실이 자신의 선조로 지목한 소호 금천은 봉황을 상징으로 내세웠고, 신라인이 섬겼던 풍백 여신 또한 봉황의 또 다른 모습이었다. 중국의 오래된 고전인 『산해경』에 이런 내용이 보인다.

"(중국의) 동해 밖에 큰 골짜기가 있는데 소호의 나라이다. 그곳에서 소호가 전욱을 키웠다. 감수란 곳에서 봉황이 나온다. … 대황大荒: 전욱이

▌봉황의 초기 형태인 焉(언)[금문]

묻힌 곳의 중심에 다섯 빛깔의 새가 사는데 그곳 황제인 제준帝俊의 아래에서만 살고 제준의 단에서만 운다."

후한 시대 약 22년에 걸쳐 완성된 글자 해석서 『설문해자』에도 비슷한 내용이 보인다.

"봉황은 신의 새인데, 다섯 빛깔을 띠며 동방 군자의 나라에서 나타나고 날이 저물면 풍혈風穴에서 잔다. 봉황이 보이면 천하가 크게 안녕하다."

동방 군자국의 황제인 제준의 밑에서만 울었다는 봉황새는 그래서 초기 금문의 모양도 제帝의 오른쪽에 새가 앉아 있는 모양이다. 이 새는 준오踆烏: 제준의 새라고도 불리는데 또 다른 설로는 '삼족오'라고도 한다. 이처럼 신라는 유달리 새를 좋아했는데, 특히 봉황새는 바람風의 상징이자 여신의 현신이었기 때문이다. 곧 신라는 바람의 나라이자 여신의 나라였다.

04

한민족의 고유성을 중시했던 신라인은 아들과 딸을 어떻게 생각했을까?

신라의 왕들은 왜 성씨가 다를까?

신라를 가지고 연상 게임을 해 보면 어떤 키워드들이 생각날까?

경주, 박혁거세, 불국사, 첨성대, 선덕여왕…. 더불어 학창 시절 한국사 시간에 열심히 외운 '박·석·김'의 신라 왕실 계보가 생각날지도 모르겠다. 열심히 외운 덕에 나름 익숙해진 '박·석·김'이지만 생각해 보면 낯설고 특이한 일이기도 하다.

991년이나 되는 신라사 속에 '박·석·김'이라는 왕의 성씨는 여덟 차례나 교체되었다. 유교식으로 따져 보자면 역성혁명이고 부계 중심 종법의 눈으로 보자면 왕실의 대가 끊긴, 일종의 멸문지화였다. 유교를 수입한 대부분의 나라에서 왕의 성씨가 바뀌는 것은 곧 왕조의 교체를 의미했다. 왕조의 교체는 곧 망국이자 창업이다. 때문에 조선 초기, 고려 왕족인 왕씨 후손들은 전멸되다시피 하지 않았던가!

그런데 신라의 낯섦은 비단 왕실 계보만의 문제가 아니다. 신라의 문화는 까면 깔수록 독특하고 신기해서 유교식 패러다임으로 보자면 당황스럽기 그지없다. 천동설을 믿던 이들이 지동설을 이해할 수 없었듯, 신라의 패러다임은 동양 삼국을 지배한 유교와는 본질부터가 달랐다. 그렇기에 신라를 알아갈수록 느껴지는 곤혹스러움은 그만큼 유교식으로 생각하는 데 익숙하다는 반증일지도 모르겠다.

그렇다면 신라의 독특한 왕위 계승 문화, 여왕이 셋이나 나올 수 있었던 까닭, 그리고 천 년을 유지할 수 있었던 생기발랄한 신라 문화의 비밀은 무엇이었을까? 어쩌면 신라의 낯선 모습 속에서 오래전 잃어버린 우리의 본래 모습을 발견할 수 있지는 않을까?

신라 문화의 특성

신라 역시 백제나 고구려처럼 적극적으로 유교를 받아들인 나라다. 하지만 대부분의 고대국가가 창업 군주의 세습과 통치를 받았던 것과 달리, 신라는 토론과 합의를 통해 왕을 뽑고 큰일을 결정하는 나라였다. 일단 나라의 시작부터가 그러했다.

신라는 육부의 촌장들이 박혁거세와 알영을 왕과 여왕으로 추대하면서 시작된 나라이다. 즉, 정복과 복종이 아닌 인망과 능력이 있는 자를 협의로 추대하는 방식으로 나라의 문을 열었다.[56] 때문에 후대에도 왕의 자질인 덕과 능력은 중요한 문제였다.

더불어 신라에는 '신교'神教라는 고유 사상에서 기인한 '풍류도'風流道가 뿌리 깊게 자리하고 있었다. 삼교三教: 유교·불교·도교를 두루 통달한 당대의 천재 학자 최치원에 따르면 풍류도는 삼교의 본질을 이미 갖추고 있던 사상이었다. 때문에 신라인들은 유교를 수입하고서도 고유한 전통문화를 지켜 갈 수 있었다. 그것은 신라인들이 신라는 고조선을 계승한 신국神國이자 천자국이며, 삼교와 같은 당시로서는 고급문화를 이미 가지고 있었다는, 문화적 자존감이 매우 높았기 때문이다.[57] 덕분에 신라에서는 이른바 전통이 '미신·야만'이 되고 유교는 '정통'이 되는 주객전도 현상이 조금은 늦춰질 수 있었다.

예를 들면, 신라에서 한문은 신라 언어를 더 잘 표현하는 이두로 응용됐다. 신라에 들어온 유교는 신라 고유의 공동체 의식과 화랑도를 정교한 체제로 보완하는 데 사용됐다. 불교는 신라의 고유 신앙과 결합하여 왕권을 강화하고 삼한마한·변한·진한 통일의 꿈을 그리는 밑바탕으로 활용됐다. 도교는 신라 화랑들의 심신을 연마하는 이론적 뒷받침이 되어 주었다. 그 과정에서 언제나 주主는 신라의 전통 사상이었고 유교 등의 전래 문화는 보조가 되었다. 그래서 신라의 정치체제와 가족제도, 그리고 문화는 다른 유교 수입국들과 달리 진한辰韓: 고조선의 한 갈래이자 신라가 유래한 나라[58]의 고유한 정신을 지켜 갈 수 있었다.

---

56 이러한 공동체 의식은 화백 제도라는 신라의 고유한 정치제도로 자리 잡았다. 『당서』「신라전」에 그러한 내용이 보인다. "어떤 큰일이 있을 때면 모든 백관이 모여 서로 깊이 토론하여 결정했다. 17관등 중 상위 계급이 참석하는데, 일이 있을 때면 반드시 여러 사람과 합의해서 결정한다. 만약 그중 한 사람이라도 이의가 있으면 통과하지 못한다." 민주주의와 비슷하지만 신라의 화백 제도는 만장일치의 원칙을 사용하고 있었다. 사실 생각해 보면 다수결이 항상 옳다고만 할 수는 없다. 때문에 현대에도 다수결의 한계를 보완하기 위해 보르다 투표법, 콩도르세 투표법, 결선제, 순차적 결선제 등의 방법들이 사용되기도 하는 것이다.

57 그래서인지 『삼국사기』와 『삼국유사』 모두 신라 박혁거세를 천자로 예우하는 용어로 기록하였다.

58 경주대 이강식 명예교수의 논문(2002)에 의하면, 신라의 시조 박혁거세는 고조선 마지막 단군의 후손이라는 추측이 가능하다고 한다. 또한 고조선의 삼한 중 가장 중요했던 진한을 신라가 계승하였으며, 신라인들에게는 고조선 진한의 계승자라는 의식이 남아 있었다고 한다.

신라 가족문화의 원리

그렇다면 신라의 가족문화와 남녀를 보는 시각은 어떠했을까?

그 시대 국가들이 모두 그러했듯, 신라 역시 지배층의 가문과 혈통을 중시한 봉건국가였다. 더 나아가 신라는 골품과 혈통을 유난히 중시하던 나라였다. 그래서 골품 계급에 따라 사용할 수 있는 옷 색깔, 집 크기, 신발, 장신구의 종류까지 정해져 있을 정도였다. 하지만 신라에는 의외의 오픈마인드가 있었다.

보통 유교 국가의 계승 원칙은 부계 중심, 장남 중심이다. 장남이 없으면 양자를 들여서라도 장남이란 명분을 지키려는 게 유교다. 하지만 신라는 부계와 모계를 모두 중시하였다. 때문에 아들과 딸, 친손과 외손, 친형제와 처남·매부, 사위와 며느리끼리는 비슷한 무게감을 갖고 있었다. 유교에서라면 딸보단 아들, 외손보단 친손, 처남·매부보단 친형제, 며느리보다는 사위가 더 높은 무게감을 가졌을 터이지만 말이다. 게다가 신라는 혈연보다는 덕과 능력에 더 가중치를 두었다. 따라서 그들 중 누가 왕위를 잇고 가문을 이끌 것인가는 현재 왕과의 실질적인 관계와 본인의 덕과 능력에 달려 있었다.

즉, 왕과 같은 성씨의 조카보다는 차라리 덕 있는 사위를 가깝게 여겼고, 친손보다 외손의 능력이 출중하다면 외손을 선택했다. 왜냐하면 유교식 종법처럼 아버지 쪽 혈연 촌수만으로 자손의 친소親疏를 정하고 차별하지 않았기 때문이다. 그것이 신라의 전통이었다.

신라는 성씨를 사용하는 방식도 독특했다. 부계 혈통을 구별하는 성씨는 필요에 따라 어머니의 성을 쓰거나 새로 만들어 쓸 수 있었다. 또한 성씨처럼 모계 혈통을 구분하는 독특한 전통이 있었는데, 모계로만 전해지는 혈통 구분[59]은 부계 성씨와 달리 한 번 정해지면 바꿀 수 없었다. 그래서 같은 형제라도 어머니가 다르면 모계 혈통도 달라졌다. 고대에 어머니의 계통을 성姓으로 구분하고, 아버지의 계통을 씨氏로 구분하던 것과 유사했다. 즉, 어머니의 혈통 역시 매우 중시돼 왕실의 혼사, 화랑의 계파와 관직 등에서 모계 혈통은 파를 나누는 중요한 기준점이 되었다.

이처럼 모계 혈통도 부계 성씨처럼 신분과 소속을 가르는 중요한 요소였기에 여성은 남성에게 종속되지 않았다. 아버지만큼 어머니도 중요했기 때문이다. 따라서 신라의 왕위 계승은 장남, 남성 등의 조건보다 더 넓은 범위에서 덕과 능력이 있는 인재를 찾아볼 수 있었다. 왕의 장남이 너무 어리면 능력 있는 숙부·사촌·조카가 왕이 됐고, 장녀가 능력이 있으면 스스로 여왕이 되거나 남편왕의 사위에게 왕위를 넘기기도 했다. 실제로 신라에는 어머니와 처의 혈통을 매개로 왕이 된 사위왕이 많다. 심지어 남해왕은 자신의 장남과 외국인 사위 석탈해 가운데 아들과 사위를 구분하지 말고 나이와 현명함을 따져서 왕위에 올리라는 유언을 남기기도 했다.

왕실의 성씨가 세 번이나 바뀐 까닭

그럼 다시 처음의 의문으로 돌아가 보자. 신라에서 '박·석·김'씨가 돌아가며 왕위를 계승한 기이한 일은 어떻게 일어날 수 있었을까? 바로 사위와 외손이 왕위를 계승했기 때문이다. 모계와 부계가 모두 중요했던 신라

---

59 바로 진골정통(眞骨正統)과 대원신통(大元神統)이란 것이었다.

인들에게는 아들과 딸, 친손과 외손이 같은 무게의 자손이었다. 그들이 중시한 것은 실질적으로 왕업을 잘 수행할 '왕의 자질과 능력'이었다.

그것이 바로 이 땅에서 신라가 천년왕국을 이룩한 비결이자 우리 고유 사상이 가진 기본 바탕이었다. 여성의 계통女系을 매개로 사위와 외손이 왕위를 물려받은 신라 왕들의 사례는 다음의 표와 같다.

사위와 외손이 왕위를 물려받은 신라의 왕들

왕	선대 왕과의 관계
4대 탈해왕	2대 남해왕의 사위
11대 조분왕	10대 내해왕의 사위
13대 미추왕	11대 조분왕의 사위
18대 실성왕	13대 미추왕의 사위
22대 지증왕	19대 눌지왕의 외손자
24대 진흥왕	23대 법흥왕의 외손자
27대 선덕여왕	26대 진평왕의 장녀
28대 진덕여왕	27대 선덕여왕의 사촌여동생(선덕의 계녀로 입적하여 등극)
37대 선덕왕	33대 성덕대왕의 외손자
48대 경문왕	47대 헌안왕의 사위
49대 헌강왕	47대 헌안왕의 첫째 외손자이자 48대 경문왕(헌안왕 사위)의 장남
50대 정강왕	47대 헌안왕의 둘째 외손자이자 48대 경문왕(헌안왕 사위)의 차남
51대 진성여왕	47대 헌안왕의 외손녀, 48대 경문왕의 장녀
53대 신덕왕	49대 헌강왕의 사위
54대 경명왕	49대 헌강왕 장녀계 첫째 외손자이자 53대 신덕왕(헌강왕 사위)의 장남
55대 경애왕	49대 헌강왕 장녀계 둘째 외손자이자 53대 신덕왕(헌강왕 사위)의 차남
56대 경순왕	49대 헌강왕 차녀계 외손자이자 53대 신덕왕의 처조카

*주 : 신라 왕실은 혈통의 순수성을 이유로 근친혼이 빈번했음을 감안하고 보아야 함.

신라의 모계 혈통 _ 진골정통과 대원신통

신라에서는 매년 입춘이면 곡식과 생명을 주관하는 풍백 여신에게 국가 차원에서 제사를 올렸다. 신라의 호국신인 선도산 성모와 시조신이자 지모신인 알영도 중요한 제사 대상이었다. 신라의 왕실 여성들은 시조묘나 신궁의 제사를 주관했고, 사후에는 신라를 지키는 산신, 신모, 성모로 추앙되기도 했다. 마치 상나라 왕실의 여성들이 신과 관련된 일을 맡아보았듯, 신라의 왕실 여성들 또한 신의 일을 주관하며 신라의 신앙을 이끌었다.

고대사회에서 하늘의 대변자인 신관神官은 그야말로 하늘과 같은 존재였다. 신라의 왕실 여성들 역시 신성한 신의 후손이자 살아 있는 신으로 존중받았다. 진흥왕의 모후인 지소태후는 당시 사람들에게 신의 화현化現으로 여겨질 정도였는데, 시조신 알영의 후손이었으며 '진골정통'眞骨正統이라는 모계 혈통의 종장이었기 때문이다. 그에 반해 신라의 유명한 색공色功: 전문적으로 권력자에게 성 상납을 하는 것 가문인 사도태후와 미실의 모계 혈통은 '대원신통'大元神統이었다.

진골정통과 대원신통은 모계로만 전해졌기 때문에 아버지가 같아도 어머니가 다르면 형제들은 진골정통과 대원신통으로 나뉘었다. 마치 옛날에는 모계로 전해지는 성과 부계로 전해지는 씨를 구분하여 어머니가 다른 이복형제들끼리는 성이 달랐던 것과 비슷하다. 성과 씨에 대한 내용은 204쪽 3장9항 참조 진골정통과 대원신통은 라이벌 관계였는데, 왕후 선정이나 화랑의 계보를 나누는 중요한 기준이 되기도 했다.

신라인들은 성씨에 대해서는 관대했다. 필요에 따라 어머니의 성을 쓰거나, 스스로 새로운 성을 만들어 쓰거나, 또는 중간에 다른 성으로 바꾸기도 했다. 하지만 모계 혈통은 본질적이고 신성하게 여겨져 성과 별개로 아들과 딸 모두에게 전해지고 변함없이 유지됐다. 때문에 나름 중요한 의미가 있었다.

신라인들의 신성한 혈통에 대한 믿음이 어느 정도였는지를 보여주는 일화가 있다. 지소태후는 진흥왕의 어머니면서도 총신인 이사부 장군과의 사이에서 세종이란 아들을 낳았다. 어느 날, 이사부 장군이 진흥왕을 알현하러 갔다. 그런데 진흥왕 곁에는 이사부 장군의 아들인 세종이 있었다. 그러자 이사부는 진흥왕에게 먼저 절하고 다시 아들인 세종에게 절을 하였다. 세종이 다급히 일어나 어찌 아버지를 신하로 대할 수 있냐며 만류했지만 이사부는 단호히 거절하며 이렇게 아뢰었다.

"지소태후의 신성함은 지아비 때문이 아닌, 신의 화현이라 그러한 것입니다. 그러니 세종 왕자께서는 신神의 아들이신 겁니다. 어찌 감히 신하로써 아버지가 되겠습니까?"

05

신라인들의 성과 가족문화

역사를 공부하는 의미

사람들은 이야기를 참 좋아한다. 만담꾼, 재담꾼 옆엔 사람이 북적이고, 새로운 스토리의 드라마나 웹툰에는 구독자가 몰려든다. 작은 물건 하나에도 감성이나 이야기가 들어가면 인기가 치솟고, 새롭고 재미난 이야기를 찾아 유튜브는 나날이 커져 간다. 그렇다면 사람들은 왜 그렇게 이야기를 좋아하는 것일까?

이야기에는 의미가 녹아 있다. 우리는 그 속에서 새로운 관점을 갖게 해 줄 무언가를 찾고자 한다. 혹 그 이야기가 실화라면 의미는 더욱 값져진다. 과거의 패턴을 이해하면 돌아올 패턴을 예측하기가 수월하기 때문이다. 그런 의미에서 인류의 진정한 스테디셀러는 역사책이라 할 수 있겠다. 하지만 정작 내가 그 속에서 의미를 찾지 못한다면 어떤 이야기건 그저 한 귀로 흘리는 잡담이 되고 만다. 의미를 찾아내어 성장의 밑거름이 될 때 과거 역사는 내 안에서 새로운 미래가 된다. 신라의 역사는 우리에게 너무도 생소하다. 심지어 신라를 가장 잘 보여주는 『화랑세기』 등의 역사서는 위작 시비까지 있다. 그럼에도 케케묵은 과거의 이야기를 꺼내 보는 것은 그 낯섦을 통해 현재에 필요한 의미를 찾아낼 수 있기 때문이다.

일본 궁실 서고에서 발견한 숨겨진 역사

일제 식민지 시절, 한 역사 선생님이 있었다. 그의 이름은 박창화. 1933년부터 그는 일본 궁내성 도서관에서 조선 전적 담당 조사관으로 일하게 되었다. 그리고 그곳에서 일하는 10여 년간, 조선총독부가 우리 땅에서 말살시킨 조선의 비서秘書들을 보게 되었다. 그는 틈틈이 미리 숨겨 가지고 간 종이에 중요 도서의 일부를 몰래 베껴 나왔다. 그렇게 애써 모은 구깃구깃한 필사본은 훗날 그 가치를 알아본 손주며느리에 의해 정식으로 출간됐는데, 바로 『화랑세기』란 책이다. 이 책은 우리가 일반적으로 알던 신라와 너무도 다른 신라의 이야기를 담고 있었다. 문화적 충격이 하도 커서인지 학계에서는 아직도 위작 논쟁이 끊이질 않는다. 하지만 그것이 위서이든 진서이든 책의 내용은 묵은 관습으로 단단해진 우리의 굳은 정신을 자극하기에 충분하다.

『화랑세기』가 전하는 신라의 남녀들은 가식과 관념에 얽매이지 않고, 자유로운 사랑과 스스로 선택하는 삶을 살아갔다. 그 생기발랄함은 관습과 서열화와 차별의 문화로 생기조차 잃어버린 현대인의 삶과 사랑에 많은 질문을 던진다.

신라의 독특한 성 문화 _색공

그렇다면 『화랑세기』에 그려진 신라인들의 성과 사랑, 그리고 그들의 가족문화는 어땠을까?

일단 신라인들은 오늘날 우리와는 달리 여성에게도 주체적인 성 결정권이 있었다. 조선식 유교 관념에 익숙한 우리는 아직도 성性을 터부시하는 경향이 있다. 또한 매우 남성 중심적이다. 때문에 성을 즐기는 여성에 대한 사회적인 인식은 그다지 좋지 못하다. 하지만 신라의 여성들은 남성들처럼 당당하고 자유롭게 성을 즐길 수 있었다. 그리고 남녀가 똑같이 스스로의 성 문제를 결정할 수 있었다. 때문에 신라는 일부일처제와 처첩의 구분이 있었음에도 '색공'色供과 '마복자'摩腹子라는 독특한 풍습이 만들어졌다.

색공이란 '좋은 의도로 성性을 나누는 것'이다. 초기에는 여러 첩을 거느린 지도자가 신임하는 신하에게 자신의 첩을 보내 더 많은 자손을 낳을 수 있도록 이바지하는 것이었다. 이때의 첩이란 남첩도 포함된다. 실제로 드라마 〈화랑〉[60]으로 유명해진 지소태후는 정식 남편 2명과 총애하는 신하 4명 사이에서 9명 정도의 자녀를 낳았다. 그녀의 자녀 중에 진흥왕, 만호태후, 이차돈, 풍월주 세종은 신라사에 큰 영향을 미친 인물들이었다. 왕은 수많은 처첩을 거느려 수많은 자식을 낳아야 하지만, 여성은 반드시 정조를 지켜야 한다고 믿었던 유교적 관점에서 보자면 천인공노할 지소태후였다. 하지만 그것은 유교식 패러다임일 뿐, 신라의 패러다임에서는

---

60 〈화랑〉: KBS2에서 2016.12.19.~2017.2.21까지 방영한 20부작 드라마로 최고 시청률 13.1%를 기록했다.

오히려 남자만 수많은 첩과 자식을 두는 것이 천인공노할 일이었다. 게다가 신라에는 아예 전문적으로 왕실에 색을 바치는 '색공지신'色供之臣 가문이 따로 있을 정도였다. 그리고 색공지신 가문은 왕후와 풍월주를 배출할 정도의 정치적 위세를 갖고 있었다.

대표적인 색공지신 가문으로는 드라마 〈선덕여왕〉[61]으로 유명해진 '미실'의 집안을 꼽을 수 있다. 미실의 외증조부 위화랑은 신라에서 으뜸가는 색공지신이었다. 그는 법흥왕의 딸이자 진흥왕의 어머니인 지소태후에게 색공을 바쳤다. 심지어는 그의 아들 이화랑도 지소태후의 색공지신이 되어 만호태후를 낳기도 했다.[62] 위화랑은 아들 이화랑과 함께 지소태후에게 색공을 바치는 것으로 충성을 다했다.

위화랑의 충성심을 잘 보여주는 일화가 있다. 위화랑의 딸인 옥진궁주가 법흥왕의 총애를 입어 아들을 낳자 법흥왕은 옥진궁주의 아들에게 왕위를 물려주고 싶어 했다. 그러자 위화랑은 법흥왕에게 자신의 딸 옥진은 골품이 낮다며 지소부인의 아들이 왕위에 올라야 한다고 간언하였다. 외손자가 왕위에 오를 수도 있음에도 색공을 바친 지소태후에게 끝까지 충성을 다한 것이다. 위화랑은 결국 지소태후에 의해 1대 풍월주가 되었고 그의 가문은 신라 최고의 색공지신 가문으로 인정받았다. 『화랑세기』에서도 위화랑을 "색으로써 충성을 다했다"고 칭송하였다.

위화랑의 딸 옥진 역시 자신은 색공지신 가문임을 늘 잊지 않았다. 그래서 남편이 있음에도 길몽을 꾼 날에는 법흥왕에게 색공을 하여 큰 인물

---

61 〈선덕여왕〉: MBC에서 2009.5.25.~2009.12.22.까지 방영했던 62부작 드라마로 최고 시청률 43.6%를 기록했다.

62 『화랑세기』에 의하면, 지소태후와 이화랑 사이에서 태어난 딸이 바로 진평왕의 어머니인 만호태후였다고 한다.

을 낳아 보고자 노력했다. 또한 외손녀인 미실을 진흥왕비가 되게 하고자 어릴 때부터 공들여 길렀다. 하지만 미실이 지소태후와 이사부 장군의 아들인 세종의 첩이 되자 안타까운 마음에 한탄하는 말을 내뱉었다. 그러자 미실은 "첩의 도는 색공에 있는데 어찌 진흥왕인들 받들지 못하겠습니까"라고 답했다. 그러자 옥진은 "이 아이가 도를 말한다"라며 매우 기뻐했다. 미실은 결국 '진흥왕 – 동륜태자 진흥왕의 장남 · 진지왕 진흥왕의 차남 – 진평왕 동륜태자의 아들' 삼대에 걸쳐 색을 바치는 왕실의 색공지신이 되었다. 여성의 성에 수많은 가치를 부여하는 오늘의 기준으로 보면 참 막장 이야기 같지만, 신라의 문화는 신라의 패러다임으로 이해해야 한다.[63]

미실의 정식 남편은 지소태후의 아들 세종이다. 하지만 미실은 진흥왕, 동륜태자, 진지왕, 진평왕, 설원공, 사다함 등에게 색공을 했다. 그럼에도 세종은 평생 미실 하나만 바라보며 정절을 지켰다. 신라인들이 모두 미실 같지 않았음을 볼 수 있는 대목이다. 실제로 사랑하는 이를 위해 정절을 지킨 신라인들의 이야기도 많다. 하지만 정절을 지키는 것과 색공을 하는 것은 각자의 선택이었고 신라는 각자의 선택과 의지를 존중했다. 그래서 그들은 더럽다거나 난잡하다 표현하지 않고 '색공'이라 표현했다. 우수한 혈통에 성 전문 기술까지 보유하여 나라에 충성을 다하고 중요한 인재를 생산한다는 나름의 정당성과 자부심이 있었던 것이다.

신라인들이 색공에서 원한 것

---

63 미실의 어머니인 묘도부인 역시 "우리 집안은 대대로 색을 바치는 신하로 총애와 사랑이 지극했다"라는 말을 남겼다. 색은 가문의 업이자 전문 기술임을 보여주는 부분이다.

그렇다면 신라인들이 색공을 하며 원한 것은 무엇이었을까? 단지 정치적인 세력을 유지하기 위한 것이었을까?

색공지신 가문 출신인 미실에게는 꽃미남 남동생이 있었다. 그의 이름은 미생이었는데 용모가 수려하고 말에 운치가 있어 눈길을 한 번만 주면 따르지 않는 여자가 없었다고 한다. 당시 당두라는 관리의 처가 아주 아름다웠는데 그녀 역시 미생에게 홀딱 빠져 미생을 자주 찾아갔다. 그러자 당두가 미생을 찾아와 이렇게 간청했다. "부디 색공만 바치는 첩이 되게 하여 평소에는 집으로 돌아오게 해 주십시오." 그러자 미생은 당두의 관직을 높여 주고는 약속을 했다. "내, 너의 처와 더불어 천하와 국가를 위하여 인물을 번성하게 하겠다." 미생과 당두의 처는 결국 아들을 셋이나 낳았다. 훗날 미생이 그 아이들을 당두에게 주자 당두는 감동하여 아이들을 미생에게 돌려보내고 평생 충성을 다했다. 당시 사람들은 두 사람이 서로 아이를 양보한 것을 두고 매우 아름다운 일이라고 평했다.

비슷한 이야기가 또 있다. 미실의 사촌 여동생인 윤궁은 선모仙母라는 높은 지위에 있었다. 당시 신라에는 국선 문노라는 정의로운 화랑이 있었는데 윤궁과 서로 첫눈에 반하였다. 하지만 문노는 윤궁에 비해 신분이 낮아 사귀는 것을 주저하였다. 그러자 윤궁은 "그대 같은 영웅에게 어찌 좋은 씨앗이 없겠는가" 하며 남녀 간의 대의를 밝혀 주기도 했다.

미생과 문노의 이야기를 통해 본 신라의 색공은 충성스런 마음으로 성의 본질큰 인물 낳기을 함께하는 것이다. 신뢰를 다지는 소통의 의식이기에 '부정함'과는 다르고, 큰 인물을 낳으려는 분명한 의도가 있기에 문란함과도 다르다. 세력을 결탁하기 위해 성을 이용한다는 점에서는 성 상납과 비슷하지만, 사회적으로 정당하게 용인되고 자발성이 있다는 점에서 성 상납과 또 다르다.

그렇다고 신라와 같은 성 문화를 지금의 우리가 배워야 한다는 것은 분명 아니다. 그때와 지금은 시대적인 요구가 다르다. 당시는 인구 증가와 왕실의 혈통 보존, 그리고 국가의 동량이 될 인물의 탄생이 중요한 시대였다. 하지만 지금은 그런 시대가 아니다.

신라의 독특한 가족문화 _ 마복자

신라인의 문화 중 색공과 더불어 가장 신기한 것이 바로 '마복자'摩腹子 제도이다. 신라에서는 아이의 아버지를 어머니가 정해 줄 수 있었다. 임신과 출산의 주체인 여성들은 성뿐만 아니라 아이의 혈통과 아버지를 스스로 정할 수 있었다. 그런 바탕에서 유행했던 것이 바로 마복자라는 풍속이다.

신라는 골품과 혈통의 나라였다. 여성들은 아이에게 더 좋은 신분과 후견인을 만들어 주기 위해 마복자라는 것을 선택할 수 있었다. 마복자란 '배를 문질러 낳은 아이'란 뜻이다. 임신한 여성은 더 높은 신분의 남성을 아이의 또 다른 아버지로 선택하는 풍속이었다. 만약 여성이 선택한 상대 남성이 여성을 받아들이면 '마례' 摩禮 라는 의식을 치르고 동침하는데, 그로써 뱃속의 아이는 그 남성의 마복자가 되었다. 마복자는 정식 자식과 다름없었다.

21대 소지왕은 자식이 없었다. 반면 22대 지증왕은 원래 왕위 계승 서열이 낮은 왕족이었다. 하지만 임신 중인 지증왕의 부인이 소지왕과 동침하는 마례를 행하여 뱃속의 아이는 소지왕의 마복자가 되었다. 그렇게 태어난 아이가 바로 23대 법흥왕이었다. 자식이 없던 소지왕은 그런 식으로 7명의 마복자를 두었는데 법흥왕은 일곱 마복자들의 맏이가 되었다. 소지왕은 첫 마복자인 법흥의 아버지에게 왕위를 넘겼는데 바로 64세의 지증왕이었다. 그리고 지증왕의 아들이자 소지왕의 마복자인 법흥은 지증왕의 뒤를 이어 왕이 되었다.

마복자는 화랑들 사이에서도 많이 행해졌다. 신라 화랑의 우두머리격인 낭두가 되려면 더 높은 상선이나 상랑의 마복자여야 했다는 기록이 있다.[64] 때문에 임신한 여자들이 상선이나 상랑의 집에 꿩을 선물로 바치고 총애를 받고자 줄을 서는 일이 많았다. 심한 경우엔 마복자로 만들 아이를 얻고자 길가의 아무 남자와 야합하여 임신해 오는 편법을 쓰기도 했다고 한다.

하지만 대개는 부부가 상의해서 예를 갖춰 진행했다. 화랑 중 가장 낮은 계급인 낭두의 처가 임신을 하면 높은 신분의 남성에게 예물을 들고 찾아가 마례를 청했다. 혹 받아들여져 총애를 입으면 아이는 그 남성의 마복자가 되었다. 이후 처가 집으로 돌아오면 원래의 남편은 재물을 들여 사함謝函: 감사하다는 의미이라는 예를 갖추며 여자를 맞이했다. 아이를 낳고 석 달 후 다시 높은 신분의 남성을 찾아가는데, 남편은 세함洗函: 씻는다는 의미이라는 예를 갖추며 부인을 보냈다. 낭두의 딸들은 화랑들이 사는 선문仙門 안으로 들어갈 수 있는데 만약 잉태하면 선종仙種을 얻었다고 하며 기뻐했다. 마복자를 통해 높은 신분과 인연을 맺고자 하는 낭두가 많았기 때문에 선종을 잉태한 여성은 낭두들에게 인기가 좋았다고 한다.

이처럼 신라인들에게 성이란 훌륭한 자식을 더 많이 얻으려는 본질적인 측면이 강했고, 임신과 출산의 주체인 여성의 결정은 존중됐다. 따라

---

64 상선, 상랑은 화랑 중 높은 직위의 명칭이다.

서 여성이 원하면 뱃속의 아이에게 더 높은 신분의 아비를 만들어 줄 수 있었다. 반대로 남성이 임신한 여성의 아이를 마복자로 원해도 여성은 거절할 수 있었다.

마복자라는 신라 특유의 양자 제도는 타고난 부계 혈통을 넘어, 스스로 선택한 인연을 진짜 가족으로 여기는 신라인들의 가치관 덕분에 가능한 것이었다. 비록 낮은 신분의 핏줄이라도 일단 여성과의 인연을 받아들이면 뱃속의 아이도 자식으로 받아들였다. 그것은 신라인들의 유난히 강한 공동체 의식과 천하를 한 가족처럼 여기는 애민 정신의 영향일지도 모르겠다.

하지만 가족의 형태가 점점 복잡해지고 있는 오늘날, 우리가 관심을 가지고 봐야 할 부분도 클 것이다. 가족에게 혈연과 촌수 관계도 물론 중요하지만, 더욱 중요한 것은 선택한 인연을 존중하고 가족 구성원들을 차별 없이 사랑하는 것이다. 맺어진 인연에 책임과 최선을 다하고 그 안에서 차별과 편견을 두지 않는 태도는 오늘날처럼 가족 구성이 다양해지는 시대에 시사점이 많다 하겠다.

06

선덕여왕이 남편들에게 원한 것

사극 속 왕들은 왕비 외에도 수많은 후궁이 있다. 왕의 혈통을 더 많이 생산하기 위해서다. 혈통은 성씨로 상징되고 성씨는 아버지를 통해 전해진다. 때문에 왕들은 더 많은 아들을 낳기 위해 신하들이 올린 일정표에 맞춰 밤마다 후궁들과 대사를 치렀다. 그렇다면 우리 역사 속 여왕들의 밤은 어땠을까? 여왕에게도 후궁이 있었을까? 여왕의 자식은 남편의 성을 따를 텐데, 차기 왕위 계승 문제는 어떻게 생각하고 있었을까?

선덕여왕의 남편은 모두 몇 명?

우리 역사 속 가장 유명한 여왕은 신라의 선덕여왕이다. 『삼국유사』, 『화랑세기』 등에는 남편의 이름이 5명이나 보이지만 같은 인물을 다르게 표시했을 수도 있기에 정확하다고 할 수는 없다. 그래도 분명한 것은 적어도 남편이 3명 이상이라는 사실이다. 왜냐하면 신라는 여왕의 남편을

3명으로 규정하는 '삼서제'三壻制라는 제도가 있었기 때문이다.

『삼국유사』에서는 선덕여왕의 남편을 '음飮갈문왕'[65]이라고 기록하고 있다. 하지만 그 외에 폐위된 진지왕의 두 아들인 김용춘과 김용수 형제도 있었다. 용춘은 선덕이 즉위 전부터 둔 사신私臣이었다.[66] 사신이란 사적으로 거느린 신하를 말한다. 신라의 고위층 여성들은 왕이 아니더라도, 또 남편이 있더라도 개인적으로 사신을 거느릴 수 있었다. 사신은 내·외적으로 주인을 보필했고, 색공을 하기도 했으며, 무리를 이룰 정도로 수가 많기도 했다. 일례로 한때 미실은 태자를 음해했다는 죄상이 발각 나 영흥사로 쫓겨난 적이 있었다. 그때 미실의 사신이었던 설원공은 직책을 버리고 이끌던 화랑들과 함께 미실을 따라갔다. 급기야는 미실이 거느린 사신들의 수장이 되기도 했다.[67]

선덕 역시 공주의 신분일 때부터 사신을 거느렸고 보위에 오른 후에도 그 인연을 지속했다. 선덕의 사신인 용춘은 그녀의 임신을 최고의 사명으로 여겼던 듯하다. 그래서 선덕여왕이 끝내 아이를 갖지 못하자 스스로의 부족함을 자책하며 사신의 자리에서 물러나게 해 달라고 간청했다. 그러자 신하들은 왕의 옆자리를 비워 둘 수 없다며 삼서제에 따라 을제공과 흠반공을 남편으로 추천해 올렸다. 하지만 선덕여왕은 그들과도 끝내 아이를 갖지 못했다. 그렇다면 신라인들은 왜 성씨를 물려주지도 못하는 여왕의 아이를 그렇게나 기다렸던 것일까?[68]

---

65 신라에서는 왕에 버금가는 '갈문왕'이라는 지위가 있었는데, 보통 왕의 형제나 왕위에 오르지 못한 왕의 아버지가 갈문왕이 되었다. 조선 시대의 대원군과 비슷하다고 이해하면 쉽다.

66 『화랑세기』「13세 용춘공」: "선덕은 공이 능히 자기를 도울 수 있다고 생각하여 사신(私臣)이 되기를 청하였다.

67 『화랑세기』「7세 설화랑」: "설원은 양위를 하고 미실을 따라 영흥사로 갔다. (설원은) 거느린 낭도를 택하여 미실이 출입하는 것을 호위하며 사신두상(私臣頭上)이 되었다."

선덕여왕의 아버지 진평왕의 모계 혈통 이야기

선덕여왕의 아버지인 진평왕에게는 원대한 꿈이 있었다. 신라를 불국토[부처님이 계시는 국토 또는 부처님이 교화하는 국토]로 만들고 신국[神國: 신라]의 왕을 '천하를 평화롭게 할 전륜성왕'으로 만드는 꿈이었다. 13세에 보위에 올라 무려 54년간이나 신라를 다스렸던 그는 본래 삼한 통일을 꿈꾼 진흥왕의 장손이었다. 하지만 보위에 오르는 과정은 유난히도 험난했다.

진평왕이 다섯 살 때, 그의 부친 동륜태자는 어이없게도 늦은 밤에 후궁의 담장을 넘다가 개에게 물려 죽었다. 이때 동륜태자의 죽음을 조사하다가 뜻밖에도 궁중 실세인 미실의 죄상이 드러났다. 겨우 다섯 살인 진평에게 아버지의 갑작스런 죽음과 어수선한 궁궐 분위기는 감당하기에 버거웠다. 몇 년 후 진흥왕이 승하하자 사도왕후와 미실은 왕의 죽음을 숨기고 모의하여 진지왕을 보위에 올렸다. 하지만 진지왕이 사도왕후와 미실의 뜻을 자주 거스르자 결국 4년 만에 폐위, 20대의 나이로 죽음을 맞이했다. 그리고 사도왕후와 미실에 의해 어린 진평이 다음 왕으로 선택되었다.

본래대로였다면 진평은 진흥왕의 장손으로 의당 보위를 이었어야 한다. 하지만 그 당연한 길을 험난한 여정 끝에야 되찾을 수 있었던 데에는 복잡한 사연이 숨어 있었다. 진평왕은 사도왕후의 외손자가 아닌 친손자

---

68 선덕여왕의 삼서제에 대해 참 이상한 점이 있다. 고려 태조 왕건은 정식 부인만 29명이었고 조선의 태종은 19명의 부인을 두었다. 조선의 법전인 『경국대전』은 1명의 왕비와 8명의 후궁을 정했지만, 실제 더 많은 후궁을 둔 왕들도 있었다. 우리는 보통 여러 후궁을 거느린 왕을 호색한이라 하지는 않는다. 후손을 많이 남겨야 하는 왕실의 특수성을 인정하기 때문이다. 하지만 선덕여왕의 여러 남편을 상고하다 보면 종종 '선덕여왕 요부설'이 튀어나오곤 한다. 왜 똑같은 왕인데 여왕은 여러 남첩을 거느리면 요부라는 의심을 받는 것일까?

였기에 사도왕후와는 모계 혈통이 달랐다. 그의 모계 혈통은 지소태후를 종장으로 하는 진골정통이란 것이었다. 그렇다면 사도왕후와 지소태후는 어떤 관계였던 것일까?

지소태후는 진흥왕의 어머니이자 사도왕후의 시어머니로 오랫동안 섭정을 해 온 실질적인 신라의 군주였다. 신라가 지소태후의 세상일 때, 지소태후는 왕실 혈통을 자신의 진골정통으로 이어 나가고 싶어서 딸인 숙명공주 진흥왕의 이부남매를 진흥왕과 맺어 주었다.[69] 하지만 왕후가 된 숙명은 어느 날 진정한 사랑을 찾는다며 제 발로 궁을 나가 버렸다. 그러자 진흥왕은 후궁이었던 사도를 왕후로 봉하고 동륜태자를 낳았다. 이 때문에 지소태후는 훗날 사도왕후의 모계 혈통인 대원신통에게 권세가 넘어갈 것을 염려했다. 모계 혈통은 아들과 딸 모두에게 전해지지만, 딸과 외손을 통해서만 이어진다. 때문에 친손자인 동륜태자는 며느리인 사도왕후의 모계 혈통을 받아 대원신통에 속해 있었다. 결국 지소태후는 자신의 다른 딸인 만호공주를 친손자인 동륜태자와 혼인시켰다. 이로써 신라왕의 모계 혈통은 진골정통으로 이어지는 것이 당연해지게 되었다.

그러자 지소태후의 견제를 받던 사도왕후는 조카 미실을 은밀하게 불러 모의했다. "나의 아들 동륜태자는 좋은 아이이다. 태자와 더불어 아들을 갖는다면 너를 황후로 만들어 주겠다." 황후가 되고 싶었던 미실은 동륜태자에게 색공을 하여 끝내 아이를 낳았다. 하지만 '불행'히도 딸이었다. 반면 지소태후의 딸인 만호공주는 동륜태자의 아들을 낳았는데 바로 진평왕이다.

---

69 진흥왕과 숙명공주는 어머니는 같으나 아버지가 다른 남매간이다. 신라는 성스런 혈통을 보존하기 위해 근친혼이 흔하게 이뤄졌다.

결국 사도왕후와 미실은 동륜태자의 죽음에도 관여하였고, 훗날 진흥왕의 죽음까지 숨겨 가며 보위를 사도의 둘째 아들인 진지왕에게 넘겼다. 더불어 진지왕의 부인은 사도왕후의 조카인 대원신통 여인으로 짝지어 뒷마무리까지 깔끔히 정리해 두었다.

그런 복잡한 사연 속에 진골정통인 진평왕은 결국 본래의 운명대로 왕이 되었다. 그러자 사도왕후와 미실은 곧 색공지신 가문다운 수습책을 내놓았다. 미실은 본래 사도왕후의 조카이자 잉첩이었다. 신라에서 첩은 조선과 달리 남편이 아닌 부인에게 소속되어 있었다.

즉, 부인의 노고를 덜어주기 위해 잠자리를 대신하는 것이 잉첩의 역할이었기에, 잉첩의 선택과 잠자리 허락은 주인인 부인에게 달려 있었다. 때문에 과거 미실은 이모인 사도왕후의 잉첩이 되어 사도왕후의 명에 따라 진흥왕, 동륜태자, 진지왕에게 색공을 했었다.

이번에도 30대의 미실은 사도왕후의 명에 따라 13세의 어린 진평왕에게 색공을 하러 들어가 처음으로 색사色事를 가르쳐 주었다.[70] 덕분에 사도왕후는 섭정 태후가 되고 미실은 왕의 옥새를 관리하는 새주璽主가 되어 조정은 한동안 사도태후와 미실 새주의 손바닥 위에서 좌지우지되었다.[71]

열 아들 안 부러운 진평왕의 똑똑한 딸 하나

---

70 결국 미실은 진평왕의 정식 후궁이 되었지만 끝내 아들은 낳지 못하고 보화공주를 낳았다. 그리고 진평왕은 같은 진골정통 출신인 마야부인을 왕후로 맞이했다.

71 『화랑세기』: "사도태후가 몸소 제위에 있으며 신왕을 통제하고 말보의 남편인 황종공을 상대등으로 삼아 중망을 눌렀다." '중망'(衆望)은 화랑도의 여론을 뜻함.

하지만 꿈은 사람을 바꾸고 시련은 사람을 단련시킨다. 진평왕은 성장하면서 정치제도를 정비하고 불교를 더 내세우며 왕권을 강화해 갔다. 나아가 내·외적으로 내실을 다지면서 할아버지인 진흥왕이 꾸었던 삼한 통일의 꿈을 이루어 나가기 시작했다.

이전까지의 신라는 신교神教: 신국의 도를 바탕으로 왕실이야말로 성스러운 신모神母의 후손임을 표방해 왔다. 하지만 진흥왕은 불교를 본격적으로 받아들여 왕실은 인도 최상위 계급인 크샤트리아 계급에, 왕은 전륜성왕에 대비시켰다. 전륜성왕은 인도 신화에서 천하를 무력이 아닌 정법으로 다스린다는 철륜, 동륜, 은륜, 금륜의 네 왕을 말한다. 가장 먼저 철륜왕이 등장한 뒤 2만 년이 지날 때마다 동륜왕, 은륜왕, 금륜왕이 차례로 나타난다는 전설을 갖고 있다. 진흥왕은 자신을 철륜왕으로 설정하여 아들과 딸의 이름을 차례대로 동륜, 은륜, 금륜이라 지었다. 또 손자들의 이름도 석가의 아버지와 숙부였던 백정, 백반, 국반이라 지었다. 때문에 진평왕의 본명은 석가모니 부처님의 아버지 이름과 같은 '백정'이었다. 진평왕은 그런 현실을 잘 활용했다. 그리하여 왕후의 이름을 석가 부처의 어머니인 '마야'로 고치고, 큰딸의 이름은 '덕만'德曼이라 지었다. 덕만은 불교에서 수많은 중생을 구원한다는 '덕만 우바이' 전설에서 따온 이름이다. 그렇게 진흥왕이 꿈꾸었던 '왕실 가문은 곧 부처 가문'이라는 의식을 신라에 깊이 뿌리내려 갔다.

게다가 진평왕과 마야왕후의 모계 혈통은 모두 신의 화현이라 여겨진 지소태후를 이은 진골정통이었다. 왕실에서는 희귀하고도 특별한 순수 진골정통이자 성골 출신의 부부였다. 그 성스러운 혈통을 다른 왕족에 비할 수는 없었다. 결국 진평은 장녀인 천명공주[72]를 출궁시켜 총명했던 둘째 덕만공주의 입지를 확고하게 만드는 등 조용히 후계 문제를 준비했다.

진평왕이 후계를 고민할 때 선덕이 딸이라서 왕이 될 수 없다는 생각은 크게 하지 않았다. 잠시 용춘을 사위로 삼아 보위를 물려줄까 하는 생각도 하기는 했다. 하지만 진지왕 폐위 사건으로 용춘의 골품이 성골에서 진골로 낮아진 것에 신경 쓰이기 시작하자 더는 미련을 갖지 않았다. 신라에서 '여성'이라는 의미는 사람의 특징일 뿐, 성별이 큰 한계가 되지 않았다. 실제로 신라의 여성들은 남편이 있어도 독자적인 정치 활동을 했고, 독립적인 경제력을 유지하며 힘을 인정받았다. 또한 딸도 가계를 계승할 수 있었고, 사위를 아들 삼아 외손으로 대를 이어 갈 수도 있었다.

따져 보면 애초부터 신라의 여성은 위상이 높았다. 시조 알영은 박혁거세와 함께 다니며 여왕으로 군림했고, 국경을 마주한 백제 소서노 이야기 역시 당대인들의 뇌리에 강렬히 새겨져 있었다.

신라의 국신國神과 산신 그리고 제사장들은 대개 여성이었고, 화랑들은 여성인 원화를 우두머리로 삼아 모였다. 그뿐인가? 무소불위의 권력을 휘두른 지소태후와 사도왕후 그리고 미실 새주의 정치력에 다들 머리를 조아렸고, 여성도 공을 세우면 남성과 똑같이 관작을 받고 관리에 임명되었다.[73] 실제로 진흥왕 대에 백운과 그의 약혼녀인 제후는 공을 세워 함께 관작을 수여받았다.[74]

나아가 신라에서는 친가와 외가에 큰 차이가 없었다. 신라 30대 문무왕은 자신의 외가인 가야국의 시조 수로왕을 신라의 왕실 사당인 종묘에

---

72 『화랑세기』에는 장녀로, 『삼국사기』에는 차녀로 소개되고 있다. 하지만 유교적 사관을 갖고 있던 『삼국사기』의 특성을 고려하여 여기서는 『화랑세기』의 설을 따른다.

73 직물을 생산하는 관청의 관리들은 여자였다.

74 『동사강목』, 제3상, '丙戌': "신라는 백운과 김천 그리고 여자인 제후에게 관작을 수여했다."(백운과 제후는 진흥왕 대에 큰 공을 세웠던 인물들로 둘은 약혼한 사이였다.)

합사했다.[75] 또 왕을 설명할 때는 왕의 어머니와 왕비의 계통을 근본으로 소개했고, 유명한 인물의 출신을 설명할 때도 모계 계통으로 설명하는 일이 잦았다.[76] 그런 신라였기에 딸만 있다고 후사를 염려할 이유는 없었다. '딸-사위-외손' 등으로 후계를 이으면 되었기 때문이다.

신라에서 유일하게 성조황고란 존호를 받은 왕 _ 선덕대왕

결국 진평왕의 꿈은 이루어졌다. 명민하고 지혜로웠던 덕만공주는 국인의 추대를 받아 정당한 방식으로 왕위에 올랐다. 석가모니 부처가 장차 전륜성왕이 되리라 예언했던 '선덕 바라문'의 이름을 따서 왕명을 삼았다. 지금의 우리는 편의상 선덕여왕이라 부르지만 당시인들은 위대하고 신성한 '선덕대왕'으로 불렀다. 그녀는 훗날 지기삼사[77]라는 고사를 남길 정도로 지혜롭고 신비로운 여왕으로 여겨졌으며, 전운이 감도는 분위기

---

75 『삼국유사』 권2 「기이」: 원년 신유 3월에 조서를 내렸다. "가야국 시조의 9대손 구형왕(仇衡王)이 이 나라에 항복할 때 이끌고 온 아들 세종(世宗)의 아들인 솔우공(率友公)의 아들 서운(庶云) 잡간(匝干)의 딸 문명황후(文明皇后)가 나를 낳았다. 따라서 시조 수로왕은 나에게 곧 15대 시조가 된다. 그 나라는 이미 멸망당했으나 그를 장사지낸 묘는 지금도 남아 있으니 종묘에 합해서 계속하여 제사를 지내게 하겠다."

76 『삼국유사』 권5, 신주6, 명랑신인에서 신라 밀교인 신인종(神印宗)의 광학과 대연이란 두 고승을 설명하는 글에 그들의 출신을 모계 계통으로 설명한 내용이 보인다: "경주 지역 호장인 거천의 어머니는 아지녀이고, 그녀의 어머니는 명주녀이며, 그녀의 어머니는 적리녀로 적리녀의 아들이 바로 광학대덕(廣學大德)과 대연삼중(大緣三重)이다."

77 지기삼사(知幾三事): 선덕여왕이 앞으로 있을 일을 기미를 통해 예측하였다는 세 가지 일화다. 첫 번째는 당나라에서 보낸 모란꽃 그림에 나비가 없음을 보고 모란에 향기가 없다는 것을 미리 안 것, 두 번째는 옥문지에서 개구리들이 우는 것을 통해 여근곡에 백제군이 숨어 있음을 미리 안 것, 세 번째는 운명할 날짜와 자신의 능이 도리천으로 상징되는 곳에 조성될 것을 미리 안 것이다.

속에서 삼국 통일의 기반을 탄탄히 다져 갔다. 외교에 힘을 쏟아 나·당 연합의 발판을 깔면서도 독자적인 연호를 사용하는 등 주체성을 유지했다. 불교를 일으켜 민심을 모으고 왕권을 강화하는 등, 재위 16년간 신라는 삼한 통일의 꿈을 향해 거침없이 나아갔다.

또한 선덕대왕은 살아 있는 불보살로 여겨져 신라 왕 중에서는 최초이자 마지막으로 백성들에게 성조황고聖祖皇姑란 존호를 받았다. 이에 선덕대왕이 운명하자 사촌 여동생인 진덕은 무리 없이 보위에 오를 수 있었다. 여왕의 행적과 존재에 거부감이 없었기 때문이다. 또한 선덕대왕의 지혜와 신성함은 신라 후대까지도 길이길이 기억되고 회자되었다. 그리고 나라가 위기에 빠질 때마다 선덕대왕의 가호를 기원하기도 했다. 당나라와 교전으로 나라가 위태로울 때 문무왕은 선덕대왕릉 앞에 사천왕사를 세워 여왕의 능을 도리천으로 상징화하였고,[78] 그 앞에서 열병식을 열어 선덕대왕의 가호를 은연중에 기원하기도 했다.

"황룡사 구층탑은 선덕대왕 때에 세운 것이다. … (우리 신라가) 과연 삼한三韓을 통합하고 군신이 안락한 것은 지금에 이르기까지 이에선덕대왕의 가호 힘입은 것이다."[79]

"옛날 우리 선덕여왕은 흡사 길상천녀불법을 깨달아 대중에게 대공덕을 베풀었다는 여신의 성

78 불교에서 세계의 중심인 수미산의 꼭대기에 있는 곳을 도리천이라 한다. 선덕여왕의 지기삼사 이야기 중 마지막 이야기는 선덕여왕의 죽음에 관한 일이다. 여왕은 죽는 날을 예지하고 자신이 묻힐 곳이 도리천이라고 예언하였는데 신하들이 알아듣지 못하자 낭산 남쪽이라 알려주었다. 불경에 도리천은 사천왕천 위에 있다고 하였는데, 훗날 문무왕이 왕릉 아래에 사천왕사를 세워 선덕여왕릉은 결국 도리천이 되는 형상이 되었다.

79 한국고대사회연구소편(1992), pp.372~375.

스러운 화신과도 같아, 동방의 임금이 되어서 서방의 덕서방 석가모니 불법의 덕을 우러르셨도다!"[80]

선덕대왕이 암탉으로 격하된 사연

유교적 가족문화에서는 아버지의 집안을 친가親家라 하고 어머니의 집안을 외가外家라 하여 친가를 중심으로 사고한다. 그렇게 친가의 성을 쓰고 친가 중심으로 생활하는 유교의 관점에선 부계 혈통만이 의미가 있다. 당연히 후계는 아들만 가능하고, 집안에선 남성이 우위를 차지한다. 다음 세대에 성을 물려주고 집안의 중심이 되는 것은 남성인 아들이기 때문이다. 그리하여 선덕대왕은 유교적 사관을 가졌던 고려와 조선의 학자들에 의해 점점 실추되어 갔다.

"하늘의 이치는 양은 굳세고 부드러우니, 사람으로 말하자면 남자는 존귀하고 여자는 비천하다. 어찌 늙은 할멈이 안방에서 나라의 정사를 처리할 수 있었겠는가? 신라는 여자를 세워 왕위에 있게 했으니 진실로 난잡한 세상의 일이다. 나라가 망하지 않은 것이 요행일 것이다."

_ 유교적 사관으로 삼국사를 기록했던 김부식의 『삼국사기』 중 [81]

이러한 관점은 조선 시대에 이르러 '암탉이 새벽에 울었다'는 식의 평

---

80 『동문선』 권64, 「신라가야산해인사 선안주원벽기」, 최치원이 해인사의 선안주원(善安住院)이란 건물 벽에 남긴 글이다. 효공왕 4년(900년)에 쓴 글.

81 『삼국사기』 권5, 선덕여왕 16년 사론.

을 만들어냈고, 근대에 오면서 혈통을 이유로 여자가 왕이 되는 것은 전근대적이고 비합리적인 고대 문화라 비판받았다. 하지만 그러한 유교적 사고만이 진정한 문화 의식이라 할 수 있는 것일까? 신라의 문화는 그저 비합리적인 고대의 야만적 문화일 뿐인 걸까? 때문에 유교를 골간으로 하는 가장 최근의 역사인 조선의 문화만 우리의 아름다운 전통이고, 신라적인 것은 전통문화라 인정할 수 없는 것일까?

고유한 개성과 다양성을 중시했던 신라 문화 _ 그 미래지향적 가능성

신라인들은 고조선, 즉 진한의 후예라는 분명한 인식이 있었다. 때문에 그들은 매년 입춘이 되면 환웅과 함께 농사와 인간사를 다스렸던 풍백에게 제를 올렸다. 신라 문화에는 환웅이 환인에게 받았던 홍익인간의 정신이 무르녹아 있었다.

오늘날 대한민국 헌법의 기본 이념인 홍익인간은 고조선에서 비롯된 것이다. 즉, 신라와 현대 한국은 오늘날까지도 홍익인간이란 정신적 접점을 갖고 있는 것이다. 많은 민족이 자신들만 특별하다는 중화 의식이나 선민의식 등을 가진 데 반해, 홍익인간은 '모든 인간을 널리 이롭게 하라'는 보편적 평등사상이라는 특징을 갖는다.[82]

---

82 홍익인간은 '널리 인간을 이롭게 하라'는 가르침이다. 현재 대한민국 교육법 제1조에 새겨진 우리나라의 기본 정신이기도 하다. 홍익인간의 정신 아래에선 귀천, 고하, 남녀 등의 이유로 본질적인 차별이 생길 수가 없다. 구별과 서열화를 중시하는 유교 수입국 중에서 우리나라가 특히 낮은 신분, 여성, 장애인에게 인도적인 제도를 많이 갖게 된 데에도 홍익인간 정신은 내재적인 영향을 미쳤을 것이다.

실제로 신라는 그 어떤 유교 국가보다 다양한 문화를 포용하면서도 평등적이었다.[83] 때문에 조선의 유교보다도 자유와 평등을 추구하는 현대 민주주의 정신과 더 큰 접점을 갖는다.

또한 신라는 스스로 '신의 나라'神國라는 자존감이 높았는데 도교와 유사하면서도 신라스러운, 일명 '신국의 도'라는 것이 있었다.[84] 그것은 남성성을 아름답게 여기면서도, 여성성을 근원적으로 신성시하는 일종의 선仙 의식이었다. 또한 활달한 기상을 기르고, 각자가 가진 신성神性을 드러내 진정한 삶의 목적을 자유로이 만끽하는 '풍류'風流 정신을 주요 특징으로 했다. 그러한 신라에서 남성과 여성이란 성의 차이는 한계지움의 이유가 되지 않았다. 즉, 차별의 이유가 되지 못했다.

더불어 남자와 여자의 본질적 차이인 성性 문제 또한 가식적일 이유가 없었다. 남자와 여자는 본래 다른 모습을 가졌기에 다른 특징을 가진다. 다르기에 하나가 되어 새 생명을 낳는 조화를 일으킨다. 즉, '다름'은 기능과 특성의 차이일 뿐 본질적인 한계가 되지는 못한다. 그것이 신라인들의 생각이었고, 조선 전기까지 이어진 뿌리 깊은 고유 사상이자 진정한 전통이었다.

답은 늘 가까운 곳에 있다. 답은 자기 안에서 찾는 것이 가장 빠르고 합당하다. 4차 산업혁명으로 개인의 고유성과 다양성이 중요해진 시대가 바로 오늘날이다. 즉, 가장 고유한 것이 가장 세계적인 것이 되고, 다양성

---

83 신라의 골품제를 더 심한 차별이라 생각할 수도 있겠지만 고대는 어떤 국가든 신분제 봉건질서를 유지하고 있었다. 신라는 주로 혈통과 신분으로 차별하였지만, 조선은 혈통과 신분뿐 아니라 지위, 계급, 직업, 성별 등이 모두 차별의 기준이 되었다.

84 최치원은 '선사'(仙史)라는 책에 그 현묘한 도인 '풍류'(風流)가 자세히 쓰여 있다고 했는데, 현재는 전해지지 않아 자세히 알 수는 없다.

을 잘 포용하고 융합해내는 능력이 새로운 문화의 키워드가 될 것이다. 천년왕국을 이끌어 간 신라의 동력은 바로 고유한 개성고유 사상을 중심으로 다양한 문화를 잘 포용하고 융합해낸 문화의 힘이었다.

세계를 이끌어 갈 진정한 한류 문화의 가치와 필요성이 높아진 지금, 신라의 문화와 정신에서 다음 천 년을 이끌어 갈 새로운 문화 동력을 발견해 보는 것도 값진 일일 것이다.

07

더 큰 꿈을 향해 나아간 삼국의 여걸들

전통문화가 일상에 미치는 영향 _ 차별을 정당화하는 서열 문화

새장에 갇힌 새가 새장에 적응해 버리면 새장 문을 열어도 멀리 날아가지 못한다. 자유를 누려 본 적이 없기에 하늘이 낯설기 때문이다. 그렇게 새는 자신을 가둬 버린다. 우리가 사는 세상도 마찬가지다. 비약적인 발전 덕에 사회구조도 '자유와 평등'을 향해 급진전했으리라 생각되지만, 실제 큰 틀에선 예나 지금이나 크게 다를 것이 없다.

고졸과 대졸, 지방대와 인서울대, 중소기업과 대기업, 화이트칼라와 블루칼라, 정규직과 비정규직, 원청과 하청, 회장님과 비서, 재산의 규모 등등 권력·지위·학벌·성별·출신·나이 등으로 서열화해 세밀한 계급을 나누고 암묵적으로 차별을 정당화한다. 이만큼 엄격하고 세세하게 차별의 기준을 나누고 그것을 당연시하는 나라도 드물 것이다. 우리 사회는 전반적으로 계급에 따른 서열과 상명하복 문화를 도리라 하고, '기준에 따른 차별'은 곧 공정한 정의라 여긴다.

때문에 간혹 백악관 청소부가 미국 대통령과 친근한 농담을 주고받았다는 기사가 소개되면 진심으로 경탄하기도 한다. 또 공시가 없던 시절부터 한 업무에 매진해 전문성이 생긴 비정규직이 후에 공시로 들어온 신입 정규직보다 못한 대우를 받는 것이 공정한 정의로 여겨진다. 자세히 뜯어보면 우리 사회는 아주 세세한 부분까지 서열화가 진행돼 있고, 그에 대한 차별을 정당하게 여긴다. 직업에 귀천이 있는 것은 기본이고, 같은 직업 내에서도 기업의 규모나 사무실 내에서의 직위 등으로 서열이 세분화된다. 아무리 수평 조직을 운운하는 곳이라도 사람들은 자연스럽게 서열을 만들고 줄을 선다. 때문에 우리는 자신의 현재 서열을 기가 막히게 잘 알아챈다. 아마 한 사무실을 급습하여 서열대로 줄을 서라 한다면 알아서도 잘 할 나라가 바로 우리일 것이다. 도대체 왜 그렇게 유난한 서열 의식이 우리 인식 속에는 자리 잡고 있는 것일까?

그 밑바탕은 오랜 역사를 가진 '전통문화'에서 근원한다. 전통문화란 가정과 사회를 통해 아주 어릴 때부터 보고 듣고 느끼며 무젖어 가는 그런 것이다. 어릴 적부터 해 오던 추억, 익숙함과 연관되기 때문에 사람들의 세계관과 가치관을 만드는 밑바탕이 된다. 새장 속의 새가 하늘을 상상하지 못하듯, 사람 역시 보통은 자신의 문화와 크게 동떨어진 것은 잘 상상하지 못한다. 상상은 기존에 알던 것을 변형하거나 조합함으로써 생기는 것이기 때문이다. 따라서 사람들은 어릴 적부터 익숙해진 전통문화를 통해 자연스럽게 과거의 모순과 비합리성에도 익숙해진다.

그리고 중요한 것은, 누구든 '전통문화'라는 거대한 명분과는 쉽게 대적하려 않는다는 것이다. 전통문화를 집단적 사고로 공유하는 사회 전체에 반하는 행동이기 때문이다. 하지만 그럴수록 본질적인 질문을 던져 볼 필요가 있다. 그것은 정말로 우리의 전통문화가 맞는가? 그 전통문화는 어떤 의도와 기원을 가지고 생긴 것이며, 또 어떤 유래로 발전해 왔는가? 애당초 만들어진 의도와 목적에 걸맞게 유지되고 있는가?

현재 우리 사고의 밑바탕을 그리고 있는 전통문화는 잘 알듯 유교임이 분명하다. 더 정확히 표현하면 '유교식 종법 시스템'이고, 엄밀히 따져 보자면 조선 후기에 광적으로 숭배한 '주자학적 종법 시스템'이란 것이다. 주자학적 종법 시스템의 민낯을 더욱 적나라하게 표현해 보면, 바로 '결벽증투성이 주자학'[85]이 만들어낸 '세기적인 차별 시스템'이라 말할 수 있겠다. 애당초 주자학이란 무너져 가던 신분·서열의 피라미드를 회복시켜 귀족으로서의 역할과 혜택을 지켜내는 것이 정의라 믿었던 봉건질서의 관점에서 시작된 학문이다. 따라서 그것은 계급·신분·권력·성별·연령 등을 따져 위치가 낮은 이들의 '드러나지 않는 희생'을 요구하고, 그로 인한 차별을 당연한 도리로 받아들이게 하는 현실을 만들어낸다.

유교가 이 땅에 전래된 시기와 의미

유교는 삼국시대부터 이 땅에 전래되었다. 그렇다면 삼국시대 여성들도 조선 시대와 비슷한 삶을 살았을까? 조선 시대를 풍미한 주자학이 번성하기 전, 순수 유교만 알던 이 땅의 사람들은 어떤 모습으로 살고 있었을까?

삼국 중 가장 먼저 유교를 받아들인 것은 고구려로 알려져 있다. 백제

---

85 송나라의 주희에 의해 재해석된 유학을 주자학이라 한다. 조선 중기 이후 꽃피워 조선 후기에는 종교적 신념으로 교조화되는 특징을 보였다. 오늘날의 전통 예식은 모두 주희가 정리한 『주자가례』란 책에 근거한다.

역시 비슷한 시기로 본다. 삼국 모두 정확한 전래 시기는 알 수 없어서 보통 유학을 가르치는 국학이 세워진 때로 유학의 전래 시기를 짐작한다.[86] 고구려와 백제가 이미 4세기에 유학을 가르치는 국립대학인 태학을 세웠던 반면, 신라는 삼국 통일 후인 7세기 후반682년에서야 비로소 국학이 세워졌다. 그만큼 신라는 더 오랜 시간 고유 사상으로 국가를 운영했던 나라이다.

혹자는 신라가 중국과 멀기 때문에 문화적으로 낙후되었다고 하지만 막상 신라인들은 동의하지 않을지도 모른다. 신라의 천재 유학자 최치원은 이렇게 말했다. "우리 나라에 현묘한 도가 있는데 풍류風流라고 한다. 그 도는 실로 유교·불교·도교삼교를 모두 포함하고 있다." 즉, 신라의 고유 사상이 외래 사상들보다 더 본질적이라는 자부심을 표현하고 있다.[87]

그런 신라는 오늘날 우리보다 훨씬 자유롭고 개성적이며 평등한 삶을 살았다. 대한민국 교육법 제1조로 '홍익인간 정신'을 운운하는 지금보다 훨씬 더 홍익인간의 정신을 실천하며 살았다. 물론 종교적 특성도 강했고 신분제도라는 한계도 있었지만, 어쩌면 그들은 돈이 곧 신분 계급이 되는 지금보다 더 자유롭게 살아갔는지도 모른다.

---

86 고구려는 소수림왕 2년(372) 태학을 건립하였다. 아마 그 이전부터 유교가 들어왔을 것이다. 백제는 근초고왕(?~375)의 신하인 왕인 박사가 일본에 최초로 유학을 전해 준 점으로 미루어 비슷한 시대였을 것이다.

87 이규보 역시 「동명왕」 편 서문에 "우리나라는 성인의 고장이다"고 하였고, 『삼국유사』의 저자 일연 역시 "우리 역사의 제왕이 장차 나라를 일으킴에 천부의 명에 응하고 신비한 도록을 받으니 반드시 보통 사람들과는 특이한 것이 있다"고 하였다. 즉, 예부터 내려온 고유한 사상이 있었음을 은연중에 밝힌 것이다.

신라의 성과 절개

신라는 여성에게만 정조를 강요하거나 남성이 내린 결정에 여성이 순종해야 한다고 생각하지 않았다. 성을 즐기거나 정조를 지키는 것은 남녀를 떠나서 개인의 신념과 선택의 문제였다.

색공지신을 자처한 미실은 많은 권력자들에게 색공을 했지만, 미실의 남편인 세종은 끝까지 미실에 대한 정조를 지켰다. 그렇다고 세종이 미실에게 정조를 강요당할 처지도 아니었다. 세종의 골품과 지위가 미실보다 훨씬 높았기 때문이다. 단 한 번, 미실의 강한 요청으로 미실의 주인인 사도태후에게 색공을 한 적은 있지만 그 외에는 스스로의 선택으로 정조를 지켰다. 지증왕은 민가의 여인인 도화녀를 사모해 색공을 받고자 궁중으로 불러들이려 했다. 그러자 도화녀는 "남편이 있는데도 다른 남자에게 가는 일은 비록 폐하의 강압이라 하더라도 저의 지조를 빼앗을 수 없을 것입니다"라며 거절했다. 결국 지증왕은 도화녀의 뜻대로 그녀의 남편이 살아 있는 동안에는 도화녀와 함께하지 못했다.

이처럼 남성이든 여성이든 상대에 대한 절개는 마음에서 우러나올 때 스스로 지켜졌다. 또한 성에 대한 요구는 가장 빈천한 평민일지라도 거부할 수 있었고, 거부한 상대의 의지는 비록 왕일지라도 강제로 꺾을 수 없었다. 그것이 그 시대의 성과 사랑에 대한 인식이었다.

신라에서 여성으로 산다는 것

나아가 신라는 사람의 의지와 권리를 여성이라는 이유로 박탈하거나 무시하지 않았다. 때문에 신라의 여성들은 사회에 큰 공헌을 했고 남녀가 서로의 꿈을 도우며 살아갔다.

경덕왕의 왕후인 삼모부인[88]은 태자비를 거쳐 왕후가 된 여인이다. 경덕왕에게는 재밌는 야사가 전해 오는데 음경이 8치26.4센티나 되었고, 아들 욕심이 유난했다고 한다. 그런데 어쩐 일인지 삼모부인과의 사이에 자식이 없었다. 그래서 온갖 비방을 알아보고 다녔다. 그러던 중 표훈법사가 '딸 하나는 줄 수 있다'라는 하늘의 뜻을 전하자 '나라가 위태롭게 되는 일이 생기더라도 꼭 아들을 달라'며 떼를 썼다고 한다. 이처럼 아들 욕심이 많은 경덕왕이었던지라 삼모부인은 왕후가 된 지 불과 일 년 남짓 만에 왕후 자리를 조카에게 내어주고 출궁했다.[89]

역사를 돌이켜 볼 때, 출궁한 왕후의 결말은 대개 비극적이다. 조선 시대였다면 폐비로 갇혀 살다가 가문의 몰락 소식을 들은 후 사약을 받았을 것이다. 하지만 삼모부인은 출궁 이후에도 '사량부인'이라는 높은 지위를 유지했다. 또한 정치 세력을 유지하며 많은 재화를 모았다. 그리하여 전 남편인 경덕왕이 큰 법종을 만들고자 할 때, 삼모부인이 대부분의 비용을 시주하여 종을 완성할 수 있었다. 그녀가 시주해 만든 황룡사 대종은 불행히도 지금은 볼 수 없다. 하지만 남아 있었다면 현존하는 가장 큰 종인 '성덕대왕 신종'보다 4배나 더 컸을 것이다. 더불어 세계에서 가장 큰 종으로 이름을 남겼을 것이다.

이처럼 삼모부인은 비록 왕후였지만 왕에게 종속되지 않았다. 왕과 이

---

88 신라에서의 '부인' 칭호는 왕후 등 고위 여성에게만 붙이던 칭호였다.

89 김선주의 논문 「신라 경덕왕 대 삼모부인의 생애와 정치적 의미」(2011)에서는, 삼모부인과 조카 만월부인이 같은 정치 세력이었다고 주장하고 있다.

혼을 했어도 당당히 권리를 존중받아 지위를 지키며 하고 싶은 일을 할 수 있었다. 그리고 자신의 의지대로 능력을 발휘하여 정치 세력과 경제력을 키워 갈 수 있었다.

한계가 없었던 삼국의 여성 _ 새 남편과 두 아들을 왕으로 만든 소서노

고구려와 백제 역시 마찬가지였다. 부여 출신인 고주몽이 동부여를 탈출할 때 그야말로 빈털터리 신세였다. 물고기와 자라가 다리를 만들어 주고, 유화부인이 보리 종자를 비둘기 입에 물려 보내 줄 정도였으니 탈출하는 데 얼마나 급급했는지 알 수 있다. 가진 것이라고는 따르는 자 몇 명과 유화부인이 보내 준 약간의 보리 종자뿐이었다.

겨우 탈출에 성공한 빈털터리 주몽이 마침내 졸본왕을 만났을 때, 왕은 한눈에 주몽의 비범함을 알아보고 둘째 딸 소서노를 소개했다. 마침 소서노는 남편과 사별한 뒤 두 아들을 데리고 친정인 졸본에 와 있던 참이었다. 소서노 역시 주몽의 사람됨을 한눈에 알아보고 혼인을 승낙했다. 지혜가 성숙해지기 시작한 중년당시 37세의 과부 공주 소서노는[90] 다행히 조선시대에 태어나지 않았다. 때문에 여성임에도 엄청난 재력을 소유하고 운용할 수 있었다.

소서노는 22세의 어린 주몽을 새신랑으로 맞아 물심양면으로 이끌었고, 결국 둘은 고구려를 건국했다. 딸에게 가업과 재산을 물려주고 여성

---

90 『삼국사기』에는 삼십대 초반 정도라고 나오고, 단재 신채호 선생은 37세라 주장하는데 여기서는 단재 선생의 학설을 따른다.

도 자유롭게 경제와 정치 활동을 할 수 있던 시대였기에 가능한 일이었다. 그런데 어느 날, 주몽의 전 부인이 낳은 아들 유리가 아버지를 찾아오고 주몽이 유리를 후계자로 정하면서 소서노는 깊은 시름에 빠지게 된다.

흔히 자식을 키워 봐야 진짜 어른이 된다고들 한다. 한 생명을 낳고 길러내면서 이전에는 알지 못했던 것들을 깨닫게 된다. 일국의 여왕이자 두 아들의 어머니였던 소서노가 선택한 것은 '평화'와 '창조'였다. 비록 소서노의 재력을 바탕 삼아 세워진 고구려였지만, 평화를 선택한 그녀는 모든 것을 유리에게 넘겨주고 두 아들과 함께 남쪽으로 내려가 백제를 세웠다.

단재 신채호 선생은 『조선상고사』에서 소서노를 이렇게 평했다. "소서노는 조선 역사상 유일한 창업 여대왕일 뿐만 아니라 고구려와 백제 두 나라를 세운 사람"이라고…. 실제로 백제 창건 13년 만에 소서노가 세상을 떠나자 비류와 온조는 "어머니와 같은 성덕聖德이 없고서는 이 땅을 지킬 수 없다"라며 도읍을 옮길 정도였다. 때문에 단재 선생은 백제의 시조가 '소서노 여대왕'이며 백제 건국 후 13년간은 소서노의 치세 기간이었다고 해석한다.

역사에서 잊힌 소서노 여대왕 _ 그 이야기가 전하는 의미

하지만 현재의 우리는 소서노에 대해 잘 알지 못한다. 한때 백제의 중요한 국신國神으로 모셔졌고, 또 역대 어느 왕보다도 위대한 업적을 남긴 소서노를 우리는 왜 잃어버리고 말았을까? 홀로 자식들 키우는 과부이면서도 막대한 재력을 갖추고 나아가 자신의 능력으로 새 남편과 두 아들을 왕으로 만든 소서노, 그녀의 행적 하나하나는 주자학의 입장에선 용납할 수 없는 것들이었다. 남성의 뜻에 순종하지 않는 여성, 죽을 때까지 한 남성에게만 절개를 바치지 않은 여성, 규방 밖으로 뛰쳐나와 정치와 경제에 참여하는 여성, 왕비이면서 왕을 버리고 떠나 새 나라를 세우고 신으로 모셔진 여성…. 그러한 여성상은 주자학이 꿈꾸던 여성상과 완전히 반대되는 모습이었다. 그리하여 주자학의 부흥과 함께 소서노의 이름은 우리 역사에서 점점 지워져 갔다.

하지만 고구려와 백제 시대까지도 소서노가 여성이기에 할 수 없는 일은 없었다. 여성이라서 하지 못할 일도 없었다. 때문에 소서노는 자신의 길을 스스로 개척하고 꿈을 실현하며 세상을 만들어 나갈 수 있었던 것이다. 하지만 그런 소서노가 우리에게 새삼 특이하고 낯설게 느껴지는 것은 그만큼 우리가 조선의 모습에만 익숙해져 있기 때문일 것이다. 역사를 돌아보고 새로운 지혜를 깨우쳐야 한다는 온고지신이 필요한 순간이다.

남성과 여성 모두 자신의 권리를 인정받고 평등하게 바라볼 수 있었던 관점, 그리하여 남녀가 서로 돕고 인정하며 함께 더 큰 꿈을 이루어 갈 수 있던 가능성…. 지금 우리 시대에 필요한 평등에 관한 해답은 오히려 과거에서 찾을 수 있는 것은 아닐까?

08
차이를 '융합'으로 승화시켰던 삼한인들

국제적인 인기 품목이었던 신라의 비단과 전문직 여성들

고구려 고분 벽화에는 견우와 직녀가 그려져 있다. 견우와 직녀는 특히 삼국시대의 생활상을 가장 잘 보여 주는 사례 중 하나다. 밭을 가는 견우와 베를 짜는 직녀. 어떻게 보면 남성은 상대적으로 힘이 많이 필요한 밭을 갈고, 여성은 집 안에서 베를 짜며 가사에 몰두하는 모습이라 전형적인 가부장제 사회를 생각하기 쉽다. 하지만 실상은 오히려 그 반대였다.

삼국시대의 직녀는 요샛말로 매우 유능한 전문직 여성이라 해도 손색이 없었다. 특히 국제적으로 큰 인기를 얻은 신라의 비단 산업은 신라 여성의 지위에도 큰 영향을 미치기에 충분했다. 그 이유는 다음과 같다.

첫째, 삼국시대에 직물은 곧 화폐였다. 특히 비단과 염색은 쌀 생산보다 훨씬 고부가가치 산업이었다. 예를 들면, 조선의 삼베 1필 대략 폭 32.8cm, 길이 16.38m은 벼 반 섬 정도의 가치였다. 반면, 『삼국유사』에 따르면 신라의 직물 1필은 벼 30~50섬에 거래됐다고 한다. 시대마다 도량법이 다르고

덕흥리 고구려 벽화에 그려진 견우와 직녀

▌위는 덕흥리(평안도 남포시) 고구려의 무덤 앞칸 남벽 천장에 그려진 전체 이미지, 아래는 그중에서 견우와 직녀에 관한 상세도. 이 무덤은 408년에 축조했다고 알려졌다. 아래 그림에서 중간을 가로지르는 은하수 왼쪽에 '牽牛之像(견우지상)', 오른쪽에 '□□之像', 그 아래에 '猩猩之像(성성지상)' 글씨가 쓰여 있다. □□은 '織女(직녀)'로 보인다. 견우직녀 설화와 칠월칠석 신앙이 당시 고구려 사회에 침투되어 있었음을 알 수 있다. 또 도상 및 성성이(猩猩-)의 등장에서 고대 한·중 간 밀접한 문화 교류를 짐작케 한다. 성성이는 사람과 비슷하나 몸은 개와 같고, 주홍색 긴 털이 나 있으며, 사람의 말을 이해하고 술을 좋아한다는 상상 속의 동물이다.(동북아역사넷〉고구려벽화〉덕흥리 고분벽화〉앞칸남벽)

신라의 직물이 어떤 직물인지 정확하지 않아 비교가 힘들지만, 그래도 신라의 직물이 유난히 비쌌음은 분명하다. 게다가 신라에서 생산하는 직물의 종류가 무려 27종에 달했다고 하니, 다양하고 화려한 신라 직물이 유난히 고가에 거래된 이유가 일견 납득이 간다.

둘째, 신라의 비단과 모직품은 삼국 중 단연 으뜸이었다. 이것들은 해외에서도 호평받는 중요한 수출 품목이었다. 따지고 보면 신라는 생길 때부터 직조에 유례가 깊은 나라였다. 신라의 개국 여신인 선도산 성모는 선녀가 짠 비단으로 직접 관복을 지어 사람들에게 관복 입는 법을 알려주었다는 전설이 내려온다. 또한 신라의 여자 성인이자 왕후인 알영은 박혁거세와 함께 나라를 돌아다니며 백성들에게 양잠을 권장했다. 게다가 신라의 연오랑과 세오녀가 일본으로 건너가자 신라의 해와 달이 빛을 잃었는데, 신라 조정에서 세오녀가 짠 비단을 받아 와 제사를 지냈더니 해가 다시 밝아졌다는 이야기도 있다.

이처럼 신라의 중요 사건마다 비단 이야기가 자주 등장하는데, 비단을 포함한 직물 산업이 신라를 대표할 만했기 때문이다. 신라의 비단은 당나라와 일본은 물론 실크로드를 건너 로마까지 전해졌을 만큼 국제적인 인기 품목이었다. 신라의 배가 일본으로 들어갈 시기가 되면 일본의 귀족들은 구매 희망 목록까지 정리해 가며 목을 빼고 고대했다. 현재까지도 일본 왕실의 보물창고인 정창원에는, 얼마나 아꼈는지 당시의 상표조차 떼지 않은 신라 자초랑댁紫草娘宅의 모직 양탄자가 귀중히 전해 온다.

또한 여왕을 우습게 보던 당나라 황제마저도 진덕여왕이 보낸 비단에 흠뻑 빠져, 결국 진덕의 바람대로 여왕의 즉위를 인정하고 계림국왕이라는 봉호를 보내오기도 했다.

한편 신라 경덕왕은 당나라 황제인 대종에게 오색의 모직 양탄자 위에 움직이는 모형 산을 올린 '만불산'萬佛山[91]이란 선물을 보낸 적이 있었다. 얼마나 정교했던지 선물을 받은 당 황제는 "신라의 교묘한 기술은 하늘의 솜씨이지 사람의 솜씨가 아니다"며 초파일에는 궁궐의 승려들에게 만불산에 예배를 드리라 명하기도 했다.

마지막으로, 신라의 비단 생산은 관청까지 설치되어 생산될 정도로 전문적이었다. 김정숙 씨의 연구에 의하면[92] 신라에는 14개소의 관청에서 직조와 관련한 업무를 담당했다고 한다. 관청의 수공업장에는 '모'母라는 이름의 여성 관직자가 직물 생산 작업을 통제하고 관리했다고 한다. 다시 말해서 신라의 직녀들은 관직에까지 오를 수 있는, 당시의 전문직 여성이었던 셈이다.

이국인의 눈에 비친 신라의 모습

흔히 고대 삼국시대라 하면 교통의 한계로 한 지역을 벗어나지 못할 것이라 상상하기 쉽다. 하지만 장보고는 괜히 해상왕이란 별칭을 얻은 것이 아니다. 신라 유적지에서 로마의 보검이나 스키타이의 유물이 발견되는 것도 우연이 아니다. 당시 신라는 실크로드의 종착지인 황금의 유토피아였고 이국인들의 부러움을 사던 나라였다. 당시 실크로드를 오가던 아랍

---

91 약 3미터 정도의 움직이는 모형 산인데, 금과 옥으로 장식한 정교한 누각과 새와 벌이 가득하고 만여 개의 작은 불상과 천여 명 정도의 작은 스님 인형들이 배치되어 있었다. 큰 것은 콩 반쪽만 했는데 머리털과 눈썹까지도 또렷했다. 바람이 불면 인형들이 움직이는데, 설치된 종이 울리면 천여 명의 스님들이 만불에 절을 하고 은은한 염불 소리가 들리는 듯했다고 한다.

92 김정숙(2010), pp.237~245.

인들이 본 신라의 모습은 다음과 같았다.

> "신라국의 주민들은 세상에서 가장 아름다운 외모를 가지고 있으며 병도 가장 적다."[93]

> "신라인은 백인白人으로서 중국 황제와 서로 선물을 주고받는다."[94]

> "중국의 맨 끝 깐수甘肅의 맞은편에는 많은 산과 나라가 있는데 그곳이 바로 신라국이다. 이 나라에는 금이 많으며 무슬림들이 일단 들어가면 그곳의 훌륭함 때문에 정착하고야 만다."[95]

> "신라를 방문한 사람들은 누구나 정착하여 다시 나오고 싶어 하지 않는다. 그 이유는 그곳이 매우 풍족하고 이로운 것이 많은 데 있다. 그 가운데서도 금은 너무나 흔한바, 심지어 그곳 주민들은 개의 쇠사슬이나 원숭이의 목걸이도 금으로 만든다. 그들은 또 스스로 옷을 짜서 나가서 판다."[96]

> "중국의 동쪽에 한 나라신라가 있는데 그 나라에 들어간 사람은 그곳이 공기가 맑고 부富가 많으며 땅이 비옥하고 물이 좋을 뿐만 아니라 주민의 성격이 또한 양순하기 때문에 그곳을 떠나려고 하지 않는다. … 신라인들은 가옥을 비단과 금실로 수놓은 천으로 단장하며 식사 때에는 금으로 만든 그릇을 사용한다."[97]

---

93 알 까즈위니, 『제국유적과 인류소식』, p.50: 무함마드 깐수(1990), 재인용.
94 술라이만 앗 타지르, 『중국과 인도소식』, p.108: 무함마드 깐수(1990), 재인용.
95 이븐 쿠르다지바, 『諸道路 및 諸王國志』, p.70: 무함마드 깐수(1990), 재인용.
96 알 이드리시, 『천애 횡단 갈망자의 산책』, p.92: 무함마드 깐수(1990), 재인용.
97 알 마끄디시, 『창세와 역사서』, p.116: 무함마드 깐수(1990), 재인용.

앞에서 살펴보았듯, 상나라와 고조선의 유민들이 더 살기 좋은 땅을 찾다가 정착한 곳이 바로 신라 땅이었다. 신라는 다민족국에 걸맞게 다양성을 존중하고 잘 융합하며 조화하는 국제적인 소통 감각을 가지고 있었다. 그래서였을까? 신라인들은 남녀의 차이를 차별로 가져가지 않았다. 남녀가 다른 점을 특성과 장점으로 보고 그에 맞는 대우를 하려 한 모습을 신라 사회에서 발견하게 된다.

세상에는 똑같은 것이 하나도 없다. 비극은 어느 하나에만 가치를 부여하고 판단할 때 일어난다. 차이를 인정하고 나름의 가치를 발견하며 차별하지 않는 것, 그것이 바로 오늘날 우리가 신라에서 배워야 할 또 다른 가치일 것이다.

신라의 복식 문화

여성의 특성과 생산성을 존중하는 신라인의 인식은 복식에도 이어졌다. 신라는 신분에 따라 복식이 달랐는데 여성들은 같은 신분의 남성보다 더 상위의 복식이 허락되었다.

신라의 옷은 겉옷의 형식과 색깔을 통해 신분을 표시하였다. 또한 신분에 따라 사용할 수 있는 재질도 달랐는데, 일종의 사치를 막기 위한 방책이었다. 그런데 여성들에 한해서, 신분을 표시하는 겉옷 외에는[98] 상위 신분의 남성들만 입을 수 있는 옷과 재질을 허락해 주

---

98 즉 바지, 속옷, 신발 등

었다. 예를 들면, 평민 남성은 베옷만 입을 수 있었지만 평민 여성은 겉옷은 베를 사용해도 속치마, 신발 등은 보온성 좋은 비단 등을 사용할 수 있었다. 한편에선 비록 골품을 중시했던 신라이지만, 여성과 그 생산성을 우대하는 사회적 인식이 있었기에 가능한 일이라 해석하기도 한다.[99]

▌경주 미추왕릉 지구에서 출토된 5~6세기 로마식 장식 보검. 보검 중간에 있는 삼태극 문양이 인상적이다. 하단의 사진은 상세도.

99 박남수(2011), pp.453~478.

09

고려 이전, 모계와 부계가 평등했던 가족문화의 전통

부모의 성을 모두 쓰는 사람들

영화감독 김조광수, 국회의원 양이원영 등, 근래 부모님의 성씨를 붙여 쓰는 경우가 종종 보인다. 아버지의 성만 쓰는 남성 중심, 부계 중심의 풍조에 대한 저항의 의미로 어머니의 성을 함께 쓰는 것이다. 하지만 현재의 성씨 사용법에 따르면 부모의 성씨 모두를 사용하는 것은 익숙지 않다. 아버지와 어머니를 똑같이 성씨로 표현하고 싶은 마음은 충분히 이해가 간다. 하지만 반발과 조롱도 만만치 않다. 예컨대 '이최 갑수'와 '강이 영희'가 결혼하여 '주현'이란 아이를 낳으면 그 아이는 '이최강이 주현'이 되는 것인가? '이강 주현'이 되는 것인가? 오랜 시간 동안 자리 잡아 온 규칙을 표면적으로만 뒤바꾸려니 혼선이 생기고 만다.

아버지와 어머니의 혈통을 모두 존중하고자 하는 관점은 많은 논쟁거리를 안겨준다. 나아가 하나의 고정관념 앞에서 똑같은 논쟁이 무한 반복된다. 그 고정관념은 바로 유교식의 '아버지 날 낳으시고 어머니 날 기르시니'[100]라는 것이다.

유교의 입장에서는, 밭에 콩을 뿌려야 콩이 나듯 어머니란 밭에 아버지의 씨가 뿌려진 결과가 자식이라 본다. 즉, 생명을 낳는 것은 남성이므로 혈통을 상징하는 성씨는 남성을 통해 계승돼야 한다고 생각한다. 이러한 논리는 같은 혈통성씨을 중심으로 운영되는 '가문家門 중심 가족문화'와 '가문 의식 물려주기'인 주자학 방식의 제사로 귀결된다. 가문 의식은 다른 혈통과의 분별과 차별을 전제로 한다. 시조始祖 이야기로 특별함을 강조하고 제사로 끈끈한 혈연을 확인하며 배타성을 드러낸다. 바로 이것이 현재까지 내려오는 가문과 제사 문화의 실체이다.

그러한 사고 구조 속에서 여성의 존재는 어떠했을까? 여성은 다른 혈통에서 왔거나, 다른 혈통으로 시집갈 존재들이었다. 때문에 여성에게는 철저히 '밭의 미덕'만이 요구됐다. 세상에 스스로 움직이거나 어떤 종자를 심어 달라고 주장하는 밭이 없듯 여성의 미덕 역시 밭처럼 수동적이고 순종적이어야 했다. 어떤 척박한 환경에서도 뿌려진 씨앗을 다 품고 번성시키는 밭처럼 여성도 자손 번성과 종자 보존을 위해 희생하고 헌신해야 했다. 그것이 밭인 여성의 존재 목적이며 수천 년간 검증돼 온 동양 전통의 지혜라 여겼다.

그렇다면 역사적·과학적 지식을 모두 갖춘 현재의 관점에서도 '부계 가문 중심 가족문화'는 지켜 가야 할 아름다운 미풍양속인 것일까? 아니, 그 전에 그것은 진짜 우리 전통이긴 한 것일까?

---

100 예절학교나 한문을 처음 배울 때 한 번씩 구경하는 『사자소학』은 "父生我身 母鞠我身"으로 시작된다. '아버지께서 내 몸을 낳으시고, 어머니께서 내 몸을 기르셨네'라는 뜻이다.

성씨는 어떻게 만들어졌을까?

우선 성씨의 유래와 발달 과정을 통해 그것이 '진정한 전통'이 맞는지부터 살펴보자.

아이가 어머니 몸에서 태어나는 것은 분명한 사실이다. 그런데 유전자 검사를 해 보지 않는 이상 아이의 아버지는 정확히 알 수가 없다. 때문에 고대에는 부족 전체가 가장 윗대 어머니의 성을 물려받았다. 즉, 본래 성의 기원은 '어느 어머니의 혈통인가'를 표시한 것이었다. 그래서 성姓이란 글자는 '여자'女와 '낳다'生는 글자가 합하여 이루어졌다. 때문에 고대의 성은 당연히 모계로만 전해졌다. 하지만 세대가 내려오며 자손이 많아지고 다양한 아버지들의 계보로 친족 관계가 복잡해지자 좀 더 구별해야 할 필요가 생겼다. 그래서 왕, 제후, 관리 등 업적이 있는 아버지들은 자신만의 고유한 '씨'氏를 만들어 사용하기 시작했다. 씨는 주로 아버지의 직업, 역할, 출신 지역 등을 표시하여 만들어졌다. 예를 들면 유교의 초기 기록에 보이는 농경을 발달시킨 신농씨神農氏: 농사의 신이라는 뜻, 치수 공사를 잘한 공공씨共工氏: 공공시설, 건축공사를 잘했다는 뜻 등이다.

사례를 하나 들어 보자. 낚시꾼들에게 유명한 강태공은 어머니의 성과 아버지의 씨를 구별해 함께 쓰던 시대의 인물이었다. 그래서 강태공의 모계 성은 강姜이고, 부계의 씨는 여呂이다. 그의 이름은 자아子牙이며 호는 태공망이었고 상尙이란 지역에 살았다. 때문에 사람들은 그를 강자아, 강태공, 강상, 태공망, 여상, 여망 등으로 다양하게 불렀다.

이처럼 성과 씨를 구분해 쓰던 전통은 춘추전국시대까지 이어졌다. 때문에 『논어』『예기』 같은 유교의 고전에도 동일인을 성으로 불렀다가 또 씨로도 부르는 모습이 종종 보이곤 한다.[101] 하지만 시대가 지나며 같은 성 안에서도 아버지의 계통이 너무 다양해지자 진시황은 이 복잡한 성씨 제도를 통일시켰다. 그리하여 모계 혈통을 나타내던 성은 부계 혈통을 나타내는 씨로 흡수·통일되었다. 본래 모계 성은 부족의 큰어머니가 살던 땅 이름으로 정했었는데, 그 유습이 남아 전주 이씨, 김해 김씨 등 '본관땅 이름 + 씨'의 형식으로 전해졌다.

우리 역사 속 성씨 사용의 유래와 변천

이 땅에 중국식 부계 성씨 제도가 들어온 것은 대략 6세기 전후이다.[102] 신라 진흥왕 대 이전의 비문碑文에는 성씨를 쓴 이름이 단 한 명도 보이지 않는다. 중국식 성씨 제도가 이 땅에 도입되고서도 오랫동안 왕실이나 소수의 귀족 및 대당 유학생들만이 성씨를 사용했다. 대다수 사람은 성을 쓰지 않았다. 그들은 '삼한의 후예', '신국의 백성' 같은 공동체 일원임에 더 큰 의미를 두었다. 개인의 부계 혈통을 따져 네 집안, 내 집안을 구별 짓는 '씨'에는 큰 의미를 두지 않았다.

---

101 『논어』에서 공자는 맹의자를 공손씨라고도 부르는데, 『예기』에서는 맹의자의 형을 남궁경숙, 중손열로 기록하고 있다. 맹의자와 그의 형인 남궁경숙 가문의 모계 성은 남궁이고 부계로는 맹손씨의 일족이었다. 남궁 가문 안에서도 부계 쪽 직계의 씨는 중손씨였고, 방계로 따져보면 맹손씨였다. 또 같은 맹손씨라도 다른 모계 성의 가문으로 장가를 가면 형제라도 다른 씨를 쓸 수 있었다. 그래서 역사 속에 보이는 남궁경숙, 맹자, 자목하 등은 부계로 보면 모두 같은 맹손씨지만 각자 다른 모계 성의 가문에 장가들었기에 다른 성씨를 쓰게 되었다.

102 고주몽, 박혁거세 등은 모두 후대에 유추한 것일 뿐, 당시의 비문 등의 자료에는 성을 쓴 인명이 보이지 않는다. 고구려는 장수왕 대 중국에 보내는 국서에서 고씨로 표기한 자료가 보이고, 백제는 근초고왕부터 여씨로 표기했다가 무왕부터는 부여씨로 기록하고 있다. 신라는 진흥왕 때부터 김씨 성을 사용했다는 연구가 보인다.(이수건, 1984, 『한국중세사연구』, 일조각)

게다가 조선 초까지도 장가와서 들어와 사는 사위는 처가로 가서 사는 아들보다 더 가까운 존재였다. 즉, 가문이니 혈통이니 하는 큰 명분 속에서 상대를 보기보다, 현실적 관계 그대로 상대를 보는 것이 더 자연스러웠다. 성보다 이름이 중요했고 가문보다 같이 사는 실질적인 가족이 더 중요했다. 이러한 의식은 오늘날까지도 흔적을 남겨, 혼인 후에도 여성은 남편의 성씨로 개명하지 않고 자신의 성씨를 유지하는 문화를 보여준다. 우리에게는 자연스럽지만 전 세계적으로 혼인한 여성이 남편의 성씨를 따르지 않는 경우는 의외로 드물다.

사실 이러한 관념은 매우 오래된 것이었다. 신라에는 성씨 제도의 초기 개념인 '모계 혈통의 표식姓'이 남아 있었는데 바로 진골정통과 대원신통이란 계보였다. 당시 성씨는 중국과 대외 관계를 해야 하는 왕과 귀족만이 사용했다. 그들은 필요에 따라 아버지나 어머니의 성씨를 골라 쓰거나 새로 만들어 쓰기도 했다.[103]

하지만 모계 혈통의 계보는 어떠한 경우에도 바꿀 수 없었고, 신분과 계통을 나눌 정도로 강력했다. 당나라와 교류하며 유교식 성씨 제도를 들여와 쓰긴 했지만 신라가 본래 갖고 있었던 '모계 혈통'의 관념은 지울 수 없었던 것이다.

신라 후기에는 11개의 성씨가 자리 잡았는데 신라가 통일하자 고구려, 백제의 성씨들은 거의 사라지고 신라의 주요 성씨들이 주로 남아 오늘날까지 전해 온다. 그렇다면 현재 보이는 5,587[104]개나 되는 성씨들은 언제부터 생겨난 것일까? 한국의 성씨(姓氏)는 전통적으로 270여 개가 있다. · ·

---

103 신라와 고려는 왕실의 순수 혈통 보존을 위해 다른 성씨와의 결혼을 꺼려했다. 하지만 중국은 유교의 동성동본 불혼을 원칙으로 삼았기에 대외적 위신을 위해 왕비들은 외갓집의 성을 사용했다.

104 통계청, 2015년 「인구주택총조사」 자료.

성씨가 본격적으로 자리 잡기 시작한 것은 고려 시대부터이다. 태조 왕건의 29명의 장인 중 5명은 성씨가 없었다. 왕과 사돈을 맺을 정도의 귀족이어도 성씨를 사용하지 않던 당시 분위기를 엿볼 수 있는 대목이다. 하지만 성씨 제도는 '전주 + 이씨'처럼, 지역명을 함께 사용하도록 했기 때문에 넘치는 유랑민들을 일정한 땅에 묶어 두는 장점이 있었다. 더불어 지방 호족을 중심으로 성씨를 보급했기에 신분제를 안정시키는 역할을 하기도 했다.

때문에 왕건은 지속적으로 성씨 제도를 정착시키고자 노력했다. 재위 23년에는 전국적으로 성을 나눠 주는 토성분정土姓分定을 실시했다. 전국의 지방 호족들, 즉 요즘 말로 지역 유지들에게 지역 이름을 본관으로 삼아 성을 만들어 쓰게 한 것이다. 더불어 공로자들에게 왕실의 성인 왕씨나 유명한 집안의 성을 하사하고, 중국에서 온 귀화인들은 고려의 처갓집 성을 쓰게 했다. 또 오늘날 해외 명문대 유학생들이 졸업장을 벽에 걸어 놓기도 하듯, 유학생 · 사신들은 중국의 유명한 성씨를 갖다 쓰기도 했다. 그리고 그 과정에서 성의 기원과 시조에 대한 수많은 조작과 과장이 생겼다.

게다가 고려는 현재와 같은 부계 중심 가족문화가 아닌, 부계와 모계를 모두 존중하는 양계兩系적 가족문화를 가지고 있었다. 신라와 그 이전인 삼한 때부터 내려온 오래된 가치관이었다. 때문에 성씨는 반드시 부계로만 전해지지 않았다. 경우에 따라 외할머니·어머니·아내의 성을 따르는 사람들도 있었다.

하지만 그렇게 해서라도 성씨를 쓰는 사람들은 일부에 불과했다. 대다수 백성은 성씨를 쓰지 않았다.

때문에 우리나라 최초의 족보는 조선 초중기인 1476년에나 간행되었다. 더불어 광해군 때는 나라에서 공명첩을 팔았고, 조선 말에는 쇠락한 양반들이 족보를 팔았다. 그 결과 조선 초기 10%도 안 되던 양반들은 조선 말기 70%로 급증했다. 1894년 갑오개혁으로 신분제가 철폐되자 조선 인구의 절반에 해당하던 노비들은 단체로 주인의 성씨를 받거나, 기존의 유명한 성씨 족보에 슬그머니 끼어들어 갔다.

1909년에는 일제식 호적인 민적법을 실시하면서 집집마다 돌며 성씨를 등록받았다. 그때도 성이 없던 사람들은 당시 권세 있는 가문의 유명 성씨를 자신의 성으로 등록하는 경우가 많았다. 성씨가 곧 양반이자 '존중받을 인간'을 의미한다는 관념이 남아 있던 시대였기 때문이다.

엘리제 셰핑(1880~1934) 1914년 광주 제중원에서 찍은 엘리제 셰핑의 모습(왼쪽). 한국 이름이 서서평인 그녀는 평생 가난한 조선인과 나환자를 섬기며 살았다.

하지만 당당했던 이 땅의 여성들은 유교 성리학과 양반 의식이 지배하던 조선 시대 말 무렵에는 성씨는커녕 이름조차 제대로 쓰지 못하는 상황에 직면했다. 1920년대 이방인 선교사의 눈에 보인 당시 조선의 모습은 이러했다.

> "이번 여행에서 500명 넘는 조선 여성을 만났지만 이름을 가진 사람은 열 명도 안 됐습니다. 조선 여성들은 '돼지 할머니' '개똥이 엄마' '큰 년' '작은 년' 등으로 불립니다. 남편에게 노예처럼 복종하고 집안일을 도맡아 하면서도, 아들을 못 낳는다고 소박맞고, 남편의 외도로 쫓겨나고, 가난하다는 이유로 팔려 다닙니다. 이들에게 이름을 지어 주고 한글을 깨우쳐 주는 것이 제 가장 큰 기쁨 중 하나입니다."
>
> _ 선교사 엘리제 셰핑이 1921년 내슈빌 선교부에 보낸 편지[105]

부계 성씨 문화는 유구한 전통문화인가?

성씨란 개인의 정체성을 이루는 기본적인 요소 중 하나다. 현재와 같은 부계 중심의 유교식 성씨 제도가 온 국민에게 제대로 자리 잡은 것은 불과 백 년도 채 안 된다. '유구한 전통'이라는 표현이 무색해지는 순간이다. 게다가 90%는 가짜 성씨라는 말이 돌기도 하듯 지금의 성씨가 내세우는 대부분의 시조는 다시 알아봐야 할 수도 있다. 현재 우리 전체 인구 중 무려 45% 정도가 신라, 가야, 조선의 왕족과 같은 성김·이·박과 본관을 쓴다는 점이 좋은 예이다. 본래 왕족의 자손은 극소수이기에 정상적이라

---

105 양국주(2012).

면 왕족 성씨를 쓰는 인구가 전 국민의 45%가량을 차지할 수가 없다.

본격적으로 부계 성씨를 쓰기 훨씬 전부터 우리는 부계와 모계를 함께 존중해 왔다. 어느 한쪽만으로는 생명이 태어날 수 없다. 사실 물리적으로 봐도 부계와 모계는 모두 중요한 의미를 갖는다. 수정의 순간, 난자는 거부반응을 일으켜 정자의 핵만 남겨 두고 모두 녹여 없앤다. 때문에 세포질과 세포의 엔진인 미토콘드리아는 100% 모계 유전이다. 하지만 정자의 희생과 죽음이 없었다면 난자는 정자의 유전 정보를 합쳐 새로운 생명으로 진화하지 못했을 것이다. 요컨대 생명은 진정한 의미로 부계와 모계가 함께 작용하는 것이다.

10
잘 키운 딸 하나, 열 아들 안 부럽다

5060 세대에게 아들과 딸이 갖는 의미

1980년대에 '잘 키운 딸 하나, 열 아들 안 부럽다!'는 출산 구호가 있었다. 남아 선호 사상 때문에 아들을 낳을 때까지 계속 낳거나 여아임을 알고 나면 중절 수술을 택하는 통에 생긴 구호다. 1950~60년대 태어나 평균 3~4명 정도의 형제자매를 가졌던 당시의 가임 부부들은 학창 시절 내내 '아들딸 구별 말고 둘만 낳아 잘 기르자!'는 말을 들으며 자랐다. 아들과 딸의 차별이 크니 반드시 아들을 낳고자 다산을 각오하는 시대상을 읽을 수 있다. 남동생을 공부시키기 위해 누나들은 공장에서 야근을 하고, 남동생 밥상에 고기반찬이 올라갈 때 누나들은 부엌에서 찬밥으로 끼니를 때우곤 했다.

'다산은 애국!'이라느니 '엄마한텐 딸이 있어야 돼!'라는 말이 심심찮게 들리는 요즘 시각에선 그저 놀라운 이야기다. 하지만 제사는 아들만 지내고, 가문과 성씨도 아들로만 이어진다고 믿었던 당시에는 '아들 엄마'란 말만큼 뿌듯한 것이 없었다. 여자는 결혼을 하면 친정에서 출가외인이 되고, 시댁 식구의 제사를 모시며 아들 낳아 대를 잇는 것이 가장 큰일인 세대였기 때문이다. 그리고 가사와 돌봄에 지친 늙은 며느리가 무거운 짐을 넘기고 시댁 어른이 되어 봉양을 받으려면, 반드시 아들을 낳아 집안에 새 며느리를 들여야 했다. '아들만이 내 자손'이라는 잘못된 신념이 '아름다운 전통'이라 왜곡되어 한 시대의 여성 전부를 차별의 아픔 속으로 밀어 넣었던, 참으로 가슴 아픈 시대였다.

고려 시대 가족의 모습

하지만 조금만 더 거슬러 올라가면 전혀 다른 모습이 펼쳐지고 있었다. 잠시 고려 시대 새신랑 비차의 삶을 구경해 보기로 하자.

오늘은 쉰 살을 갓 넘긴 조이 여사가 간만에 외출을 하는 날이다. 서른 살 먹은 맏사위 비차가 조이 여사를 우마차에 모시고 아침 일찍 길을 나섰다. 조이 여사와 비차는 일찍 온 덕에 기다림 없이 촌장을 만날 수가 있었다.

"호구 신고는 삼 년마다 하는 걸 잘 알 터인데? 아직 삼 년도 안 됐는데 무슨 변고가 생겼는가?"

갑자기 눈시울이 붉어지는 조이 여사를 대신해 비차가 입을 열었다.

"아버님께서 재작년 지병으로 운명하신 후 어머니께서 이제야 기력을 되찾으셔서 호주 변경 신고를 하러 왔습니다."

"아! 그런 일이 있었구먼. 좋은 사람이었으니 내세엔 분명 좋은 운명을 받을 거네. 맏사위인 자네 어깨가 더 무겁겠구먼. 그럼 조이 여사를 호주로 변경하도록 하겠네."

"그리고 큰처남 몽랑이가 저번 주에 옆 동네로 장가를 갔습니다. 그것도 처리해 주세요."
"그렇지 않아도 어떤 처자와 자주 어울려 다니는 걸 봤네. 결국 일 잘하는 몽랑이를 옆 동네로 뺏겼구만. 어서 셋째 딸 사량이를 잘 달래서 혼사를 서둘러 보게나. 곧 농사철이라 그 큰 땅을 관리하려면 집안에 남자가 더 필요하지 않겠나?"
"그렇지 않아도 아이 없이 운명한 둘째 처제의 노비 열 명이 되돌아와 입이 늘었습니다."
"그럼 사량이는 이번이 세 번째 혼인이 되는 건가? 이번에 남편을 데리고 오면 성질 좀 참고 오래오래 잘 살라고 잘 다독이게나."
아끼는 막내딸 이야기가 나오자 조이 여사가 대화에 껴들었다.
"요즘 만나는 총각이 있는데 나이도 어리고 성격도 좋아 보입디다. 우리 집에서 가장 좋은 터에 사위집을 지어 줄 거예요. 철이 좀 들었을 테니 이번엔 오래 잘 살겠지요."
그러자 맏사위 비차가 서운한 목소리로 눈을 흘겼다.
"아니 어머니, 가장 좋은 땅은 우리 각시 준다고 하셨잖아요. 그러니 저보고 평생 어머니와 함께 살자고 하셨잖아요."
조이 여사는 황급히 손을 내두르며 큰 웃음을 지었다.
"응. 나는 우리 큰사위뿐이지. 가장 좋은 밭은 우리 큰딸 주고, 가장 좋은 터는 사량이 주고. 사량이가 만나는 총각이 외동이라니까 아이만 낳으면 둘 다 시댁으로 보내 버릴 생각이네. 그러니 난 자네밖에 없다네."
"네. 어머니. 사실 저는 장인께서 물려주신 공음전[106]만으로도 감사할 뿐이지요. 평생 잘 모실게요."
"우리 손주들 앞가림할 나이만 되면 밭 앞에 가장 볕 좋은 땅에다 자네 집을 짓고 분가하게나. 사돈께선 아들밖에 없으니 추후에 자네가 모셔 오든가 하게."

---

106 고려 시대 5품 이상 고위 관리에게 지급한 토지로서 자손에게 상속 가능한 영업전(永業田).

"네. 감사합니다, 어머니."
둘의 대화를 듣고 있던 촌장이 문서를 처리하며 말했다.
"부모 봉양과 집안에 남자를 들이는 것은 딸한테 달려 있으니, 이래서 엄마한테 딸이 꼭 있어야 한다니까."

고려의 사유 구조

낯설게 느껴지는 비차의 장가살이 이야기는 바로 고려의 이야기이다.

고려는 불교와 유교의 나라였다. 이미 신라, 고구려 때부터 불교적 문화와 유교적인 국가 체제를 사용해 왔기에 고려의 불교와 유교는 완숙한 경지에 이르고 있었다.

특히 불교의 내세관은 현생을 전생의 업보에 의한 결과로 받아들이고, 더 나은 후생을 위해 현실에 충실할 것을 강조했다. 더불어 고유 사상과 융합되어 독특한 고려식 문화를 만들었는데, 대표적인 것이 상하귀천 없이 남녀노소가 다 함께 어울리던 팔관회[107]였다. 현실의 귀천과 남녀의 차이는 업보에 따른 일시적인 모습일 뿐 본질은 항시 공空하며 영원한 것이 없다는 불교의 믿음, 그리고 삼한의 백성은 모두가 하늘의 자손天孫이

---

107 본래 불교 행사였던 팔관회는 신라부터 이어져 왔는데 삼한인들 특유의 모습이 잘 녹아 있었다. 고조선과 예(濊)의 제천행사 무천, 부여의 제천행사 영고, 고구려의 제천행사 동맹, 신라의 대축제 가배는 모두 왕부터 하민들까지 다 함께 음주가무를 즐기며 놀았다는 특징이 있다. 이것은 중국과는 전혀 다른 우리 민족만의 특징이다. 중국 및 유교에서 제천행사는 하늘의 선택을 받은 천자만 가능했고, 이에 천자와 신하들만 태산에 올라 엄숙하게 제사를 지냈다. 반면 우리 민족의 국가들은 대체로 '모두가 하늘의 자손'이라는 천손 및 대동의식과 '인간 세상을 널리 이롭게 하라'는 홍익인간의 이념을 가졌기에 다 함께 하늘에 제사 지내며 모두가 어울려 놀았다.

며, 남녀·노소·귀천의 구별 없이 누구나 마음 안에 신성神聖이 깃들어 있다는 고유 사상의 가르침까지, 이러한 사유 구조 속에는 인간 본질에 대한 차별과 서열 의식이란 있을 수 없었다. 때문에 고려인들은 가장 큰 행사인 제천의식하늘에 올리는 천제 때도 구별 없이 모두 어울려 음주가무로 흥겨운 뒤풀이를 벌였다.

아직도 우리는 큰일이 끝나면 모두 모여 음주가무로 뒤풀이하는 습성을 갖고 있다. 황제天子만이 최고신天帝에게 제사를 올리고, 신분에 따라 연회의 음악과 춤의 종류까지 다르게 정해져 있던 유교의 권위적 서열 의식과는 큰 차이를 보인다.

고려의 가족 구성

그런 고려였기에 유교 사회임에도 여성들의 결혼, 출산, 시집가기는 필수가 아니었다. 고려의 여성들은 본인의 의사에 따라 출가해 혼자 살거나, 결혼 후 친정에서 살 수 있었다. 그런 것이 가능했던 것은 고려가 '남자가 장가가는 혼인 풍습'인 고구려의 서옥제와 솔서제[108]의 전통을 이었기 때문이다. 고구려 이전부터 있었던 이 장가가기 풍속은 오늘날까지도 '장인·장모'란 말로 그 흔적을 남기고 있다.

이러한 바탕 위에서 고려인들은 연애, 혼인 및 가족 살림에 본인들의

---

108 ▶서옥제: 남녀의 혼사가 거론되면 여자 집에서는 집 한 켠에 서옥(壻屋: 사위집)을 마련한다. 남자가 처갓집에 와 절하며 이름을 고하고 혼인을 간청하면 여자의 부모는 서옥에서 거할 것을 허락한다. 부부는 태어난 아이나 손자가 장성할 때까지 처갓집에서 살았다. ▶솔서제: 일종의 데릴사위제. 딸만 있는 집에서 사위를 데려와 아들 역할을 하게 했다.

주체적인 결정을 중요시했다. 특별한 경우 외에는 보통 자유연애로 운명의 배필을 정했고, 혼인 시 지참금이나 예물 등 금전이 오가는 것을 부끄럽게 여겼다. 또 아들이나 손자가 커서 장가살이를 끝낼 때 계속 처가에 살지, 분가할지, 본가로 돌아갈지도 상황에 맞게 결정했다.

가족 구성 역시 사위뿐 아니라 사돈, 이모, 형제·자매와 그들의 배우자, 조카, 외손 등 다양한 구성원들이 어울려 살았다. 반드시 같은 부계 혈통, 친족끼리만 사는 것이 아니라 상황에 맞는 다양한 가족 구성을 선택했음을 볼 수 있다.

딸·사위와 함께 사는 것이 자연스러웠기에 음서제[109]와 공음전 등의 중요 혜택은 사위와 외손에게도 전해졌고, 사위나 외손이 공을 세우면 장인·장모와 외조부·외조모도 함께 표창했다. 또한 인생 마지막 의례인 상례 때, 친가와 외가의 상복 입는 기간도 똑같았다. 조선은 외가·친정·처가의 상복 입는 기간이 친가·시댁보다 짧았다. 즉 고려는 국가 체제에 유교를 사용하였지만, 조선의 '부계 혈통 중심'의 강박관념 같은 것에서 보다 자유로웠다.

생각해 보면 본인의 의사와 상황에 맞게 가족의 모습을 결정할 수 있었던 고려가 인간의 정리에 더 합당하고 한결 자연스러웠던 것이 아닐까? 또한 친가, 외가, 배우자의 가족을 똑같은 가족으로 여기고 사는 고려인이야말로 부부 일심동체라는 말에 더 가까웠던 것은 아닐까?

경제력을 가질 수 있었던 고려 여성

---

109 고려와 조선 시대에 부(父)나 조부(祖父)가 관직 생활을 했거나 국가에 공훈을 세운 경우 그 자손을 과거 시험 없이 특별 서용하는 제도.

그렇다면 고려인들이 보다 자유롭고 주체적으로 살 수 있었던 까닭은 무엇이었을까? 기본적인 바탕은 바로 아들과 딸에 대한 공평한 인식으로 인한 여성의 경제력이었다.

여성도 상업 활동을 하거나 개인 재산을 소유·관리할 수 있었다. 이혼을 해도 소유 재산은 지켜졌고, 혼인 후 사망한 딸의 재산은 다시 친정으로 귀속되었다. 게다가 부모 봉양과 제사도 아들과 딸이 똑같이 분담했다. 딸이 혼인하면 사위가 장가와서 외손주들이 클 때까지 처갓집 일손을 도왔다. 아이를 다 키운 딸네 부부가 시댁으로 들어갈 때쯤이면, 장가살이를 마친 아들·며느리가 손주들을 데리고 돌아오기도 했다.

만약 딸밖에 없는 집이라면 데릴사위를 들여서 외손에게 제사를 잇게 하거나 외손봉사 평생 딸 부부와 함께 살 수도 있었다. 당시에는 제사를 주로 절에서 올렸는데, 유교식 제사와는 달리 자손들이 크게 할 일이 없었다. 비용만 대면 나머지는 절에서 준비가 되었는데 아들과 딸이 돌아가면서 이 제사 비용을 댔다. 윤회봉사 그러므로 아들과 딸은 상속도 똑같이 받았다. 균분상속

그러다 보니 아내 몫의 상속 땅이 많으면 신혼 시절을 보낸 처가에 눌러 앉아 평생 장가살이 하는 경우도 많았다. 실제로 고려의 호적 자료를 보면 장가살이 중인 40~50대 사위들이 많이 보인다. 고려의 평균수명 64.5세에 비해 장가살이한 기간이 긴 편이라 볼 수 있다.[110] 그래서 고려 여성들은 평생 친정 부모와 함께 살거나 부모 곁에 묻힐 수 있었다.

---

110 한림대 김용선 교수의 연구(1998: p.74)의 연구에 의하면, 고려 시대의 영아사망을 제외한 고려 귀족의 평균 사망나이는 64.5세였다고 한다.

고려에서의 딸의 존재

딸이 친정에서 지내는 기간이 길었기 때문에 여러 측면에서 아들과 딸의 권한은 큰 차이가 없었다. 대표적인 예가 호적이다. 고려에서는 호적을 정리할 때 아들딸 구분 없이 태어난 순서대로 기재했다. 집안에 장남이 있더라도 아버지가 돌아가시면 호주는 그다음 어른인 어머니가 됐다. 남편이 죽으면 아들 밑으로 들어가 평생 남성의 통제 아래서 살던 조선과는 큰 차이가 있다.

그 외에도 여성에게 특별한 공로가 있으면 남편과 상관없이 별도의 봉작을 내렸다. 가령 아들을 세 명 이상 고위 관료로 키워낸 여성에게 상으로 봉작을 내리는 식이었다. 남편의 벼슬에 따라 아내의 봉작과 지위가 정해지던 조선과는 큰 차이를 보인다.

부계 중심의 가문적 가족문화를 추구하는 유교 문화에서는 '가족 돌봄, 부모 봉양, 조상 제사'의 짐을 다른 성씨인 며느리에게 오롯이 돌린다. 집안 내의 같은 성씨들은 다른 성씨인 며느리의 외로운 노동을 당연하게 받아들인다. 심지어 같은 여성이자 나이까지 어린 시누이도 올케 언니에게 존댓말을 듣고 돌봄을 받는다.

하지만 신라나 고려같이 부계, 모계, 처계를 모두 중요시 한 가족문화에서는 아들과 딸의 역할이 비교적 공평했고, 심지어는 딸을 더 좋아하기도 했다. 그리고 그러한 전통은 17세기 조선 중기까지 이어졌다.

"고려의 풍속을 생각건대 아들과는 함께 살지 않을지언정 딸은 집에서 내보내지 않으니, 진秦나라 때의 데릴사위 제도와 비슷합니다. 그래서 무릇 부모 봉양하는 일은 딸이 맡아서 주관하는 것입니다." _ 고려 말 문신 이곡[111]

"남자가 여자 집에 장가가서 사위가 장인 보기를 자기 어버이처럼 하고, 장인은 사위 보기를 아들처럼 하니 온전히 처가의 은혜를 받습니다."

_ 세종대왕 시절 한성부윤 고약해 [112]

생각해 보면, 가족 대소사와 부모 봉양은 며느리보다 직접 부모의 은혜를 입은 아들과 딸들이 나누어 부담하는 게 인정상 합당하다. 그렇기에 고려는 '집 안에서 살림만 하며 시댁에 헌신하고 남성에게 의지하는' 유교식 여성상으로 딸을 키우지 않았다.

고려 역시 다른 나라, 다른 사회와 똑같은 가부장제의 사회였지만 이러한 풍속 덕에 백성의 절반인 여성이 활달한 기개를 펼칠 수 있었다. 그렇기에 다른 가부장제 유교 국가보다 몇 배의 역량을 발휘할 수 있었다. 제일 넓은 영토를 정복했던 몽고가 가장 오랫동안 애를 먹었던 고려의 저력은 남녀가 모두 제 역량을 펼치던 사회상도 큰 역할을 했을 것이다.

---

111 『고려사절요』, 충숙왕 후4년 윤12월 조.

112 『세종실록』 48권, 세종 12년 6월 1일 경오 1번째 기사.

11
고려 여인들이 당당히 이혼장을 던졌던 까닭

재혼이 흠이 되지 않았던 고려

고려 시대 부인과 관련된 사료에는 그녀들의 재혼 이야기가 거리낌 없이 기록되어 있다. 당시에는 이혼과 재혼이 부끄러운 이야기가 아니었기 때문이다.

고려 말, 정3품 판서댁 부인이었던 윤씨는 남편과 사별한 후 좀 방탕하게 놀며 지냈다. 딸의 인생을 걱정한 어머니는 윤씨를 구슬려 홍주목사 서의와 재혼시켰다. 하지만 윤씨는 새신랑 서의를 싫어해 불과 며칠 만에 집에서 쫓아내 버렸다. 이 일이 알려지자 헌부憲府에서는 추궁을 한다며 윤씨 집 앞에 군졸들을 세우고 도망가지 못하게 지켰다. 분위기가 심각해지자 윤씨의 어머니는 당시의 세도가인 이인임을 찾아갔다. 이인임은 궁리 끝에 신흥 무장 세력이자 총각인 이지란을 윤씨에게 소개하며 입이 마르도록 칭찬했다. 이지란은 이성계의 의형제로 몇 차례나 큰 공을 세워 이씨 성을 하사받기도 한 인물이다. 다행히 윤씨가 강직하고 패기 넘치는 이지란과 재혼하면서 사건은 일단락되었다. 그녀는 젊은 총각 이지란의 장점을 알아보고 함께 조선 개국의 길을 걸었다.

고려의 귀족 여성인 윤씨 이야기를 조선의 관점으로 보면 이해 못할 일 투성이다. 윤씨는 세 번이나 재혼을 했는데 재혼이 인생의 걸림돌이 되는 모습은 보이지 않는다. 심지어 두 번째 혼인 때는 남편인 홍주목사 서의가 마음에 안 든다며 소박을 놓았고, 세 번째 남편 이지란은 잘나가는 총각이기까지 했다. 두 사람을 연결해 준 권신 이인임 역시 총각인 이지란에게 두 번이나 재혼한 윤씨를 스스럼없이 소개해 주었다. 한창 떠오르는 신흥 무장 이지란은 이인임에게 억지로 혼인을 강요당할 입장도 아니었다. 하지만 그는 세 번째 재혼하는 윤씨와 기꺼이 혼인을 한다. 그렇다고 윤씨의 이야기가 일부 계층만의 특별한 뉴스도 아니었다.

① 고려 6대 왕 성종은 광종4대 왕의 과부 딸과 혼인하여 사위 자격[113]으로 보위에 올랐다.

② 충렬왕25대 왕의 왕비인 숙창원비와 충선왕26대 왕의 왕비인 순비 허씨는 사별 후 왕과 재혼한 경우이다. 심지어 순비 허씨는 전 남편과 3남 4녀를 낳았는데 왕비로 격상된 후 아이들 모두 군·옹주로 격상되었다.

③ 27대 충숙왕의 후궁인 수비壽妃 권씨는 한미한 집안의 남자와 결혼했다가 왕이 이혼시키고 후궁으로 들인 경우다. 이처럼 혈통 문제에 민감할 수밖에 없는 왕실에서도 자식 있는 재혼녀를 왕비 삼는 일은 종종 일어났다.

여자는 평생 일부종사一夫從事: 한 지아비만 섬김하며 수절守節: 성적 순결을 지키는 것해야

---

113 8대 왕 현종 역시 사위 자격으로 왕위에 올랐다. 이런 것이 가능했던 것은 당시 만연했던 근친혼 때문이다. 사위, 며느리가 따지고 보면 같은 혈통의 친족이었다.

한다고 믿었던 조선의 성리학자들이 들으면 모조리 기절할 일이다. 그런데 곰곰이 생각해 보면 그런 관점을 조선만의 것이라 하기도 찜찜하다. 요즘이라고 크게 달려졌을까? 한창 승승장구하는 젊은 총각에게 두 번이나 이혼한 여성을 스스럼없이 소개할 수 있을까? 혹 재혼남이라 해도 아이가 셋이나 있는 과부를 소개할 수 있을까?

하지만 고려 사람들에게 그런 것은 하나도 문제가 되지 않았다. 까놓고 말하자면, 끝나 버린 인연을 위해 지키는 정절은 큰 의미가 없었다. 과거보다 현실이 더 중요하다고 보는 불교의 내세관에서 혼인·이혼·재혼은 인과의 업보를 갚고 진정한 인연을 찾아가는 과정일 뿐이다. 게다가 고려는 잦은 전란으로 인구 증가가 국가적 목표인 나라였다. 그런 고려인들에게 이혼과 재혼은 여성의 흠이 될 수 없었다. 현재에 충실한 부부간의 신의와 금슬지락琴瑟之樂이 더 중요했다. 때문에 고려에서의 정조貞操란 현재의 배우자에게 진심과 신의를 다하는 것이었다.

고려의 정조관념

그렇다면 이혼과 재혼이 많은 고려는 부부의 정조를 어떻게 생각하고 있었을까? 자유롭고 개방적인 풍속답게 첩을 두거나 바람을 피워도 쿨-하게 넘어갔을까?

고려 후기 충렬왕 때의 일이다. 전란의 후유증으로 고려의 인구가 줄자 대부경大府卿 박유가 첩을 두게 하자는 상소를 올린 적이 있었다.

"우리나라는 본래 남자가 적고 여자가 많은데, 지금 신분 고하를 막론하고

처를 하나만 두고 자식 없는 자들까지도 감히 첩을 두지 못합니다. … 청컨대 여러 신하에게 첩을 두게 하시고 … 첩에게서 낳은 아들도 본처가 낳은 아들처럼 벼슬할 수 있게 하십시오. 그리한다면 홀아비와 홀어미가 줄어서 인구도 늘어날 것입니다."

이 소식을 들은 부녀자들은 누구라 할 것 없이 첩 제도가 실행될까 두려워하며 박유를 원망했다. 나라의 큰 축제인 연등회가 끝난 어느 저녁, 박유가 왕의 행차를 호위하고 따라가는데 한 노파가 박유를 손가락질하며 "첩을 두자고 청한 자가 바로 저 빌어먹을 늙은이다!"라고 소리쳤다. 그러자 사람들이 서로 말을 전하며 박유를 손가락질 했는데 그 모습이 마치 길거리에 붉은 손가락 두름조기 따위의 물고기를 짚으로 한 줄에 열 마리씩 두 줄로 엮은 것을 엮어 놓은 것 같았다고 했다.

그러면 첩을 두자는 박유의 주장은 어떻게 됐을까? 당시 재상들 가운데 아내를 무서워하는 자들이 많았기 때문에 더는 논의를 하지 못했고 결국은 시행되지 못했다고 한다.[114] 그럼에도 충렬왕은 '신의 없이 본처를 버리면서 첩을 얻으면 벌을 주겠다'라는 단서를 달면서까지 첩 제도를 실행해 보려 했지만 결국 무산되고 말았다.

이처럼 이혼과 재혼이 자유롭다고 고려인들이 성적으로 문란하거나 질서가 없다고 할 수는 없었다. 그들은 일부일처의 원칙을 중요하게 여기고 배우자에 대한 신의를 지켜 갔다. 단지 과거로 현재를 보지 않고, 남녀 모두 현재 배우자를 위한 지조에 더 큰 의미를 두었을 뿐이다. 때문에 정식으로 혼인하지 않은 관계는 간통으로 치부했고, 혼인 중의 불륜과 바람

---

114 『고려사』 권106, 「열전」19, '제신' 박유.

은 중죄로 다스렸다. 하지만 사별이나 이혼으로 인연이 끝나고 나면 더는 과거에 얽매이지 않고 남녀 모두 자유롭게 새로운 인연을 찾아갔다.

그렇다고 일편단심의 절개를 하찮게 여긴 것도 아니다. 사별 후에도 상대를 잊지 못해 한결같은 모습으로 절개를 지키는 모습을 고려인들도 아름답게 여겼다.[115] 그래서 고려는 사별 후에도 절개를 지킨 여성은 절부節婦 남성은 의부義夫라 하여 나라에서 주기적으로 표창을 했다. 여성에게는 일부종사를 강요하면서 남성은 수많은 처첩과 기생을 거느리고 그것을 능력이라 추켜세우던 조선 후기와는 확연히 다른 모습이다.

사실 '평생 한 남자만 바라보는 여성이 올바른 여성'이라는 조선 주자학이 남긴 편견은 오늘날까지도 피치 못해 이혼하거나 재혼한 가정을 힘들게 하고 있다. 그런 측면에서 고려인들의 관점은 다시 새겨볼 가치가 충분할 것이다.

고려에서 배워야 할 전통

고려 역시 한·중·일 다른 사회들처럼 유교를 바탕으로 한 가부장제의 사회였다. 하지만 한민족 고유의 인간 존중 정신을 바탕에 두고 그 위에 불교와 유교를 쓰임새에 맞게 사용했다.

이처럼 고조선 시대부터 이어진 고유 사상의 분명한 가치와 불교 내세

---

115 간혹 고려 말의 모습을 다룬 드라마나 소설들을 보면, 많은 처와 첩을 거느리며 부패한 권력자의 모습이 그려지곤 한다. 고려 말, 일부 귀족들에 의해 처와 첩을 많이 거느리는 다처병축(多妻竝畜) 현상이 나타나긴 했지만, 그것은 왕조 말기 일부 지배층의 레임덕일 뿐이었다.

관의 영향으로 고려의 전통은 동시대 다른 나라들에 비해 상대적으로 평등했다. 그리고 그러한 바탕 위에서 백성의 절반인 여성들도 활달한 기개를 펼치며 주체적인 삶을 살아갈 수 있었다.

시대가 변하면 사회적 요구도 달라지고 그에 맞춰 제도와 문화도 변해 간다. 그중 계속 지켜 갈 가치가 있는 것을 전통이라 부른다. 세상에는 '착한 모습'을 한 악인도 있듯, '전통' 역시 아름다운 이름으로 포장된 이면에는 폐단과 악습도 있다. 사실 폐단과 악습은 처음부터 나쁜 것이 아니었다. 시대의 요청으로 생겨난 것이지만 시대의 흐름에 맞게 제때 바뀌지 못하고 지켜져야 할 것이 제대로 지켜지지 못했을 때 기존의 필요는 묵은 악습이 되어 버린다.

따라서 문화와 전통이란 것도 악습이 되지 않으려면 지킬 것은 지키면서 바꿀 것은 바꿔 나가야 한다. 그것이 건강한 문화와 사회를 오랫동안 유지하는 비결이다. 그러기 위해서는 우리들 스스로가 올바로 '생각'할 수 있어야 한다. 기존에 하던 것을 '생각 없이' 답습하는 사람이 많아질수록 폐단과 악습도 늘어난다. 지키려는 전통이 과연 지금 이 사회에 걸맞은지, 그 속에 흐르는 정신이 사람들의 행복과 화합에 도움이 되는지 끊임없이 생각해 보아야 한다. 시간의 흐름에는 끊김이 없듯, 제도와 문화 역시 끊김 없이 '고민'되어야 한다.

그러한 과정을 거쳐 지금 이 순간에 가장 적합하게 적용된 전통만이 진정한 가치가 있는 전통이 되는 것이다.

제 4 장

한국 여성사에 몰려든 큰 파도

01

부부유별의 고려 부부와 남녀유별의 조선 부부

중국의 대표 요리 동파육을 개발한 소동파는 당송팔대가로 꼽히는 유명한 시인이다. 그가 귀향 생활을 할 때의 일이다. 근처에 용구거사라는 이가 살았는데 자주 문인들을 초대해 밤새 술을 마시며 당시 유행하는 불법佛法을 토론했다. 용구거사의 아내는 하동 류씨 부인이었는데, 술자리가 길어지면 종종 화를 참지 못하고 큰소리를 지르곤 했다. 마치 사자후를 내뱉는 듯한 아내의 큰소리가 들려오기 시작하면 용구거사는 너무 두려워 손에 든 지팡이를 떨어뜨리며 어쩔 줄 몰라 했다. 그 모습이 인상 깊었던 소동파는 이렇게 시로 남겼다.

龍邱居士亦可憐 용구거사는 참으로 가련하구나.
談空說有夜不眠 불법을 논하며 밤을 지새우다가도
忽聞河東獅子吼 홀연히 '하동 사자후'[116]가 들려오기라도 하면
拄杖落手心茫然 손의 지팡이까지 떨어뜨리면서 망연자실하다네.

우리가 흔히 아는 가부장적 남편과 순종하는 아내상과 전혀 동떨어진 모습을 보여주는 이 시는 묘한 재미를 전해 준다. 그렇다면 우리 역사상 무서운 아내들이 가장 많았던 시대는 과연 언제였을까?

고려의 무서운 아내들

고려 말 공민왕 시대, 경상도 순흥부사 최운해라는 용맹한 장수가 있었다. 당시는 왜적이 거의 매일 침략하여 나라의 고민이 이만저만이 아니었다. 그런데 그는 부임한 이후로 매일 전투에 나가 오히려 왜적의 재화를 뺏어 와 주민들에게 나눠 주었다. 우리 백성들에게는 칭송이 자자했으나 왜적에게는 이름만 들어도 벌벌 떨리는 두려움 그 자체였다.

어느 날, 최운해의 아내가 투기를 부릴 만한 일이 생기고 말았다.무슨 일이 있었는지는 사서에 상세히 기록돼 있지 않다. 그녀는 얼마나 화가 났던지 최운해의 얼굴에 상처를 내고, 옷을 찢고, 그가 아끼던 좋은 활을 부러뜨렸다. 그래도 분이 풀리지 않자 칼을 뽑아 말을 찌르고 개를 때려죽인 후 그대로 최운해에게 달려들었다. 그러자 최운해는 정신없이 도망쳐 간신히 죽음을 면했다. 왜적에게는 가장 무서운 장수였지만 잘못을 추궁하는 아내 앞에서는 오합지졸일 뿐이었다. 체면을 구긴 최운해는 며칠 후 집에 돌아와 아내에게 절연을 통보했다. 하지만 아내는 이혼을 받아 주지 않았다. 그러고는 왕

---

116 하동 사자후: 사자후는 부처님께서 위엄 있는 설법을 열변하시자 모든 악마들이 굴복하고 귀의함을 비유한 표현이다. 여기서는 불교의 핵심 법론인 비어 있음〔空〕과 있음〔有〕을 밤새 논하는 열정적인 용구 거사를 한 번에 제압해 버리는 아내의 큰소리를 비유한 말임. 아내의 본관이 '하동'이라 하동 사자후라 하였다.

실의 후손인 영흥군 왕환에게 재가해 버렸다.[117]

경제권과 상속권을 가지고 자유롭게 연애하고 재혼했던 고려의 여성들은 반드시 남성에게 의존하는 삶을 살거나 얽매일 필요가 없었다. 현실이 어렵거나 배우자가 마음에 안 들면 머리 깎고 절에 의탁하거나 이혼 후 재혼할 수도 있었다. 게다가 왕실과 일부 권신들 외에는 일부일처제를 원칙으로 삼았기에 혼인 중 한눈을 팔면 상대의 정조를 당당하게 문제 삼을 수 있었다. 앞서 살펴봤듯이 박유가 첩 제도를 도입하자고 상소했을 때, 첩 제도를 막은 것도 재상들의 집에 버티고 있던 '당당하고 무서운 아내들'이었다.

고려 못지않게 무서웠던 조선 초의 아내들

이런 분위기는 조선 초까지 그대로 이어졌다. 조선에서는 양반이 이혼을 하려면 반드시 국왕에게 허락을 받아야 했다. 이런 이유로 『조선왕조실록』에는 양반들의 이혼을 심의하는 기록들이 종종 보인다. 물론 지체 높은 양반의 경우였지만 말이다. 이혼의 이유는 거의 '칠거지악'[118]이었다. 하지만 남편이 아무리 '칠거지악'을 운운해도 아내는 이혼할 수 없는 '삼불거'[119]로 자신을 방어할 수 있었다. 그런 이유로 조선 초까지도 사납

117 물론 혼인 상태에서 재혼하는 바람에 관부의 추궁을 받고 벌을 받기는 했다.
118 칠거지악: 일곱 가지 이혼 사유. ①시부모에게 불순한 것, ②아들을 못 낳은 것, ③음탕한 행동, ④질투, ⑤몹쓸 병이 있는 것, ⑥말 많은 것, ⑦도둑질.
119 삼불거: 이혼하지 못하는 세 가지 사유. ①쫓겨나면 갈 곳이 없는 것, ②부모의 삼년상을 같이 치른 것, ③가난할 때 시집와서 함께 집안을 일으킨 것.

고 무서운 아내들이 많았다.

광해군 시대에 성하창이란 한 양반이 살았다. 그에게는 집안도 좋고 아름답기까지 한 아내가 있었다. 하지만 아내는 겉보기와 달리 매우 사나왔다. 혹 성하창이 아내의 심기를 거스르는 행동을 하면 옷을 찢고 몽둥이를 휘두르며 감금하기까지 했다. 결국 성하창은 참지 못하여 친척집으로 도망쳤다. 그러자 아내는 그곳까지 쫓아와 성하창이 있는 곳을 알려 주지 않았다며 그 집의 장독을 모두 깨트렸다. 그러고는 남편을 집으로 잡아 와 볼기 30대를 치고 다락방에 가두었다. 이후로는 다른 친척들이 더는 성하창을 숨겨 주려 하지 않았다. 성하창과 그의 친척 및 지인들은 이혼할 방법을 고민해 보았지만, 국법으로 금하는 일이었기 때문에 다들 한숨만 내쉬다 흩어지기 일쑤였다고 한다.[120] 이처럼 아내의 행실이 너무 심하여 남편이 이혼 심의를 요구해도 조정에서는 '양반 부녀자는 체벌할 수 없고 또 우리나라에는 아내를 내쫓는 법이 없다'라는 이유로 대부분의 이혼을 불허했다. 그런데 더욱 놀라운 것은, 이렇게 같이 못 살 정도로 무서운 아내와의 이혼을 신청했을 때, 조선 초 조정은 이혼을 허락하기보다는 가정사를 잘 다스리지 못했다는 이유로 남편을 처벌했다는 것이다.

이 외에도 『조선왕조실록』에는 남편이 여종의 손목을 잡고 추파를 보내자 그날 밤 아내가 남편의 방으로 여종의 손목을 잘라 보냈다는 둥, 남편의 첩을 생매장했다는 둥, 〈전설의 고향〉이 생각날 정도의 섬뜩한 사연이 심심찮게 보인다. 하지만 아무리 아내가 무서워도 아내를 버리고 도망가거나 새장가를 가기는 매우 힘들었다. 실제로 아내가 있음에도 몰래 새

---

120 전경목(2013), p.13.

장가를 갔다가 조정에 발각되어 곤장 80대를 맞고 다시 본처에게 돌려보내진 일도 있었다. 즉, 조선 초까지만 해도 무서운 아내가 존재할 정도로 여성을 억압하지 않았고, 아내들은 칠거지악을 이유로 마구잡이 이혼을 당하지도 않았다.

고려와 조선의 차이를 만든 주역 _ 성리학

고려가 불교와 유교의 나라라면 조선은 성리학의 나라였다. 공자의 학설을 모은 유교와 달리 성리학은 중국 송나라의 특수한 상황을 극복하고자 제시된 학문이다. 당시 남송은 오랑캐라 여겼던 여진족 금나라에게 굴복당한 수치를 극복하고자 노력하고 있었다. 주자는 오랑캐와 한漢족 간의 '분별'과 '대의명분'을 중시하고 군신 간의 '의리'를 강조하는 태도를 보였다. 주자는 이전 한족 왕조에서 흥행했던 도교와 불교의 형이상학적 논리로 쇠락한 고대 유학을 재정비했다. 그리하여 분서갱유 이후 명맥만 유지하던 유교의 부흥을 시도했다. 그렇게 주자의 이상을 담아 재해석된 유교가 바로 성리학이다. 성리학은 인간 내면의 도덕적인 본성性과 형이상학적이고 추상적인 이법理을 세상의 본체體로 보고, 그에 따른 작용用을 현실이라 보는 고차원적인 논리학이다. 그래서 이름부터 본성性과 이법理을 논하는 학문이란 의미의 '성·리·학'性·理·學이었다.

그러다 보니 현실과는 동떨어진 추상적 논리부터 따지고, 대의명분을 중시하며, 조금이라도 정설과 다르면 이적이나 오랑캐로 몰아갔다. 벽이단론, 사문난적 또한 강박관념 같은 도덕적 결벽증을 가지고 모든 존재의 위계를 세세히 분별하여 서열대로 줄 세우고 신분에 따라 다르게 대우하는 것이 올바른 도리이자 예禮라고 믿었다. 그런 비현실성과 봉건성 때문에 송나라 이후 성리학은 한족에게조차 별로 빛을 보지 못했다. 그런데 엉뚱하게도 조선 땅에서 성리학은 전성기를 맞이했다. 거시적인 관점, 고차원적인 사고, 인간 본성에 대한 믿음, 현실 속에서 도덕을 실천해야 하는 이유, 마음과 성정의 문제를 논하며 일상을 수도처로 보는 관점, 정의로움과 예의범절을 중시하는 모습 등, 고유 사상과 성리학은 일부 유사한 면이 있어 코드가 잘 맞는 측면도 있었기 때문이다.

성리학에서 생각하는 남녀 관계

그렇다면 성리학에서 보는 남녀와 부부는 어떤 관계였을까?

주자 역시 다른 유학자들처럼 기본적으로 남녀를 음양陰陽의 관계로 보았다. 하지만 이전 유학자들과 달리 음양을 대등하고 상보적인 관계로 보지는 않았다. '양의 밝음이 쇠한 것이 음'이라고 이해했다. 따라서 양기가 부족한 상태인 음은 음침하고 요사스러울 수밖에 없는데 그것이 바로 여성의 본성이라 여겼다. 때문에 여성의 주체적인 의지는 주변을 음적으로 만들어 '흉함'을 가져온다고 보았다. 이에 여성은 항시 '밝음'양인 남성을 따르고 순응해야 한다고 주장했다.[121] 나아가 여성은 최대한 집안에만 머물며 조용하고 주체성 없이 순종적으로 살게 하는 것이 올바른 여성 교육이라 믿었다.[122] 이러한 관념 때문에 아내가 주체적이거나 말을 많이 하면

---

121 『주자어류』 69권 134항.
122 『周易傳義』, 家人卦 註

남편은 집안 단속을 못한다는 소리를 듣게 되었다.[123] 그리고 이러한 연유로 지금 보면 선뜻 이해가 안 가는 여러 금기가 생기게 되었다.

- 여자 목소리가 담장을 넘으면 집안이 망한다.
- 여자가 말이 많으면 장맛이 변하고 집안에 우환이 생긴다.
- 남자가 가려는 길을 여자가 가로질러 가면 재수가 없다.
- 남편이 아내에게 눌리면 큰일을 못한다.
- 장사 개시 후 여자가 제일 먼저 물건을 사면 그날 장사는 망친다.
- 딸 옷을 고쳐서 아들한테 입히면 아들의 앞길을 망친다.
- 남편의 빨래와 옷 서랍 위에 여자 빨래나 옷 서랍을 두면 남편의 앞길이 막힌다.

이러한 성리학적 관점으로 볼 때 고려의 풍습을 유지하는 조선 초의 여성들은 대략 난감이었다. 조선이 성리학을 근간으로 개국했다 하여 갑자기 풍속이 바뀌는 것도 아니라서 조선 초의 아내들도 당당하고 자유롭기 그지없었다. 그녀들은 자유연애도 마다치 않았고, 유명 산천과 절로 유랑을 다녔으며, 절의 행사나 성황당의 푸닥거리를 구경한다며 나들이하고 답교놀이를 하는 등, 시속 행사마다 놀러 다니길 좋아했다. 때문에 조선 초의 『조선왕조실록』을 보면 간통을 고발하는 기사가 자주 눈에 띈다. 조

---

123 본래 유학에서 하늘과 땅, 음과 양은 공간적인 차이는 있어도 동등한 개념이었다. 그것이 '천존지비'(天尊地卑, 하늘은 높고 땅은 낮다)라는 것이다. 하지만 주자학에서는 '남존여비'(男尊女卑, 남자는 존귀하고 여자는 비천하다)라고 의리적으로 해석이 되어 사회질서로 자리 잡았다. 동시에 주자가 예법에서 응용하고자 했던 주나라의 종법(宗法: 모든 가족관계를 일종의 군신[君臣] 관계인 적서[嫡庶]로 나누어 그 서열을 철저히 분별하던 것)과 결합되어 갔다. 종법이란 모든 인간관계에 서열을 매기고 위계를 세분화하여 사람 간의 차등을 밝히고 차별을 당연시하는 고대의 법이다.

선의 법이 바뀌어도 남녀가 만날 일이 많던 환경과 자유연애의 풍속은 쉽게 변하지 않았기 때문이다.

그러자 조선 조정은 여성들에게 팔관회 등의 절 행사, 답교놀이, 성황제사, 산천과 들에서 지내는 무속 행사, 거리 행사를 구경하는 것,[124] 산간과 물가에서 벌이는 놀이와 잔치, 3촌 이외의 사람과 만나는 것[125] 등을 금지시켰다. 풍속적으로는 길이나 저자에서 남녀가 함께 다니지 못하게 하여 한쪽이 피하도록 하였으며, 집은 안채와 사랑채를 구분해서 짓고, 외출 시에는 장옷으로 얼굴을 가리며, 가마도 뚜껑을 만들어 밖을 보지 못하게 하였다. 그렇게 여성들은 점점 집 안에 갇히며 남성의 그림자로 살도록 하는 제도가 만들어졌다.

고려와 조선이 생각한 부부 관계

고려와 조선의 국가 체제는 모두 유교를 기반으로 한다. 하지만 그들의 종교는 달랐다. 고려는 불교를 신봉했고 조선은 주자학성리학을 광신했다. 때문에 유교의 삼강오륜 중 하나인 '부부유별'夫婦有別을 다르게 풀이했다.

고려의 부부유별은 남녀의 차이에 맞는 역할의 다름으로 이해했다. 때문에 고려의 부부들은 원시유학의 가르침인 '상경여빈'相敬如賓을 중시했다. 상경여빈이란, 비록 부부는 가장 가까운 사이지만 그럼에도 손님 대

---

124 양반의 부녀로서 산간이나 물가에서 놀이나 잔치를 하고, 야제(野祭: 들에서 천지신명에게 제사지내는 것)나 산천 성황의 제를 직접 지낸 자는 곤장 1백 대를 친다.(『경국대전』)

125 양반 부녀는 부모, 친형제자매, 친백숙고, 친외숙, 이모를 제외하고는 직접 가서 볼 수 없다.(『경제육전』)

하듯 항상 서로를 공경해야 한다는 가르침이다.[126] 남녀가 만나 서로 부족한 부분을 보완하는 것이 부부다. 부부란 나를 가장 잘 알아주는 '지기지우'知己之友: 자기를 가장 잘 알아주는 벗이자 나와 가장 잘 어울리는 '금슬지우'琴瑟之友: 두 악기의 조화처럼 잘 어울리는 벗다. 더불어 불교에서는 부부 양쪽의 노력을 모두 강조하는 쌍무적 관계를 중시했다. 때문에 고려의 부부는 서로를 손님처럼 공경하고 존중하며, 함께 노력해야 한다는 가르침을 더 자연스럽게 여겼다.

하지만 조선의 성리학은 부부유별을 '남존여비와 남녀분별'로 이해했다. 남녀는 본성도 다르고 지위와 역할도 다르기에 있어야 있을 곳과 해야 할 일이 다르다고 믿었다. 더욱이 밝음인 양은 어둠인 음을 멀리하고 통제하여 침식당하지 않도록 조심해야 했다. 반면 음은 해바라기가 평생 태양을 따르듯 양의 통제를 받으며 양에게 순응하고자 하는 지조를 지켜야 했다. 때문에 남녀는 서로를 멀리하는 내외內外: 여자는 안에 남자는 밖에 있어 서로 마주하지 않고 피하는 것를 해야 했다. 이러한 가치를 담은 생활 방식과 예법을 통해, 양인 남성은 음의 불길함을 통제하고 억누르며, 음인 여성은 남성의 뜻에 순응·순종하여 올바름을 지키고자 하였다. 즉, 조선의 부부유별은 남존여비와 남녀유별로 요약될 수 있겠다.

하지만 이러한 조치들은 조선 중기까지도 민속의 큰 그림을 바꿔 놓지는 못했다. 오래된 풍속을 바꾸는 것은 쉬운 일이 아니었고, 결정적으로 여성들의 경제력과 실권이 살아 있기 때문이었다.

재산권을 행사할 수 있었던 조선의 여성들

---

126 『후한서』, 『소학』 등에 보인다.

태종의 2등 공신인 이숙번의 둘째 딸은 자식이 없어 양자를 들인 후 죽었다. 어느 날 이숙번의 처 정씨는 조정에 상언[127] 하나를 올렸다. 이숙번이 죽은 후 살림이 어려워져서 상처한 둘째 사위에게 딸에게 상속한 재산 일부를 돌려 달라고 했는데, 사위가 따르지 않으니 살펴 달라는 내용이었다. 이 일로 조정에선 수많은 토론이 오갔다. 딸이 죽은 후 장모와 사위의 관계를 어떻게 볼 것인가와 죽은 딸의 재산을 어떻게 처리해야 하는지에 대한 문제가 주요 안건이었다. 결국 조정은 이숙번 처의 재산권을 인정하여 그녀가 청원한 대로 재산을 처분하게 하고, 사위는 자식으로서 부모에게 순종하지 않았으니 삼강오륜을 어긴 것이라 하여 벌하였다.

이 외에도 『조선왕조실록』에는 여성들의 재산 관련 상언이 자주 등장한다. 심지어는 어머니와 아들 간에 재산 분쟁이 벌어지기도 했다. 이처럼 유교식 삼종지도를 실천하는 어머니라도 그 재산을 아들이 마음대로 할 수는 없었다. 이렇듯 다른 유교 국가와 다르게 조선은 후기까지 여성의 재산권이 어느 정도 지켜지던 나라였다.

조선 시대 안방마님이 처리하던 안살림의 규모

비록 성리학적 가치로 인해 여성을 적극적으로 집 안에 가두고 순종의 미덕을 강요했지만, 남녀를 엄격히 나눈 만큼 여성의 분야도 그만큼 인정했다. 현실적으로도 여성의 일이 워낙 방대했기에 무시할 수도 없었다.

---

127 사적으로 올리는 이두로 쓴 상소.

조선 인구의 약 삼분의 일은 노비였다. 이들은 전체 인구 중 10%도 채 안 되는 양반에게 귀속돼 있었다. 때문에 조선 대갓집에는 수백에서 수천에 이르는 노비가 있었다. 어떻게 한집에서 다 살았을지 궁금할 수도 있겠다. 노비는 주인과 함께 사는 솔거노비 외에, 다른 집 심지어는 타 지역에 나가 살면서 몸값 신공만 바치는 외거노비도 있었다. 또한 노비의 자손은 주인에게 귀속되기에 노비의 혼사나 자녀 파악 등의 관리는 중요한 일이었다. 그런데 노비를 관리·감독하는 것은 대개 곳간 열쇠를 틀어쥔 안방마님들이었다. 게다가 직조, 농사일, 식솔들 식사 관리, 육아, 어른 봉양, 제사 지내기, 손님 접대 등도 모두 안방마님의 일이었다. 즉, 집안의 현실적인 문제는 대개 부인의 몫이었다. 때문에 중전마마가 결정한 내명부의 일은 왕이라도 간여할 수 없고, 안방마님이 결정한 안채의 결정 사항은 가장이라도 간여할 수 없었다.

흔히 조선 시대부터 여자들은 사소한 집안일만 했다고 생각하기 쉽지만 사실 조선 시대의 집안일이란 그 규모가 지금과 많이 다르다. 양반집의 경우 부리는 노비만 수백 명에 이르렀고, 소유한 땅에서 나오는 농작과 자잘한 생산품의 규모도 매우 컸다. 게다가 꼭 종갓집이 아니더라도 집에는 늘상 오가는 손님들과 제사를 지내러 온 친인척들로 북적였다. 이같이 방대한 집안 경제의 운영과 수많은 사람들 관리, 생계 관리는 모두 안방마님의 몫이었다. 남편의 몫은 글공부와 대외 활동에 한정되어 있었다. 남자들은 어머니, 아내, 며느리들의 노력 덕분에 글공부와 대외 활동에 매진하면서도 의식주를 해결할 수 있었던 것이다.

02

주자를 사모한 조선의 사대부들

중국인처럼 시집가기

능력 있는 유부남이 현지처나 애인을 두는 등의 '남자의 바람'은 드라마의 단골 소재다. 마치 사회적 능력과 정력은 비례한다는 듯이, 돈 많은 회장님의 여성 편력은 '쯧쯧~' 거리면서도 한편으로는 그러려니들 한다. 많은 후궁을 뒤로하고 새로운 궁녀를 탐하는 왕, 여러 첩을 두고도 기생과 여종을 희롱하는 양반의 이야기도 사극의 단골 소재다. 한 맺힌 조강지처를 연민하면서도 '남자의 바람기와 성욕은 참기 힘든 본능'이라며 한편으론 고개를 끄덕인다. 한편, 남편의 바람으로 머리를 싸맨 아내에게 많은 시어머니와 친정어머니는 '남자는 원래 다 그래', '남자의 바람은 다 한때야'라며 참고 살기를 충고한다.

하지만 성별을 바꿔 놓고 생각하면 '그럴 수 있다'는 엽기 스토리로 변해 버린다. 능력 있는 여회장님의 남성 편력 스토리!, 핫팬츠를 입은 남성을 보고 충동적으로 성범죄를 저지른 여성, 수많은 남자 후배와의 하룻밤을 자랑하는 여선배…. 이런 이야기에 '사회적 능력과 정력은 비례하지', '여성의 성욕은 본능이야, 이해해야 돼', '여자의 바람은 한때야'라는 반응을 할 수 있을까? 이중적인 잣대는 우리들 머릿속에 여전히 굳건하다. 그럼에도 많은 남자가 요즘 여자들은 드세다며 투덜댄다. 우렁각시처럼 헌신적인 아내와 당당하게 첩을 두고 기생집을 드나들던 조선 시대를 상상하며 '세상 참 좋아졌지, 옛날엔 말이야!'란 라떼를 되뇌이며…. 하지만 정말로 조선 시대 남자들은 수많은 여자를 거느리고 본능적이고 자유로운 삶을 살아갔을까?

조선 초의 결혼 문화

조선은 고려처럼 본래 일부일처제의 나라였다. 특히 성리학이 보급되면서 이 원칙은 더 엄격하게 지켜졌다.

> "헌사에서 장군 김우金宇가 본처를 버리고 첩을 아내로 삼은 죄를 탄핵하였다. 임금이 명하여 김우를 파직시켰다." [128]

만약 조선의 양반이 이유 없이 본처를 버리고 새 아내를 얻으려면 처벌이나 파직을 감수해야 했다. 새 아내를 얻으려면 반드시 본처와 이혼해야 했지만 웬만해서는 조정에서 허락하지 않았다. 첩을 두는 것도 쉬운 문제가 아니었다. 조선 시대의 첩은 배우자의 개념이 아닌 일종의 소유 개념이었기에, 양반 부녀라도 첩이 되면 신분이 강등되고 본처를 주인으로 모셔야 했다. 또한 첩의 자손은 서얼庶孼이 되어 홍길동처럼 아버지를 아버

---

128 『태조실록』 7권, 태조 4년 6월 28일 경인 1번째 기사.

지라 부르지 못하고 천대받았다. 보통 첩의 딸인 서녀庶女가 첩으로 들어가는 경우가 많았지만, 그것 역시 혼담과 적당한 격식이 갖춰져야 했다. 혼인 의식을 제대로 갖출 필요가 없는 천민, 노비라도 마냥 쉬운 상대는 아니었다. 당시의 가장 큰 재산은 노비인데, 여종을 잘못 건드렸다가 무서운 아내 손에 죽어 나가기라도 하면 큰일이 나는 수가 있었다. 그런 사건이 터지면 나라에서는 양반 부녀는 처벌하지 못한다며, 여종을 죽인 부인은 내버려 두고 남편을 처벌했다. 가정을 다스리지 못했다는 것이 그 이유였다.

게다가 무서운 것은 아내만이 아니었다. 조선 중기 이전까지는 고려처럼 친가, 외가, 처가가 모두 가족의 범위 안에 있었고, 대부분 장가살이로 결혼 생활을 시작했기에 처가의 눈치도 봐야 했다.

> "참봉 김자균의 아내는 진무 윤홍의 딸이다. 김자균이 그 아내와 사이가 좋지 못하여 매양 꾸짖고 욕설을 하니, (장인) 윤홍이 노하여 노비를 거느리고 김자균의 집에 와서 김자균의 머리털을 휘어잡아 땅바닥에다 끌고 재산을 다 빼앗고는 '아내를 버린다'라는 글을 강제로 요구하니, 김자균이 분노하여 '나는 사람을 버리지 않았는데, 그 사람이 스스로 버렸다'라고 썼다."

조선 사헌부는 이 사건에 대해 사위인 김자균에게 "오상五常: 인·의·예·지·신의 다섯 덕목을 문란하게 만든 죄가 이보다 더 심한 적이 없다"며 처벌을 주청했고, 김자균의 처는 무죄로 결정 났다.[129]

그럼 수많은 민요에 등장하는, '바람 잘 날 없이 밖으로만 도는 서방과

---

129 『성종실록』 1권, 성종 즉위년 12월 11일 경신 5번째 기사.

한 맺힌 시집살이 이야기'는 대체 언제부터 시작된 것일까?

주자학의 관점에서 바라본 전통 혼인 풍속

중국의 성리학을 국시로 삼아 나라를 개국한 조선 조정에는 초기부터 골칫거리가 하나 있었다. 바로 오래된 고유 풍속을 송나라 주자학적 방식으로 바꾸는 일이었다. 때문에 15세기 태종 때부터 우리의 처가살이 풍속을 중국의 시집살이 풍속으로 바꾸자는 주장이 제기되었다.

> "중국은 예의가 나온 나라인데, 혼인의 예는 음陰으로써 양陽을 따르는 것이므로 여자가 남자 집에 시집가서 아들과 손자를 낳아 내가內家에서 자라나니, 사람들이 본종本宗의 중함을 알게 됩니다. … 우리 동방의 전장문물온갖 제도와 문물은 모두 중국을 본받으면서 오직 혼인의 예법만은 아직도 옛 풍속을 따라 양으로서 음을 쫓아 남자가 여자 집에 장가를 갑니다. 이에 아들과 손자를 낳아 외가外家에서 기르니, 사람들이 본종의 중함을 알지 못합니다."[130]

우리 전통 중 오래된 혼인 풍속이 바로 '남귀여가혼'男歸女家婚이었다. 남자가 여자 집에 들어와 사는 혼인 형태이다. 비슷한 말로 서류부가壻留婦家: 사위가 신부 집에 머묾, 서옥제, 솔서혼, 데릴사위제 등이 있다. 조선 초기까지 사람들은 혼사가 성사되면 사흘간 동침부터 하고 상견례를 했다. 이후 신랑은 처가와 본가를 오가다가 아이가 어느 정도 크면 아내를 본가로 데려와

---

130 『태종실록』 27권, 태종 14년 1월 4일 기묘 1번째 기사.

시부모를 뵙는 예를 행했다. 부부가 되어야 처가와 시가의 인연도 시작되듯, 혼인은 부부가 근본이자 중심이라 여긴 것이다. 하지만 주자학적 관점에서는 외설스런 오랑캐의 풍속일 뿐이었다.

고려까지는 부부 중심으로 처가, 시가, 친가, 외가의 식솔이 필요에 따라 모여 사는 부부 중심의 가족 형태가 기본이었다. 하지만 주자학의 가족문화는 가문 중심 체제였다. 명절이면 같은 성씨의 종문宗門: 종가의 문중들이 한자리에 모이는 종갓집을 떠올리면 이해가 쉽다. 주자학에서는 부계 중심의 사대부 가문문화를 중요하게 여겼고, 때문에 모든 가족문화와 예법은 철저히 부계 중심으로만 이루어졌다. 따라서 혼인 후 여성은 친정의 출가외인이 되고 평생 시댁 귀신이 되어, 시댁 선산에 뼈를 묻는 가족문화를 아름답다고 여겼다. 그런데 부계 중심 문화는 곧 남성 중심 문화다. 가족문화와 사회시스템이 철저히 남성 중심으로 운영되려면 여성들의 희생이 반드시 필요했다.

중국의 시집가기 문화를 수입해 온 조선의 주자학자들

주자학의 예법은 주자가 지은 『주자가례』라는 예서禮書를 기본으로 한다. 『주자가례』식으로 혼인 풍속을 뜯어고치자니 가장 문제가 되는 것이 바로 친영례親迎禮란 것이었다. 친영이란 신랑이 신부 집으로 가서 친히 신부를 맞이한 후 바로 본가로 데려와 혼례식을 올리는 것이다. 쉽게 말하자면 시댁으로 신부를 데려와 혼인을 올리고 바로 시집살이를 시작하는 것이 친영이다.

조선의 왕과 신료들은 친영례를 이 땅에 뿌리내리고자 부단히 애를 썼다. 주자학을 공부한 관료들의 관점에서는 오래된 처가 중심의 전통을 시가 중심 체제로 바꾸기 위해 친영은 꼭 필요한 것이었다. 하지만 오래된 풍습 바꾸기는 만만한 일이 아니었다. 따라서 그들은 지속적으로 전통 혼속昏俗을 문제 삼았다.

"남자가 여자 집으로 가서 사니 무식한 부인네들이 자기 부모의 사랑만 믿고 지아비를 홀대하지 않는 자가 없습니다." _ 조선의 개국공신 정도전

"강상綱常과 풍속은 무너지게 할 수 없는 것이니 한 번 무너지면 인류가 멸절합니다. 우리나라는 중국과 같은 친영례가 없어서 모두 처가를 자기 집으로 여기며 삽니다. 장인을 아버지라 부르고 장모를 어머니라 부르며 평소 부모와 같이 여깁니다." _ 조선 초 문신 손순효

세종대왕은 마침내 큰 결단을 내렸다.

"친영례는 지극히 아름다운 법이다. 그러나 남자가 여자의 집으로 장가드는 것은 우리나라에서 행한 지가 오래되어 쉽게 고칠 수가 없다. 태종 때 친영례를 행하고자 하였는데, 신료들이 듣고 많이들 꺼려하여 어떤 이는 (친영례를 피하고자) 어린아이를 사위로 맞는 일까지 있었으니, 싫어함이 이와 같아서 행하기가 어려웠다. 생각건대 왕실에서 행하게 되면 아래의 뜻있는 자가 보고 그대로 따르게 될 것이 이치의 필연이라. 금후로는 왕자와 왕녀에게 친영의 예를 시행하는 것이 어떻겠는가. 잘 의논해 아뢰어라."[131]

---

131 『세종실록』 64권, 세종 16년 4월 12일 기미 5번째 기사.

바로 자신의 왕자, 공주들부터 친영례를 시작하자는 것이었다. 조선 최고 가문인 왕실부터 시작하면 사대부들이 응당 따라할 것이라 생각한 것이다. 하지만 결과는 별로였다. 수백 년간 친영례는 왕실만의 보여주기 행사가 되었다. 결국 중종 11년 1516년에는 친영을 아예 법으로 제정하고 규찰하라는 간언까지 올라왔다.

"친영례는 좋은 법이고 아름다운 뜻인데도 사대부들이 아직도 구습에 젖어 거행하는 사람이 없으니, 법을 세우지 않으면 끝내 시행되지 않을 것입니다. 법사法司로 하여금 규찰하게 하는 것이 어떻겠습니까?"[132] _ 간언이 고한 내용

그래도 친영례가 잘 정착되지 않자 영조대왕1770년에 이르러서는 사대부 혼사에는 반드시 친영례를 행하라고 칙명을 내리기도 했다.[133] 그렇지만 실제 18세기의 개인 기록들을 보면 친영례는 그때까지도 제대로 행해지고 있지 않았다. 그럼 조선의 융성기에 속하는 18세기의 결혼 풍속을 살펴보도록 하자.

18세기 조선 융성기의 혼인 풍속도

혼인 날 오후, 신랑은 신부 집에서 혼례를 올리고 며칠간 묵은 후 홀로 본가로 향했다. 몇 달 후 신랑이 신부 집에 와서 한참 머물다 가는데 곧

---

132 『중종실록』 24권, 중종 11년 2월 20일 신미 3번째 기사.
133 『영조실록』 127권, 영조대왕 행장.

'재행'再行이라 한다. 그런 재행을 반복하다가 길게는 몇 년[134] 정도가 지나면 마침내 신부를 데리고 돌아오는 신행을 하고, 이때 신부와 시어머니가 처음 대면하는 현구고례見舅姑禮가 치러졌다. 곧 오늘날의 폐백이다. 때문에 이 시기 조선 기록들을 보면 혼인한 지 오년 만에 시어머니를 처음 뵈었다는 등, 혼인 후 남편이 죽고서야 처음으로 시댁으로 분상奔喪하러 갔다는 등의 이야기들이 보인다. 그럼에도 친영례를 보급하고자 한 노력의 결과, 아이나 손자를 낳고서야 시댁으로 향했던 고려보다 혼인 후 시댁에 가는 기간이 부쩍 짧아졌음을 볼 수 있다.

신행新行을 마치고 시집살이를 시작하고서도 조선의 며느리들은 이따금 친정 나들이를 갔다. 이것을 근친覲親, 근행勤行이라 하는데 유교에는 없는 우리 풍속이다. 18세기 어느 양반집 기록에는 신행 온 지 한 달 반 만에 부인이 근친을 가서 1년 10개월 만에 시집으로 돌아오는 내용이 보인다. 장마로 길이 막힐 것을 우려한 시댁 어른들의 만류에도 길을 나서거나, 시아버지가 며느리를 보기 위해 사돈집을 방문하는 일도 있었다. 또 딸의 근친을 요구해도 제대로 이루어지지 않으면 처가에서는 당당하게 불만을 표시하기도 했다.[135]

> "내 손녀딸이 친정에 한 번 오는 일이 제대로 이루어지지 못하였네. 계획을 세웠다가 크게 어긋났으니 이 무슨 사리인가! '혼인은 고향을 벗어나지 않는다'먼 곳 사람과는 혼인하지 않는다는 뜻는 옛사람들의 말이 옳았네!"[136]

---

134 백불암 최흥원 가문의 예를 보면, 상황에 따라 대략 4년 9개월에서 2년 정도였다.(정진영, 2019).

135 정진영(2019), p.257.

136 「의심김씨간찰」(KS0047-2-57-00057): 정진영(2019), p.251. 재인용.

처가에서 사돈댁에 딸의 근친을 요구하면 시부모들은 가마와 예물을 갖춰 며느리를 보내줘야 했다. 이처럼 며느리가 근친을 가는 것은 비용상으로도 부담스러운 일이었다. 따라서 며느리들은 한 번 근친을 가면 아예 몇 달에서 몇 년을 친정에 머물다 오기도 했다.

18세기의 조선 혼인 풍속을 연구한 정진영 씨에 의하면, 18세기까지도 전통적인 남귀여가혼이 강하게 남아 있었다고 한다. 그래서 혼인 후 바로 신부를 데려오는 친영은 오히려 신부 집이 한미한 경우에나 하는 것으로 생각했다고 한다.

"친척 아저씨가 며느리를 맞는데 곧장 사람과 말을 보내 (시댁으로) 데려왔다고 하니, 신부 집이 이같이 한미한 집안인가? 1739년 11월 4일 "[137]

조선의 주자학자들이 혼인 예법부터 바꾸려 했던 까닭

시대의 사상이 바뀌면 결국 풍속도 바뀐다. 조선 양반들의 주자학 공부가 깊어질수록 양반들은 더욱 주자와 중국을 사모했고, 조선의 풍속도 중국을 닮아 갔다. 특히 약 45년간 임진왜란 1592~1598과 병자호란 1636~1637을 호되게 겪으며 풍속은 더욱 빨리 변해 갔다. 전쟁을 복구하며 나라를 쇄신하고자 하는 의지는 주자학 발전의 새로운 동력이 되었다.

사상은 문화와 풍속을 통해 현실의 모습을 바꿔 가는데 그 골자가 바로 예법이다. 약속된 예를 반복적으로 지켜 가면서 사람들의 생각, 가치, 문

---

137 정진영(2019), p.258.

화, 풍속은 내재화되며 정신 속에 뿌리를 내려간다. 그러면서 현실 속 삶의 모습이 달라진다. 예를 들어 제사 지내는 집안과 추도식이라는 예법을 쓰는 집안의 문화나 가치관은 다를 수밖에 없는 것과 같다.

주자학 역시 이해의 끝에는 실천이 필요했다. 그 실천은 예학의 깊은 이해를 요구했는데, 그 결과 『주자가례』로 대표되는 주자학적 예학의 발달로 이어졌다. 17세기 말에 일어난 예송논쟁[138]은 당시 사람들의 주자 예학에 대한 수준 높은 이해도와 실천 의지를 잘 보여준다.

그 결과 자신의 부모를 모시던 조선의 딸들은 시부모를 모시고 사는 며느리로 바뀌기 시작했다. 때문에 19세기부터는 점차 시집살이를 받아들이고 시집 선산에 뼈를 묻는 며느리들이 늘어났다.[139] 그렇게 주자가 꿈꾸었던 고대 주나라의 '부계 중심 종법 제도'는 『주자가례』라는 책을 통해 조선에서 꽃을 피우고 열매를 맺으려 하고 있었다. 그리고 그 최초의 열매가 바로 중국인들처럼 '시집가는 문화'의 정착이었다.

---

138 17세기 말의 예송논쟁은 인조의 계비(繼妃)가 둘째 의붓자식인 효종과 효종비의 상복을 고르는 데서 일어난 논쟁이다. 둘째 아들이라도 국왕이니 적장자에 대한 상복을 입을 것인지, 국왕이라도 가족관계인 차자(次子)에 대한 상복을 입을 것인지를 논쟁했다. 미수 허목과 우암 송시열을 필두로 했다.

139 김기림(2013).

03

성종과 연산군 조정의 국정 토론회

이번 주제는 '과부'입니다

고려의 음행 블랙리스트

고려는 자유연애를 하며 재혼이 잦았던 시기다. 남녀가 같은 냇가에서 목욕을 할 정도로 자유로운 분위기였지만, 남녀 관계에서 반드시 엄벌에 처했던 것이 있으니 바로 간통이었다. 부부 관계는 신의信義가 근본이라 여겼기 때문이다.

1349년 고려 충정왕 원년의 일이다. 왕족인 익흥군 왕거의 부인 박씨는 고신이란 사내와 불륜을 저지르다 걸렸다. 나라에서는 박씨 부인을 문초하고자 감옥에 가두었다. 그런데 그녀는 그곳에서도 갇혀 있던 승려와 간통을 저질렀다. 고려 조정은 이 어쩔 수 없는 박씨 부인에게 외국 상인들이 드나드는 신창관新倉館의 '자녀'恣女: 행실이 음란한 여자를 부르던 당시의 표현으로 곧 창녀가 되게 하는 벌을 내렸다. 이처럼 고려는 행실이 음란한 여성을 '자녀안'恣女案이란 특별 장부에 기록하고 대대로 종살이를 하게 만들었는데, 이 제도는 훗날 이 땅에서 여성들의 재혼을 막는 요긴한 도구가 되었다.

예나 지금이나 지배층에게 중요한 것은 백성의 현실보다 이론적 이상과 기득권의 이익이다. 복잡한 논리학인 주자학은 온종일 책만 읽어도 되는 소수의 양반에게나 유리했고, 주자학이라는 '지식의 독점'은 계층 간 사다리를 치워 버리는 역할을 톡톡히 했다. 그런데 이 주자학이라는 것은 형이상학적 논리와 인간의 심성을 주로 논했는데, 사실 이런 것은 종교에서나 다룰 법한 것들이다.

또한 주자학은 몽고라는 이민족과 불교·도교·현학玄學: 노자와 장자 일파의 학설 등으로부터 송나라와 유교를 지키려는 특수성에서 생겨난 바, 성리학적 명분과 조금이라도 다른 것은 사문난적이나 이단으로 몰고 가려는 결벽증적인 성격이 강했다. 그러다 보니 조선의 주자학자들도 자꾸만 현실에서 멀어졌고, 대의명분만 따지는 결벽증도 심해져 마침내 조선을 주자가 꿈꾼 유토피아로 만들고자 했다. 이에 사회의 가장 기초 단위인 가족 단위의 문화부터 『주자가례』대로 바꾸고자 했다.

유교의 가족문화에 내재한 종법의 원리

흔히 유교식이라고 생각하는 관혼상제의 복잡한 예법들은 원래 왕실과 고위 귀족에게만 한정된 것이었다. 그런데 주자는 봉건시대인 주나라 왕실의 종법을 일반 사대부가의 예법으로 확대시켰다. 때문에 왕실에만 적용되던 복잡한 예식과 서열 나누기가 일반 사대부의 가례로 확대되었다. 그렇다면 종법 사상은 조선의 가족문화를 어떻게 뒤바꾸어 놓았을까?

종법에서 예란 모든 인간관계를 군주와 신하君臣, 주인과 종主從, 정통과 비정통嫡庶으로 구별하여 서열을 나누고, 차등적인 각자의 역할에 순응하는 것을 올바른 예법이라 생각한다. 모두가 타고난 역할에 순응하면 지배층의 입장에서는 사회를 움직이고 지배하기가 더 수월하기 때문이다. 왕을 중심으로 움직이던 봉건시대에는 당연한 논리였다.

그렇다면 주자는 그러한 종법을 어떤 식으로 가족문화에 대입한 것일까? 주자학에서 부부는 곧 군신 관계로 이해되었다. 남편은 집의 주인이자 임금家君이었고 부인은 순종하는 하인이자 신하였다. 신하가 두 임금을 섬기지 않듯, 신분과 상황에 상관없이 부인은 평생 한 남편과 한 가문에 지조를 지켜야 했다. 주자학적 가족문화는 '부계 중심 가문문화'로 요약할 수 있다. 철저한 남성 중심 가족문화인 것은 유교와 비슷하지만, 혈통보다 가문의 영속성과 명분을 더 중시하고 선비 계층에까지 복잡한 왕실의 예를 적용하여 모든 인간관계를 주종 관계로 서열화했다는 특징이 있다. 때문에 고려의 유습이자 당시의 만연한 풍속이었던 처가와 외가 중심의 가족문화와 자유로운 여성의 재혼 문화는 가장 먼저 척결해야 할 사회악이 되었다.

조선의 주자학적 풍속 만들기 프로젝트 ①단계 _ 세 번 이상 혼인 금지

그래서 조선은 '주자학적 풍속 바꾸기 대프로젝트'의 첫 단추로 삼가녀三嫁女 단속부터 시작했다. 삼가녀란 세 번 결혼한 여성을 뜻한다. 당시에는 문제 될 게 없었던 삼가녀를 『자녀안』에 등록하여 자손 대대로 '더러운 혈통'이라는 낙인을 찍으려 했다. 그리하여 여성은 평생 한 남편, 한 가문에만 소속되기를 바랐다. 하지만 워낙 재혼이 자연스러운 시대였기에 차마 재혼 금지부터는 못 하고 '삼가녀 단속'부터 시작한 것이다. 그러나 그조차도 처음엔 쉽지 않았다. 조선 초기에는 왕들조차 그 필요성을 잘 공감하지 못했기 때문이다.

조선의 개국공신 김정경1345~1419은 '삼가녀 기피 풍조'에 큰 획을 그은 인물이다. 그가 두 번째 부인과 사별했을 때 슬하엔 어린 아들이 셋이나 되었다. 그는 당시 집안과 평판이 좋았던 왕씨 부인과 재혼하고자 중매를 보냈다. 왕씨 역시 두 번째 남편과 사별하고 홀로 된 상황이었다. 하지만 그녀의 어머니가 딸의 세 번째 혼인을 반대했기에 혼인은 무산되었다.

당시 김정경은 태종을 모시는 시위왕을 지근에서 모시며 호위하던 사람였는데, 사연을 전해 들은 태종이 직접 둘의 인연을 맺어 주었다. 결국 수절하려고 했던 왕씨는 왕의 뜻에 따라 김정경과 세 번째 혼인을 하게 되었다.

그런데 훗날 자녀안 제도가 시행되면서 왕씨는 세 번 결혼한 '음란한 삼가녀'로 『자녀안』에 기록되었다. 덕분에 조선에서 여성 재혼 문제가 나올 때마다 '자녀'의 대표 인물로 거론되는 치욕의 대명사가 되었다. 게다가 개국공신 가문 출신인 그녀의 두 아들은 승진할 때마다 지속적으로 '자녀의 자손'이라는 공격을 받아야만 했다. 하지만 왕씨는 고려의 자녀안 제도가 조선에서 이용되기 이전에 삼가녀가 되었던 여인이었다. 게다가 태종의 주선으로 삼가녀가 된 경우였다. 때문에 더러운 핏줄이라는 신료들의 손가락질은 온당치 못한 것이었다. 그럼에도 신료들의 공격이 잦아들지를 않자 세조는 신료들에게 되묻기도 했다. "그가 진실로 재주와 덕이 있거늘 어찌 집안 문제로 방해하는가?" 그리고 마침내 세조는 모든 신료 앞에서 공식적으로 그의 허물을 사해 주기도 했다.

"사헌부에서 경의 일을 자주 탄핵하니 경의 마음인들 어찌 평안했겠는가? 그러나 과인이 들어주지 않았노라. 과인은 이제 경의 허물을 씻어 주는 바이니라."

하지만 조선의 주자학자들은 집요했다. 세조의 하명이 있은 지 약 20년 후인 성종 19년의 일이었다. 이번에는 왕씨의 손자인 김맹린이 지방 군수로 부임하게 되었다. 그러자 신료들은 다시 음란한 삼가녀의 자손이라며 부지런히 반대 상소를 올려댔다. 본래 왕씨 부부 집안은 왕실 및 고관대작들을 사돈으로 삼던 지체 높은 가문이었지만 『자녀안』으로 인해 왕씨의 후손들은 결국 조정에서 모두 퇴출되고 말았다. 비록 왕명에 의해 삼가녀가 되고 또 왕명으로 허물을 사해 주기까지 했지만 결국 왕씨의 후손들은 몰락했다. 그것은 조선에 큰 각인을 새겨 넣기에 충분했다. 여성의 재혼은 곧 절개를 잃는 음란한 행동이며, 재혼녀의 자손은 출셋길이 막힌다는 각인 말이다.

주자학적 풍속 만들기 프로젝트 ②단계 _ 재혼도 금지

덕분에 주자학자들의 풍속 바꾸기 대프로젝트는 '재가녀 자손 금고법'으로 한 걸음 더 나아갈 수 있었다. 재가녀再嫁女란 재혼녀를 부르는 당시의 표현이다. 재가녀 자손 금고법은 재혼녀 자손의 양반 진출을 막는 법으로 자식의 미래를 볼모로 잡은 일종의 '여성 재혼 금지법'이었다. 이 법은 당시 여성들의 삶과 생존을 경시한 가혹한 법이라 조정에서도 많은 논란이 오갔다. 하지만 책상머리의 주자학도들에게는 타인의 현실보다 이상의 실현이 더 중요한 문제였다.[140]

흔히 조선의 정치라 하면 왕의 일방적인 명령에 신하들의 '통촉하옵소서'와 '성은이 망극하옵니다'만 난무할 듯싶다. 하지만 실제 조선은 토론의 왕국이었다. 그것은 당시 유교의 공부법이 '유교 경전 암기 후 내용 토론'을 기본으로 했기 때문이기도 하다. 일개 서당에서부터 왕의 경연에 이르기까지 그날 배운 문장을 암기하고, 그 뜻을 토론하며, 숨은 의미를 깨닫는 공부 방식은 거의 비슷했다. 그래서 우리 사상사에는 수많은 위인의 수많은 논쟁사가 등장한다. 성종 역시 여성의 재혼 문제를 결정하기 위하여 고위 관료 46명과 대토론을 벌였다.

대다수의 신료는 젊고 어린 과부들의 현실적인 생활고를 걱정했다. 그녀들의 생존을 위협하리라는 우려도 컸다. 하지만 성종의 마음은 고고한 주자학적 이상을 담은 주장에 더 기울었다.

> "정자주자의 스승께서는 '재가는 단지 추위와 굶주림에 죽을까 두려워서 하는 것이다. 그러나 절개를 잃는 일은 지극히 크고 죽는 일은 지극히 작다'고 하셨습니다. … 대개 한 번 혼례를 치르면 죽을 때까지 고치지 않는 것이 부인의 도리입니다. 만약 두 지아비에게 개가한다면 짐승과 무엇이 다르겠습니까? 이후로 재가녀를 모두 금단하시고 만일 금령을 무릅쓰고도 재가한 여자가 있다면 음란한 행실로 여겨 죄를 물으시고, 그 자손까지 벼슬을 막아서 절의節義를 가다듬게 하옵소서."[141]

논의가 있은 지 사흘 후 성종은 생각을 밝혔다. "굶어 죽는 것은 작은

---

140 특히 성종 조는 주자학으로 무장한 신진 사류(사림)들이 중앙으로 진출해 기존 세력인 훈구파와 대립하는 시기였다. 그런 배경에서 나온 「재가녀 자손 금고법」(성종 8년〔1477〕)은 이후 조선의 주류가 되는 신진 사림들의 주자학적 여성관을 잘 보여주고 있다.

141 『성종실록』 82권, 성종 8년 7월 17일 임오 2번째 기사.

일이지만 부인이 절개를 잃는 것은 큰일이다. 국가가 법을 세우는 것은 마땅히 이 같은 원칙이어야 한다."

이 때문에 몇 번이나 재혼한 남성일지라도 재혼은 반드시 처녀와 해야 했다. 과부와 재혼하면 자손의 벼슬길이 막히기 때문이었다. 결국 어린 과부들 심지어는 혼인 약속만 했다가 신랑이 사망한 경우라도 여성들은 평생 홀로 살 것을 강요받았다.

여성 재혼 금지법에 대한 반발

하지만 재가 금지는 젊은 과부들에게 현실적으로 너무나 가혹한 것이었다. 때문에 연산군 때 다시 한번 토론이 벌이지게 되었다. 시초는 경상도 산청 지방의 일개 향교 훈장인 송헌도가 올린 상소였다.

> "어린 과부까지 재가를 금지하는 의도는 절개와 예의를 숭상하자는 것입니다. 그러나 음식과 남녀는 사람의 욕구입니다. … 혹 시집간 지 3일 만에 홀어미가 되기도 하고, 한 달 만에 홀어미가 되기도 하며 혹은 나이 20·30에 홀어미가 된 자도 있습니다. 이들이 끝내 정절을 지켜 갈 수 있다면 좋겠지만 부모도 없고 형제도 없고 자식도 없어, 혹 정절을 지키려 하다가도 담장을 넘어 든 자에게 협박을 받아 지키려던 절개를 잃기도 합니다. 청컨대 부녀의 나이 20세 이하로 자녀 없이 홀어미가 된 자는 모두 재혼을 허락하여 사는 재미를 누리도록 하여 주시옵소서." _ 송헌도[142]

어린 청상과부 젊어서 남편을 잃고 홀로된 여자들의 힘든 실상을 잘 반영한 상소였다. 연산은 이 상소를 보고 의정부와 육조에서 토의하도록 하였다. 총 29명의 대신이 참여했는데 성종 조의 분위기와는 매우 달랐다. 과부들의 생존을 걱정하던 훈구파와 달리 신진 사림들은 주자학적 입장에서 과격한 반론을 이어 갔다.

"여자에게 장가드는 것은 함께 종묘를 받들고 대를 잇자는 것인데, 만약 절개 잃은 여자를 맞아 짝으로 삼는다면 자기가 절개를 잃은 것과 똑같습니다. 절개를 잃는 일은 지극히 큰 것으로, 몸을 망친 상태로 재가를 한다면 스스로 마음이 부끄러워져 천지간에 설 수가 없을 것이니 비록 살아간들 무슨 이익이 있겠습니까." _ 정석견[143]

"가령 어떤 부인이 젊어서 과부가 되었는데 자식마저 없다면 진실로 애통한 일입니다. 만약 다른 사람과 재혼한다면 거의 살아갈 수는 있겠으나 의리로써 헤아려 본다면 또한 매국노 간신 같은 여자임에 틀림이 없으니 무슨 면목으로 천지 사이에 서서 다니겠습니까. … (옛날 중국에서) 이씨 부인이 (관청에서 죽은 남편의 시신을 찾으러) 개봉 땅을 지나다가 여관에 묵으려 하니 주인이 받아 주지 않았습니다. 이미 날이 저물어 이씨가 선뜻 떠나지 못하자 주인이 그녀의 팔을 잡고 밖으로 내쫓았는데, 이씨는 통곡하며 '내가 부인이 되어 능히 수절하지 못하고 이 팔을 다른 남자에게 잡혔단 말이냐!' 하고는 곧 도끼를 들어 잡혔던 팔을 잘라 버렸습니다. 만약 이씨와 같은 절개를 지닌 자라면 누가 감히 담장을 넘어 위협할 수 있겠습니까. 혹 담장을 넘은 자에게 위협을 당했다고 절개를 잃는 자라면 애초부터 음란한 부인이었던 것이니, 오히려 통렬하게 법으로 다스려야 하옵니다." _ 이창신[144]

여성의 재혼 금지에 대한 당시의 두 입장

---

142 『연산군일기』 28권, 연산 3년 12월 12일 기묘 1번째 기사.
143 상게서.
144 상게서.

지면상 다 소개하지 못할 정도로 많은 주장이 오갔고 토론은 치열했다. 당시 재가녀 문제에 대한 쟁점을 정리해 보면 대략 다음과 같았다.

재가녀 자손 금고법을 반대하는 의견들은 과부들이 마주할 현실적인 어려움을 가장 중요하게 생각했다. 비록 국가정책과 안 맞는 면이 있더라도 개개인의 현실 상황과 고통 경감을 우선시해야 한다는 입장이었다. 또한 부모와 가족들의 걱정을 외면한 채 강제로 수절하게 하는 것은 과부에게 불효를 강요하는 것이라 생각했다. 그래서 최소한 부모가 허락하고 강권하는 재혼은 페널티를 주지 말아야 한다고 주장했다.

그럼 그들이 그렇게 생각하게 된 배경은 어떤 것이었을까?

첫째, '부계 중심 가문문화'라는 성리학적 명분의 정착보다 인간 중심적인 고유 사상과 고려 전통문화의 유습이 좀 더 작용했을 것이다. 때문에 젊은 과부가 겪을 현실적인 생존 문제가 더 크게 보일 수밖에 없었다. 성리학이 본격적으로 발전하기 전인 조선 초까지 우리 문화는 왕과 고위 귀족이 아닌 이상, 성씨나 가문보다는 '그 사람 자체'가 더 중요했기 때문이다.[145] 때문에 바다에서 표류해 온 외국인 석탈해도 왕이 될 수 있었고, 빈민촌의 바보 온달도 장군이 되었으며, 한미한 집안의 서자인 정도전도 나라를 기획하고, 노비 장영실도 종3품 관직에 오를 수 있었다.

둘째, 고려의 '가족 중심 가족문화'의 유습을 들 수 있겠다. 앞장에서 살펴본 대로 고려의 가족은 부부와 자손들, 부부의 친인척, 사돈, 심지어는 비혈연 관계까지 상황에 맞게 모여서 가족을 구성하던 '가족 중심 가족문화'를 가지고 있었다. 비록 조선이 들어서며 성리학을 표방했지만 오

---

145 고위 관료들까지도 성씨 없이 이름만 쓰던 것을 이상하게 여기지 않던 고려였다. 조선 초기에도 여전히 성씨와 혈통 가문에 큰 의미를 두지 않았다.

랜 풍속은 쉽게 바뀌지 않았다. 성종 대까지도 안동 김씨 가문, 청주 한씨 가문 같은 중국식 '가문 중심 가족문화'는 낯설었다.[146] 가문보다는 함께 어울려 사는 현재의 가족이 더 중요했다. 때문에 재혼은 남은 가족의 삶을 위한 가장 현실적이고 당연한 방법이라 여겨졌다.

셋째, 당시 광범위하게 퍼져 있던 '처가살이 문화의 영향'을 들 수 있겠다. 성종 대까지도 처가살이 풍습은 매우 일반적이었다. 게다가 잦은 변란, 질병, 고된 부역과 농사일 등으로 남성들의 기대수명도 짧았다. 함께 사는 딸이 청상과부가 되어 고달픈 삶을 사는데 보고만 있을 부모는 없다. 딸과 가깝게 지내던 문화 때문에 과부 재혼 금지에 대한 저항은 클 수밖에 없었다. 그래서 '부모형제가 강권하는 재가는 허락해 주자'는 의견들이 보이는 것이다.

반면 찬성의 입장은 주자학적 남녀관에 위배된다는 명분에 근거했다. 주자학의 가르침에 의하면 여성은 평생 한 명의 지아비에게만 순종하며 남성 가문의 영속성과 혈통의 순수성을 지킬 의무가 있었다. 그런데 재혼은 목숨보다 중한 절개를 외간 남자에게 잃는 행위로 하늘에 부끄러운 짓이다. 하지만 여성 재혼을 다 막을 수는 없으므로 재혼녀가 낳은 더러운 혈통이 조정에 들어오는 것만큼은 막아서 적극적으로 풍속을 바꿔 가야 한다는 생각이었다.

---

146 '가문'이란 같은 부계 혈통 성씨들이 종갓집을 중심으로 주종 관계를 이루는 가족 집단을 말한다. 가문문화는 본래 고대 주나라 황실이 제후를 분봉할 때 쓰던 봉건시대 종법 제도에 바탕한 것이다. 신분에 따른 엄격한 서열 제도를 좋아한 주자가 일반 사대부의 예로 재구성해서 『주자가례』로 정리해 놓은 것이 주자학과 함께 조선으로 건너온 것이다. 가족 간의 실질적인 관계보다 가문의 관점에서 적장자, 양자 등의 명분을 더 중시하기에 여기선 '가문 중심 가족문화'라 하겠다.

현재까지 이어지는 '자녀안'의 그림자

'여성의 가치는 오로지 정조에 있다'라는 주자학의 신념은 여성을 집 안에 가두고 남녀를 서로 피하게 만드는 결과를 초래했다. 또한 성폭력의 발생 원인이 근본적으로 여성에게 있다는 논리로 이어져 아직도 사람들의 관념 속에 깊은 그림자를 드리우고 있다.

현재 성폭력 문제를 어렵게 만드는 큰 벽들로 우리 헌법의 '부녀자의 정조에 관한 죄', '피해자가 피해와 저항을 입증해야 하는 문제', '피해자 유발론' 등이 있다. 부녀자의 정조는 생명·재산보다 소중하다는 생각에서 기인한 '부녀자의 정조에 관한 죄'는 그나마 1995년 이후 '강간과 추행의 죄'로 명칭은 바뀌었지만 현실적으로는 크게 달라진 것이 없다.

지금 우리 사회를 보면 마치 조선 말을 보는 듯하다. 2016년에 한 지역의 주민들이 공모해 젊은 여교사를 성폭행한 사건이 있었다. 가해자들은 여성이 성적 수치심에 신고하지 못할 거라고 생각하여 더욱 대담한 범죄를 저질렀다. 2020년에 일어난 n번방 사건 역시 피해자의 성적 수치심을 악용하여 더욱 대담한 성 착취 동영상을 만들 수 있었다.

이처럼 여성의 성은 감추고 순결해야 한다는 관념이 성범죄를 지속적으로 음지에서 창궐하게 만든다. 또한 '피해자의 반항이 불가능하거나 현저히 곤란할 정도'를 입증해야만 강간죄가 성립한다는 법 때문에 성폭행 피해자의 44%가량은 강간으로 인정받지 못하고 있다.[147]

더불어 여성의 옷차림이나 늦은 귀가 등이 성폭력을 유발한다는 주장

---

147 《중앙일보》(2018.3.8.), 「성폭행 피해자 44% 강간으로 인정 못 받아」.

도 당당하게 거론된다. 여성성을 감추는 옷차림과 몸가짐, 그리고 강한 저항 의지가 있다면 어떠한 성폭력도 막을 수 있다는 착각의 논리가 우리 법정에서는 여전히 통용되고 있는 것이 현실이다. 조선 시대에 한 신료의 "만약 이씨와 같은 절개를 지닌 자라면 누가 감히 담장을 넘어 위협할 수 있겠습니까. 혹 담장을 넘은 자에게 위협을 당했다고 절개를 잃는 자라면 애초부터 음란한 부인이었던 것이니, 오히려 통렬하게 법으로 다스려야 하옵니다"라는 말이 떠오른다. 그런 전통 때문일까? 우리나라는 세계적으로도 유명한 성폭력 솜방망이 처벌국이 되었다. 2020년, 세계 최대 아동 성 착취물 사이트 '웰컴 투 비디오'를 만들고 온갖 성범죄를 양산하던 운영자는 고작 1년 6개월의 형을 받고 자유의 몸이 되었다.

과연 우리 시대의 성폭력을 보는 시각은 어떠한가. 4차 산업혁명 시대를 살아가는 우리는 과연 중세적 사유인 주자학에서 자유로워졌다고 할 수 있을까?

04

전쟁의 상처가 남긴, 혐오로 혐오 덮기

여성을 남성의 소유물로 보는 시각

연인들은 사랑이 다 타 버리면 아름다운 이별을 준비한다. 대개 끝까지 아름다운 사람으로 기억되길 원하지만 최근의 이별 양상은 많이 달라지고 있다. 이별로 인한 폭력과 리벤지 포르노[148] 등으로 아름다운 이별보다는 '안전한 이별'이 더 중요해진 것이다. 때문에 이별을 결심하면 애인의 하드 디스크를 훔쳐 온다거나 일부러 추잡한 행동으로 정을 떼라는 둥 다소 황당한 조언들이 등장하기도 한다. 리벤지 포르노를 당하느니 절도죄가 낫고, 폭력과 살인 위협보다는 추하게 기억되는 것이 낫기 때문이다.

'안전하지 못한 이별'은 상대를 독립적인 인격체로 존중하지 못하는 데서 기인한다. '내 여자'를 '내가 사랑하는 여자'가 아닌 '내 소유의 여자'로

148 리벤지 포르노: 복수하려는 의도로 상대의 지극히 사적인 파일들을 인터넷상에 유출하는 것.

생각했기에 자신이 허락하지 않은 이별에 분노한다. 상대를 독립 개체로 인정하지 못하기에 이성으로는 이별이란 현실을 이해해도 감성적으로는 수긍하고 용서할 수가 없는 것이다.

여성을 남성의 소유로 봄으로써 생기는 현상을 중년 부부에게서 흔히 볼 수 있다. 집안의 큰일, 중요한 일은 대부분 아버지가 결정한다. 아버지가 최종 판단을 내리고 어머니는 그 결정에 따른다. 직장 문제, 친정 문제 등 개인적 문제조차도 많은 어머니가 아버지의 허락을 기다린다. 그렇게 행동하지 않으면 '여자가 나댄다, 여자가 감히'라는 윗세대의 따가운 질타를 받기 마련이다. 결혼한 여성은 남편의 소유라는 인식이 바탕에 깔려 있기에 가능한 일이다.

그렇다면 의문이 생길 수 있다. 이미 삼국시대부터 유교를 받아들였지만 우리 전통문화는 비교적 대등하고 자유로운 부부 관계를 유지하고 있었다. 그렇게 오래된 전통이 어떻게 그 짧은 시간에 남존여비 문화로 급격히 변할 수 있었던 것일까?

조선의 여성관이 급변한 이유

조선 시대 큰 골칫거리 중 하나는 시도 때도 없이 터져대는 왜란이었다. 하지만 조선은 왜국을 달래는 정책만 시행했을 뿐, 대등한 힘을 가진 상대로 여겨 대비하지는 않았다. 삼국시대부터 문화 선진국으로서 일방적으로 왜국에 문화를 전해 주던 역사가 만든 오만이었다. 결국 선조 때 터진 임진왜란은 조선의 운명을 송두리째 바꿔 놓았다. 백성을 버린 채 홀로 도망가 버린 왕, 왜란을 예측하지 못했던 신하들은 오히려 이순신 같은 충신에게 모든 책임을 몰아 죄인으로 만들었다. 부패와 무질서 속에 관군도 무너져 왜군은 믿을 수 없는 속도로 도성에 당도했다.

그런 왜군의 앞을 가로막은 건 관군도 관료도 아니었다. 늘 천대받던 승려와 민초들이었다. 도망가 버린 관군의 빈자리를 승병과 의병들이 목숨을 걸고 떠맡았다. 지배층의 무능과 무책임은 만천하에 드러났다. 경제적으로도 농토의 삼분의 이가 황폐해졌고 엄청난 전사자와 포로가 생겼으며 수많은 유산과 시설이 불타 없어졌다. 백성의 삶과 조정의 세수는 말도 못하게 피폐해졌고, 전쟁의 트라우마는 조선 전체에 큰 흔적을 새겨 넣었다.

칠 년간 임진왜란과 정유재란을 잇달아 겪으며 조선 지배층은 크나큰 위기에 봉착했다. 전쟁의 참담한 죽음과 파괴가 눈앞에서 자행될 때 인륜과 윤리는 생존 본능 앞에 꺾여 버린다. 그리고 부도덕과 패륜이 일상적으로 반복되면 곧 동조 효과를 일으켜 사회 전체의 질서가 무너져 간다.

당시 조선은 여러모로 부도 직전의 상황이었다. 사회질서가 무너지고 기강도 해이해져 전쟁 통에 수많은 노비가 도망치고 양반은 몰락해 갔다. 때문에 조선의 근간인 신분 질서마저 흔들리기 시작했다. 여러 문제가 뒤엉켜 반정과 역모를 걱정해도 이상하지 않을 지경이었다.

조선의 지배층은 자신의 무능을 감추고 불만을 잠재우기 위해 허울 좋은 논공행상을 하는 한편, 주자학적 사상 교육을 강화했다.[149] 마치 6·25 전쟁이 끝나자 반공 교육을 강화하고 간첩설 등을 퍼트려 전 국민을 '빨갱이 타도'에 집중하게 했듯이 말이다. 그리고 그런 유래로 탄생한 것이 바로 광해군 9년1617년에 완성된 『동국신속삼강행실도』의 간행이다.

충신과 열녀 중 주자학이 더 중시한 것은?

주자학 질서의 특징 중 하나는 종법 질서에 의한 '서열의 구별'과 '대의명분'이다. 또한 오로지 남성 중심적이다. 그런 주자학을 숭상한 조선이 충신·효자·열녀 중 가장 중요하게 여긴 것은 무엇이었을까? 주자학적 가치대로라면 명분과 서열상 으뜸인 '충신'이어야 할 것이다. 윗물이 맑아야 아랫물이 맑듯, 충신이 많아야 유교적 왕도 정치의 실현이 용이할 테니 말이다. 하지만 이 책의 사례들은 유교에서 가장 중요시하는 충신·효자보다 '열녀'에 더 집중되어 있었다. 충신·효자·열녀 모두 지조와 신념을 올곧게 실천하여 포상을 받고 이름이 남겨진 이들이다. 그런데 충신과 효자는 남성에게 해당하는 문제였고, 열녀는 여성의 문제였다. 도덕적 기강과 대의명분, 그리고 주자학적 질서를 지키기 위한 극한 순교자로서의 모습을 남성보다 여성에게 더 많이 요구했던 것이다.

세종 16년1434년에 풍속 교화를 위해 간행된 『삼강행실도』에는 충신·효자·열녀가 각 35명씩 수록되어 유교의 중요 덕목인 충·효·열忠孝烈을 고루 드러내고 있다. 하지만 임란 이후에 완성된 『동국신속삼강행실도』는 절반 정도가 열녀 이야기로 채워져 있었다. 특히 임진왜란과 전쟁 복구 시

---

149 조선 시대의 논공행상은 관료에 대한 공신 지정과 충신, 효자, 열녀에 대한 정표(旌表)가 있었다. 정표에는 포상〔賞物〕, 부역과 조세 감면〔復戶〕, 직책 수여〔賞職〕, 정려(旌閭: 선행을 널리 알리는 문, 기념비 등을 세우는 것) 등이 있었다. 포상 외에 정표(선조 때부터 시작한 충신, 효자, 열녀에 대한 표창)는 광해군 때 정점을 이루었다. 특히 광해군은 즉위 원년부터 충신, 효자, 열녀의 정려 사례들을 책으로 엮는 데 관심을 보였다. 세종대왕이 주자학적 윤리와 규범을 백성들에게 전파하기 위해 만든 『삼강행실도』 이후 『속삼강행실도』(중종 9년), 『이륜행실도』(중종 13년) 등이 꾸준히 편찬돼 왔다. 광해군의 꾸준한 관심과 재촉으로 1617년(광해군 9년) 드디어 『동국신속삼강행실도』가 완성되었다.

기인 '선조-광해군' 시대 인물 중 효자보다 열녀가 많았는데, 이 사실은 남성의 효행보다 여성들의 절행節行: 절개를 지킨 행실이 더 강조되었음을 뜻한다.

『동국신속삼강행실도』 속의 충신·효자·열녀 비교표

수록 유형	전체 수록 인원	선조 시대 인물	광해군 시대 인물
충신	총 94명	61명	0명
효자	총 727명	75명	252명
열녀	총 781명	66명	488명

내용도 유별나다. 조선 초까지는 남편 사후 재혼하지 않은 것만으로도 열녀로 인정되었다. 세종 때 출간된 『삼강행실도』는 그보다 좀 더 심화된 열녀의 이야기가 보급됐다. 가족들이 재혼을 권유하자 거절의 뜻으로 귀와 코를 자르고, 굶주린 군사들이 남편을 잡아먹으려 하자 대신 끓는 가마솥에 들어갔다는 등의 내용이 등장한다. 사실 이 정도 수위도 인권적인 관점에서 보면 상당한 엽기에 속한다. 그런데 『동국신속삼강행실도』는 여기서 한참을 더 나아간다. 약 40% 정도의 열녀가 단지 강간을 예방하려는 목적으로 자살한다. 나머지 이야기도 참담하고 맹목적이다. 열녀들은 남편에게 향하는 칼을 몸으로 막다 죽고, 남편이 죽으면 아이 앞에서 자결하거나 갓난쟁이를 버려둔 채 자결했다. 오직 남편만 따를 뿐, 아이에 대한 모정이나 다른 가족에 대한 인정 같은 것은 보이지 않는다.

여성에게 가장 중요한 것?

남편과 시댁이 가장 중요하다는 관점은 효행孝行과 관련된 이야기에서도 마찬가지다. 피난 중 시동생을 따르기 위해 친정어머니를 버리고 가거나, 남편이 죽자 시부모에게 흉하게 죽는 모습을 보이지 않겠다며 친정까지 가서 자결한 열녀도 있다.[150] 하지만 열녀는 계속 쏟아져 나왔고 죽음도 더욱 장렬해졌다.

결국 '열녀 행각'은 점점 과격해지고 광기가 서려 갔다. 남편을 물어 간 호랑이를 쫓아가 목숨을 걸고 때려잡았다는 이야기가 9건이나 되고, 남편의 병을 고치겠다며 손가락을 잘라 먹이거나 기도를 한다며 자기 손가락을 불태운 사례는 18건이나 된다. 심지어 집에 불이 나자 남편 신주神主를 꺼내려 불 속에 뛰어들었다가 죽은 경우도 3건이나 된다.

그녀들의 죽음 묘사도 참혹하기 그지없다. 항거하는 열녀들은 의연한 자세를 유지하며 몸의 마디마디가 잘리고, 가죽이 벗겨지고, 배가 갈린다. 그런 지경을 묘사한 〈열녀도〉 속 그녀들의 모습은 고통조차 느끼지 않는 인형 같은 표정이다.

사회학에서는 이러한 현상을 '타자화'他者化라 한다. 타자화란 특정 대상을 나와 아예 다른 대상이나 물건처럼 인식하는 것을 말한다. 〈열녀도〉 속 여성들은 남편을 위해 목숨을 바치고, 목숨보다 정조를 중히 여기며, 남편을 위해서라면 고통조차 달게 느끼는 '아예 다른 종種'으로 인식되고 있다. 따라서 그녀들을 학대해도 같은 인간으로서의 공감이나 아픔은 전해지지 않는다. 실제로 『동국신속삼강행실도』 『열녀전』 등에 등장하는 당시 열녀들의 죽음 묘사는 호러나 엽기 그 자체다. 그런 엽기 상황을 담담

---

150 유교에서는 '신체발부(身體髮膚) 수지부모(受之父母)'이기에 몸을 상하게 하는 것을 큰 불효로 여긴다. 그래서 머리카락도 안 자르고 길러 비녀를 꽂는 것이다. 친정에 가서 자결하여 부모 손으로 딸의 시신을 수습하게 하는 것은 유교 관념상 가장 큰 불효였다.

하게 묘사한 글줄을 읽다 보면 잔인한 죽음을 즐기는 듯한 편집자의 관점에 몸서리가 쳐진다. 그럼에도 당시인들은 그런 책을 읽으며 큰 감동과 감명을 받는 데 동조해 갔다. 그리고 조선 사회는 그것을 더 깊이 내면화해 갔다.

▌사지가 마디마디 잘리고 아이를 둔 채 절벽에서 뛰어내리면서도 의연한 표정의 열녀들. 특히 가장 오른쪽 그림은 어린 자식을 왜군에게 넘긴 채 강간을 피하겠다고 혼자 절벽에서 뛰어내리는 장면이다. 결국 왜군은 그녀가 뛰어내린 후 아이를 처참하게 죽였다.(『삼강행실도』, 『동국신속삼강행실도』)

전쟁의 상처가 남기고 간 것

하지만 조선의 열녀 의식은 거기서 멈추지 않았다. 또 다른 전쟁이 들이닥치면서 열녀 광풍은 더욱 심하게 몰아쳤다. 광해군의 '실용 중심, 중립 외교'가 인조반정에 의해 무산되고 조선은 황제국으로 여긴 명나라의 복수를 위해 북벌을 선택했다. 하지만 현실을 버리고 의리·명분을 택한 대가는 감당하기 힘들 정도로 버거웠다. 결국 인조는 청나라 홍타이지 앞에 꿇어앉아 세 번 절하고 아홉 번 머리를 처박는 신하의 예를 올려야 했다. 조선에 크나큰 충격을 안겨 준, 이른바 '삼전도의 굴욕'이었다. 이로 인해 조선은 매년 청나라에 엄청난 양의 조공과 공녀를 바쳐야 했다.

그런데도 주자학도들은 여전히 민생 안정과 실용보다는 자존심과 대의명분에 집중했다. 그들은 '대중화'인 명나라가 망했으니 '소중화'인 조선이야말로 최고의 문화 강국이라는 명분을 붙잡았다.

조선은 청나라에 들어온 서양 문물을 배워 조선을 개혁하려 했던 소현세자와 북학파를 버렸다. 대신 청나라를 쳐서 명나라의 원수를 갚고 소중화로서의 자존심을 회복하자는 북벌론을 선택했다. 패배한 이유를 인정하고 근본부터 고치려는 노력보다 의리와 명분이란 허울 좋은 구실로 눈감고 합리화해 버리는 길을 선택했다. 하지만 이론적인 대의명분이 강조될수록 백성들의 현실적인 삶은 피폐해졌고, 국론과 사상계는 분열되었으며, 현실은 점점 어려워졌다.

청에게 패배한 조선의 가장 큰 피해자는 바로 여성이었다. 청에 끌려간 약 50만 명 당시 조선 인구는 약 1천만 명의 포로를 풀어주는 대가로 청나라는 몸값을 요구했다.

포로 중에는 붙잡기 쉬운 여자가 많았다. 처음에 조선의 왕 인조는 포로가 된 백성을 송환시키고자 적극적으로 협상에 임했다. 하지만 국가의 입장은 생각지 않고 자기 가족의 빠른 송환만을 원하던 양반들이 사적으로 물밑 거래를 하는 바람에 공녀들의 몸값은 천정부지로 치솟았다.[151] 결국 몸값이 너무 올라 재정 부담이 커지자 조선 조정은 포로 송환을 포기하고 한 발 뒤로 물러서고 말았다.

---

151 당시 영의정 이성구는 아들이 인질로 잡혀가자 통역관에게 1천 냥을 뇌물로 주고, 주인에게 아들 몸값을 1,500냥이나 주고 데려왔다. 국가에서 포로들 몸값을 협의하던 시기였기에 사적인 거래로 몸값을 올리는 사례들은 조정에 큰 부담이 되었다. 결국 초기 한 명당 15냥이던 몸값은 송환 말기쯤 한 명당 75~750냥이나 주어야만 했다.

화냥년과 후레자식이란 욕의 유래

하지만 진짜 문제는 그다음부터였다. 아버지나 아들이 돌아오면 얼싸 안고 기뻐했지만, 며느리나 딸이 돌아오면 문을 걸어 잠갔다. 힘들게 몸값을 마련해 찾아와 놓고 절개를 잃었으리란 의구심에 결국 이혼을 하고, 자결을 강요하고, 쫓아내고, 인연을 끊었다. 그녀들을 '환향녀'還鄕女: 고향으로 돌아온 여자라는 뜻라 불렀는데, 오늘날까지 전해져 '화냥년'성적으로 문란한 여성을 이르는 욕이라는 욕이 되었다. 또 환향녀의 자식을 '호로자식'호로(胡奴/胡虜)는 오랑캐라는 뜻이라 불렀는데, 4백여 년이 지난 근래까지도 호래자식, 후레자식홀어머니 밑에서 컸거나 버릇없는 사람을 욕하는 표현이란 욕으로 그 흔적이 남아 있다.

전쟁 피해자에 대한 주자학의 처분

이미 조선에 내면화된 극단적인 열녀 관념은 포로로 끌려갔다 돌아온 환향녀를 재가녀처럼 절개 잃은 여자로 정의했다. 때문에 환향녀를 받아들이면 그 집안 자손들은 과거와 출세길이 막혔다. 당연히 환향녀인 아내와 다시 함께 살려는 양반은 없었다. 조정에서도 정식으로 환향녀와의 이혼을 허락해야 한다는 논의가 일었다.

하지만 인조는 당시 정승인 최명길의 의견을 받아들여 환향녀의 이혼을 금지했다. 더불어 전국에 '절개를 되돌린다'는 회절강回節江을 지정하고, 그곳에서 몸을 씻은 환향녀에게는 더이상 과거를 묻지 말라는 왕명까지 내렸다.[152] 그러나 주자학적 결벽증과 열녀 의식으로 꽉 찬 조선은 환향녀가 된 가족을 끝내 받아들이지 못했다.[153] 당시 『조선왕조실록』 한쪽에는 환향녀와의 이혼 금지를 주장한 최명길을 비판하는 당시 사관의 평이 적혀 있다. 이를 통해 당시 양반들의 생각을 엿볼 수 있다.

> "충신은 두 임금을 섬기지 않고 열녀는 두 남편을 섬기지 않으니, 이는 절의가 국가에 관계되고 우주의 동량棟樑이 되기 때문이다. 사로잡혀 갔던 부녀들은 비록 그녀들의 본심은 아니었다 하더라도, 변을 만나 자결하지 않았기에 절의를 잃었다고 할 수 있다. 이미 절의를 잃었으면 남편의 집과는 의리가 끊어진 것이니, 억지로 다시 합하게 해서 사대부의 가풍을 더럽힐 수는 절대로 없다. … 절의를 잃은 부인을 다시 취해 부모를 섬기고 종사宗祀를 받들며 자손을 낳고 가세家世를 잇는다면 어찌 이런 이치가 있겠는가. 아!, 백 년 동안 내려온 나라의 풍속을 무너뜨리고 삼한三韓을 오랑캐로 만든 자는 최명길이다. 어찌 통분함을 금할 수 있겠으리오!"[154]

가장 약했기에 가장 큰 피해를 보았던 '고향에 돌아온 여성' 환향녀는 조선 전체의 혐오 대상이 되었다. 본래 사람은 해결하기 벅찬 근본 문제를 직시하려 하지 않는다. 문제를 해결할 수 없는 무력감과 두려움을 외면할 더 쉬운 방법이 있기 때문이다. 바로 '탓'을 하는 것이다. '남 탓, 상황 탓, 환경 탓…'. 제일 아픈 곳이나 두려운 대상을 연상시키는 '무언가'에 탓을 돌린다. 그리고 탓하는 대상에게 혐오 감정을 투사한다. 보이지

---

152 한양과 경기도는 홍제천, 충청도는 금강, 강원도는 소양강, 평안도는 대동강, 황해도는 예성강이었다.

153 결국 홍제천 등 회절강에는 자결하는 환향녀들로 가득했고, 돌아가지 못한 환향녀 무리가 한 곳에 정착하기도 했는데 바로 '홍은동'의 유래이다. 홍은이란 임금님의 은혜가 하해와 같다는 의미이다.

154 『인조실록』 36권, 인조 16년 3월 11일 갑술 2번째 기사.

않는 문제의 본질을 대면하고 저항하는 것보다 눈앞에 보이는 약자를 혐오하고 탓하는 것이 더욱 쉽기 때문이다. 이에 불안이 고조될수록, 불만이 증폭될수록, 두려움이 커질수록 혐오의 감정도 비례해 간다. 결국 그녀들을 지킬 힘이 없었던 조선은 약소국이 된 근본적인 이유에는 눈감은 채 자결하지 않고 살아 돌아온 환향녀들을 혐오했다.

'네가 약했기에 끌려갔지, 완강히 저항하지 못해서 절개를 잃었겠지, 절개를 잃었음에도 뻔뻔스럽게 고향에 나타나다니….'

이런 사고방식은 훗날 일본군 위안부 문제에서도 똑같이 반복되었다. 때문에 위안부로 끌려간 수많은 여성이 고향으로 돌아오지 못하고 타국에서 한 많은 생을 마감했다. 돌아오더라도 평생을 숨기며 살아야 했다.

진정한 열녀란?

대체 진정한 열녀란 무엇일까? 고려는 열녀를 '절부'節婦: 절개를 지킨 부인라고 불렀다. 수절보다도 남편과의 신의를 지킨 행동을 절개 있는 행동이라 여겼다. 때문에 남편의 못다 이룬 바람을 이루거나 남긴 책임을 대신 지거나 끝까지 약조를 지키는 것, 의지할 곳 없는 시부모를 대신 봉양하거나 어린 자식들을 훌륭히 키워내는 여성이 진정한 절부였다. 반면, 조선 중후기의 열녀는 재혼하지 않고 수절하며 시부모를 봉양하는 여성이었다. 조선 시대 여성이라면 당연한 모습 아닌가 싶겠지만, 홀로 된 여성이 재혼하지 않거나 혼자 시부모를 모시는 것은 조선 초까지만 해도 드문 일이었다. 조선 중기의 열녀는 철저한 내외로 절개를 지키고 남편을 위해 희생하는 여성이었다. 그런데 조선 후기에 이르면 그것만으로는 모자랐다.

남편이 천수를 다 누리고 편안히 죽어도 일단 과부가 되면 자신을 살육해야 열녀가 되었다. 오로지 남편을 위해 존재하는 듯한 타자화된 환상을 인생의 목표로 삼고 살아야 했다.

열녀는 주자학자들이 만든 일종의 '여성 판타지'다. 주자학적 관점에서 여성은 남성과 같은 주체적인 존재일 수 없었다. 왜냐하면 존재 자체를 보았을 때 여자는 밝고 바른 기운陽이 부족한 존재라 여겼기 때문이다. 따라서 여성은 남성의 지도에 순종해야 올바른 삶을 살 수 있었다. 현실적인 측면으로 보자면, '여성'은 언젠가 시집가서 애 낳고 살림하고 시댁 식구 봉양하고 가내수공업생산 활동을 하며 시댁 가문의 제사를 받들 존재였다. 한 가문의 운영과 번성에 여성의 노동력과 출산력은 가장 기본적인 밑바탕이었다. 때문에 여성에게 기대하는 최종 목표는 '주부'主婦: 한 집안의 제사를 받드는 주인의 아내를 '주부'라 하는데, 여기서 오늘날의 '가정주부'란 말이 유래되었다.였고, 순수한 부계 혈통을 유지하기 위해 여성의 정조는 가장 중요한 가치가 됐다.

오늘날까지 이어지는 주자학자들의 '여성 판타지'

주자학자들의 여성 판타지는 대략 다음과 같았다.

첫째, 있는 듯 없는 듯 집안일은 하나도 신경 안 쓰이게 해 주는 순정녀, '우렁각시' 같은 여인.

둘째, 막강한 친정과 최고의 전문 생산기술을 가지고도 모든 것을 다 바치는 일편단심녀, '직녀' 같은 여인.

셋째, 누추해도 알뜰살뜰 살림하며 출산, 육아, 시부모 봉양까지 묵묵히 하는 아름답고 혈통 좋은, 선녀와 나무꾼의 '선녀' 같은 여인.

넷째, 조금 키워 놓으니 생계를 책임지고, 눈도 뜨게 해 주며, 왕실 가문과 사돈 맺어 인생 역전까지 시켜 주는 '심청이' 같은 여인.

다섯째, 미모와 재능을 갖춰 모든 남자가 탐내지만 오직 낭군에게만 끼를 부리고 절개를 바치는 '춘향이' 같은 여인.

여섯째, 부모와 등져 가며 남편을 희생과 내조로 성공시키고, 남편이 죽으면 평생 수절하는 '평강공주' 같은 여인.

언뜻 보면 아름다운 미덕을 나열한 것 같다. 하지만 남편[남자]이란 글자와 여인이란 글자를 바꿔 놓고 읽으면 전혀 다른 느낌을 받게 될 것이다. 여성에 대한 기술로서 자연스럽게 느껴지는 이유는 주자학적 남녀관이 아직 우리 안에 잠재해 있기 때문이다. 이러한 여성관은 오늘날까지도 영향을 미치고 있다. 가정에 충실하면서도 능력 있고 헌신적인 아내, 식구를 돌보고 온통 희생만 하는 헌신적인 어머니의 모습에 더 익숙하다. 자신에게는 인색하지만 남편과 자녀를 위해서는 모든 걸 내어놓는 여성, 정숙하고 조신하여 남성 앞으로 나서지 않고 뒤에서 상냥히 미소 짓는 여성의 모습이 더 자연스럽다.

현대사회는 남녀 모두 자기 몫의 사회생활을 해야 하는 세상이다. 누구나 자신의 인생을 주체적으로 이끌어 가기를 바라고, 그런 이들의 꿈과 재능을 발전의 추동력으로 삼는 세상이다. 이처럼 세상은 변했지만 우리는 '여성 판타지'를 깨고 나오는 여성의 모습에 여전히 불편함을 느낀다. 심지어는 혐오하기도 한다. 때문에 전통이란 이름의 주자학적 이미지를 유지하는 여성은 '개념녀'가 되고 부정하는 여성은 '꼴페미'라는 욕을 먹기도 한다. 한 번쯤 곰곰이 생각해 볼 필요가 있다. 우리의 혐오 속에 감춰진 문제의 본질은 과연 무엇인지를.

주자학적 여성 판타지의 선구 '아황과 여영' 이야기

기본적으로 유교에서는 여자는 남자에게 순종하고 의존하는 존재로 규정한다. 어릴 땐 아버지에게, 시집가서는 남편에게, 남편 사후에는 아들에게 의존하는 것이 바로 여자의 도리다. 그럼 유교 최초의 이상적 여성상은 어떤 인물이었을까?

유교에서는 요임금과 순임금의 시대를 '요순시대'라며 태평성대의 대명사로 꼽는다. 요임금의 딸이자 순임금의 두 왕비였던 아황과 여영은 유교 최초의 이상적 여성으로 받아들여진다. 그들의 이야기는 대략 이러하다.

요임금은 산속에 재능 있고 유덕한 총각이 숨어 있다는 소문을 듣고 두 딸을 그에게 시집보냈다. 가까이에서 지켜보며 총각의 사람됨을 알아보고자 한 것이다. 총각의 이름은 순이었는데, 그의 계모와 이복동생은 여러 차례나 계략을 써서 순을 죽이려 했다.[155] 그때마다 두 아내는 지혜로운 조언과 내조로 순을 도왔고 계모와 이복동생에게 오히려 효와 우애를 다했다. 결국 요임금은 사위인 순에게 왕위를 물려주었는데, 훗날 순임금이 죽자 아황과 여영은 피눈물을 흘리며 소상강에 뛰어들어 자결했다. 그래서 지금까지 소상강변에는 두 아내의 피눈물 자국이 남아 있는 '소상반죽'이라는 반점 무늬 대나무가 자라난다고 한다.

---

155 첫 번째는 지붕을 고칠 것을 명하여 순이 올라갔는데 계모와 이복동생이 밑에서 사다리를 치우고 불을 질렀다. 두 번째는 우물을 고치라 하여 순이 내려갔는데 우물 뚜껑을 막아버렸다. 세 번째는 술을 많이 먹게 하여 죽이려 하였다.

아황과 여영은 유교의 여성상에 큰 획을 그은 인물들이다. 우선 그녀들에 대한 『열녀전』의 기록을 살펴보자.

"두 딸은 거친 시골로 내려가 아버지의 뜻을 받들어 순을 섬겼다. 천자의 딸이란 이유로 교만하거나 태만하지 않았다. 오히려 시댁 식구들에게 겸손하고 공손하며 검소하였고 부인의 도리를 다하였다."[156]

아황과 여영은 남성 가장인 아버지의 명이라면 그 어떤 일이라도 순종하고 최선을 다했다. 요임금은 덕이 높다고 소문난 한 시골 촌부를 시험하고 관찰하기 위해 자신의 두 공주를 얼굴 한 번 본 적 없는 그에게 시집보냈다.

그녀들은 한 나라의 공주이면서도 단지 아버지의 명이라는 이유로 그런 단순한 명분에 순종한다. 그리고 아내와 며느리라는 대의명분적인 역할에 최선을 다한다.

공주들은 세 번이나 시댁 식구들의 함정에 빠진 남편의 목숨을 구해내면서도 가타부타 한마디 말도 하지 않았다. 오히려 시어른의 뜻에 무조건 순종하며 효도와 공경을 다했다. 공주의 신분임에도 산골의 비천한 시댁 어른께 몸을 낮추고 자신의 의견을 주장하지 않았다. 살림은 매우 검소하게 했으며, 부지런히 여공女功: 여성의 생산 활동, 즉 직조, 음식 마련, 가족 봉양, 가정경제 활동 같은 일과 경제활동에 힘썼다. 남편이 죽자 대나무를

---

156 『열녀전』「모의전(母儀傳)」'유우이비(有虞二妃)': "堯乃妻以二女以觀厥內, 二女承事舜於畎畝之中, 不以天子之女故而驕盈怠嫚, 謙謙恭儉, 思盡婦道."

아황과 여영의 피눈물이 뿌려졌다는 소상반죽

부여잡고 피눈물이 베여들 정도로 울며 애도를 표한 후 자결하여 정조를 지켰다.[157] 이것이 바로 유교 최초의 이상적 여성상인 아황과 여영 왕비의 모습이다. 두 왕비의 모습은 수천 년간 여성을 판단하는 중요한 잣대가 되었다. 오늘날에도 아황과 여영의 이미지는 여전히 '유효'하다.

첫째, 아버지의 명으로 거친 시골집에 시집을 간 그녀들처럼 여성은 남성 가장에게 절대 순종하고 침묵해야 한다. 잘못하는 남성에게 여자가 입바른 소리를 하면 건방지게 토 달고 나대는 여자가 된다. 하지만 남성이 그랬다면 올곧고 정의로운 남자가 된다.

157 오늘날까지도 소상강 주변에는 붉은 반점이 있는 대나무가 자라나는데, 사람들은 그 대나무를 '소상반죽'이라 부르며 아황과 여영 왕비의 피눈물이라 믿는다.

둘째, 남성에게 절대 희생해야 한다. 공주의 신분으로 가난한 촌구석에 시집을 가서 농사와 직조女功 등으로 가정경제를 책임지고 시댁 식구들을 돌보았듯이, 부도나고 알코올 중독에 빠진 폭력 남편이라도 강하고 억척스런 생활력으로 건사하길 희망한다.

셋째, 남성과 시댁에 물심양면으로 이바지해야 한다. 남편 순이 왕위를 물려받도록 두 공주가 내조했듯이, 든든한 친정을 가진 아내가 병원 건물을 지어 주거나, '이래서 딸은 도둑'이란 소리를 들을 만큼 내조해 주기를 바란다.

넷째, 절대 검소하고 특히 자기 자신에게 인색해야 한다. 적은 생활비로 지혜롭게 살림을 꾸리며 가족을 위해서만 돈 쓰길 바란다. 때문에 절약하지 않고 명품 가방이나 명품 커피를 즐기는 여성은 '된장녀'가 되고, 조건으로 남성을 재면 '김치녀'란 소리를 듣는다. 반면에, 명품 골프채나 고가의 양주를 즐기는 남성은 인생을 즐길 줄 아는 통 큰 남자가 되고, 여성의 조건과 처가 재산을 살펴보는 건 현명한 선택이 된다.

05

명문 가문 만들기와 양반 되기 대작전

쌍놈, 쌍놈의 새끼, 쌍년, 썅, 상스럽다

무례하고 버릇없는 사람을 욕하는 말이다. 뜻인즉, 조선 시대 평민인 '상놈' 같다는 소리다. 생각해 보면 참 이상한 유래다. 천민이나 노비라면 또 모르겠다. 그런데 하필 평민 같다는 말이 욕이라니.

흔히 조선을 반상양반과 상민의 나라라고 한다. 법제적으로는 양인과 천민 두 계층양천제(良賤制)으로만 이루어진, 다소 평등해 보이는 나라였다. 하지만 실제로는 '양인' 양반-중인-상민과 '천민·노비'천민 중 대다수가 노비로 다분화된 반상제로 운영되고 있었다. 특히 조선의 중후반으로 갈수록 많은 상민이 천민·노비로 전락하여 17세기 부근에는 전체 백성의 30~40%가, 심지어는 한양 인구의 70%가 노비였다고 추정되기도 한다.

반면 18·19세기에는 이와 반대되는 일들이 생겨났다. 그 많던 노비가 점점 상민과 양반이 되면서 양반의 수가 급증했고, 성씨조차 없던 대부분의 백성이 고작 2~5%에 불과했던 명문가의 본관과 성씨를 갖게 되었다.

마치 1980년대 경제부흥기 때 땅 투기 등으로 벼락부자가 많아지자 '졸부'란 욕이 생겨났듯이, 노비가 상민이나 양반 되는 일이 잦아지자 '상놈의 자식'이란 말은 어느샌가 욕이 되어 버렸다.

누가 노비가 되었는가?

고려까지는 전쟁 포로, 역모 죄인, 범죄인, 빚을 못 갚은 양인 등이 자신의 대에 한해서만 노비가 되었다. 즉, 당시의 노비는 대부분 죄인이나 이민족 포로였다. 그조차도 60세가 되면 풀려나서 자손에게 세습되지는 않았다.

하지만 조선은 달랐다. 역모, 포로, 범죄, 파산으로 인해 노비가 된 자들은 오히려 적었다. 단지 부모가 노비라는 이유만으로 노비가 된 세습 노비가 대부분이었다. 조선이 대大중화의 나라라며 그토록 본받고자 했던 송나라·명나라가 노비 세습을 금지하고 몇 차례나 노비 해방을 단행했던 것과는 사뭇 다른 모습이었다.[158]

이 모든 일은 지배층의 욕심 때문에 빚어졌다. 지배층이 지배층일 수 있었던 것은 그들이 지식을 독점했기 때문이다. 그리고 그것은 그들이 하루 종일 학문과 정치만 할 수 있도록 노비에게 삶의 현장을 떠맡겼기 때문이다. 그러다 보니 지배층인 양반 사대부에게 노비는 가장 중요한 재산이었다. 땅이 아무리 많아도 농사짓고 밥을 해 주는 노비가 없으면 책을

---

158 영조 대의 실학자 성호 이익은 "노비가 세습되는 것은 또한 고금 사해를 통틀어 있어 본 적이 없었다"며 조선의 상황을 개탄했다.

읽고 정치를 논할 수 없었기 때문이다. 따라서 가축 번식시키듯 노비를 늘이는 것이 권력 유지와 재산 증식에 최고의 방법이었다.

정치권력을 가지고 사회정책을 만들 수 있었던 양반들은 노비를 늘리고 유지할 온갖 모책과 꼼수를 만들어냈다. 그리하여 '노비종모법'奴婢從母法: 엄마가 노비면 자식도 노비로 만드는 법 등을 왕에게 요청하였고, 더 나아가 '일천즉천'一賤則賤: 부모 중 한쪽이 천민이면 자녀도 천민이 된다의 원리를 법으로 정착시켜 갔다. 게다가 가난한 상민을 자신의 노비와 혼인시켜 그들의 자손을 노비로 거두거나 흉년에 빚진 상민을 자신의 노비로 삼는 등 별의별 방법으로 노비를 늘려 나갔다. 그렇게 수백 년이 지나다 보니 수많은 양민이 노비가 되어 주인집 농사를 짓고 있었다. 그리고 불과 4~5% 밖에 안 되는 극소수 양반들은 책상 앞에 앉아 노비 농사를 지었다.

노비가 많아지면서 생긴 문제

노비가 늘수록 조선은 약해졌다. 부역과 세금은 양반과 천민을 제외한 상민들의 몫이다. 세금 낼 상민이 줄어들자 국가는 가난해졌고, 양반가는 수백 명씩 노비를 거느린 '대갓집'이 되어 갔다.[159] 결국 16·17세기에는 백성의 절반 이상이 노비가 돼 버렸다. 수요와 공급의 법칙은 과거에도 얄짤없었다. 노비가 늘수록 그에 대한 가치와 대우는 박해졌고 주인의 수

159 율곡 이이의 아버지가 죽자 가족들은 111구의 노비를 나눠 가졌고, 청빈한 삶으로 유명한 퇴계 이황의 노비는 300구가 넘었다. 지방의 산림 역시 마찬가지였다. 안동의 「광산 김씨 가문 분재기」에는 15세기 때 김협의 어머니가 시집오면서 데려온 94명의 노비가 기록으로 남아 있다. 16·17세기 양반들의 평균적인 노비 수는 100구 이상이었다는 연구 결과도 있다.

탈도 가혹해졌다. 그 때문에 노비들의 원성이 높아졌고 급기야 도망치는 노비들이 생겨났다.

노비의 종류

노비에는 두 종류가 있었다. 주인집에서 함께 지내며 온종일 주인집 일을 하는 솔거노비. 그리고 외지나 타지에 살며 신공身貢: 몸값만 바치는 외거노비가 있었다. 외거노비는 신공 이외의 생산물은 자신의 재산으로 소유할 수 있었다. 또한 상공업으로 부를 축적할 수도 있었다. 부유한 노비는 멀리 도망치더라도 관이나 다른 양인을 돈으로 매수하여 도움을 받을 수 있었기에 타지에 정착하기가 좀 더 수월했다. 게다가 두 차례의 전란 때 이미 많은 노비문서가 불타고 유실되어 제대로 찾아내기도 힘들었다. 전쟁 후 피폐해진 경제를 다시 일으키려는 필요 속에 노비들이 할 일은 더욱 늘어났고, 혼란한 사회 분위기에 처우는 더욱 팍팍해졌다. 하지만 혼란은 새로운 기회의 장이기도 하다. 몰락한 양반만큼 재산을 소유한 노비도 늘었으므로, 결국 노비들의 도망은 유행처럼 번져 갔다.

하지만 변화에는 저항이 있는 법일까? 17세기 중반1655년 효종은 북벌을 위한 군수자금 마련책을 고민하다가 공노비 19만 명 중 몸값을 내는 자는 고작 2만 7천 명에 불과하다는 사실을 알게 됐다. 이에 효종은 도망간 공노비들을 추쇄推刷: 도망간 노비들을 잡아 본 주인에게 돌려주는 일하는 추쇄도감을 설치했다.[160] 추쇄도감은 2년간 전국에서 약 9만 3천 명의 공노비를 추쇄했다.[161] 전국적으로 벌어진 추쇄 분위기에 힘입어 사노비의 주인들도 추노객도망간 노비를 전문적으로 잡아들이던 사람을 고용해 노비들을 잡아들였다. 당시 노비

5~6인을 잡아 오면 노비 1인을 준다거나 노비의 몇 달치 몸값을 준다는 등의 대가가 있었기에 전문적인 추노객이 계속 늘어 갔다. 이로 인해 노비 추쇄가 너무 심해져 사회문제가 될 정도였다.

노비에서 벗어나는 방법

그런 고달픈 처지에 놓인 천민 노비들이 할 수 있는 가장 안전한 선택이 바로 납속納粟과 군공軍功을 통한 공식적인 신분 탈출이었다. 납속은 이전부터 있어 왔으나 임진왜란이 일어난 선조 때부터 순조 때까지16세기부터 19세기 초까지 국가 재정을 늘리기 위해 광범위하게 시행된 공식 신분 세탁 제도이자 만능 치트키'속이다'는 의미로 주로 게임에서 사용하는 만능 해결 코드였다. 천인과 노비는 양인이 되게 해 주고免賤 양인은 군역과 신역을 면제해 주며免役 서얼은 벼슬하게 해 주고庶孼許通 몰락 양반은 이름뿐이지만 높은 관직을 족보에 남기게 해 주었다.受職

조선의 근간인 신분제도를 뒤흔들 이런 엄청난 일을 왜 국가 차원에서 진행했던 것일까? 그 이유는 세금을 내는 상민을 늘리는 것이 국가로서는 이득이었기 때문이다. 이에 왕실은 국가 재정을 위해 천민에게도 납속책을 팔았다. 국가 재정이 궁핍해질수록 더욱 다양한 종류의 납속책과 공명첩이 등장하여 다양한 수요를 만족시켰다. 때문에 임진왜란 발발 3년선조 28년(1595) 만에 이미 '평안도에는 공명첩을 받지 않은 사람이 없다'는 보

---

160 『효종실록』 권14, 효종 6년 1월 27일.
161 김두헌(1989).

고가 올라갈 정도로 납속과 공명첩이 마구 남발되었다.[162] 이것이 누적되자 심각한 신분 변동을 야기했고, 실제로 양반으로 신분 상승하는 천민도 늘어 갔다.

양반이란 어떤 사람?

양반이란 본래 문반과 무반을 합쳐 부르던 말이다. 즉, 양인 중 관직에 나아간 사대부를 양반이라 부른다. 사극을 보면 종종 늙은 노비가 양반집 어린 도령을 깍듯이 모시는 장면이 나온다. 관직 자리는 그렇게 많지 않았기에 조선 초기 양반은 1%가 못 될 정도로 극소수였다. 하지만 권력과 재산을 획득한 양반들은 점차 하나의 계층으로 자리 잡았고 세습되었다.

과거에는 개인의 덕과 능력이 뛰어나면 출신이 미약해도 출세하는 경우가 있었다. 조선을 기획한 정도전의 외조모는 노비였고, 조선 과학사에 큰 족적을 남긴 장영실은 관노비였다. 조선의 대학자인 구봉 송익필조선 사상계의 거목인 율곡과 성혼의 친구, 조선 예학의 최고봉인 사계 김장생과 신독재 김집의 스승도 천민이었다. 중종 조부터 명종 조까지 여러 천민의 성공 스토리가 유행했는데 『어우야담』 같은 당시 이야기책에도 몇 편이나 실려 있을 정도다.

하지만 조선 중기 이후 주자학의 가문 중심 문화와 문벌주의가 뿌리를 내려가면서 더는 개천에서 용이 나오지 못하게 되었다. 양반들의 가문 중심 가족문화는 더욱 공고해졌고, 좋은 가문끼리의 혼인을 통해 양반들만

---

162 『선조실록』 권68, 선조 28년 10월 17일: "申礏啓曰 平安之人 無不受空名帖者矣."(신잡이 계를 올려 아뢰길 평안도 사람들은 공명첩을 받지 않은 자가 없을 것이라 하였다.)

의 아성은 더욱 높아졌다. 얼마나 심했던지 당시 양반들 스스로도 좋은 문벌과 출신지가 출세의 조건이 된 상황을 개탄할 정도였다. 금수저로 태어나야 출세와 탄탄대로를 걸을 수 있는 오늘날의 모습과 크게 다를 바가 없었다.

> "옛날에는 혹 개백정이나 창고지기 등에서 사람을 천거어떤 일을 맡아 할 수 있는 사람을 그 자리에 쓰도록 소개하거나 추천함하기도 했다. 예전의 사람 쓰는 법은 가문과 신분을 고려하지 않았다. 하지만 지금은 가문과 지역에 구애된다. 어찌하여 좁아터진 모습만 보이는가!"[163]

하지만 18세기에 들어 양반이 급속히 늘어나자 양반들은 각자 차별화를 위해 몰두했다. 당시의 양반들은 대략 세 종류로 나눠 볼 수 있다.

첫째는 양반의 일을 하는 진짜 양반들이었다. 높은 관직에 있는 고관대작이나 산림山林에서 수많은 제자를 거느린 영향력 있는 사림士林들이 여기에 속했다.

둘째는 몰락한 양반들이었다. 몇 대째 과거에 급제하지 못하여 굶주림 속에 글만 읽는 서생들이었다. 조선은 신분에 따른 직업의 구분이 엄격하여 양반은 상공업에 종사할 수 없었다. 때문에 관직에 올라 녹봉을 받거나 노비 농사를 잘 지어야 입에 풀칠할 수가 있었다. 하지만 수대째 과거 급제자가 나오지 못하면 노비는커녕 반찬거리 얻을 텃밭조차 유지하기 힘들었다. 그런 경우에도 남자들은 양반이란 체면 때문에 글방 밖으로 나가 일을 할 수 없었다. 생계는 부인의 삯바느질이나 품팔이 등으로 유지

---

163 『중종실록』 권20, 중종 9년 2월 3일.

해야 했다.

셋째는 가짜 양반들로 상민, 천민 출신들이 양반이 된 경우였다. 납속을 통해 상민이 된 후, 몇 대가 지나면 비싼 공명첩으로 높은 관직을 사고 슬며시 명문대가 행세를 했다. 또 다른 방법으로 양반의 족보를 사서 양반의 후예임을 모칭冒稱하기도 했다. 사람은 계속 자손을 낳으므로 시간이 지나면 변경된 내용이 담긴 새 족보를 찍어야 한다. 그때 족보 매수자의 부친이나 조부 이름을 양반 족보의 어딘가 빈칸에 슬며시 적어 넣고 새로 찍는 방식이었다. 예전에는 족보가 양반임을 증명하는 중요한 수단이었고, 각 가문이 개별적으로 대동보大同譜를 제작했기에 가능한 일이었다.

이런 세 부류의 양반들은 자신의 세력을 더욱 공고히 하기 위해 각기 다른 생존 전략을 구사했다. 하지만 궁극적으로는 공통점도 있었다. 바로 주자학적 예학인 『주자가례』를 이용하는 것이었다.

조선의 양반 사대부가 주자학을 좋아한 까닭

본래 예란 황제와 그 친인척인 귀족의 전유물이었다. 그들의 주요한 일은 하늘에 제사를 올리고, 외교와 타국 손님을 접대하며, 복잡하고 특별한 장례와 제사로 조상을 신격화하는 것 등이었다. 왕은 의식을 통해 하늘이 주신 왕권을 상징해야 하기에 신령한 권위와 장엄한 위엄이 필요했다. 그래서 특별한 상징이 담긴 특수 기물과 하늘의 뜻을 연상시키는 복잡한 의식 절차가 요구됐다.

졸업장만 받는 졸업과 감동적인 졸업식을 치르는 졸업은 감정적으로 많은 차이가 생기게 마련이다. 의미가 녹아든 예식은 사람의 마음과 감정을 새롭게 빚어낸다. 그것이 바로 사람들이 '예법'禮法을 필요로 하는 이유다. 그리고 고대의 지배 권력층이 예를 독점하려 한 이유이기도 했다. 아무나 행할 수 없는 예법을 통해 왕과 귀족들은 권위와 힘을 과시하며 특별한 사람들로 존재할 수 있었다. 그리고 그런 일을 전문적으로 행하던 고대 예식 전문가들이 바로 공자와 유학자들이었다. 그들이 예법에 내재할 가치와 상징을 궁구窮究하던 데서 유교라는 학문이 발전했다. 즉, 유학자들의 궁극 목표는 일상 속에서 인仁과 충서忠恕의 덕을 예로 실천하고 표현하는 것이다.

하지만 송나라 때에 이르면 유교는 빈 껍질만 남은 채 거의 잊혀져 갔다.[164] 그런 유교에 당시 유행하던 노불도교와 불교의 장점과 형이상학적 논리를 융합시켜 새롭게 부흥시킨 것이 바로 주자의 성리학이다.[165]

그렇기에 『주자가례』에는 당시 송나라의 모순이 담겨 있었다. 송나라에 만연했던 불교식 제사와 도교식 풍속을 유교식으로 바꾸고자 주자는 달콤한 미끼를 던졌다. 아이들이 엄마 물건을 써 보며 엄마 흉내를 내보고 싶어 하듯, 왕실만의 예를 재구성하여 사대부들이 쓸 수 있게 해 준 것이다. 그것이 바로 『주자가례』라는 예법 책이다. 그 이면에는 고대의 종법 제도를 부활시켜 무너져 가는 신분 질서를 다시 세우고, 짓밟힌 중화

---

164 중국 사상사 속에서 유교의 정치체제와 예법은 지배자들에게 꾸준히 사랑받았다. 하지만 사람들의 마음은 고차원적인 형이상학과 고도의 논리를 갖춘 불교와 노장 사상의 현학(玄學)이 사로잡고 있었다.

165 당시 중국인들은 사서에 적힌 고대 한문을 잘 해석하지 못했다. 때문에 주자는 유교 경전의 체제를 다시 분류하고 문장마다 일일이 주석을 달았다. 약 30여 년간 작업한 그 책들이 바로 오늘날 유명한 논어·맹자·대학·중용의 『사서집주』이다. 주자는 북송 시대 다섯 대학자의 설을 종합하여 진일보시켰다. 주돈이의 형이상학적 우주론(태극론), 장횡거의 기(氣)철학, 소강절의 역학과 상수학, 정이천과 정명도 형제의 리(理)의 체용론이 그것이다.

의 자존심을 회복하고자 하는 주자의 꿈이 담겨 있었다. 그리고 그것은 명나라의 멸망과 함께 잠시 방향성을 잃었던 조선 양반들의 필요에 딱 맞는 작품이기도 했다.

이름만 들어도 고개가 숙여지는 '주자 성인'께서 만드신 복잡하고 낯선 예법을 해석하고 실천하는 건 특별하고 멋진 일이었다. 주자학의 이론이 보여준 이상향을 조선에 실현하려는 꿈은 청나라에게 짓밟힌 자존심을 소중화라는 자부심으로 덮기에 충분했다. 더불어 학문과 재력이 부족한 몰락 양반, 가짜 양반들과의 차별성도 과시할 수 있었다. 그 특별해지고 싶은 욕망이 조선 중기 예학의 발달과 함께 『주자가례』의 유행을 가속화했다.

금수저 양반들의 선 긋기

그런데 『주자가례』는 중국 고대 왕실의 예법에 바탕한 것이라서 복잡·난해하고 상당히 이질적이었다.[166] 그중 가장 낯설고 어려웠던 것은 바로 '종갓집 만들기'와 '가묘사당 세우기'였다.

중국 고대 문화에서 유래한 '종갓집 만들기'는 어렵고 복잡한 데다 비용도 많이 들었다. 게다가 『주자가례』가 상세하지 못했던 탓에 시대와 문

---

166 예를 들면, 중국과 한민족의 제사는 이면에 깔린 가치관부터 달랐다. 한민족은 모두가 하늘의 자손이기에 제천행사에 온 백성이 참여하여 함께 즐겼지만, 중국은 황제만이 하늘의 자손이기에 오직 황제만 제천을 할 수 있었고 각 계급마다 제사 지내는 대상과 범위가 정해져 있었다. 제사 방식도 달랐다. 한민족의 제사는 자손들이 협동해서 지냈지만, 중국은 오직 가문의 종자(宗子)만이 제대로 된 제사를 지낼 수 있었다.

화가 다른 조선에서는 잘 안 맞거나 이해되지 않는 부분도 많았다. 게다가 종갓집의 권한이 커지면서 장남 집에 책임과 부담이 집중됐기에 가족문화로 정착시키는 것은 보통 사대부가 아니고서는 쉽지 않았다.

하지만 명문대가들은 기꺼이 종갓집을 만들어 중국식 가문문화를 실천하고, 가묘를 세워 선조를 조상신으로 승격시키면서 특별한 우월함을 드러냈다. 더불어 학문 좀 한다는 가문들은 자신들만의 독특한 『주자가례』 이해 방식과 예식 문화를 만들어 갔다. 덕분에 학자들 간에 예에 관한 활발한 담론이 오가며 예학은 전성기를 맞이했다. 나아가 집안 여성들이 『주자가례』에 걸맞은 현모양처·효부·열부가 되도록 교육과 통제를 강화했다. 부계 중심 가문을 만들고 상시로 제사를 올리려면 여성들이 남성 가문에 완전히 편입되어 헌신해야 했기 때문이다.

몰락 양반들의 수직상승 비결

한편, 몇 대째 관직에 오르지 못해 이름만 양반인 사람들도 다시 부흥할 방법을 고민했다.

우선, 가장 빠르고 강력한 방법은 열녀를 배출하는 것이었다. 열녀가 되어 정려문旌閭門을 받으면 고을과 가문은 승격이 될 뿐 아니라 현감과 가문은 포상을 받았다. 또한 부역과 세금 등을 면제받기도 했다. 따라서 아들이 과거에 급제하는 것보다 며느리가 열녀문을 받는 것이 명문 가문이 되는 데 더 도움이 됐다. 하지만 잦아진 열녀의 탄생 덕에 열녀가 되는 문은 점점 좁아졌다.

둘째, 경제적 문제를 해결하기 위해 집안의 족보를 팔기도 했다. 족보를 다시 찍을 때 양반으로 편입되고 싶어 하는 사람들을 슬그머니 끼어 주는 것이다. 웬만한 명문대가가 아니고서는 복잡한 족보의 빈칸에 정체 모를 이름 하나 끼워 넣었다고 의심을 받는 일은 별로 없었다.

돈 많은 상민들의 양반되기 대작전

마지막으로 경제력을 바탕으로 신분 상승을 꾀했던 천민과 상민 출신 양반들은 어떤 노력을 했을까? 납속책으로 양인이 되고 공명첩으로 관직을 사더라도 고향에서는 인정받기가 힘들었다. 공명첩은 이름뿐인 명예직일 뿐 실제 관직을 주지는 않았고, 향촌에서는 본래의 출신을 훤히 알고 있었기 때문이다.

새로 양반으로 진입한 이들이 가문을 만들고 향촌에서 인정받을 가장 확실한 복권은 역시 '열녀 만들기'였다. 특히 대단한 사연의 열녀를 배출하여 나라님을 감동시키면 고을 전체가 승격돼 마을의 이름이 바뀌고, 현감은 승진하며, 열녀 집안은 고을의 자랑거리이자 보호 대상이 됐다. 또한 열녀의 자손은 '의로운 혈통'이 되어 관직을 노려볼 수도 있었다.

또 다른 방법으로는 족보 간행자를 매수하여 유명 본관을 모칭冒稱: 이름을 거짓으로 꾸밈하는 것이었다. 많은 노비가 양인이 되면서 성을 갖게 되었다. 부모 중 한쪽이 양인이었다면 부모의 성을 따르지만, 그렇지 않다면 옛 주인의 성을 따르거나 지역의 중요 성관姓貫: 성과 본관으로 개관改貫: 본관을 고침을 하기도 했다.[167] 그 과정에서 간혹 유명 가문의 후손이 되려고 족보를 매수해 끼어들기를 하기도 했다. 때문에 이 시기에는 종종 족보 싸움譜訟이 나기도 했다. 하지만 유명 성관으로 개관하거나 족보 조작으로 소송이 붙어도 당대에만 문제가 되었을 뿐, 몇 대만 잘 지나가고 나면 자연스럽게 뼈대 굵은 가문의 후손으로 자리 잡을 수 있었다.

모든 양반들의 공통된 이상 _ 가문 중심 가족문화 만들기

이처럼 여러 이유로 조선의 문화와 여성에 대한 관점은 큰 변화를 맞이했다. 주자학에서 제시한 고대 중국 황실의 종법적 '가문 중심 가족문화'가 자리 잡아 가면서 우리 문화도 '부계 혈통, 남성 중심 가족문화'로 변화해 갔다. 또한 주자학적 여성상을 집안 여성들에게 정착시키기 위해 집집마다 여성들을 교육하고 단속해 갔다. 더불어 새로 들어온 며느리들이 가문을 빛내는 열녀가 되어 주기를 희망했다. 이러한 사회적 분위기 속에서 여성들 자신도 점차 주자학적 가치를 내면화하여 열녀를 명예로운 여성상으로 인식하게 되었다.

주자를 중국보다도 더 뜨겁게 사랑했던 조선![168] 조선은 결국 주자의 바람대로 가장 도덕적이고 질서 있는 문화 강국대중화이 되었을까?

안타깝게도 주자학이 꽃피고 난 이후 조선은 가장 꽉 막히고 부패하며 차별적이고 폐쇄적인 나라가 되었다. 어느 시대, 어느 나라보다도 자유롭고 평등적이었던 가족문화는 가장 권위주의적인 서열 문화로 변질되었

---

167 김경란 씨의 연구에 의하면, 대구 서상면의 경우, 17세기 후반 무렵 성과 본관을 모두 가진 사람은 50%가 조금 넘었으나 18세기 후반에는 90%가 넘는 사람들이 성과 본관을 갖게 됐다고 한다. 경상도 단성현의 호적을 조사한 결과 역시 17세기 후반 성을 가진 사람들은 50%였으나 18세기 후반에는 95%가 성을 가지고 있었다고 한다. 50%의 성이 없던 이들이 급격하게 성을 갖게 된 이유를 노비들이 양인이 된 것에서 찾고 있다. 특히 새로 성과 본관을 갖게 된 사람들이 기존의 유명한 성관을 선택했던 데 주목하고 있다.(김경란, 2013)

다. 주체적이고 활동적이었던 여성들은 집안을 주요 근거지로 여기고 남편과 아들을 위한 희생을 인생의 목표로 삼게 되었다.

•

열녀로서의 삶

그렇다면 가문과 명예를 위해 어렵고도 특별한 열녀의 길로 걸어간 그녀들은 실제 어떤 모습의 삶을 살았을까?

조선 후기, 남편을 잃은 과부는 살아갈 이유도 잃었다는 것이 보편적 관념이 되어 갔다. 그래서 과부를 '아직 죽지 않은 사람'이란 뜻의 미망인未亡人이라고 불렀다. 미망인들이 젖먹이 아이나 늙은 부모를 위해 조금만 더 살아가고자 해도 주변의 따가운 시선과 스스로의 관념이 죄책감을 갖게 하고, 삶의 의지를 꺾어냈다. 때문에 옆에 젖먹이가 있어도 죽고, 칼로 제 목을 찌르고도 신음조차 없이 죽어 갔다. 조선 중기의 학자 유의건이 쓴 『화계집』과, 조선 후기의 학자 한경소가 1818년에 간행한 시문집인 『창연집』의 「박열부전」에서 다음의 내용을 엿볼 수 있다.

> "달이 차서 아이를 낳으니 과연 아들이었다. 네다섯 달이 지나 유인孺人: 품계가 없이 죽은 부인을 통칭해 부르던 존칭이 미음을 끓여 아이를 먹였는데 잘 받아 삼키니 기뻐하며 "이제 아이가 젖을 먹지 않아도 죽진 않겠구나"라고 말했다. 남편의

---

168 주자(주희 1130~1200)와 많은 논변을 벌였던 육구연(1139~1192)은 주자학의 형식과 이론에 치중하며 사람을 차별적으로 보는 주자학의 관점에 반대했다. 한편 후대의 왕양명(1472~1528)은 모든 백성이 성인의 심성을 가지고 있다는 평등을 논했고, 이는 명나라에서 크게 유행했다. 조선에서는 현실을 중시던 남명 조식, 최명길 등에 의해 양명학이 이어졌지만, 결국 주자학이 주류가 되면서 양명학은 명맥을 잃어 갔다.

탈상이 다가오자 이미 죽을 날을 정하고는 방 안에 사람이 없기를 기다려 몰래 독주 한 사발을 마시고 쓰러졌다." _『화계집』[169]

"이날 밤 자정 무렵 어머니가 막 깊은 잠이 들려는데 문득 창 밖에서 숨을 헐떡이는 소리가 들렸다. 놀라 일어나 불을 켜고 보니 열부열녀의 또 다른 표현가 칼을 쥐고 땅에 쓰러져 있었다. 온몸은 피로 흥건했고 턱 밑에는 구멍이 세 군데 있는데 헐떡이는 소리는 바로 그 세 구멍에서 나고 있었다. 어머니가 크게 놀라 급히 '얘야, 얘야, 네가 정말 죽는 것이냐!'라고 울부짖었다. … 열부가 갑자기 일어나 어머니를 붙들고 말했다. '어머니, 놀라지 마세요. 이 딸은 이미 죽기에도 늦었습니다. 남편이 돌아가신 날, 곧 따라 죽었어야 했습니다. 풀과 섶으로만 덮어 둔 관이 그대로 땅에 있는데 제가 어머니 얼굴을 한 번 더 뵙지 못해 잠시 미루었을 뿐입니다. 이제 결심했으니 살아 무엇하겠습니까. 또 슬하의 청상과부 자식을 어머니께서 차마 보기 어려우실 것이니 빨리 죽는 것이 낫습니다.'… 벽을 보고 누워 신음소리조차 내지 않으니 어머니가 조금이라도 목숨을 이어 보려고 억지로 약초 달인 것을 마시게 하였다. 겨우 한 번 마시자 목구멍이 부풀어 올라 세 구멍에서 나란히 솟아나오며 연적과 벼루가 엎어진 듯 계속해 흘러내렸다. 마침내 다시는 아무것도 먹지 않고 정오가 되기 전에 죽었다. 그날은 8월 23일로 나이 스물하나였다."
_『창연집』[170]

그런 악순환이 계속 반복됐다. 그럴수록 열녀의 죽음은 더욱 처참해졌다. 열녀가 많아질수록 평범한 죽음으로는 열녀 축에 끼기도 힘들었기 때문이다. 강도가 높아진 잔혹한 죽음은 사람들을 무디게 만들었다. 어느새

---

169 유의건, 『화계집』「열부유인하씨전」(1687~1760): 홍인숙(2019), p.240. 재인용
170 한경소, 『창연집』「박열부전」(1747~1812): 홍인숙(2019), p.247. 재인용

열녀 하나하나의 인간적인 이야기는 먼 세상 다른 종족의 일인 양 무뎌져 더는 사람들의 공감을 자아내지 못했다. 다만 '열녀'라는 대상화된 이미지만 남아 '비상식적으로 독한 존재'라는 혐오감만 낳게 되었던 것이다.

과거를 청산하지 못한 대가

15세기 말, 연산군의 조모 인수대비는 활달한 조선의 부녀자들에게 주자학적 여성관을 가르치고자 『내훈』을 지었다. 그 책을 통해 인수대비는 조선의 부녀들에게 간곡히 당부했다.

> "남편은 아내의 하늘이니 당연히 공경하고 섬기되 아버지를 대하듯 해야 한다. … 남편은 높고 아내는 낮으니 혹시 남편이 때리거나 꾸짖더라도 당연히 받들어야 할 뿐, 어찌 감히 말대답하거나 성을 낼 수 있겠는가!"[171]

주자학에서 요구하는 여성의 역할을 조선의 언어로 잘 표현한 『내훈』은 200여 년 후 열녀라는 '독한 종족'을 만들어냈다. 당시의 기득권인 양반 남성들만을 위해 차별을 미화하고, 오도된 사상과 정책 그리고 주자학적 서열론으로 기울어진 가족문화는 분열과 혐오 문화를 만들어냈다. 그리고 그것을 제대로 청산하지 못한 오늘날, 세대 간의 갈등은 명절을 넘어 도처에서 불거진다. 그 근본에는 각 세대가 겪어 온 각기 다른 환경과 교육의 영향도 있겠지만, 직시해야 할 것을 직시하지 못해 곪아 터져버린

---

171 『내훈』「부부장」.

사상적·역사적 찌꺼기가 남아 있다. 그리고 그런 이미지는 일반적인 여성의 이미지에 덧씌워져 있다. '우리 엄마, 내 아내, 여동생, 우리 딸'이란 단어에는 누구나 한없이 애틋해진다. 하지만 그냥 '여자'라는 말에는 여러 부정적 이미지가 딸려 온다. 팥쥐엄마 같은 야박한 계모, 남편 등골 빼먹는 뺑덕어멈, 무식한 여편네, 남자를 홀려 타락시키는 꽃뱀, 운전도 못하면서 차 끌고 나오는 김여사 등등 ….

본질적으로 따져 보면 그것은 딱히 남성들만의 잘못도 아니다. 역사적 상처 속에 잘못 전해진 문화가 우리의 잠재의식을 그렇게 조각해 버린 것이 문제다. 때문에 같은 여자들조차 여자에 대한 이미지는 좋지 않은 경우가 많다. 그리고 그런 인식이 올바른 방향으로 가지 못하고 잘못된 상태를 유지하는 까닭은, 기득권의 욕구대로 그런 문제들을 방치한 채 무관심하게 살아가는 우리 모두에게 있다.

1. 과유불급이 된 열녀들의 이야기

구전되는 설화 중에 '열부열烈不烈 설화'라는 것이 있다. '열부열'이란 열녀 같지만 열녀가 아니라는 뜻이다. 사회적으로 요구된 '열녀 판타지'를 채우려면 남들보다 더 높은 선을 넘어야 했다. 열녀가 흔해진 세상에서 보통 독하지 않고서는 열녀 소리를 들을 수 없었기 때문이다. 마치 남성 중심 직장 문화에서 보통 독하지 않고서는 슈퍼워킹맘[172]으로 성공하기 힘든 것처럼 말이다. 그녀들은 앞에서는 열

---

172 사회적으로는 승진과 출세, 가정적으로는 내조와 양육을 모두 성공적으로 해낸 일하는 엄마.

녀비를 하사받고 칭송을 받았다. 하지만 비상식적인 그녀들의 죽음은 '독한 계집'이라는 조롱과 비아냥을 받기도 했다. 그리고 그런 양면적인 이미지가 시간이 흐르면서 우리 문화 속에 내재되었다. '여성'에 대한 이중적 이미지로 발전해 간 것이다.

내 옆에서 함께 살아가는 가족이라는 시야를 벗어나 '여성'이라는 시각으로 그녀들을 바라볼 때 오랫동안 문화 속에 내재된 여성의 이미지가 덧씌워진다. 못 배워 무식한 존재, 가장 낮은 서열, 남성에게 의지해야 하는 의존적인 존재, 사회질서와 집안 유지를 위한 희생자…. 하지만 가문의 명예를 위해 그녀들은 남자들이 하지 못한 행동을 했다. 사상적 신념을 위해, 명예를 위해 두려움과 망설임 없이 장렬하고 끔찍한 죽음을 끌어안은 것이다. 그럼에도 남성보다 더 담대한 모습을 보였던 그녀들은 결국은 비하되고 조롱거리가 될 수밖에 없었다. 나보다 약하다고 생각했던 이가 더 큰 장점을 발휘할 때, 많은 이들이 상대의 단점과 빈틈을 파고들어 비난한다. 상대를 비난함으로써 자신의 우월함을 확인하는 것이다.

유명한 '열부열 설화' 중 〈이부열녀二夫烈女 설화〉가 있다. 친구의 아내를 탐낸 남자가 남몰래 친구를 죽인 후 혼자 돌아와 친구의 장례를 치러 주고 친구의 노모까지 극진히 모신다. 결국 시어머니의 청으로 친구의 과부는 남편을 죽인 남자와 재혼한다. 그리고 아들까지 낳았다. 그런데 어느 날 남자는 말실수를 하여 살인 사실을 과부에게 들켜 버린다.

> "… 여자가 비수를, 칼을 갖다가 남자 목을 턱! 베어 버렸어. 베어 버리니까, 남자가 눈을 떠서 보니까 벌써 자기 목이 베어져 버렸거든. '너 이놈!

내가 (네가 내 남편을 죽였다는) 이 사실을 알아내려고 너같이 더러운 놈한테, 삼사 년간을 그 더러운 몸뚱이와 같이 살았다. 이 사실을 알았으니 너는 나한테 죽어 마땅한 것이 아니냐! 그리고 네가 나를 얻어서 네 새끼를 내 몸에서 낳았지!' (남자가) 그 여자를 얻어 가지고 외아들을 낳았어. '네 종자까지도 끊어버린다' 하고서 그 남자랑 낳은 새끼 발목을 잡아서 그냥 신발 댓돌에 내리쳐서 죽여 버려. '너 눈 감기 전에 이걸 보고 죽어라!' 그리고 그 칼로 자기가 거기서 그냥 죽어 버렸어. 안 죽었으면 이부열녀가 아닌데, 죽어 버렸으니까 (이부열녀가 된 거지). 그런 여자는 무섭기가 한정 없어."

_ 구전되어 내려오는 〈이부열녀 설화〉를 읽는 이의 이해를 위해 현대어로 옮겼음[173]

〈남편과 자고도 죽은 헛열녀〉 이야기를 보면 여성들의 목숨을 어떤 식으로 생각하는지 더 잘 들여다볼 수 있다. 병자호란이 끝난 어느 무렵, 일곱 명의 선비가 모여 서로 자기 아내가 열녀라며 자랑을 했다. 그리고 아내들의 정절을 시험해 보자며 각자 자기 집에 강도처럼 뛰어들어 아내를 겁탈하기로 했다. 다음날, 여섯 선비의 집에서 아내들이 죽었다는 부음이 전해졌고 모두 열녀각을 받았다. 부음을 받지 못한 선비는 아내를 찾아가 화를 냈다. 그러자 아내는 끊어진 남편 옷자락을 가리키며 "이걸 누가 끊었던가요?"라고 하면서 남편과 잤는데도 죽는 것이 열녀냐고 반문한다. 그녀는 밤새 저항하며 강도의 옷을 찢었는데 아침에 보니 남편 옷자락이라서 남편이었음을 알아챈 것이었다. 세월이 흘러 남편들은 죽은 여인들의 열녀각에 불을 지르고, 남편과 자고도 죽었으니 열녀가 아니라고 비난한다. 이런 종류의 열부열

---

173 『한국구비문학대계』 5-3, 49, 전북 부안 채록, 김관술 구연, 남, 74.

설화를 듣고 즐기는 청중들은 함께 여자들을 비하하며 조롱한다.

"그래서 그 때문에 '여자가 신통찮은 것은 개보다 못하다' 하는 말이 생겨났어. 짐승이라도 그런 건 말만 못한다 뿐이지 말 듣도록 가르치면 참…." (청중: 그렇지, 여자가 개보다 못하다고 하지.) "여자라는 것이 그런 것이여, 그렇게 믿을 수 없는 것이 계집이란 말이여!"[174]

2. 열녀의 길을 가야만 했던 미망인들

혹 남편이 먼저 죽으면 절개를 잃을 가능성을 원천적으로 차단하기 위해 미망인이란 이름으로 폐인처럼 살다가 할 일을 마치면 자결했다. 남편이 죽었으니 의당 따라 죽어야 하지만 남은 일이 있어 살아 있는 여분의 삶으로 여겼다. 때문에 마음은 이미 남편을 따라 죽었음을 온몸으로 표현하며 살아갔다. 웬만해선 씻지 않고, 빗지 않고 사시사철 소복 차림으로 몸단장은 절대 하지 않는 등, 자신의 여성성을 봉인하고 폐인의 모습을 지켰다. 꼭 필요한 일이 아니면 집 밖에 나가지 않고 음식을 즐기거나 즐거운 표정을 짓지 않았다. 그런 미망인의 하루 일과는 죽은 남편의 신주 앞에 음식을 차리고 간단한 제를 올리는 것으로 시작됐다. 그것은 매일 아침저녁 반복했고, 매달 그믐과 보름마다는 좀 더 크게 제를 올렸다. 또 매년 계절이 바뀔 때면 죽은 남편의 옷을 지어 신주 앞에 진설하고 크게 곡을 했다. 간혹 안타까운 마

---

174 『한국구비문학대계』 7-3, 6-2, 본문에서는 이해를 위해 현대식 표현으로 옮겼음.

음에 친정 부모가 재혼 얘기라도 꺼내면 스스로 코나 귀를 잘라 수절 의지를 증명했다. 그러다 시부모가 돌아가시거나 자식이 장성해 출가하면 역할을 다했다며 의연히 목숨을 끊었다. 서글프고 참혹한 자결이 있고서야 조선의 주자학자들이 찬양해 마지않았던 '가장 아름답고 모범적인 열녀의 모습'이 완성됐다.

그렇게 열녀가 탄생하여 가문이 일어난 사례를 보며 사람들의 헛된 기대는 높아져 갔다. 남편이 죽으면 '왜 아직도 살아 있는가' 하는 시댁 눈치에 미망인들은 괴롭다 못해 자책감만 높아졌다. 열녀를 원하고 열녀를 당연시하는 분위기가 퍼져 갈수록 그녀들은 고통과 두려움을 마음 깊숙이 숨긴 채 의연한 표정을 지으며 열녀의 길로 떠났다. 당시의 상황을 다산 정약용은 이렇게 표현했다.

"남편이 편안히 천수를 누리다 자기 방에서 죽었는데도 아내가 따라 죽는다. 이는 자신의 목숨을 끊은 것일 뿐이다. 이처럼 자신을 죽이는 것이 의로운 일이냐면 그렇지 않다. 내 진실로 말하건대, 자신을 죽이는 것은 천하의 흉한 일이다. 의에 합당한 일로 자기 목숨을 끊는 것이 아니라면 그것은 다만 천하의 흉한 일일뿐이다."[175]

조선 후기로 갈수록 열녀가 되어 주지 못한 며느리에 대한 원망은 커갔다. 그럴수록 여성 혐오도 늘어 갔다. 주자학에서 남성을 양陽: 정의·밝음·강건을 상징 여성을 음陰: 불의·어둠·재앙을 상징으로 보는 관점은 모든 부분에서 여

175 정약용, 『여유당전서』 권11, 「열부론」.

성 혐오와 연결되었다. 남편이 요절한 건 팔자 센 부인을 만나서이고, 집안이 시끄러운 건 여자가 잘못 들어와서이고, 가세가 기우는 건 여자가 살림을 못해서이고, 자손이 잘못되는 건 여자가 자식 교육을 못해서라고 믿게 만들었다. 때문에 결혼 전부터 남편 잡아먹을 사주는 아닌지, 얼마나 자식 잘 낳고 집안을 일으킬지를 살폈다.

그래서 차라리 열녀가 되는 것이 살아남아서 눈칫밥을 먹으며 시부모를 봉양하는 것보다 편한 일이라는 말까지 나오게 되었다.

06
진짜 내 자손은 누구인가?

부모 봉양의 책임은 장남 며느리에게만 있는가?

일명 '효도계약서'라는 것이 있다.[176] 국회에 계류 중인 「불효자방지법」이란 것도 있다. 캥거루족 소리까지 들으며 자식을 지극정성으로 돌봤지만, 재산을 상속하자 나 몰라라 하는 세태에 등장한 법안들이다. 어쩐지 불효자식이 넘쳐나는 각박한 느낌을 피할 수 없다. 개인주의가 만연하며 뒤따르는, 어쩔 수 없는 시대상인 것일까?

잠깐 연주 씨의 이야기를 들어 보자. 초등 교사인 연주 씨는 오빠와 남동생을 둔 삼남매 중 둘째다. 그녀는 요즘 마음이 영 불편하다. 홀로 사시는 아버지는 노인 장기요양 3등급이 나올 정도로 상태가 좋지 않으시다.

---

176 2015년 12월 10일 승소한 한 부모의 사연으로 인해 '효도계약서'라는 말이 생겼다.(대법원 2015다236141판결) 부모가 자식에게 부양을 조건으로 부담부 증여(민법561조)를 했지만 제대로 부양하지 않자 반환 소송을 하여 승소했다.

하지만 오빠와 남동생은 서로 눈치만 보고 있다. 결국 연주 씨는 남편에게 아버지를 직접 모시고 싶다는 의중을 조심스럽게 전해 보았다. 부부는 일주일도 넘게 이유 모를 냉전에 빠져들었다. 결국, 어느 날 남편과 시어머니는 충고 같은 완곡한 말로 반대의 뜻을 전해 왔다. "장남도 아닌 당신이 먼저 나서는 게 건방져 보이지 않을까?", "아서라! 출가외인이 그런 말을 먼저 꺼내면 사돈댁 큰며느리 입장이 뭐가 되겠니? 게다가 남동생네는 너희보다 잘살지 않니?"

연주 씨도 한때는 장남인 큰오빠네 책임이라 생각했다. 하지만 먹고 살기조차 힘에 부쳐하는 큰오빠 부부에게 현실적인 방법은 없어 보였다. 장사를 하는 오빠네 부부는 조카들을 안사돈 어른께 맡기고 저녁 늦게서야 귀가한다. 명절 때도 가게 문을 열어야 한다며 오래 머무르지 못했다. 그나마 남동생 부부는 둘 다 전문직이라 제법 부유하다. 하지만 어릴 때나 지금이나 막둥이 의식에서 벗어나질 않는다. 작은 올케 역시 자신들은 막내 집이라 책임이 없다고 말한다. '왜 부모 봉양은 장남의 몫인 걸까? 딸이 친정 부모를 모시려면 왜 이렇게 눈치가 보이는 걸까?' 하는 고민에 연주 씨는 끝내 답을 얻지 못했다.

흔들리는 전통적 가족문화

불과 십여 년 전만 해도 연세 드신 시부모는 맏며느리가 모시는 게 당연했다. 제사와 동생들 건사 등 모든 집안 대소사도 장남과 맏며느리의 몫이었다. 때문에 아들만 떡하니 낳아 놓으면 그걸로 노후는 '걱정 끝!'이었다. 아들이 크면 봉양과 대소사를 책임질 '맏며느리'를 데려오기 때문이다. 그래서 노부모 봉양과 제사를 이을 장남에게 더 많은 재산과 권한이 돌아갔다. 바로 윗세대만 해도 그것을 당연한 전통이라고 믿어 왔다.

하지만 이제는 더 이상 권한과 재산이 장남에게 집중되지 않는다. 즉, 장남 특혜는 거의 없다. 더불어 여성들의 인식도 예전과는 달라졌다. 그런데도 장남과 맏며느리에 대한 가족의 기대는 여전하다. 여기서 괴리가 온다. 결국 과거에 맏며느리가 해 오던 일들은 언젠가 터져 버릴 폭탄 돌리기가 될 터이지만, '가족 일은 가족 모두가 함께해야 한다'는 것을 받아들이기에는 아직 낯설고 불편하다. 결국 오해와 원망 속에 세대 간, 성별 간, 입장 간 갈등은 자꾸만 깊어진다.

윗세대들은 이러한 변화를 두고 전통 파괴이자 말세의 세태라며 고개를 내젓는다. '옛날에는 안 그랬는데, 우리 때는 어림도 없었지'라는 한탄과 함께…. 한편으로는 올바른 전통이 점점 망가져 간다는 안타까움에 전통을 지켜내겠다는 시대 역행의 의지를 만들어내기도 한다. 하지만 가족 구성원 모두는 제각기 할 말이 많다. 문화적 과도기에 이르렀음에도 변하지 않고 어정쩡하게 과거만 고집하는 한 가족문화는 계속 부조화를 양산해 간다. 결국 노인 부양 문제와 명절 기피 등의 현상은 고질적인 사회문제를 만들고 있다.

대체적으로 가족문화의 변화를 가로막는 가장 큰 걸림돌은 '전통'이란 이름의 애매모호한 관습들이다. 그 전통이란 것은 유구한 역사 중 어느 시대의 문화를 이르는 말인가? 가장 가까운 조선 시대의 유교 성리학인가, 아니면 부모님 세대에게 큰 영향을 미쳤던 일제강점기의 문화인가? 이 문제에 대해 좀 더 살펴보도록 한다.

중국의 전통적 가족문화

차이와 특성을 분명히 확인하기 위해 잠시만 한·중·일의 가족문화를 살펴보도록 하자.

중국 가족문화의 뿌리는 3천 년 전 주나라의 종법과 유교의 차별애差別愛라 할 수 있다. 중국 사극을 보면 이씨 가문의 문패에 '이부'李府라 쓰여 있는 모습을 볼 수 있다. 어머니와 아내 등, 집안 여자들은 모두 '이李부인'이고 중요 노복들도 이씨다. 가문에 고위 관직자가 나오면 가문의 영광이 되고 반역자가 나오면 다 함께 멸족 당한다. 가문 구성원들은 흥망성쇠를 함께하는 공동체이며 '이씨 가문의 아무개'가 개개인의 정체가 된다. 때문에 가문의 운명에 개인들은 소속되고 연좌된다. 가문의 확장은 국가이고 국가의 작은 단위가 가문이므로, 사회의 기본 단위로 개인이 아닌 가문을 본다. 1960년, 70년대 문화대혁명 때 유교에 대해 '사람 잡아먹는 식인 사상'이라며 대대적인 퇴치 운동을 벌인 적이 있었다. 그럼에도 유교의 계급 질서적인 사고 구조와 차별적 가치관은 여전히 유효하다.

일본의 전통적 가족문화

일본은 '이에'家 중심의 가족문화다. 이에는 같은 선조를 신으로 모시는 운명 공동체로 이에의 영속성을 가장 중요시 한다.[177] 이에들은 본가인 이에모토家元: 종가(宗家)에 절대적인 복종과 자발적인 충성을 대를 이어 가며 바친다. 그 정신이 확장된 것이 일본 특유의 사무라이 무사도다. 중국과 한국은 세대가 지나 촌수가 멀어지면 자연스럽게 먼 친척이 된다. 하지만 일본의 본가이에모토와 분가는 오랜 세대가 지나도 여전히 가까운 오야붕親分과 꼬붕子分이다. 개인의 혈연보다 이에라는 집단적 정체성이 더 중요하기 때문이다. 그래서 이에의 문장을 새긴 깃발 아래 혈통을 초월하여 하나로 뭉쳤다.[178]

일본의 이에에서 사용하는 상징(카몬)의 예

▌오다 노부나가 가문의 문장

▌도쿠가와 이에야쓰 가문의 문장

중국의 가문처럼 일본의 이에도 중요 구성원들은 같은 성을 쓴다. 그래서 시집간 여성들은 소속 가문의 성으로 변경하고, 중요한 가신들은 가문의 성을 하사받기도 한다. 가문과 이에라는 조직의 정체성이 개인의 혈연 정체성보다 중요하기 때문이다.

이러한 이에는 혈연 가족과 비혈연 구성원으로 이루어진다. 일본 애니메이션이나 사극을 보면 성주 가족과 그들에게 절대적으로 충성하는 사

---

177 신사 등에 고인의 혼을 모시고 반복적으로 제의를 지내면 결국 신으로 승화된다고 믿는다. 때문에 이에[家]가 존재하는 한, 선조들은 후손의 의식을 통해 신으로 존재하고 당사자인 자손들도 언젠가 신이 되리란 희망을 가질 수 있다.

178 일본은 예부터 이에[家]와 지위를 표시하기 위한 가문의 상징 문장인 '카몬(Kamon: 家紋)'을 사용해 왔다. 줄여서 몬[紋]이라고도 부른다. 일본에는 현재 241종 5,116몬 이상의 가문이 있다고 한다.

무라이 등을 볼 수 있다. 우리식으로 보자면 성주 가족만 하나의 가문이라 하겠지만, 일본식으로는 성주가 거느린 공동체 전체가 하나의 이에가 된다. 그렇기에 성주에게 아들이 없다면 데릴사위나 유능한 인재를 양자로 삼고 성姓을 바꾸게 하여 이에를 계승시킨다. 혈통보다 상위 가치인 이에의 번영과 영속이 더 중요하기 때문이다.

한국의 전통적 가족문화

한편, 한국은 실질적인 혈연관계와 개인 간의 친소親疏가 더 중요했다. 그리고 한 집안에 여러 성이 뒤섞여 있다. 혼인한 여성의 본래 혈통과 혈연관계를 중시하여 본가의 성을 유지하기 때문이다. 또한 사람 사이의 수직적인 서열 관계가 중국이나 일본에 비해서는 상대적으로 약했다. 고대사에서부터 이미 그런 특징을 발견할 수 있으니, 매우 오래된 전통이다.

중화 문명의 뿌리인 주나라는 동이의 대표국이자 고조선·부여·고구려·신라에 많은 영향을 준 상나라 문화를 다음과 같이 비난했다. 사료는 승자의 기록임을 고려해 본 책에서는 융통성 있게 의역해 보았다.

원문 늘상 궁에서도 춤추고 집에서도 즐겨 노래하니, 이것을 '무당 같은 풍속'巫風이라 하였다.

의역 궁에서도 민가에서도 늘상 어울려 춤추고 노래하길 즐기니, 신명나는 풍속이었다.[179]

---

179 『서경』 「이훈(伊訓)」; 봉건시대인 주나라는 나이가 많거나 신분이 높으면 그만큼 덕이 높다고 여겨 순종해야 한다고 믿었는데, 그것이 발전한 것이 장유유서와 정명(正名) 사상이다.

원문 감히 재물과 여색을 추구하고 항상 사냥하며 노니, 이것을 '음란한 풍속'淫風이라 하였다.

의역 상업을 잘하고 자유롭게 연애하며, 활 잘 쏘고 무武에 능해 항상 사냥으로 연마하니, 풍류를 즐길 줄 아는 풍속이었다.

원문 감히 옛 성인들의 말씀을 우습게 여기고, 충직함을 거스르며

의역 옛 성인의 말씀이 아무리 훌륭해도 불의하거나 현실과 안 맞으면 다시 생각해 보고, 무조건 복종하지 않으며

원문 나이 들어 덕 많은 이들을 멀리하고, 어리석은 애송이들을 따르니, 이것을 '어지러운 풍속'亂風이라 하였다.

의역 나이 먹고 신분이 높다 하여 맹목적으로 추종하지 않고, 젊은이들과 어울리며 그들의 의견을 잘 포용하니, 다양함이 어우러진 풍속이었다.

신분의 귀천과 장유유서로 서열 따지기를 중요시 한 주나라는 지배층과 윗사람에 대한 순종을 강조했다. 그런 관점에서 동이국들의 풍속과 전통은 통제하기 힘든 난잡함으로 보였다. 하지만 신라의 화랑, 고구려의 조의선인 등 청년의 패기와 자유로움, 풍류를 중시한 동이국들의 문화야말로 5천 년 우리 역사를 이끈 저력이었다. 동이족의 문화에 중화 민족의 '장남 우대, 남성 중심, 부계 친족 중심, 연배와 계급에 따른 서열 문화, 집단주의 가문문화' 같은 건 없었다. 삼국시대뿐 아니라 고려나 조선초까지도 성별·성씨·가문·서열보다 실질적인 혈연관계와 개인 간의 친소, 인품과 능력[180]이 더 중요했던 데서 차이를 볼 수 있다. 때문에 '청년 중시, 상무 정신, 쌍계적 가족문화, 여성호주, 아들딸 균분상속, 윤회봉사, 외손봉사, 개관개성,[181] 자유로운 연애와 재혼' 등 중국이나 일본과는 다른 전통이 오랜 시간 우리의 진정한 전통문화이자 가족문화였다.

명문대가를 만들기 위한 세 가지 방법

하지만 조선의 국시가 중국 송나라 주자학이었기에 시간이 갈수록 주자학 외의 것들은 잡초처럼 뽑혀 나갔다. 심지어 조선 중기 이후 주자학은 종교화되기까지 했다. 주자학 광신도가 된 양반들이 많아지면서 조선의 가족문화는 급속히 변해 갔다. 그것은 주자학도인 양반 사대부의 이해와도 큰 관련이 있었다. 대대로 명문 가문이었던 권문세족에게 새롭게 진출한 신진 사대부가 맞설 근거는 오로지 '학문과 능력'이었다. 과거 시험으로 능력을 인정받고 신권臣權을 키워 가던 사대부들은 자신들도 특별한 명문대가가 될 수 있는 방법을 주자학에서 발견해냈다. 바로 왕실의 예법을 사대부도 쓸 수 있도록 주자가 정리한 『주자가례』의 실천이었다. 그 내용은 대략 ①가묘 만들기, ②종갓집 만들기, ③『주자가례』식 제사 의례라는 3가지 정도로 요약해 볼 수 있다. 본래 이론과 사상은 현실을 더 좋게 바꾸기 위한 것이다. 사상이 정치와 예법에 녹아들면 영향권에 속한 이들의 행동과 가치관을 변화시킨다. 가치관의 변화는 결국 문화와 풍속을 바꾸고 현실 모습을 변화시킨다. 즉, 풍속을 바꿔 백성을 교화하고자 했던 주자학의 최종 목적지는 바로 예법이었다.

그 첫걸음이 바로 '가묘家廟 만들기'였다. 조선은 부계 친족 중심의 가문

---

180 세종대왕이 두 형들을 제치고 왕이 될 수 있었던 것은 장남이란 명분보다 인품과 능력을 더 중요하게 봤던 전통적인 가치가 남아 있었기 때문이다. 삼국과 고려 모두 장남의 명분보다 왕의 형제와 자식들 중 가장 인품과 능력이 있는 자에게 왕위를 넘기는 전통을 갖고 있었다.

181 균분상속(아들딸 모두 공평하게 상속 받음), 윤회봉사(아들딸들이 봉양과 제사의 역할을 공평하게 나눔), 외손봉사(아들이 없으면 외손에게 제사와 가계 계승권을 전함), 여성호주(아버지 사망 후 당연히 어머니가 호주가 됨), 개관개성(경우에 따라 본관을 바꾸거나 어머니의 성을 사용하는 것).

문화를 만들기 위해 '여성들의 재가 금지, 시집가기 풍속 만들기'와 더불어 '가묘 설립 확산'에 노력했다. 오늘날에도 유명한 종갓집이나 이름난 고택에 가 보면 집 한 켠에 높이 솟은 사당을 볼 수 있다. 그것이 바로 가묘다. 가묘에는 해당 가문의 시조와 4대조까지의 조상 신주가 모셔져 있다. 가묘는 가문의 조상신들을 모셔 놓고 교통하는 일종의 가족 신전이다. 관혼상제 등의 집안 대소사를 집안 어른들께 아뢰듯, 가문의 대소사는 반드시 가묘의 조상 신주에 고해야 했다.[182]

두 번째 단계는 '종갓집 만들기'였다. 가묘를 운영하며 가문의 구성원들과 조상신을 연결하는 곳이 종갓집이다. 종가는 같은 부계혈족의 가장 큰집으로 적장자 정실부인이 낳은 장남 만이 종가宗家를 계승할 수 있었다. 종가의 주인을 종자宗子라 하고 그의 부인은 종부宗婦라 하는데, 종가는 가문 전체의 큰일을 돌보았다. 일단 가묘가 세워지면 그곳을 관리하고 제사를 지내는 종갓집이 구성된다. 그리고 종갓집은 가묘 운영과 제사를 위해 『주자가례』를 연구할 수밖에 없었다. 그렇게 가묘와 종갓집이 늘고 『주자가례』식 제사가 반복될수록 주자학적 가족문화와 가치관은 조선의 풍속으로 깊이 녹아들 수 있었다. 그래서 조선은 낯설고 이질적인 송나라식 가묘 설치를 사대부들에게 적극 권장했다.

실제로 가묘를 모시는 가문이 늘어나면서 조선의 가족문화도 변해 갔다. 가묘는 집의 위상을 강화시킨다. 더불어 가문의 계승 원리가 중요해진다. 가문을 계승하는 자손은 봉사조奉祀條: 재산 상속 시 제사를 위해 균분상속 원리 위에 추가되는 특별 분배 조항의 명분으로 더 많은 상속을 받는 등, 유리한 점이 많았기 때문

---

182 또한 모든 제사는 가묘에서만 지낼 수 있었다. 부득이 가묘가 아닌 곳이나, 적장자가 아닌 이가 제사를 지낼 때는 신주 대신 종이 지방(紙榜)으로 약식 제사만 지낼 수 있었다.

이다. 가문 계승의 원리는 고대 주나라의 종법 질서에 근거한 '적서' 嫡庶라는 기준에 따랐다. 적嫡은 정통성을 가진 본줄기적통이고, 서庶는 곁가지다. 종법은 특히 가족들 간의 적서 관계와 그 서열을 매우 엄격하게 따졌다. 예를 들면, 신라나 고려에선 왕의 동생, 다른 아들, 외손자, 사위 등이 출중하여 인망이 높으면 장남이 있더라도 그들에게 왕위를 넘길 수 있었다. 하지만 중국의 종법에선 아무리 나이가 어리고 무능해도 반드시 장남에게 왕위를 넘겨야 했다.

종법의 관점에선 친혈연이나 실질적 친소보다 적서라는 대의명분이 더 중요하기 때문이다. 적서 관계는 일종의 군신 관계로 대치시켜 볼 수 있다. 적서 의식은 조선 중·후기 주자학이 종교화[183] 되면서 인간관계 전반에 녹아들어 사람을 보는 관점 자체를 변화시켰다.

더불어 적자와 친손이 아닌 서자나 외손은 진짜 자손적통 자손이 아니라는 인식을 만들어냈다. 가장 중요한 '제사'를 적장자만 지낼 수 있다고 규정했기에, 첩의 아들이나 외손이 있어도 적장자란 명분을 세우기 위해 양자를 입양해야 했다. 덕분에 홍길동처럼 아버지를 아버지라 부르지 못하는 자식이 늘어 갔다. 더불어 양자와 관련된 분쟁도 늘어 갔다. '양자를 들인 후 친아들을 낳았을 때, 둘 중 누구를 적장자로 볼 것인가?' 또는 '외손이 있는데도 양자를 입양해야 할까?' 따위의 문제였다. 서자와 외손을 친혈육으로 보던 전통적 가족관과 상반된 주자학적 관점은 거센 반발에 직면하기도 했다. 당시의 사례를 하나 소개한다.

---

183 사상이 종교화되는 것을 다른 말로 '교조화' 된다고 표현한다. 주자학의 교조화로 인해 『주자가례』의 배경인 송나라와 주나라의 봉건적 신분제도는 조선 사회에 더욱 광신적으로 신봉되게 되었다.

적서 관계도

<table>
<tr><td colspan="2">적(嫡)</td><td rowspan="3">황제</td><td rowspan="3">왕비</td><td rowspan="3">처</td><td rowspan="3">장남</td><td rowspan="3">종가</td><td rowspan="3">적처 자손</td><td rowspan="3">아버지</td><td rowspan="3">남편</td></tr>
<tr><td>君(임금)</td><td>主(주인)</td></tr>
<tr><td>統(본줄기)</td><td>尊(존귀)</td></tr>
<tr><td colspan="2">서(庶)</td><td rowspan="3">제후(왕)</td><td rowspan="3">후궁</td><td rowspan="3">첩</td><td rowspan="3">중자(衆子)</td><td rowspan="3">지손(支孫)</td><td rowspan="3">첩 자손</td><td rowspan="3">어머니</td><td rowspan="3">아내</td></tr>
<tr><td>臣(신하)</td><td>從(종)</td></tr>
<tr><td>支(곁가지)</td><td>卑(비천)</td></tr>
</table>

외손자에게 재산을 물려주는 것이 합당할까?

태종 때 갑자기 궁궐에 큰 호랑이가 나타나 임금을 덮치려 했다. 그때 멀리서 그 상황을 발견한 무관 김덕생은 재빨리 활을 쏘아 호랑이를 잡았다. 태종은 고마운 마음에 3등 공신을 하사하려 했다. 하지만 대신들은 임금 앞으로 활을 쏜 행동이 매우 무엄했다며 극구 반대했다. 결국 김덕생은 낮은 벼슬로 지내다 요절했고, 가난한 그의 무덤은 유지조차 힘든 지경이 되었다. 훗날 그 사연을 전해 들은 세종이 김덕생의 품계를 높이고 제전祭田: 제사 지낼 비용을 충당하기 위해 지급된 토지을 하사해 제사를 잇게 하고자 했다. 그런데 그의 남은 자손은 외손뿐이었다. 때문에 김덕생에게 동생의 아들을 양자로 맞아 제사를 모시게 하자는 주자학적 의견이 제기됐다. 하지만 이내 다른 대신들이 집단적으로 반발했다.

"지금 세상의 풍속에는 비록 제사 지낼 아들이 없더라도, 딸의 자손이 있으면 다른 사람의 아들로 후사를 삼는 자가 하나도 없습니다. 사람의 정리가 본디 그러한 것입니다. … 제전을 덕생의 외손자에게 주어 제사하게 한다면 그 자손들은 반드시 성심껏 제사를 받들 것이고 귀신도 감격할 것입니다. 하지만 김덕생의 아우인 김우생의 작은아들에게 양자가 되라 하시면, 반드시 덕생의 외손자랑 노비나 토지 문제로 다투게 될 것이고 서로 편치 않을 것이니, 그것이 어찌 덕생이 원하는 바이겠습니까? … 본래 제사는 정성을 위주로 하는 것인데 양자의 정이 어찌 진짜 자손本孫만 하겠으며, 또 진짜 자손만큼 성심으로 제사할 수 있겠습니까? 제전을 덕생의 외손에게 주어서 길이 제사하도록 특별한 은전을 베푸소서."[184]

세종 역시 그 의견이 합당하다 여기고 당시 풍속대로 김덕생의 외손에게 제전을 하사했다. 이처럼 15세기까지도 친손과 외손은 모두 진짜 자손친혈육이었고, 친혈육의 정이 '같은 부계 성씨 가문'이라는 명분보다 당연히 더 우선시되었다. 하지만 17세기 말1669년 현종 때, "(양자가 있으면) 훗날 친아들이 태어나도 양자의 봉사권제사권, 즉 가계계승권을 인정하라"는 수교가 내려지며 방향은 급전환됐다. 양자 입적 후에 본처가 아들을 낳으면 친자식은 차남이 되어 제사와 봉사조는 양자에게 돌아가게 되었다. 이는 현실적인 혈연관계보다 주자학적인 의리와 명분이 더 중요해졌음을 의미하는 것이었다.

주자학의 종법적 가족문화에 대한 재고

본래 종법의 적서 관계는 고대 봉건시대 왕실에서 사용되던 논리였다. 예법 자체가 원래 왕실과 귀족에게만 적용되던 규칙이다. 타고난 신분과 서열을 무겁게 받아들이

---

184 『세종실록』 97권, 세종 24년 8월 14일 신축 4번째 기사.

고, 정해진 역할을 엄격히 지키게 하지 않으면 왕손들의 반역을 피할 수 없었다. 때문에 종법은 같은 왕자·왕녀라도 적서·연령·성별 등 아주 세세한 기준으로 서열과 차례를 분별한다. 그래서 고대 예서인 『예기』에서는 "예는 분별하는 것이다"라고 예의 정신을 밝히기도 했다.

인류사 어디에나 서열을 나누고 차별하는 인간의 탐욕은 존재해 왔다. 하지만 고대 왕실의 종법을 모든 인간관계로 확장시킨 주자학적 서열 관념은 그 어느 시대보다 훨씬 더 촘촘한 '서열과 차별의 그물'을 엮어냈다. 타고난 계층, 가문의 위세뿐 아니라 직업의 종류, 조직과 가족 내 위치, 역할, 나이, 성별 등 세밀하게 서열을 비교하고 그에 걸맞은 차별들을 요구했던 것이다.

오늘날 서울대 총장에 비견될 대사성의 직위에 있던 59세의 퇴계에게 과거에 막 급제한 33세의 기고봉 기대승은 학문적 비판과 함께 문제를 제기했다. 오늘날 관점으로 보면 참 당돌한 행동이었다. 하지만 퇴계는 기뻐하며 8년간이나 '사단칠정' 논변을 주고받았다. 선조가 은퇴하는 퇴계에게 인재 천거를 요구하자 그는 기고봉을 추천했다. 또 35살이나 어린 율곡이 맹랑하게 도에 대한 견해를 물었을 때도 격식과 허물을 두지 않았다. 만약 퇴계가 조선 후기를 살아갔다면, 권위 의식과 서열 의식으로 젊은이들의 도전과 비판을 기탄없이 받아들일 수 있었을까?

공자는 의리와 명분을 중시했지만, 그렇다고 유교가 일방적인 권위와 서열을 중시한 것도 아니었다. 부자자효 父慈子孝: 아비는 자식에게 자애롭게 대하고 자식은 부모에게 효를 다하라 형우제공 兄友弟恭: 형은 아우에게 우애롭게 대하고 아우는 형을 공경하라 등 유교의 덕목은 본래 쌍방적이다. 하지만 주자학처럼 대의명분의 분별과 신분 질서의 정립을 중요시하다 보면, 위에서 아래로의 일방통행이 될 수밖에 없다. 곧 아랫사람의 일방적인 공경과 순종이 더 우선시되는 것이다.

주자학은 본래 유교를 보완하기 위해 주자가 재집성한 것이다. 그 안에는 배울 만한 지혜가 많다. 하지만 무엇이든 초심과 본질을 잃으면 불행과 병폐만 남는다. 질서 유지를 위한 서열 의식은 비교하는 문화를 만들었고, 비교하는 풍속은 허례허식과 과시적인 명분 추구로 이끌었다. 개인보다 가문을 중시하는 가문 의식은 친혈육 간의 가족애를 의리 명분적인 차별애로 바꾸고 권력과 책임을 과도하게 편중시켜 구성원들의 불평등을 크게 했다. 장남과 큰며느리는 혜택보다 더 큰 고단함에 짓눌리고, 다른 구성원들은 불평등과 불합리에 설움을 받았다. 조선이 시대와 환경을 고려치 않고 과거의 시스템을 고집한 결과는 모든 구성원들의 불행뿐이었다.

무엇이 진정한 우리의 전통인가?

오늘날 우리는 매년 온 국민이 명절 증후군을 앓는다. 남녀노소 모두 명절 증후군에서 자유롭지 못하다. 부모와 자식, 남편과 아내, 시댁과 며느리, 처가와 사위, 기혼과 미혼, 직장인과 취준생, 성인과 학생…. 각자 입장은 다르지만 누구도 마음이 편치 않다. 며느리도 고되지만 시부모도 불편하고, 아내도 서럽지만 남편도 고달프다. 다른 입장의 구성원들도 각자의 입장에서 불편하고 서럽기 그지없다. 이렇게 모두가 괴로운데도 매번 반복되는 불편한 명절의 뿌리를 우리는 속 시원히 드러내 놓고 끊어내지 못한다. 그 까닭은 무엇일까?

바로 '전통'이란 믿음 때문이다. 참으로 허망하기 그지없는 믿음이다. 이제까지 살펴보았듯 우리는 유구한 역사 속에 다양한 형태의 가족문화를 경험해 왔다. 그런데 대체 어떤 문화를 진정한 전통이라 고집할 수 있단 말인가?

과거를 알면 미래를 알 수 있다는 말이 있다. 과거를 분명히 알면 현재에 필요한 가장 합리적인 지혜를 끌어올 수 있다. 익숙하지만 묵은 관습을 털어 버리고, 과거 모든 시대와의 문을 열면 우리가 선택할 모든 것이 실제로는 '진정한 전통'이었음을 깨닫게 된다. 우리는 오랜 역사만큼 다양한 길을 걸어왔기 때문이다. 불편함은 변화가 필요하다는 신호이다. 우리의 불편한 가족문화는 변화를 요구한다. 전통이란 것의 실체를 낱낱이 살펴보고 면면히 고찰해 볼 시기에 이른 것이다. 과도기를 넘어갈 새로운 변화와 창조는 자신을 분명히 알고 성찰의 고통을 이겨낸 후에야 가능하기 때문이다.

전통을 따르고자 하는 본질은 결국 뿌리를 지키고 가야 할 길을 잃지 않기 위함이다. 경험 많은 노련한 장인은 문제의 본질을 알기에 어떤 문제든 해결해낸다. 유구한 역사가 주는 장점이 바로 그런 것이다. 오랜 역사가 갖는 진정한 전통은 '다양함'이다. 그렇다면 이제 우리가 해야 할 것은 자명하지 않을까? 현실의 문제를 직시하고, 지금의 현실에 맞는 문화를 찾고 만들면 되는 것이다. 그 어떤 다채로움이라도 포용할 수 있는 역사적 역량이 있다. 때문에 과거와 미래가 녹아든 '현재에 충실한 문화'야말로 가장 전통의 본질을 지키는 것이자 가장 미래적인 문화가 될 것이다. 이러한 생각을 더 많이 공유하고 실천해낼 때 우리의 현실도 변화해 갈 수 있지 않을까?

주자학의 발전과 조선시대 가족문화의 변화

<table>
<tr><th></th><th colspan="2">고려, 조선 초기 가족문화</th><th>조선 중·후기 가족문화</th></tr>
<tr><td>혼인방법</td><td colspan="2">자유연애혼, 중매혼</td><td>중매혼</td></tr>
<tr><td>부부관계</td><td colspan="2">배우자를 손님처럼 공경(相敬如賓),
부부 일심동체(대등관계)</td><td>남자는 하늘, 여자는 땅(男尊女卑),</td></tr>
<tr><td>거주형태</td><td colspan="2">장가살이 후 시집살이(서류부가혼)</td><td>시집살이</td></tr>
<tr><td>가족에
대한 의식</td><td colspan="2">개인이 중심, 혈연관계가 중요</td><td>가문의 영속성 중심, 혈연관계보다 의리 명분관계가 중요</td></tr>
<tr><td>친속관계에
대한 인식</td><td colspan="2">친가와 외가가 대등(쌍계적 친속)
시댁과 처가가 대등</td><td>친가 중심(부계친속 중심 가문문화)
시댁 중심</td></tr>
<tr><td>가족 구성</td><td colspan="2">부부의 직계와 방계가족을 필요에 따라 모두 포함하는 가족 구성(양변적 방계가족)</td><td>남편 가문의 직계가족을 중심으로 하는 가족 구성</td></tr>
<tr><td>성씨</td><td colspan="2">경우에 따라 어머니의 성을 계승</td><td>아버지의 성만 계승</td></tr>
<tr><td rowspan="4">아들과
딸의
위치와
역할</td><td>족보</td><td>태어난 순서대로 기재</td><td>남성 위주로만 기재</td></tr>
<tr><td>상속</td><td>똑같이 상속(균분상속)</td><td>아들, 특히 장남 위주 상속</td></tr>
<tr><td>제사</td><td>역할을 나누고 돌아가며 제사(윤회봉사)
딸밖에 없으면 외손에게 제사 물림(외손봉사)</td><td>장남 중심으로 제사</td></tr>
<tr><td>무남독녀</td><td>딸에게 의탁, 데릴사위, 외손에게 의탁</td><td>양자 입적</td></tr>
</table>

07

제사상 차리기 전쟁

흩어졌던 가족이 한자리에 모이는 기쁘고 반가운 명절. 지옥 같은 교통 정체도 부모님 집으로 향하는 들뜬 발걸음을 막지 못한다. 한편, 명절 일주일 전부터 뉴스에서는 '4인 기준 제사 상차림 비용'이 나오고, 인터넷에선 명절의 의미를 다시 생각해 보자는 토론장이 곳곳에서 열린다. 그렇게 명절이 되면 본격적인 제사상 전쟁이 시작된다. 각 집 냉동실에서 결국에는 썩어 갈 '모둠전 종합 세트'를 상상하며 한숨과 함께 대형 팬을 꺼내는 며느리들, 퇴근 후 부랴부랴 애들을 챙기며 시댁에서 보낼 명절 준비로 머리가 아파지는 며느리들…. 한편, 늦는 며느리를 걱정하며 두 손 가득한 장바구니에 땀을 훔치는 시어머니들, 그리고 교통지옥 속을 운전하느라 피로에 짓눌린 아들과 사위들…. 명절을 맞이하여 힘들고 피곤한 모두의 최종 목표는 한곳으로 모인다.

바로 '제사 음식 만들기'이다.

반갑고자 모였지만 반복되는 일거리와 왠지 삐걱대는 괴리감, 나이가 들어갈수록 명절이란 단어는 회피하고픈 조건반사를 만들어 간다. 도대체 명절이란 오로지 제사를 위해 생겨난 날일까? 왜 우리의 명절은 제사 음식과의 전쟁이 되어 버린 것일까?

성묘는 언제부터 시작되었을까?

삼국시대부터 내려온 대표적인 명절은 설날음1.1 정월 대보름음1.15 단오음5.5 추석음8.15 동지음11월경 등이다.[185] 특히 설날은 매우 중요한 명절로 고려 시대에는 전후 칠 일씩 놀기도 했다.[186] 조선의 사대부처럼 가묘를 모시지 않았던 과거에는 각 명절의 대표 음식 정도만 간단히 챙겨 돌아가신 부모님의 산소를 돌보며 가족끼리 잔치를 즐겼다.

제사를 다 함께 즐기던 유래는 꽤 오래됐다. 부여의 영고, 고구려의 동맹, 동예의 무천, 신라와 고려의 팔관회 등, 하늘에 제사를 올리는 제천행사가 끝나면 왕부터 평민까지 밤새 어울려 놀며 대동大同의 장을 즐겼다. 게다가 한민족은 고조선 이전부터 유난히 효를 중시하던 예의 민족이었다.[187] 더불어 인간 중심적이고 현실 중심적인 종교관[188]을 가지고 있어

---

185 이 외에도 거의 매달 크고 작은 명절들이 있었다. 매달 양수가 겹치는 날과 보름에는 거의 명절이 들어 있었다. 설날(1.1), 대보름(1.15), 삼월삼짇날(3.3), 한식(4.5), 단오(5.5), 유두절(6.15), 칠월칠석(7.7), 백중(7.15), 중추절(8.15), 중양절(9.9), 시월상달(10.15), 동지(11월), 납일(12월) 등의 명절이 있다. 유두절은 복더위에 휴식을, 시월상달은 추수 감사를, 납일은 종묘(조상)에 제사를 지냈다.

186 『고려사』 권84, 「지(志)38」, 형법1: "官吏合暇, "元正, 前後弁七日"

187 공자는 삼년상을 잘 치른 동이족 소련(少連)과 대련(大連)을 마음속에 담아 두고, 부모가 돌아가시면 삼년상을 치를 것을 가르쳤다.(『예기』 제21편 「잡기하」, 『공자가어』 제10권 「곡례자하문」, 『소학』 제4편 「계고」 '명륜').

현재를 살아가는 인간들끼리 신바람 나게 노는 것을 좋아했다. 때문에 명절이 되면 의례히 명절 음식을 싸 들고 돌아가신 부모 산소에 모여 산소를 돌보며 명절을 즐겼다. 주자학 정착 이전까지는 대부분 부모님 제사만 모셨다 오늘날 '성묘'의 기원이라 할 수 있다. 성묘는 가묘사당를 중심으로 하는 『주자가례』식 제사가 널리 퍼지고 4대 봉사가 일반화되어 가던 조선에서도 계속되었다. 본래 『주자가례』에는 명절 차례나 성묘라는 것이 없다. 『주자가례』에서는 명절이 되면 사당에 차나 술을 올리고, 큰 쟁반 하나에다 명절 음식을 올리면 된다고 쓰여 있을 뿐이다. 명절 음식이란 설날 떡국, 단오 쑥떡, 추석 송편, 동지 팥죽 같은 시절 음식時食을 말한다. 쟁반의 남는 자리에는 채소나 과일을 섞어 올린다. 그조차도 두 종류二味만 올리라고 당부한다. 예식도 매우 간단했다. 제사와 달리 술이나 차는 한 번만 올리고單獻 집안에 일이 있으면 아뢰고 재배한 뒤 마친다.[189] 이처럼 시속 명절에는 제사를 올리지 않고 명절 음식을 천신례薦新禮: 새로 나온 음식을 간단히 올리는 예식하는 것으로 간단히 끝냈다. 때문에 『주자가례』의 명절 천신례는 「제사」 장이 아닌 「통례」通禮: 일상에 통용되는 예 장에 위치하고 있다. 그만큼 일상적으로 사용하는 아주 간단한 예식이었던 것이다. 그런데 이처럼 간단한 의식이 다양한 이해관계로 변질되며 오늘날 같은 번잡한 명절 차례茶禮가 되었다.[190]

---

188 같은 동아시아라도 중국과 일본의 신들은 왕이나 신관·제사장만이 모실 수 있는, 처음부터 요원하고 고차원적인 존재이다. 때문에 신은 인간에게 멀리 있고 인간은 신에게 절대 복종한다. 하지만 우리 역사에 등장하는 유명한 신들은 과거 인간이었던 존재가 많다. 또한 신도 인간의 인정(印定)과 받듦이 없으면 올바른 신으로 존재할 수 없다고 믿는다. 때문에 신과 인간의 거리가 타문화보다 비교적 가깝다. 실제로 무속의 굿거리에는 올바로 행세하지 못하는 신에 대한 응징과 퇴치 및 기원을 들어주지 않으면 받들지 않겠다는 협박 내용이 보이곤 한다.

189 『주자가례』「통례」 '사당(祠堂)'.

190 이미 삼국시대부터 차를 올리는 제사가 있었다. 신명, 특히 지신(地神)은 술보다 차를 더 좋아한다는 믿음이 있었다고 한다.(송영선, 2006)

차례 후 성묘 문제 역시 같은 맥락이다. 『주자가례』에는 삼월달에 산소묘에 올라가 간단한 제사墓祭를 지내라고 되어 있을 뿐이다. 하지만 사람의 습성에도 관성이 있는 법. 명절마다 성묘를 해오다 『주자가례』식으로 가묘에서 차나 올리자니 영 허전했다. 그래서 명절날 『주자가례』를 따라야 할지, 풍속을 따라 성묘를 가야 할지는 오랫동안 논란이 되었다. 결국 전통적인 성묘와 『주자가례』식 제사를 중복해서 행하게 되었다. 하지만 이 번잡함을 조선의 지식인들은 줄곧 고민했다. 결국 성묘는 『주자가례』의 묘제 형식으로 대체되어 조선 후기에는 다음과 같은 모습을 갖게 되었다. 집안마다 차례와 성묘의 날짜와 방법이 다르나 대략 다음과 같았다.

4대 명절 제사 형식

명 절	설 날	한식(4월)	추 석	상달(10월)
장 소	집(가묘)	산소	가묘+산소	산소
형 식	차례	묘제	차례+묘제	5대조 이상 묘제

오늘날에는 설날·추석 모두 집 가묘가 없음에도에서 '차례'라는 이름의 거창한 제사를 지내고 제수를 챙겨 성묘를 간다.

정리하자면, 명절날 전 등을 쌓아 놓고 제사를 지내는 것과, 차례 후 또다시 성묘하는 것은 우리 풍속과 『주자가례』 어디에도 근거가 없다. 지금 같은 제사상은 기제사 등 정례 제사에만 사용한다. 모두를 불편하게 만드는 명절 제사 전쟁의 정체, 그것은 명절 차례와 정례正禮 제사를 구분하지 못한 '무지'와 '잘못된 기복 신앙'에 '가문의 과시욕'이 뒤섞인 해프닝일 뿐이다. 그나마 퇴계 종가 등 올바른 예법을 이해하고 실천해 온 몇몇 종가들은 지금까지도 간소한 명절 차례로 '가족의 화목'이라는 예의 본질을 지켜 가고 있다.

그럼 주자학에서는 어떤 원리로 제사에 음식을 올리는 것인지, 그리고 제사의 본질은 무엇인지 살펴보도록 하자.

첫째, '제사 때 돌아가신 귀신이 와서 음식을 드시는가?'

천주교에서는 제사를 미풍양속으로 인정하지만 그렇지 않은 그리스도교 종파도 있다. 고인의 신주를 만들고 거기다 절을 해대니 혼란스러운 것도 당연하다. 과연 주자학에서는 제사를 받는 귀신의 존재를 어떻게 이해하고 있었을까?

"주자가 말했다. '지금 세속에서 말하는 귀신이란 (세상에) 없다.'"[191]

"귀鬼와 신神은 다만 기氣일 뿐이다. 움츠림과 펴짐, 감과 옴이 기이다. 천지간에는 기 아닌 것이 없다. … 지금 살아 있는 사람은 본래 절반은 신이고 절반은 귀이다. 그러나 죽기 전에는 신이 위주가 되고 죽은 뒤에는 귀가 위주가 된다."[192]

이 세상에 가득 찬 만물의 근원 재료가 바로 기氣이다. 기가 펼쳐지는 양陽의 상태를 신神: 申이라 하고, 본원으로 되돌아가는 음陰의 상태를 귀鬼: 屈라고 한다. 즉 기의 음과 양이라는 두 상태를 합쳐 '귀신'이라 부른다. 유교에서는 죽음을 기운의 흩어짐으로 본다. 즉, 혼魂과 백魄이라는 육신

---

191 『완역성리대전』 권5 「귀신」, (28-1-7), 윤용남 외 9인 역, 2018년, 경기도 학고방.
192 상게서, 〔28-1-10〕 〔28-2-16〕.

의 음양 두 기운이 본래 온 자연으로 '돌아가신 것'이 죽음이다. 곧, 양에 속하는 혼얼의 기운은 본래 비롯한 하늘로 돌아가고, 음에 속하는 백넋의 기운은 땅으로 돌아간다. 제대로 잘 돌아가시면 혼백이 깨끗하게 흩어진다. 그리고 자손들의 기원으로 인해 올바른 '조상신'으로 여겨져 자손들 마음에 자리 잡는다. 여기서 오해하면 안 될 것은, 유교의 신神과 일반적인 신神 개념이 조금 다르다는 것이다. 보통 하느님이라고 말하는 최고신을 유교에서는 '제帝·천제天帝·상제上帝·천신天神·지기地祇'라 표현한다. 유교에서 말하는 신神이란 종교에서 말하는 그런 하느님의 개념이 아닌 것이다.

그렇다면 제사를 지내면 죽은 선조의 귀신이 정말 돌아오는 것일까?

앞에서 귀신이란 기의 양면성이라고 했다. '기'의 기본 원리는 '마음과 의지가 가는 곳에 기운도 따라간다'라는 것이다. 한쪽 검지손가락에 계속 의식을 집중하면 검지에서 따뜻한 기운이 느껴진다. 의식이 검지에 모이면 기도 모이기 때문이다. 기는 의지를 따라 이동한다. 이런 이치를 몸으로 응용하는 것이 도교 수련, 기체조, 단학, 무공, 한방 등이고, 의례에 이용하는 것이 유교의 예禮와 악樂이다.

제사를 지내는 이유는 무얼까?

제사의 원리도 마찬가지다. 사람들이 많이 모여 마음이 모인 곳에는 기가 모인다. 기가 모이면 이치理는 자연히 그곳에 내재한다. 선조가 세상에 남긴 기운과 이치정신는 바로 자손이다. 때문에 자손들은 선조와 같은 종류의 기운과 정신을 갖고 있다. 소리굽쇠를 치면 같은 주파수의 쇠가 자연히 공명하듯, 같은 기운은 서로 감응한다. 이 같은 원리로 돌아가신 부모를 추모하는 자손의 마음이 모이면 흩어져 버린 기운이 일시적으로 공명한다. 기가 공명해 모이면 리理는 자연히 그곳에 내재하기에 흩어진 혼정신도 잠시 감응한다. 잠시 모인 기를 의지시키고 유지하기 위해 사람들은 생기生氣가 도는 것을 제사상에 올린다. 그리고 살아계실 때를 추모하기 위해 즐겨 드시던 음식도 같이 올린다. 이러한 원리를 의례로 구현해낸 것이 제사다. 즉, 제사는 자손의 마음이 모여 만들어낸 기억의 공명 같은 것이다.

하늘에 떠 있는 달이 모든 강물에 똑같이 비치듯, 모든 이치는 이미 마음萬物에 비치고 있다. 즉 모든 답도, 모든 존재도 마음의 문을 통해 드나든다. 제사의 감응은 자손의 마음 안에 살아 있는 고인의 자취를 추모함으로써 가능한 것이다.[193]

> "귀신의 이치는 곧 마음의 이치이다. … 어떤 것이 허공에 쌓여 있다가 자손이 부르기를 기다리고 있는 것이 아니다. 다만 제사를 주관하는 자는 이미 조상의 기가 전해진 것이니, 그가 정성과 공경을 다하여 조상의 기를 감동시켰을 때 이 기가 본디 여기에 깃드는 것이다."[194]

"조상의 정신은 곧 자기정신이다. 사람이 신이라고 여기면 곧 신이고, 신

---

193 주자 왈, "결국 자손은 조종(祖宗)의 기이다. 그의 기가 비록 흩어졌지만, 그의 근본은 도리어 여기에 있으니, 그 정성과 공경을 다하면 또한 그의 기를 불러서 여기에 모을 수 있다. 예컨대 파도가 출렁이는 것에서 나중의 물은 이전의 물이 아니고 나중의 물결은 이전의 물결이 아니지만, 또한 통틀어서 다만 하나의 파도일 뿐인 것과 같다. 자손의 기와 조상의 기도 역시 이와 같다. 그의 혼백은 죽은 그때 바로 흩어지나 그의 근본은 도리어 여기에 있다. 근본이 이미 여기에 있으니, 또한 그의 기를 여기에 끌어 모을 수 있다. 이 일은 설명하기 어려우니 다만 사람들이 스스로 이해해야 한다."(상계서)

194 상계서, (28-3-24~25).

으로 여기지 아니하면 곧 신이 아니다. 죽은 줄 알면서 산 것으로 여기는 것은 지혜롭지 못함이요, 죽은 줄 알았다고 죽은 것으로 여기는 것은 어질지 못함이다. 성인은 그래서 신명神明으로 여긴다. 조종祖宗의 기운은 단지 자손의 몸에 전해져 있다. 제사 때는 이 기운이 곧 자연스레 또 펴진다. 스스로 정성과 공경을 지극히 하여 엄숙하게 그 위에 계신 듯이 하면, 그게 무슨 물건이든지 어찌 펴지지 않겠는가? 이것이 곧 귀신이 나타난다는 것이다."[195]

때문에 제사 전 삼일간 재계齋戒라는 것을 한다. 마음속 사심과 번잡함을 벗어 버리고 밝고 깨끗하게 하려는 것이다. 더불어 전날 하루는 돌아가신 부모 생각으로 마음을 가득 채운다. "돌아가신 어버이의 거처를 생각하고, 그분의 웃음과 말소리를 생각하면서 돌아가신 분께 의식을 집중한다." 재계하는 삼 일간 마늘 등 냄새나는 음식을 먹지 않고, 문상을 가지 않고, 음악을 듣거나 음주하지 않으며, 흉하고 더러운 일에 참여하지 않는다.[196] 이같이 심신을 가다듬으며 삼 일 내내 돌아가신 분을 생각하는데, 어떻게 제사 때 아무런 느낌이 없을 수 있겠는가.

제사상을 차리는 원리

---

195 『주자가례』「제사」.

196 『예기』「제의」: 제사 지내는 날, 사당에 들어가면 흡사 그곳에 보이는 듯하고, 돌아서 나오면 숙연히 음성이 들리는 것 같고, 문을 나가면 '휴~'하고 탄식하심이 들리는 것 같다. 이런 까닭에 선왕의 효는 얼굴빛이 눈에서 잊히지 않고, 음성이 귀에서 끊이지 않으며 그 뜻과 즐겨 하시던 일이 마음에서 잊히지 않으셨다. 사랑을 극진히 하면 존재하고, 정성을 극진히 하면 드러난다. 드러나고 존재함이 마음에 잊히지 않으니 어찌 공경하지 않으랴. 군자는 살아계시면 공경하여 봉양하고, 돌아가시면 공경하여 제사지내며, 죽을 때까지 욕되게 하지 않을 것을 생각한다.

제사상을 진설陳設하는 원리는 무엇일까?

오늘날 차례상이라 하면 설날 떡국, 추석 송편만 더 올라갈 뿐 나머지는 제사나 차례나 매양 똑같다. 삼색 나물과 수북이 쌓인 전이 차례와 제사의 대표 음식이다. 차례상 쌓으려다 명절 스트레스만 쌓여 간다. 그런데 이런 것은 본래 우리 풍속이나 『주자가례』 어디서도 권하지 않던 해괴한 모습이다.

그뿐인가? 명절이 다가오면 '홍동백서, 어동육서, 두동미서, 좌포우혜, 조율이시' 등 사자성어 같은 제수祭需 나열 공식이 오랜 정석인 듯 회자된다. 지역에 따라 '문어, 서대, 상어, 굴비' 등 제사상엔 반드시 올려야 한다는 희귀 식재료도 있다. 때문에 명절만 되면 희귀 어종의 가격이 하늘을 찔러댄다. 하지만 정작 『주자가례』는 '구이류炙, 고기류肉, 생선류魚, 채소류菜, 과일류果' 등 모호한 분류로만 안내할 뿐이다. 구하기 쉬운 제철 음식이면 된다는 의도 때문이다.

일례로 『주자가례』에는 봄철 시제時祭에 부추와 알달걀, 오리알 등을 올리라고 돼 있다. 당시 주자가 살던 곳에는 부추가 구하기 쉬운 제철 채소였기 때문이다. 또한 선비士는 개고기를 올리라고[197] 되어 있는데, 역시 사士족의 재력으로는 소고기보다 개고기가 더 적당했기 때문이다. 만약 송나라 환경에 맞춰진 『주자가례』에서 개고기를 사용했으니 지금도 그것을 고수하려 한다면 그 얼마나 미련한 짓인가! 마찬가지이다. 제사상에 음식을 올리는 이유와 원리를 알고 현재에 맞게 변용해야 올바른 제사상이라 할 수 있을 것이다.

---

197 과거에는 신분 계급에 따라 올릴 수 있는 제물도 달랐다. 왕은 소, 대부는 양, 사대부는 개, 돼지를 올릴 수 있었다.

본래 사족은 부모의 신주만 모시고 제사할 수 있었다.[198] 따라서 대부들이 차리는 제사상을 흉내 내기 어려웠다. 이에 주자가 제수의 종류를 정해 주었다. "나물熟菜, 채소절임沈菜, 우리나라에선 김치, 생채醋菜 한 접시씩, 포, 육장젓갈, 삭힌 생선 식해, 혹은 식혜, 청장간장, 초간장, 만두, 떡, 밥, 간, 고기"였다. '육장, 만두, 간' 등 생소한 음식들이 보이는 이유는 주자가 살던 송나라 풍속에 맞춘 것이기 때문이다. 하지만 제사 음식의 본의는 충분히 드러난다. 주변에서 손쉽게 구할 수 있는 제철 음식을 간단하게 올리는 것이다. 복잡하고 어려워지면 제사를 번잡스럽게 여기게 되고, 그런 불경한 마음이 들

『주자가례』와 『국조오례』에 수록된 모범 제사상

<table>
<tr><td>밥</td><td>술잔</td><td>수저</td><td>초접</td><td>갱(국)</td></tr>
<tr><td>면식
(만두, 국수 등
밀가루 음식)</td><td>고기</td><td>산적</td><td>생선</td><td>떡</td></tr>
<tr><td>포</td><td>나물</td><td>간장</td><td>해
(식해 또는 식혜)</td><td>채소절임</td></tr>
<tr><td colspan="5">과일 | 과일 | 과일 | 과일 | 과일 | 과일</td></tr>
</table>

▌『주자가례』「시제매위설찬도」: 남녀 신위 각각 독상. 초접은 초(간장과 식초 섞은 양념)를 담는 접시.

<table>
<tr><td colspan="3">고(考: 남자 조상)</td><td colspan="3">비(妣: 여자 조상)</td></tr>
<tr><td colspan="3">술잔</td><td colspan="3">술잔</td></tr>
<tr><td>밥</td><td>갱(국)</td><td>수저</td><td>밥</td><td>갱(국)</td><td>수저</td></tr>
<tr><td>면식
(국수 등
밀가루 음식)</td><td>생선</td><td>산적</td><td>고기</td><td colspan="2">떡</td></tr>
<tr><td>과일</td><td>해
(식해 또는
식혜)</td><td>나물</td><td>포</td><td colspan="2">과일</td></tr>
</table>

▌『국조오례의』 6품 이상 제사상: 남녀 신위 겸상

면 차라리 안 지내는 게 낫기 때문이다.

재밌는 것은 본래의 제사상은 생기를 취하고자 날것을 으뜸으로 여기고[199] 쉽게 구할 수 있는 제철 음식만 간단히 올리게 했다. 하지만 조선 후기로 갈수록 익히고 손이 많이 가는 음식과 문어, 상어 등 구하기 힘든 음식을 많이 올리는 쪽으로 변질돼 갔다. 특히 주변이 지저분해진다는 이유로 기름에 지지고 튀긴 음식 올리는 것을 절대 금했지만, 오늘날에는 제사 하면 '전과 약과'가 떠오를 정도로 대표적인 제사 음식이 되었다.[200]

중요한 것은, 본래 제사 음식은 귀신을 산사람으로 대접하고자 하는 것이 아니라는 점이다. 생기가 있는 과일들과 주변에서 쉽게 구할 수 있는 몇 가지 음식이면 족하다. 제사의 본질은 마음을 모아 자신의 뿌리를 추모하는 것이지 음식을 차리는 것이 아니기 때문이다.

---

198 『경국대전』[성종 16년(1485)반포] 「예전(禮典)」 '봉사조(奉祀條)'에는, "문·무관 6품 이상은 부모·조부모·증조부모의 3대를 제사하고, 7품 이하는 2대를 제사하며, 서인은 단지 죽은 부모만을 제사한다"라고 정해 두었다.

199 이런 원리로 종묘 제사나 불천위(不遷位: 성인이나 큰 공이 있는 분의 신주를 4대가 지워도 치우지 않고 영구히 모시는 것) 제사에는 익히지 않은 날것을 제물로 올린다. 이러한 이유에 대해 주자는 "이날 제물들의 생기를 빌리는 것이다."라고 설명하였다. 하지만 민가에서는 당일 도축을 하여 날고기를 올리는 것이 어려웠다. 그래서 우암 송시열 같은 분은 물고기 회와 육회를 올리기도 했다. 또한 온전한 고기를 통째로 올린다는 상징적인 행위로 간을 구워 올렸다. 이것이 오늘날 제사상에 고기 산적을 올리는 유래다.

200 기름은 귀한 식재료이지만 튀기고 지지면서 음식은 생기를 잃고 주변은 지저분해진다. 또한 번잡한 음식은 준비하는 사람들을 피로하게 하여 제사의 본질인 공경심을 불평으로 변질시킨다. 때문에 약과, 산자 등의 튀긴 음식을 제사상에 올려도 되느냐는 조선 후기 중요한 논란거리였다. 『주자가례』 또한 "살아 있는 자는 설미(褻味: 손이 많이 간 맛있는 맛)를 숭상한다. 하지만 신에게 제사할 때는 설미를 숭상하지 않는다."고 했다. 때문에 살아 있는 자를 대접하는 음식으로 제사상을 차리는 것에 많은 의혹이 뒤따랐다. 그런 이유로 오늘날까지도 퇴계 이황과 명재 윤증의 종가는 선조의 유지를 지켜 전과 유과를 제사상에 올리지 않는다.

제사를 지내는 본질과 목적① _ 추모하는 마음

제사의 본질과 역할은 과연 무엇일까?

제사의 가장 큰 목적은 바로 추양追養: 돌아가셨지만 봉양의 도리를 다함하고 계효繼孝: 효를 계속 이어감하기 위한 것이다.[201] 원래 사족은 부모에 한해서만 일 년에 한 번 제사를 지낼 수 있었다. 하지만 주자는 사족의 예를 경대부의 예로 업그레이드하면서, 왕처럼 4대 봉사를 하고 대부처럼 시제를 지낼 수 있게 만들었다. 그러면서도 가장 크게 경계했던 것이 '번잡하고 화려하고 번다하게 하여 불경한 마음을 싹트게 하지 말라'는 것이었다. 제사의 본질은 '공경한 마음'과 음복飮福을 통해 '가족의 화합'이라는 복을 받는 것이기 때문이다.

공자는 항상 예는 마음과 정성이 더 중요하다고 강조했다. 주자 역시 부모를 사랑하고 공경하는 마음을 주로 해야 한다고 했다. 이에 가난하면 제수를 줄이고, 병이 있거나 체력이 약하면 근력을 헤아려 간소하게 행하라고 조언했다.[202]

실제로 조선 중기의 의병장 조중봉조헌은 상황이 여의치 않자 고작 '밥, 국, 떡, 참외, 나물 한 그릇'만으로 시제를 지냈다. 우암 송시열은 그 일을 침이 마르게 칭찬했다. 제물이 없더라도 자신의 근본을 추모하는 그 마음을 더 크게 봤던 것이다. 17세기의 대표적 예학자인 신독재 김집 역시 광해군 시절에 집안이 너무 가난하여 마른 조기 한 마리로 시제를 올렸다. 그러자 후배 예학자 박세채는 그 일을 매우 칭송하며 존경했다. 주자학적

---

201 『예기』「제통」.
202 『주자가례』

예학을 잘 이해하고 있었던 당시의 대학자들은 제물보다 정성을 근본으로 여기고 있었기 때문이다.

> "무릇 제사는 사랑하고 공경하는 정성을 다하는 것이 주가 되어야 할 뿐이다. 가난하면 집의 재물에 맞추어 지내고, 늙고 병들면 근력을 헤아려 행하면 되며 재물과 근력이 충분한 자는 의식대로 하면 된다." _「가례대문」

제사를 지내는 본질과 목적② _ 가족의 화합

제사의 또 다른 목적은 음복을 통한 '가족의 화합'이다. 명절의 본래 의미는 가족들이 한자리에 모여 함께 즐거운 시간을 보내며 화합을 다지는 것이다. 제사의 목적 역시 후손들이 한자리에 모여 돌아가신 가족을 추모하며 화목을 도모하는 것이다. 그 뜻을 잘 보여주는 것이 바로 제사의 음복이다.

제사의 마지막 의식은 수조受胙: 주인이 제사지낸 고기를 받음와 준餕이다. 세 번의 잔 올리기삼헌가 끝나면 축祝: 제례를 주관하는 자이 제사상의 술잔과 음식을 주인에게 건네며 신을 대신해·덕담을 내린다. 이것이 '수조'라는 예식이다. 이후 주인과 주부가 신주를 다시 사당에 모신 뒤 제사 음식을 친지·지인과 골고루 나눠 먹으며 덕담과 복을 나눈다. 이것을 '준'이라고 한다. 『주자가례』에는 '음복'이란 말이 없지만, 음식을 나누는 준을 우리는 음복이라 부른다. '복을 나누는 잔치'라는 뜻이다. 사실 이때부터가 제사의 하이라이트다. 주부가 제사상의 잔, 주전자, 퇴주잔 등에 있는 술과 음식들을 거둔다. 이렇게 모은 술을 복주福酒라 하고 제사상에 올렸던 고기를 복육福肉이라 하는데, 음식과 함께 가족·친지·친구와 두루 나눈다. 음식은 조금씩

만 나누는데, 중요한 것은 양의 많고 적음이 아니라 추모의 마음을 널리 나눈다는 '의미'이기 때문이다. 이것이 본래 제사와 제사 음식에 담긴 본질이었다. 따라서 나눔을 이유로 음식을 과하게 할 필요가 없는 것이다. 과한 음식은 준비 과정을 번잡스럽게 만들고, 준비하는 이들을 피로하게 하여 제사의 핵심인 '공경하는 마음'을 없어지게 할 뿐이다. 이것은 주객이 전도된 것이며 본래 의도에 맞는 올바른 제사가 아니다.

제사 이후 친족 남녀가 모두 모여 서열 순서대로 술을 주고받고 '덕담'을 나눴다. 『주자가례』에서는 '제사가 끝나면 형제와 빈객이 번갈아 가며 헤아릴 수 없이 잔을 헌수獻酬하라'고 당부한다.[203] 일가 친족끼리 교류하고 화목을 다지는 것이야말로 바로 '제사가 내리는 복福'이었다. 때문에 남녀노소 모든 친족이 빠짐없이 술이나 차를 주고받으며 축수하고 우호를 다지며 서로를 지지하고 응원했다. 더불어 조상을 추모하며 같은 뿌리임을 기억하고 유대감을 키워 나갔다.

제사를 지내는 본질과 목적③ _ 집안의 위계 서열 각인

마지막으로 제사는 구성원에게 종법상 위계와 서열을 각인시키는 학습의 장이 되었다. 주자학적 제사에는 고대 봉건시대의 관념이 녹아 있다.[204] 기본적으로 종법은 신분 서열을 공고히 하는 제도다. 당연히 종법

---

203 제사지내는 일이 끝난 후 형제와 손님이 서로 번갈아 가며 잔을 셀 수 없이 주고받는 것은, 그렇게 모이고 접촉하며 은정(恩情)을 나누고 우호를 다지도록 넉넉하게 권하는 것이다.(사마온공, 「가례부주」)

의 회복을 지향한 주자학적 제사에는 종법적 서열 의식이 곳곳에 녹아 있어 사람들 머릿속에 각인시키는 역할을 하였다. 예를 들면 사당에 신주를 놓는 순서, 제수와 찬품을 나열하는 순서와 위치, 제사 주관자의 순위와 참여 시 신분에 따른 역할의 차이, 제사 참여 시 줄을 서는 순서와 위치, 절하는 순서, 제사 복식, 음복 시 헌수 순서 등에 모두 서열序列과 존비尊卑의 관념을 녹여 넣었다. 제사 참여자들은 그런 것들을 눈으로 보고 몸소 행하면서 자연스럽게 누가 위이고 누가 아래인지 체득하게 되었다. 이를 통해 사람 간에도 '존비와 서열에 따른 순서'가 있음을 내재화해 간 것이다. 그렇게 조선의 사대부들에게 파고든 종법은 조선의 가족문화를 더욱 공고한 '부계 친족 중심 가문문화'로 변화시켰고, 그런 가문들은 사회의 중심이 되어 갔다. 결국 거대 가문들이 붕당 등 정치의 중심에 서면서 국가와 민족보다 가문의 번영과 영속이 상위 가치가 되는 폐단도 같이 생겨났다.

제사에서 중요한 것 _ 번거로운 제사는 안 지내느니만 못하다

그렇다면 오늘날 우리의 가족문화가 나아가야 할 방향은 무엇일까?

예를 다룬 유교 경전에 "제사는 자주 지내지 않아야 한다. 자주 지내면

---

204 주자의 시대는 불안과 패배 의식이 가득한 시대였다. 태상황 휘종과 황제 흠종이 모두 오랑캐의 포로로 끌려가고, 흠종의 동생은 멀리 수도를 옮겨 고종(1107~1187)이 되었다. 주자(1130~1200)는 오랑캐라 여긴 금나라에 갖은 위협과 수모를 받으며 무능하고 부패한 시대를 살았다. 따라서 주자학은 봉건제도인 종법으로 중화의 자존심을 회복하고 신분 질서와 도덕성을 바로 세우려는 목적성을 가질 수밖에 없었다.

번거롭고, 번거로우면 공경하지 않는다"라는 말이 있다. 공자 역시 "(제례에는) 공경함이 부족한데 예가 과한 것보다는 부족할지언정 공경함이 남아도는 게 낫다"고 말했다. 예란 그 상황에 가장 적절한 행동과 올바른 진심을 시의적절하게 표현하고자 하는 일종의 매뉴얼이다. 즉, 표현해야 할 본심과 본질이 핵심이 된다. 고대 유교로부터 주자에 이르기까지 제례의 핵심은 '공경하는 마음'을 지키는 것이지 제물의 화려함과 번잡함, 번다함이 아니었다.

재밌는 것은 『주자가례』의 제사상은 오늘날의 제사상보다 간소했고 의식도 지금의 명절 차례보다 훨씬 간단했다. 그럼에도 주자는 그조차 번잡하다고 느껴 개선의 필요성을 누누이 이야기했다.

> "후세에 대성인이 태어나 그가 한 차례 예를 정리하여 사람들로 하여금 다시 깨우치게 한다면, 필시 일일이 옛사람이 한 것처럼 번거롭게 하지는 않고 다만 옛사람의 글 뜻을 본떠 간단하면서도 행하기 쉽게 할 것이다."
> _『주자가례』

하지만 이미 조선의 제사는 과시적 허례허식과 기복 신앙 같은 욕심이 더해져 죽은 존재를 위해 살아 있는 사람의 음식을 산처럼 쌓아 갔다. 이미 몇 백 년 전 조선의 주자학자들도 그런 면에 대해서 우려의 목소리를 내고 있었다.

> "돌아가셨는데 살아계신 것처럼 섬기고, 귀신인데 사람처럼 먹이는 것이니, 그 모독이 심하다." _ 남계 표연말(1449~98)

또한 『주자가례』의 제사에는 본래 남녀 모두 공평한 역할과 자리가 있었고 남녀가 함께 준비하고 지냈다. 하지만 지금은 남자만 제사에 참여하고 여자는 부엌일을 도맡는다. 더불어 제사의 마무리인 음복 때는 덕담과 축수만 할 뿐, 예에 어긋나는 말은 하지 못하게 하였다. 하지만 지금의 명절에는 '말조심 매뉴얼'이 돌아다닐 정도이다. 5백여 년 전 『주자가례』나 조선보다도 더 기복적이고 이상한 것이 오늘날 명절 차례의 현실이다.

오늘날의 가족의례가 나아가야 할 방향

시대가 달라지고 상황이 변하면 예법은 본질을 지키는 방향으로 유연하게 변해야 한다. 공자가 지었다는 『주역』「계사전」에 이런 말이 있다. "궁극에 이르면 변하고, 변하면 통하며, 통하면 오래간다." 窮則變 變則通 通則久 무엇이든 한 방향으로 계속 가다 보면 끝내 궁해지는 순간이 온다. 그러면 변해야 한다. 변할 때가 됐는데 변하지 않고 한 방향을 고집하면 오래가지 못해 망해 버린다. 유교가 말하고자 하는 예의 본질도 이런 것이다. 예의 본질을 가장 잘 표현하는 말로 '시중지도' 時中之道: 상황과 때에 걸맞은 중용의 도와 '시의적절' 時宜適切이란 말이 있다. 특히 '시중' 時中은 예학자들이 예의 옳고 그름을 논박할 때 가장 중요한 잣대이자 근거였다. 시대에 맞지 않는 예법은 곧 본질을 잃은 '죽은 예법'이기에 고수해야 할 이유가 없다.

우리는 더 이상 장남 중심의 가문문화나 대가족 중심의 시대를 살고 있지 않다. 때문에 명절 제사는 장남과 큰며느리가 주축이 돼야 한다거나 번잡하고 음식만 가득한 제사를 고수해야 할 필요도 없다. 이미 삶의 모습과 시대적 요구가 변했기에 옛 시대의 왜곡되고 변질된 형식을 지켜 가야 할 이유가 없는 것이다.

의례와 문화가 처음 변할 때는 당황스럽고 불안하기도 하다. 하지만 몇 번 반복되다 보면 곧 익숙해지고 편안해진다. 바뀌야 한다고 생각하는 사람들이 많아질 때 풍속과 의례는 바뀔 수 있다. 가족이 함께하며 명절의 본질을 지키는 '모두가 행복한 명절', 나의 뿌리를 잊지 않으려는 '의미가 있는 제사'…. 이제 잘못된 것들을 털어내고 새로운 풍속을 다 함께 만들어 가기를 기원해 본다.

변질된 『주자가례』식 제사

① 원칙상 남녀의 역할과 무게가 동등했다. 그래서 초헌初獻은 주인이, 아헌亞獻은 주부가 술잔을 올렸다. 하지만 오늘날 남자만 참여하고 여자는 부엌에서 일만 하며 제사상 근처에 얼씬거리면 안 되는 존재로 전락했다.

② 제사상 차림은 현주玄酒: 정안수, 제철 음식, 생기가 있는 날것이 기본이었다. 그러나 가문의 위세를 과시하기 하거나 예법의 본의를 잘 이해하지 못해서 음식을 쌓거나 번잡스럽고 복잡해졌다.

③ 명절 차례는 이름대로 차와 명절 음식 정도만 간단히 올리는 제사였다. 하지만 기제사忌祭祀처럼 음식을 쌓는 제사로 변질되었다. 제사에는 여러 종류가 있는데 각 제사의 의미를 잘 모르니 그냥 모든 제사에 음식을 쌓게 되었다.

④ 음식 준비 과정에는 남자와 여자 모두 역할이 있었다. 하지만 조선 후기 예의 본질을 잘 이해하지 못하는 집안들이 남존여비 의식을 제사에 적용하면서 여자만 음식 준비를 해야 한다는 생각이 퍼져 나

가게 되었다.

⑤ 제사는 자손들의 기억과 마음을 모아 추모하며, 돌아가신 분을 '올바른 조상신으로 모시고' 돌아가신 선조의 기가 잘 흩어져서 자손들의 마음속에 올바른 상태의 존재로 남는 것을 조상신이 되었다고 표현한다., 자손에겐 죽음의 슬픔을 받아들이고 좋은 기억으로 승화시키며 그래서 제사를 길례(吉禮)라 한다, 자손을 화합하게 하는 것이 목적이다. 하지만 후대에 귀신이 와서 먹고 간다고 믿어 제사상에 음식을 과하게 쌓아 놓는 등 미신적인 기복 행위로 변질되었다.

⑥ 예는 때와 장소에 맞는 변형이 핵심이다. 즉, 시의적절함과 권도 權道: 목적 달성을 위하여 그때그때의 형편에 따라 임기응변으로 일을 처리하는 방도가 중요하다. 하지만 홍동백서 등 과거에 정해진 방식만 고수하려 하였다.

제사상의 '조율이시' 이야기

17세기 반계 유형원은 '조율시이' 대추·밤·감·배로 18세기 다산 정약용은 '조율이시'로 설명하고 있다. 두 학자의 학식으로 미루어 볼 때 둘 중 누가 틀렸다고 보기는 힘들다. 조선에서 쉽게 구할 수 있는 질 좋은 제철 과일이 '대추·밤·배·감'이었기에 그런 것들을 올리면 된다는 예시로 제시된 것으로 보인다.

20세기에 와서 아이들에게 쉽게 제사를 가르치기 위해 만들어진 습례국 예를 익히는 판이란 놀이판에서 '조율이시'를 수학 공식처럼 사용하고 있다.[205] 어린이 대상 행사에 동요를 틀거나 청소년 대상 행사에

---

205 1954년쯤에 간행된 것으로 보이는 근대 학자 정기연의 『탁와집』 중 「습례국도설」에 보인다.

아이돌 노래를 트는 것은 그것이 대체로 무난하다는 뜻이지 반드시 그래야만 한다는 것은 아니다. 제사상의 공식들 또한 마찬가지다. 대체적으로 그렇게 따라 하면 무난하다는 의미일 뿐, 반드시 그렇게 하라는 뜻은 아니다. 즉, 상황에 따라 종류와 방식을 바꿔도 큰 문제가 없다는 것을 알아야 한다. 중요한 점은 본질을 지키는 것이다. 형식과 말단을 고집하면서 궁극의 목표와 본질을 해하는 것이야말로 미련한 짓이다.

제사를 지내는 시간

노나라 계씨가 제사를 지내는데 날이 어두울 때부터 지내느라 참여한 이들이 피곤해 했다. 공자의 제자 자로는 밝을 무렵에 제사를 시작하여 아침 늦게 마치고 물러났다. 공자는 늦은 제사로 참여자들을 나태하고 불경하게 만든 계씨보다 차라리 간략하게 하여 경건한 마음을 지키게 한 자로를 칭찬했다.[206] 공경한 마음을 지키는 것이 가장 중요한 요소이기 때문이다. 주자의 스승격인 장횡거 역시 꼭두새벽에 제사 지내는 것은 예가 아니라 했다. 주자도 전날 기물 등을 엄숙히 준비해 두었다가 날이 밝을 무렵에 제사를 시작해 일찍 마쳤다고 한다. 조선 주자학의 거두인 우암 송시열 역시 제사의 때는 '밝을 무렵' 質明: 새벽녘이 적당하다고 했다.

---

206 각자 다른 시간에 제사를 지냈던 것은 춘추시대에는 나라마다 전해온 예법이 달랐기 때문이다. 황하의 치수 사업으로 유명한 우임금의 하나라 때는 검은색을 숭상하여 밤에 지냈다. 상나라는 흰색을 숭상하여 한낮에 지냈고, 중화 민족의 근원이라는 주나라는 붉은색을 숭상하여 새벽에 지냈다.

오늘날 제사 풍속을 보면 간혹 하루가 시작하는 자시子時: 오후 11시~오전 1시에 제사를 지낸다며 밤 12시에 지내기도 한다. 심지어는 자시가 시작하는 전날 밤 11시에 지내는 경우도 있다. 이유를 물어보면 조상귀신이 제삿밥을 얻어먹고자 제삿날이 시작되는 자시부터 집에 와 계신다는 다소 황당한 대답을 하는 경우도 있다. 하지만 유교나 주자학적 시각으로 보자면 그런 생각은 조상을 '올바르지 못한 귀신'으로 대하는 모독에 불과하다. 또한 예법의 본질과도 맞지 않는다.

제사상에 음식을 배열하는 원칙

제사상은 조화로운 소우주를 상징한다. 때문에 각 음식의 성질과 덕을 음과 양, 존비, 동서남북에 맞추어 배열한다. 이러한 원칙에 맞춰 손쉽게 구할 수 있는 주변 제철 음식을 올리면 된다.

제수는 양에 속하는 것하늘이 낳은 것은 홀수로, 음에 속하는 것은 짝수로 올렸다. 양은 하늘이 낳은 것으로 동물류어육이고, 음은 땅이 낳은 것으로 과일, 채소, 나물류이다. 각 지역과 계절에 맞는 제철 음식을 올리는 것이 원칙으로 요즘처럼 '반드시 올려야만 하는 품목'이란 없었다. 제사 상차림은 천지자연의 모습을 상징적으로 형상하며 꾸미면 되었다.

성질과 색상이 양에 속하는 것은 동쪽, 음에 속하는 것은 서쪽, 같은 종류라도 귀할수록 북쪽으로, 흔할수록 남쪽으로 배치한다. 왼쪽은 양이고 오른쪽은 음인데, 살아 있는 자는 양왼쪽을 귀하게 여기고 귀신은 음오른쪽을 귀하게 여긴다. 그러므로 제사상에서는 귀한 것일수록 더 음의 방위에 놓는다.

육류는 홀수로, 과일과 채소는 짝수로 올렸다. 움직이는 동물은 하늘이 낳은 양으로 보고, 땅에 붙어사는 식물은 땅이 기른 음으로 보았다. 때문에 음에 속하는 과일은 짝수로 올린다.

예서에 기록된 제물의 종류가 많은데, 그것은 모두 다 사용하라는 것이 아니다. 지역과 계절에 따라 나오는 종류가 다르므로 그중 적절한 것을 상황에 맞게 올리라는 일종의 예시example이다. 의식은 간단히 하고, 선비들은 돼지고기 정도를 쓰면 된다. 제수와 찬품은 간단한 제철 음식을 사용하고 평소의 찬으로 대체해도 상관없다. 이처럼 쉽고 간단히 지낼 수 있어야 공경하는 자세를 지킬 수 있다.

08

메이지 국화와 로사리우스(1)

대한제국에 피어난 메이지 천황의 꿈

일본 역사 왜곡의 뿌리 _ 진구 왕후의 삼한 정복설

세계를 정복할 운명을 타고났다는 일본의 몽상은 뿌리가 깊다. 720년에 완성된 일본의 고대 사서 『일본서기』는 다른 한·중 역사서들과 연대조차 맞지 않고 내용도 반쯤은 판타지다. 일본 사학계조차 『일본서기』를 그다지 신뢰하지 않는다. 그럼에도 『일본서기』는 오랫동안 일본 군국주의자들을 주기적으로 열광시켰다. 바로 진구神功 왕후 이야기 때문이었다.

시기조차 명확치 않은 신라 초기 어느 시절, 왜국에는 신과 통한다는 진구 왕후가 있었다.[207] 진구는 어느 날 꿈속에서 신라를 치라는 신탁을 받고 남편 추아이仲哀 천황을 설득했다. 하지만 추아이는 요지부동하다가

---

207 진구 왕후[神功王后]는 2~3세기경 일본의 14대 추아이 천황[仲哀天皇]의 왕비이다. 일간에서는 '연오랑과 세오녀' 설화에서 일본으로 건너간 세오녀가 진구 왕후가 되었다고도 하고, 또 진구 왕후가 일본 최초 여왕인 비미호[히미코]라고 해석하는 설도 있다.(김성호, 1982)

결국 천벌을 받아 급사하고 말았다. 당시 만삭이었던 진구는 천황의 장례도 치르지 않은 채 급히 군사를 모아 신라를 치러 갔다. 그러자 바람이 배를 밀고 물고기들이 배를 떠받들어 금세 신라까지 도착했다. 진구가 신라 땅에 상륙하자 곧 거대한 해일이 신라 한복판까지 밀어닥쳤는데, 그걸 본 신라왕은 두려움에 탄식하며 곧장 항복했다고 한다.

> "(신라왕이 말하길) 내 듣건대 동쪽에 신국神國이 있는데 일본日本이라고 한다. 또한 성왕聖王이 있는데 천황天皇이라고 한다. 반드시 그 나라의 신병神兵일 것이니, 군사를 내어본들 어찌 방어할 수 있겠는가!"

이 소식이 퍼지자 백제와 고구려는 진구의 군세를 염탐하기 위해 사람을 보냈다. 하지만 결국 도저히 이길 수 없음을 깨닫고 스스로 항복하며 조공을 맹세했다고 한다. 이 허무맹랑한 이야기가 바로 진구 왕후의 '삼한 정복설'이다.

▌일본의 삼한정벌도

▌진구 왕후가 그려진 메이지 시대의 지폐

이 판타지 같은 이야기는 도요토미 히데요시와 메이지 유신 주역들의 가슴에 같은 꿈을 새겨 넣었다. 메이지 유신이 한창이던 1881년, 일본은 최초로 인물화를 넣은 고액권 지폐를 발행했는데 그 주인공이 바로 진구였다. 한반도 정복의 야망을 엿볼 수 있는 부분이다. 이즈음인 1882년, 일본은 군대를 이끌고 조선을 강압하여 '제물포조약'과 '조일수호조규속약'을 맺고 도성 내에 일본 공사관을 설치했다.

일본은 조선·중국과 달리 과거제도가 없었다. 그런 시험제도보다는 언제든 바로 사용할 수 있는 실용적인 기술을 익히고, 한 분야의 일인자가 되어 영주의 눈에 뜨이는 것이 더 중요했다. 때문에 임진왜란을 일으킨 도요토미 히데요시는 미천한 신분이었음에도 최고 수장인 오다 노부나가의 눈에 들어 관백 일본 천황을 대신하여 정무를 총괄하는 귀족의 최고 지위 이 될 수 있었다. '강함'을 숭상하고, 실질적인 '기술과 실력'을 중시하는 풍조는 학문적 개방성과 다양성을 포용하는 바탕을 만들었다. 때문에 갑자기 출몰한 외세와 불공정 계약을 맺으면서도 강하다고 판단한 서양을 배우는 데 집중할 수 있었다.

그렇게 신문물을 배우며 생긴 자신감은 '삼한 정복설'이란 옛 망상을 떠올리며 제국주의 파시즘을 키워 갔다. 또한 군국주의로 빠른 근대화를 이루어 천하를 제패하겠다는 꿈은 '메이지 유신'을 통해 현실화시켜 나갔다. 유교 경전만 달달 외워 과거를 보고, 주자학의 벽이단론闢異端論: 정통을 지키고자 다른 학문을 이단으로 몰고 배척하는 사상에 빠져 쇄국과 위정척사가 힘을 얻었던 조선과 비교되는 부분이다. 현재까지도 우리 민법에는 일제가 남긴 메이지 민법의 잔재가 남아 있다. 그리하여 우리의 관념과 문화는 아직까지도 메이지 유신에서 자유롭지 못하다. 때문에 현재 우리 안의 반목과 친일 문제의 근원을 따져 보기 위해서는 메이지 유신에 대한 이해가 필요하다.

일본을 뒤바꾼 힘 _ 메이지 유신

그럼 메이지 유신明治維新 1868년이란 무엇일까? 서양과 그 학문에 대한 이해가 깊어지면서 중화 문명의 한계와 위기를 깨달은 일본은 곧장 서양으로 방향을 돌렸다. 일본의 고유 정신에 중화의 기술을 융합하자는 과거의 구호화혼한재(和魂漢才)[208]를 일본의 고유 정신에 서양의 기술을 융합하자는 '화혼양재'和魂洋才로 바꾸고, 서양에 유학생을 보내며 신기술을 연구했다. 서양의 강함에 대한 충격 및 동경과 함께 오랫동안 일본을 지배하던 막부 체계는 신학문에 눈을 뜬 하급 무사들에 의해 무너지게 된다. 그들은 신흥 세력이 되어 신격화한 메이지明治 천황을 변화의 명분으로 내세웠다. 결국 막부들은 모든 권한을 천황에게 바치고[209] 일본 근대화의 문을 열었다. 이것이 바로 메이지 유신이다.

---

208 화(和)는 일본 최초의 통일국인 야마토〔大和〕 정신으로, 곧 일본 고유의 정신을 의미한다.
209 '대정봉환(大政奉還), 왕정복고(王政復古)'라 했다.

요시다 쇼인과 메이지 신법

메이지 유신의 시작과 현재 사이에, 일본의 전 총리인 아베 신조가 그토록 존경한다는 요시다 쇼인吉田松陰, 1830~1859이란 한 인물이 있다. 그는 에도 막부 사무라이 정권의 병학가兵學家이자 사상가였다. 그는 한창 공부할 때 읽었던 『신론新論』이란 책에서 일본이 신성한 신의 나라, '신국'神國이었음을 깨닫고 큰 충격을 받았다고 한다. 쇼인이 느꼈던 충격과 감동은 제자들[210]을 통해 메이지 유신으로 이어졌다.

오랜 시간 상징적인 제사장 정도로 기억됐던 일왕을 태양신의 유일한

▌요시다 쇼인. 엄청 훌륭하고 미래를 예측한 인물로 묘사되고 있지만, 최근에 실제 역사상 역할과 의미가 크지 않다는 이유로 일본의 역사 교과서에서 퇴출이 검토되고 있다.

---

210 안중근이 최고의 원흉이라 여긴 이토 히로부미, 일본 군국주의의 사상 지침인 〈교육칙어〉를 발표한 일본 의회 최초의 총리 야마가타 아리토모, 세계의 모든 토지와 인민은 천황의 것이라며 천황 중심의 제국주의 근대화를 추진한 기도 다카요시, 한일 병탄을 추진한 가쓰라 다로 총리 등, 메이지 신정부를 이끌고 대한제국을 식민지화하는 데 앞장선 이들이 모두 요시다 쇼인의 제자들이다.

직계 자손 만세일계(萬世一系): 신의 혈통이 천황을 통해 끊김 없이 지속됨 으로 만들고, '세상에 현현한 살아 있는 신' 現人神 으로 포장했다. 이를 근거로 천황 天皇: 스메라미코토 을 천하의 통치자가 될 운명으로 만들고, 일본 고유 종교인 신도 神道 에 끼어 넣어 신격화했다. 그리고 '태양신인 천황의 지배하에서 천하는 한집안 八紘一宇 이 된다'는 세계 정복의 제국주의 파시즘을 종교적 신앙으로 승화시켰다.[211] 그러한 사상을 바탕 삼아 사회를 군사 조직화하고 제도를 근대화한 것이 바로 '메이지 신법'이다.

신앙의 영역으로 승화된 메이지 유신은 강력했다. 정치에는 이견이 있을 수 있지만 신앙에는 이견이 있을 수 없다. 복종 외에는 모두 신성모독이다. 천황은 일본이란 나라 그 자체이며 國體論 천황과 일본을 지키기 위한 죽음은 신성한 순교와도 같았다. 이에 가미카제 神風 특공대는 죽음을 영광스러워했고, 꼬붕 分家: 臣藩 으로 복속시킨 조선 역시 그렇게 되도록 만들고자 했다. 때문에 조선의 풍속과 관습을 메이지 민법식으로 바꾸고 민족정신을 말살시키는 황국신민화 정책 조선 백성을 일본 천황의 충실한 신민으로 만들려는 정책 을 강력하게 실시했다.

조선 지배 전략① _ 조선의 역사와 철학을 왜곡하라 : 식민사관의 주입

일제는 조선의 인적·물적 자원을 빠짐없이 활용하기 위해 다양한 분야

---

211 이 때문에 미 군부는 일본이 패하자 일왕 히로히토에게 국민 앞에서 '인간 선언'을 종용했다. 천황을 태양신의 후예이자 현신으로 믿고, 전 세계에 욱일승천하는 욱일기(전범기)를 흔드는 광신도 같은 믿음이 제국주의 파시즘의 중추라 파악했기 때문이다.

를 치밀하게 조사하고 바꿔 나갔다. 우선 1906년부터 1938년까지 조선 각지의 지리·관습·풍속을 체계적으로 조사했다.[212] 그리고 조선뿐 아니라 중국, 만주, 연해주까지 샅샅이 뒤져 약 20만 권의 조선 사서를 강탈해 불태우거나 불법 반출해 갔다. 이로 인해 조선의 상고사는 거의 완벽하게 지워져 버렸다. 저항을 잠재우고 식민 통치를 더 쉽게 하려면 민족 정체성부터 지워야 했기 때문이다. 이후 조선사편수회를 만들어1925년 한국 고대사를 왜곡한 『조선사』 37권을 간행하고 본격적인 식민사관 교육을 시작했다.

대표적 역사학자인 이마니시 류今西龍, 1875~1932와 오다 쇼고小田省吾, 1871~1953 교수는 경성제국대학서울대의 전신에서 한반도는 늘 정체된 성향을 가졌으며, 타율적이고 외세 의존적이었다는 반도사관을 만들어 가르쳤다. 고조선사를 신화로 왜곡하고, 삼국의 역사를 일본의 속국이었던 작은 부족의 역사로 전락시켰다. 왜곡한 것은 역사뿐만이 아니었다. 정신세계와 가치관을 이루는 철학과 사상도 조작했다. 대표적 철학자인 다카하시 도루高橋亨, 1878~1967는 조선 사상은 중국의 아류일 뿐이며, 이분법적 주리主理·주기主氣론에 빠져 형식과 명분 싸움으로 당쟁만 일삼았다는 논리를 정립했다. 이러한 관점에서 지금까지도 우리는 자유롭지 못하다. 그렇게 많은 시간이 흐르고 많은 학자들이 양성되었음에도 우리의 식민사관 탈출은 아직도 요원해 보인다.

해방 후 '배운 인재'가 절대적으로 부족했던 가운데 경성제대이후 미군정에

---

212 2019년 '일제 조선관습조사 토대기초연구팀'이 발표한 자료에 의하면, 찾아낸 보고서만 해도 약 7,700책에 달했다고 한다.

의해 폐쇄되어 서울대로 통합되었음 출신들은 전국 대학의 교수, 정치인, 고위 관료 등이 되어 각계를 이끌고 후진을 양성했다. 바쁘게 진행된 현대사 속에서 식민 사학은 재고와 청산의 겨를 없이 계승되고 굳건한 뿌리가 되어 갔다. 식민 사학을 극복해 보려는 다양한 노력은 오히려 비주류가 되어 정계와 학계에서 이단으로 치부되었다. 지금까지도 우리 교과서 일면에는 이마니시 류와 다카하시 도루의 사고가 면면히 깔려 있다.[213] 아직도 우리는 일제가 남긴 안경을 쓰고 식민사관을 머릿속에 담은 채 세상을 바라보고 있는 것이다.

조선 지배 전략② _ 조선의 관혼상제 풍속을 일본식으로 바꾸기

사상은 제도를 만들고 제도는 문화를 만든다. 문화는 사람들의 가치관을 만들고, 생각을 만들며, 거기서 다시 새로운 사상이 싹튼다. 사상은 그렇게 반복 순환하며 현실을 만들어 간다. 일제의 제국주의·국수주의 천황 신앙은 식민 사학으로 조선의 사상을 뜯어고치고, 메이지 민법으로 조선의 제도를 바꾸어 마침내 '조선의 현실'을 바꿔 나갔다.

가장 기본적인 관혼상제만 해도 그렇다. 중일전쟁을 앞둔 일제는 「의

---

213 다카하시는 조선 사회의 특징을 이렇게 정리했다. ①사상의 고착성(한 번 믿으면 변하지 않고 꽉 막혀서 고집불통이 됨), ②사상의 무창견(조선은 중국 사상의 아류로서, 독자적으로 창조한 게 없다), ③창기(낙천적 평정 유지), ④문약함(책상에서 이론만 파는 무능함), ⑤당파심(당쟁하다 망했다), ⑥형식주의(실질보다 형식 중시). 더불어 조선 사상계를 퇴계와 율곡의 주리(主理) 및 주기(主氣)로 단순 이분화하였다.(『조선의 이언집부물어』[1914], 서문의 내용을 이형성이 정리한 내용을 재인용): 이형성(2011), p.33.

례준칙」을 반포1934년하여 관혼상제를 전시체제와 식민 정신에 걸맞게 바꾸었다. 조선인들이 특히 중요시했던 이별 의식인 장례葬禮는 병참기지국인 식민지의 처지에 걸맞게 '효율적인 시신 수습 의식'으로 전락시켰다.

본래 우리 문화의 전통 장례는 상을 치르는 기간이 자유로웠다. 각 집안의 상황에 맞게끔 융통성이 있었던 것이다. 먼 곳에 사는 친인척과 집안마다 다른 경제 상황들을 배려하기 위한 조치였다. 때문에 상황에 따라 3일장, 5일장, 7일장 등을 선택할 수 있었다. 수의 역시 생전에 가장 중요한 순간에 입었던 옷이나 고인이 중요하게 여겼던 의복을 사용했다. 그래서 왕은 정사를 볼 때 입었던 곤룡포를, 관료는 관복을, 선비는 유학자의 옷인 심의深衣를, 여성은 혼인 시 입었던 활옷을, 아이들은 부모가 선물한 가장 좋은 옷 등이 수의가 되었다. 생전에 가장 영예롭고 의미가 담긴 순간을 고인에게 입혀 보내기 위함이었다. 문상 받는 빈소에는 친인척과 지인들이 고인에게 보내는 마지막 선물폐백이나 고인의 삶과 업적을 추억하는 글, 고인을 보내며 해 주고 싶은 말들을 적은 '만시'輓詩 등을 올렸다. 오늘날 추모 광장이 열리면 사람들이 포스트잇이나 메모지에 짧은 글을 써 붙이며 추모하는 모습과 비슷하다. 또한 남은 가족이 이별을 인정하고 치유할 시간을 주기 위해 삼년상실제로는 만 2년이다 등 애도 기간을 길게 잡았다.

하지만 일제는 조선인들을 빨리 일터로 보내기 위해 장례 기일을 3일 내에 끝내도록 정하고, 옷의 낭비를 막기 위해 죄수복으로나 사용되던 가장 값싼 삼베로 수의를 만들게 했다. 또한 일본이 의례 시 사용하던 검은색 양장에 상장喪章 리본과 군대식 완장을 두르고 천황의 상징인 국화를 바치는 장례 의식을 보급하며 화장과 공동묘지 문화를 도입했다.

조선 지배 전략③ _ 조선의 가족문화를 일본식으로 바꾸기 : 호주제 도입

또한 사회의 가장 기본 단위인 가족문화에 메이지 민법의 호주제를 도입 1921년, 「조선호적령」하여 인적 자원의 파악과 통제를 쉽게 했다.[214] 호주제란 남성 가장인 호주戶主가 집안의 모든 권한을 독점하고, 호주의 부계 친속들을 호주를 통해 일괄 관리하는 제도이다. 고려와 조선 시대의 호적은 함께 사는 동거인들을 표시하고 대표자를 호주로 내세웠다. 때문에 함께 살지 않는 가족들까지 파악하기는 힘들었고, 여자가 호주가 되기도 했다.

하지만 일제는 가솔들의 정보 파악을 수월하게 하기 위해 '호적부'라는 것을 도입했다. 호주제를 통해 부계 친속들이 각자 떨어져 살더라도 그들의 개인 정보를 호주 밑에 모아 놓았기에 쉽게 파악할 수 있었다. 예를 들자면 우리나라도 호주제가 시행되던 2007년까지 호적등본 한 장만 떼어 보면 호주와 가족 전체의 모든 정보를 파악할 수 있었다. 심지어는 이혼, 입양, 수감 이력 등도 상세히 알 수 있었다.

그래서 호적을 떼면 당사자보다 호주의 내용이 더 크게 나왔고 집안의 이력과 동향을 한눈에 알 수 있었다. 특히 며느리는 시아버지의 호적에 들어가 시댁 식구의 모든 정보와 함께했다. 또 호주가 구성원들에 관한 재산권·혼인권·거주권 등의 중요 권한을 독점하기에 명령 수행과 통제가 용이했다.

---

214 일본의 우에키 에모리〔植木枝盛, 1857~1892〕는 『도요신문〔土陽新聞〕』에서, 「이에에 호주가 있는 것은 전제정치의 작은 모형이다」는 글을 싣기도 했다.(최석완 역, 『일본 여성의 어제와 오늘: 성, 사랑, 가족을 통해 본』, 2017, 어문학사, p.253.) 메이지 민법이 진행한 이에 제도, 즉 호주제는 사무라이식 이에 제도를 천황 사상과 결합하는 한편, 근대화를 추구한다는 명분으로 서양의 가부장제와 뒤섞은 것이다.

일제가 강제 이식한 호주제의 특징

호주제는 몇몇 중요한 특징을 가지고 이 땅의 가족문화와 여성 인식을 바꿔 갔다.

첫째, 호주제는 남성 가장을 중심으로 하며, 가독권家督權: 가장의 권한의 상속은 장남에게만 가능했다. 딸만 있으면 첩의 아들이나 양자를 들여 상속할 수 있었다. 때문에 아들을 핑계로 첩을 갖거나 호주를 이어 가려면 원치 않아도 양자를 들여야 했다. 이에 딸만 있을 때 첩을 들이거나 양자를 얻는 일이 당연시되었다. 메이지 민법 제970조 [215]

둘째, 호주의 지위와 모든 재산은 가독家督을 상속한 장남에게 단독 상속됐다. 때문에 가장의 힘은 더욱 강해지고 상속에서 배제된 여성들의 지위는 더욱 낮아졌다. 메이지 민법 제964조

셋째, 여자가 혼인하면 법적 무능력자가 되어 대부분의 법률관계로부터 배제됐다. 때문에 남편의 동의 없이는 어떠한 법률 행위도 불가능했다. 즉, 소송이나 직업 계약 등도 불가능했다. 소송, 신고 등의 법적인 행위를 할 수 없다는 뜻. 메이지 민법 제14조

넷째, 유산 상속 등 아내 소유의 특유재산과 벌어 오는 모든 임금은 남편에게 관리 권한이 넘어갔다. 때문에 딸에게도 균분 상속하던 오래된 전통은 사라지고, 아내는 가장의 소유물이 되어 갔다. 메이지 민법 제801조

다섯째, 아내에게만 엄격한 정조 의무를 두어 간통하면 처벌받고 이혼

---

215 한국은 1959년까지 일제강점기 「조선민사령」에 의거한 일본 민법전을 거의 그대로 사용하고 있었다. 1921년부터 조선의 관습을 반영한 「조선호적령」을 공표하였으나 일본의 조사가 충분치 못하여 메이지 민법의 흐름과 크게 다를 바가 없었다. 이에 호주제의 근본 방향성을 정확히 보기 위해 여기서는 메이지 민법을 통해 정리하였다.

호 적 부

〈상징적 명예호적〉

본 적	서울특별시 도봉구 쌍문동 2번지의 2
호적편제	(편제일) 2007년 5 월 4 일 (도봉구청장 방침 4827호에 의거)

전호주와의관계		자				
부		성별	남	본	전호적	
모				道峰		
호주	고길동				나 이	41세로 추정 둘리와 함께 살면서 신체 나이에 맞지않는 활력과 운동력, 지구력, 정신력을 보여주고 있어 정확한 나이 가늠이 어려움.
					주민등록 번 호	

출생	(출생장소) 서울특별시 도봉구 쌍문동 2번지 2 (신 고 일) 2007년 1월 31일 (신 고 인) 대한민국 국민들의 염원으로 진행됨.
입양	2007년 1월 31일 둘리, 희동이의 영원한 보호자로 입양 대한민국 국민들의 염원에 못이겨 떠밀리듯 진행됨.
입양	2007년 1월 31일 도우너, 또치의 영원한 보호자로 입양 둘리와 희동이만 이뻐하느냐는 대한민국 국민들의 탄원에 못이겨 울며 겨자먹기로 진행됨.

부	케라토사우루스로 추정	성별	남	본	전호적	1억만년전의 공룡나라
모				道峰	입적 또는 신호적	
양자	둘 리				나 이	1억만년 전에 태어났지만 얼음 속에 잠들어있던 관계로 신체 및 정신 나이는 8세 내외
					주민등록 번 호	

출생	(출생장소) 1억만년전의 공룡나라
입양	2007년 1월 31일 고길동의 양자로 입양 고길동과 둘리, 모두 원하지 않는 일이라 그냥 계속 아저씨라고 부르기로 합의봄.

▌2007년 도봉구에서 발행한 둘리의 명예 호적등본(서울시 도봉구청)

의 원인이 됐다. 하지만 남편은 유부녀와 간통해서 형사처벌을 받았을 때만 이혼 원인이 될 수 있었다. 때문에 남자의 외도와 축첩은 별다른 문제가 없다는 인식을 낳게 했다. 메이지 민법 제813조 제2·3항

여섯째, 미성년 자녀의 친권은 아버지에게만 주어졌다. 때문에 이혼하면 어머니는 자식과의 인연도 끊어졌다. 따라서 자녀는 아버지의 소유라는 인식이 더욱 강해졌다. 메이지 민법 제877조)

일곱째, 호주는 가족이 사는 곳을 지정할 권리, 혼인과 입양을 허락할

〈둘리 명예가족관계등록부〉

등록기준지	서울특별시 도봉구 쌍문동 2번지의 2

구분	성명	나이	특기사항	성별	본
본인	고길동	41세로 추정 (둘리와 함께 살면서 신체 나이에 맞지 않는 활력과 지구력, 정신력을 보여주고 있어 정확한 나이 가늠이 어려움)	2007년 1월 31일 대한민국 국민들의 염원에 못 이겨 떠맡다시피 '둘리', '희동이', '도우너', '또치'의 영원한 보호자로 입양	남	道峰

가족사항

구분	성명	나이	특기사항	성별	본
배우자	박정자	40세로 추정	출연비중이 높지는 않지만 바람 잘 날 없는 고길동 가족의 살림을 꾸려나가는 알뜰한 살림꾼	여	道峰
자녀	둘리 (공룡)	신체 및 정신나이 8세 내외	2007년 1월 31일 고길동의 양자로 입양 고길동과 둘리, 모두 원하지 않는 일이라 그냥 계속 아저씨라고 부르기로 합의 봄	남	道峰
자녀	고철수	12세 (초등학교 5학년)	둘리의 등장으로 현지 밀리는 듯 하지만 엄연한 고씨 집안의 장손임	남	道峰
자녀	고영희	10세 (초등학교 3학년)	고씨 집안의 고명딸로 둘리에 대한 각별한 애정을 보여 철수보다는 출연비중이 높은 편	여	道峰
자녀	희동이	3세로 추정	2007년 1월 31일 고길동의 양자로 입양 임시 입양 상태로 고길동을 계속 꼬모부라고 부르고 있음	남	道峰
자녀	도우너 (외계인)	1986세 (깐따삐야기 9981300년 11월생)	2007년 1월 31일 고길동의 양자로 입양, 괴팍히 오래사는 깐따삐아별 사람들의 특징상 지구에서 보내는 시간은 잠시 놀러나간 정도로 여기지는지 딱히 돌아가려는 의지가 뚜렷하지 않은 상태	남	道峰
자녀	또치 (타조)	8세로 추정	2007년 1월 31일 고길동의 양녀로 입양 라스베가스 서커스단에서 탈출. 아프리카 귀족 출신이라고는 하지만 확인되지 않음.	여	道峰

▌새로 발행한 고길동의 명예 가족관계증명서(서울시 도봉구청)

권리가 있었다. 또한 가족이 복종하지 않으면 호적에서 제외시킬 권한이 있었다. 때문에 며느리의 경우 호주인 시아버지의 허락 없이는 결혼과 이혼이 불가능하고, 잘못하면 호적을 파 버릴 수도 있었다. 더불어 호주는 남성에게만 상속되었기에 시아버지나 장남인 남편이 사망하면 시동생이 호주가 되거나, 그조차 없으면 어린 아들이 호주가 되는 경우도 있었다. 그렇기에 시댁과 남성의 권한 및 위상은 더욱 높아졌다. 메이지 민법 제749~750조)

일본식 호주제가 우리에게 남긴 것

그렇다면 일제가 종용한 호주제는 우리에게 무엇을 남겼을까? 그리고 새삼스럽게 호주제를 돌아보고 의미를 새겨보아야 할 필요는 무엇일까?

첫째, 가족 구성원들의 왜곡된 역할과 이미지를 고착화했다. 일본 사무라이의 이에 문화와 서양의 남녀 차별적인 가부장제가 접목하여 나온 것이 호주제라는 것이다. 본래 일본 무사 가문에서 종자인 당주當主: 당대 가독권을 가진 호주를 부르는 일본식 표현는 분가들에 대한 군사적 통솔권을 가지고 있었다. 호주제의 독특한 특징인 '가독'이란 개념은 군대의 총독처럼 가족에 관한 강력한 통솔 권한을 갖는 것을 의미한다. 그것은 강한 남성상과 온순하게 내조하는 여성상, 부모에게 절대 순종하는 자녀상을 만들었다. 때문에 힘들어도 강한 척하는 남성, 부당함에도 침묵하고 순종하는 여성, 부모에게는 그저 "네"라고 말하는 부자 관계를 만들어냈다.

둘째, 메이지 민법에 담긴 군국주의[216] 정신은 가족문화를 넘어 사회 전체에 영향을 끼쳤다. 군대 문화는 대장을 중심으로 서열을 정하고, 상명하복의 원칙으로 조직 계통을 단순화한다. 호주제 역시 가독의 권한이 매우 강했기에 구성원들은 가장의 명령에 따르는 수밖에 없었다. 집에서 새는 바가지는 밖에서도 샌다. 가정의 관습과 사유 구조는 그대로 사회로 연결된다. 호주제가 위계를 중시한 상명하복의 가족문화를 만들어냈듯, 조직 문화에서도 선후배의 위계를 따지고 상명하복을 당연시하는 풍조를

---

216 군국주의: 군사력에 의한 대외적 발전을 중시하여, 전쟁과 그 준비를 위한 정책이나 제도를 국민생활에서 최상위에 두고 정치·문화·교육 등 모든 생활 영역을 이에 전면적으로 종속시키려는 사상과 행동 양식.(『두산백과사전』)

만들어냈다. 지금까지도 연배가 높은 분들은 직장 생활과 가정에서 상명하복 문화를 중요하게 생각하는 경우가 많다.

셋째, 주자학의 종법적 사고에 메이지식 호주제가 만나 가족 간의 권력서열을 강화하고 여성의 지위를 급격히 하락시켰다. 종법에도 서열 관계는 있었지만 주로 제사나 의례 등에 사용되는 서열일 뿐이었다. 며느리는 언젠가 어머니가 되고 시어머니가 되어 나름의 권력을 가질 수 있었다. 비록 삼종지도가 있어도 아들은 어머니에게 효孝로써 순종해야 했다. 하지만 호주제에서 여성은 철저한 무능력자였다. 호주는 남성만 가능했기에 아들이 없으면 양자라도 들여야 했고, 시동생이나 미성년자 아들이 호주가 돼도 여성은 법적 권한이 없어 호주의 결정에 따라야 했다. 때문에 여성의 지위는 실질적으로 하락했고, 군림하는 가장과 남성을 만들었다.

넷째, 호주제는 일본의 가족문화인 이에 문화를 바탕으로 한다. 가독은 일본의 이에 문화에서처럼 가족의 오야붕親分, 큰집 같은 개념이 되어 모든 통솔·결정권을 갖고, 가족 구성원들은 꼬붕分家, 작은집 같은 개념이 되어 절대 복종해야 했다. 그리고 이러한 사고를 정치적으로 확장하여 천황가는 총본가, 국민들은 분가로 규정했다. 즉, 천황에 대한 효와 충성을 강조하는 가족국가관을 이식하여 '지도자는 곧 어버이'라 여기며 전체를 위해 충심으로 헌신하는 전체주의 사고를 갖게 만들었다.

다섯째, 일하는 여성을 낯선 모습으로 만들었다. 이에 문화가 규정하는 이상적인 가족상은 '밖에 나가 일하는 남성과 집에서 내조하는 여성'이다. 전쟁기에 여성에게 요구하는 덕목은 충실한 병사를 많이 낳고 길러내는 것이었다. 때문에 다산한 여성을 표창하거나 우량아 대회를 열어 널리 권장하기도 했다. 게다가 기혼 여성은 법적 무능력자였기 때문에 직접 직업 계약을 맺을 수도 없었다. 따라서 여성이 사회생활하는 모습을 보는 것은 매우 드문 일이었다. 따라서 남성처럼 큰일을 하는 여성의 모습은 점점 낯설고 어색해졌다.

마지막으로, 사람을 소유화하는 관념을 정착시켰다. 가족 구성원들의 결혼, 이혼, 이동, 상속, 직업 계약 등에는 호주의 허락과 동의가 필수였다. 어려운 집안을 돕고자 딸이 공장이나 식모로 갈 경우, 계약은 당사자인 딸이 아닌 호주가 해야 했고, 여자에게는 재산 관리 권한이 없었기에 월급의 관리 권한도 호주에게 있었다. 이처럼 거주를 결정하고 법적 계약을 맺을 모든 권한이 호주에게 있었기에 의당 가족은 호주의 소유처럼 여겨지게 되었다.

현재의 가족법 기준으로 보면 상당히 생소한 내용이지만 2008년까지 우리 부모 세대는 이러한 제도하에서 살아왔다. 이처럼 비근대적인 호주제를 일본에서는 이미 1947년에 폐지했다. 하지만 우리나라에서는 2005년에야 헌법불일치 결정이 내려지고 2008년 시행되기까지 지난한 다툼을 겪어야 했다. 일제 강점기에 실시한 황국신민화 정책이 많은 이들의 관념을 바꿔 놓았기 때문이다. 때문에 '호주제는 반드시 지켜야 할 민족의 전통'이라는 오해 속에 아무런 의미도 없이 장기간 유지되었다. 그리고 호주제가 폐지된 지 십여 년이 지났지만 호주제의 흔적은 우리 가족 문화에 여전히 굳건하다.

자연에 호주제가 있다면 호주는 남성일까? 여성일까?

하버드대 생물학 박사이자 생명 다양성 전문가인 이화여대 최재천 석좌교수는 의미심장한 말을 던졌다. "자연계 동물들 참 많이 관찰했는데 동물들 사회에는 호주 제도라는 게 없더라. 근데 만일 내가 호주 제도를 동물들 사회에서 발견한다면 호주는 영락없이 암컷일 수밖에 없다. 왜냐하면 자연계는 암컷이 중심이기 때문에"[217] 라면서, 덧붙여 가장은 반드시 남성이어야 하고, 성씨도 반드시 아버지의 성을 이어야 한다는 생각은 사회 문화가 만들어낸 '관념'일 뿐이라고 말했다.

급변하는 현실에 맞는 새로운 인식과 새로운 가족문화를 만들어 가려면 기존의 낡은 관념은 정리해야 한다. 현재의 우리 가족문화와 여성 인식의 뿌리에는 전통이란 굴레를 덧씌운 일제 강점기의 잔재가 여전하다. 일제 잔재 청산 없이는 새로운 역사로 나아갈 수 없듯이, 왜곡된 관습의 본질을 직시하고 청산하려는 노력 없이는 새로운 가족문화도 불가능할 것이다.

---

217 여성가족부(2019).

식민사관이 만들어낸 우리 상고사의 미싱 링크

우리 역사책들은 대부분 한민족의 시원을 BC.2333년 고조선으로부터 잡는다. 대개 민족의 시원 역사는 더 위대한 민족으로 치장되기 위해 곧잘 확대되곤 한다. 하지만 우리는 좀 다르다. 우리의 시원 역사이자 무려 이천 년 이상을 존재했다는 나라임에도 고조선 같은 미스터리가 없다. 학자마다 고조선을 이해하고 논하는 방식이 매우 다르다. 신화적인 접근부터 고조선 허구설까지, 또 영토의 범위와 민족적 정체성마저도 뭐 하나 통일된 게 없다.

고려 때 잦은 전란과 사건으로 이미 많은 고대 사서는 불타 버렸다. 조선에 이르면 세조, 예종, 성종에 의해 고대 사서들은 정책적으로 금서로 치부되어 강제 수거되어 불태워졌다. 그나마 조선 규장각 도서들은 1911년 조선총독부로 넘어갔는데 그 수가 무려 5,353부 19만 187책, 각종 기록 1만 730책이었다고 한다. 조선총독부의 초대 총독 테라우치 마사타케는 전국 각지에 군경까지 동원하여 20여만 권의 사서를 강탈하여 소각했고, 조선왕실의 희귀 서적들을 개인적으로 불법 반출해 가기도 했다. 또한 일제 조선사편수회는 27년간 산간벽지와 대마도, 중국, 만주, 연해주까지 돌며 남은 사서들을 수거하고 소각하였다. 이런 과정을 통해 한국 고대사를 식민사관에 맞게 왜곡한 『조선사』 37권 등을 간행하여 한국사 교육의 이정표를 만들었다. 훗날 일본 왕실도서관에서 일했다는 남당 박창화1889~1962 선생은 일본 왕실도서관에서 한국 땅에서 사라진 엄청난 수의 단군과 한국 고대사 관련 사료를 보았다고 증언하였다.

그리고 지금 우리에게 정설로 남은 단군과 고대사 관련 사료는 고조선 멸망 이후 약 1,200년 뒤에 쓴 고려 중기의 유학자 김부식의 『삼국사기』와 승려 일연의 『삼국유사』 정도이다. 둘의 공통점이라면 모두 조선과 일제의 분서갱유 같은 검열을 무사통과한 책이란 점이다.

다시 한번 우리가 알아야 할 것은 그만큼 우리의 고대사는 명확히 알기 어려운 구름 속 저편에 있다는 점이다. 그러므로 우리는 '이것이 정설이다'라는 편견의 안경을 벗어 던지고, 좀 더 많은 가능성을 열어 둔 채로 고대사를 접해야 할 필요성이 있을 것이다.

09

메이지 국화와 로사리우스(2)

장미꽃이 만개하니 녹두꽃이 떨어지네

"한국의 순교자 103위를 성인 명부에 올리노니, 세계교회가 공경키를 명하노라."

요한 바오로 2세 교황 재위 1978~2005은 1984년 서울 여의도에서 한국의 103인의 순교자를 성인으로 시성 諡聖: 성인이라는 칭호를 붙여 공경할 만한 사람이라고 인정되는 복자(福者)를 성인품(聖人品)에 올리는 일 하였다. 이국에서 100인 이상의 성인이 탄생한 것은 가톨릭사상 최초의 사건이었다. 프란치스코 교황 재위 2013~현재은 2014년 서울 광화문광장에서 한국의 복자[218] 124인을 추대하는 시복 諡福 미사를 진행했다. 보통은 10년씩 걸리는 교황청 심사였지만 한국의 순교자들에 대해서는 5년 정도로 빨리 끝났다. 매우 이례적인 일이었다. 동양의 이방인인 조선인들의 자발적 신앙과 자발적 순교는 그 자체가 기적 같은 일이기에 '기적 심사 단계'가 생략된 때문이다. 이처럼 가톨릭사에서 조선의

---

218 복자·복녀: 성인의 바로 아래 단계.

선교 역사는 매우 이례적이고 기적 같은 사례에 속한다. 어떻게 이런 일이 생길 수 있었을까?

서학이 유난히 조선에서 활발했던 이유

그것은 세계사적으로 매우 독특한 한민족의 건국이념과 그로 인한 민족 고유성에 기인한다. 실제로 신라의 천재인 고운 최치원은 우리 고유 사상과 삼교유불도와의 관계를 이렇게 정리했다.

> "우리나라에 현묘한 도가 있으니 풍류라 한다. … 진실로 유·불·도의 정수를 모두 포함하고 있다. 이 가르침은 접하는 '모든 생명'을 감화시킨다."[219]

최치원의 신라 시대 이후로도 이 땅에는 매우 '다양한 사상과 종교들'이 꽃을 피웠다. 하지만 다양성은 양날의 칼과 같다. 자기의 중심이 분명할 때는 약점을 보완할 창조의 밑거름이 된다. 하지만 중심이 모호하여 '잣대'기준가 흔들리게 되면 본질과 개성이 사라진 '짜깁기 삼류 짝퉁'이 되고 만다.

서학西學이 번져 가기 시작한 18·19세기 조선은 중심이 모호한 시대였다. 주자학의 형식과 껍데기만 고수하다 본질을 잃어버린 지 오래였다. 그런 조선에 '정체 모를 서학'이 퍼져 나가기 시작했다. 보통 서학을 천주교로마가톨릭라 이름한다. 하지만 엄밀히 보자면 당시의 서학은 지금의 천주

---

219 최치원, 「난랑비 서문」.

교와는 다른 면이 있었다. 그것은 천주교가 동양에 전해지는 과정에서 약간의 위장술과 이해의 차이가 있었기 때문이다.

서학의 유래

16세기 명나라 말, 이탈리아 예수회 소속의 마테오리치1552~1610 신부는 중국인들에게 생소한 천주교를 쉽게 전하기 위해 많은 고심을 했다. 결국 가톨릭의 '하느님'을 유교식 표현인 '천주'天主: 하늘의 주인로 번역한 『천주실의』를 짓고, 중국 고전들을 응용해 보유론補儒論: 천주교는 유교를 보완할 수 있다는 관점의 논리로 서학을 안내했다. 덕분에 중국인들은 별다른 거부감 없이 서학을 이해할 수 있었다. 때문에 청나라가 한족 지식인들의 반란을 막고자 진행했던 『사고전서』[220] 편찬 사업 때 『천주실의』는 중국에 큰 영향을 끼친 양서로서 수록되기도 했다.[221] 그리고 이 책은 조선에도 그대로 전해져 서학을 이해하는 중심이 되었다.

사실 한민족의 고유 사상과 유교는 공통적으로 '하늘天 신앙'을 가지고 있었다.[222] 만물 창조의 근원이자 주재자란 의미로 하늘을 '천제'天帝·'상제'上帝라 불렀는데 그것은 서학의 '천주 신앙'과 비슷했다. 게다가 한민족

---

220 청나라 건륭제 때 간행된 중국 역대의 중요 전적들을 정리한 대형 총서. 총 3,503종 7만 9,337권으로 무려 230만 쪽에 달한다고 한다. 약 7,400여 명의 지식인들이 동원되었다.

221 『천주실의』는 비록 가톨릭의 교리를 증명하는 서적이었지만 중국에 미친 지대한 영향을 인정받아 청나라 건륭제 때 『사고전서』에 수록되었다.

222 유교에서는 천제(天帝: 하늘의 주인)를 만물 자연신의 주인으로 이해한다. 황제의 권위도 천제로부터 비롯된다. 때문에 황제와 왕들은 매년 천제에게 국가 제사를 지냈다. 이처럼 종교적인 측면을 가지므로 유'교'(敎)라 한다.

의 고유 사상에는 성 삼위일체 삼위일체란 그리스도교의 성경적 신학적 중요한 교리이다. 하느님은 본질에서 한 분이지만 신격[혹은 위격]으로는 세 분으로 존재한다는 것와 비슷한 이론도 있었다. 한민족의 고유 사상에서는 '일신강충' 一神降衷: 하느님이 사람의 본성 안에 내려와 계시다이라 하여 하느님 성부이 사람의 본성 안에 본래부터 계시며 성령 우리 마음속에는 이미 성자가 내려와 계시다 降在爾腦는 가르침이 있었다.[223] 이러한 믿음을 바탕으로 '사람의 본성은 하늘의 광명과 통하니 性通光明 광명의 도로 세상을 다스리고 以道與治 현실 세계에서 이치로 교화시켜 在世理化 널리 모든 인간을 이롭게 하라 弘益人間'는 사상이 면면이 이어져 왔다.

유교 역시 최고신인 '천' 天: 하늘님은 유일무이한 주재신 主宰神으로 가장 중요한 국가 제사의 대상이었다. 주자학에서도 하늘의 이치 天理는 만물을 낳고 인간의 마음 안에 항시 내재한다 本然之性고 보았기에, 서학의 유일신 창조론이나 성령론과 큰 모순이 없었다.[224] 이러한 요소들 덕분에 서학은 조선인들의 마음속에서 큰 저항 없이 받아들여질 수 있었다.

반면 조선의 국시 국가 이념이나 국가정책의 기본 방침인 주자학은 유교가 갖고 있던 종교적인 감성을 지나치게 닫아 버렸다는 문제점이 있었다. 그로 인해 주자학도의 종교적 갈망은 좀처럼 해소되지 못했다. 때문에 일그러진 신앙심은 엉뚱하게도 '이념과 체제'로 옮겨 붙어 '주자학 맹신주의' 교조화로 흐르게 되었다. 그리고 그렇게 교조화된 주자학에 염증을 느끼던 일부 지식

---

223 『삼일신고(三一神誥)』, "自性求子 降在爾腦"(자신의 본성에서 신의 아들을 구하라. 너의 머릿속에 내려와 계시느니라.)

224 주자학에서는 만사만물(萬事萬物: 모든 일과 모든 것들)에 똑같이 주어진 하늘의 이치[天理]가 사람에게 있을 땐 '성'(性), 사물에 있을 땐 '리'(理)라 보았다. 본연의 성과 리의 회복을 탐구하는 학문이기에 성리학이라는 이름을 갖게 된 것이다. 그리고 하늘(성부)의 이치인 마음속 본연지성(성령)을 깨우친 성인(성자)의 교화로 모든 인간은 본성을 회복하여 성인이 될 수 있다고 믿었다.

인들이 마침내 서학에서 신선한 종교적 정서를 발견하게 된 것이다. 오랫동안 잊었던 고유 사상과 종교적 감성은 그리운 향수처럼 가슴을 파고들었다. 이에 조선의 선각자들은 자발적으로 서학을 공부하며 전도와 순교의 길로 걸어갔다. 그리고 조선의 서학은 결국 세계 가톨릭 포교사상 유례없는 기적의 사례 자발적 신앙에 의한 순교의 파도를 빚어냈다.

서학에 대한 반발 _ 동학의 등장

하지만 서학은 한민족의 고유 사상이나 주자학과는 근본적으로 다른 점이 있었다. 때문에 어찌할 수 없는 낯섦과 문화적인 불협화음이 큰 문제로 떠올랐다.

거대한 함선과 함께 나타난 서구 세력에 대한 불안은 그들이 들여온 서학으로도 번져 갔다. 내외가 중요하던 시절 남녀가 함께 예배를 보고, 제사와 혼인을 거부하는 모습은 갓 쓴 조선 정부를 경악시켰다. 본격적인 서교 박해가 이어졌고 서구 열강에 대한 쇄국정책도 강해져 갔다. 그런 와중에 서학의 오류를 지적하며 고유 사상을 다시 꺼내 든 움직임이 있었으니 바로 수운 최제우 1824~1864 의 '동학' 東學 이었다.

몰락 양반 출신인 최수운 대신사 大神師 는 신비로운 체험을 통해 득도 경험을 하고 동학을 창건했다. 1860년 그에 의하면, 동학과 서학은 모두 한울님 하느님 을 신앙하는 점은 비슷하나 서학의 교리에는 큰 모순이 있었다. 또한 무력과 함께하는 서학의 폭력적이고 일방적인 전도 방식에도 의문을 표했다. 그리하여 서학에 대비되는 우리다운 종교를 되찾자는 의미로 동학이란 민중 종교를 창시했다.

"경신년에 와서 전해 듣건대 '서양 사람들은 천주의 뜻'이라 하여 '부귀는 취하지 않는다' 하면서 천하를 (무력 전쟁으로) 쳐서 빼앗아 그들의 교당을 세우고 그 도를 행한다고 하므로, 나 또한 '그것이 그럴까? 어찌 그것이 그럴까?' 하는 의심이 있었더니."

_ 최수운, 『동경대전』「논학문」의 내용을 독자들의 이해를 위해 의역하여 인용함.

"우리 동방의 어린 사람들이 예의와 오륜을 다 버리고, 남녀노소와 아이들이 무리를 이루고 떼를 지어, 극성 중에 허송세월한단 말이 보이는 듯 들려오는데, 무단히 한울님께 밤낮으로 비는 말이 '삼십삼천 옥경대천주가 계신 곳의 한자 표현, 곧 천당을 말함에 나 죽거든 가게 하소서!' 우습다! 저 사람은 저의 부모 죽은 후에 신神도 없다 이르고 제사조차 안 지내며 삼강오륜을 벗어던지고선, 저는 오직 속히 죽어 천당에 가겠다니 무슨 말인고. 부모에겐 없다는 혼령 혼백이 어찌 저에게는 오직 홀로 있다더냐, 죽으면 혼령이 없다며 부모 제사도 안 지내면서 자신의 혼령은 죽어서 천국 간다고 하는 것을 의미 '하늘에 올라가서 무엇을 한다느니…' 하는 어린아이 같은 소리 마소."

_ 최수운, 『용담유사』「권학가」의 내용을 독자들의 이해를 위해 의역하여 인용함.

조선의 주자학자들마저 스스로 서학을 공부했을 만큼 서학은 한민족의 정서와 잘 맞는 점이 많았다. 하지만 본질적인 부분에선 크게 달랐다.

첫째로는, 바로 '인간을 보는 관점'이었다. 서학에서 인간은 본질적으로 불완전한 존재이며 원죄를 지은 '죄인'일 뿐이다. 때문에 천주가 보내신 성자예수님의 희생과 성령을 통한 믿음으로 새로 태어나야만 한다.[225] 하지만 동학에서는 천주가 인간의 마음에 이미 와 계시기에 '내 마음속 천주'를 깨닫고 '잘 모시면'侍天主 스스로 새로 태어나리라 믿었다.更生 즉, 서

---

225 "누구든지 물과 성령으로 태어나지 않으면 하느님 나라에 들어갈 수 없다."(「요한 3, 5」)

학의 인간은 원죄자이면서 성령에 의존해야만 구원받을 수 있는 '타율적 존재'였다. 때문에 서학은 모든 답을 '밖' 하늘, 천주에서 구한다. 반면 동학에서 인간은 본질적으로 마음에 천주를 모신, 스스로를 구원할 수 있는 '자율적 존재'였다. 때문에 동학은 모든 답을 '안' 자기 마음속의 천주에서 구한다는 차이가 있었다.

둘째로는, 구원과 신앙 행동에 대한 것이다. 서학은 천주의 권능으로 선택된 자들만 죽음 이후 부활을 통해 천국에 갈 수 있었다. 더불어 하늘에 계신 천주의 의지는 땅에서도 현실 역사로 이루어진다고 믿었다. 따라서 오직 천주만을 믿고 절대적으로 의지하는 순결한 신앙만이 최고의 선이 되었다. 하지만 동학은 모양도 자취도 없는 천주의 조화를 현실 역사로 만드는 것은 '인간의 의지와 실천'이라 믿었다. 특히 잘 수양하여 하늘의 덕과 합일한 '성인' 聖人을 통해 하늘의 뜻은 인간 세상에서 이루어진다고 믿었다. 이는 하느님의 아들인 환인이 인간 세상을 이롭게 하고자 '직접 땅으로 내려왔다'는 고대 한민족의 인본 사상 人本思想: 사람을 근본으로 놓고 보는 사상 과도 연결된다. 때문에 주체적으로 자기 마음을 밝히고 몸의 기운을 바르

동학과 서학의 차이점

	동 학	서 학
구원대상	모든 인간	그리스도를 믿는 유대인과 신도
남녀관	모든 인간은 똑같지만 기운에 음양의 차이가 있어서 남녀로 나뉨.	남자는 하느님이 직접 만듦. 그러나 여자는 혼자 사는 남자를 위해 남자의 갈비뼈로 여자를 만드심.
인간이해	모든 인간의 마음 속에는 하느님(진리, 신성)이 들어 있음	모든 인간은 원죄가 있음. 하지만 뱀의 유혹에 빠져 아담을 꼬인 이브의 원죄가 더 큼.
신앙목적	마음 속 신성을 회복하여 하늘의 자손으로서 스스로 신인(神人)이 되는 것.	하느님의 권능으로 죄사함 받고 약속의 때에 죽음에서 부활하는 것.
현실관	살아 있는 현재를 중요시	죽음 이후의 내세(천국, 지옥)를 중요시.

게 하는 수행과 실천을 중요하게 생각했다. 그래야 마음속 천주를 깨닫고 그분의 덕과 합해져 인간 세상을 이롭게 변화시킬 수 있기 때문이다.

동학, 그 평등의 인문학 _ 사람이 곧 하늘이다

최수운 대신사의 가르침은 자신을 바르게 하는 것을 넘어 조선의 오래된 모순을 개혁하는 것으로도 뻗어 나갔다. 당시의 시대사상인 주자학은 타고난 신분, 직업, 성별에 대한 차별을 당연시했다. 특히 여성이 학문하는 것을 좋게 보지 않았는데, 이는 양반 부녀에게도 동일했다.[226]

하지만 수운 대신사는 그런 것들이 자연의 이치에 어긋나는 일이라 믿었다. 그의 깨달음에 의하면 양반과 상놈, 남자와 여자를 불문하고 사람은 누구나 마음 안에 하늘님천주를 모신 존재다. 그렇기에 인간은 누구나 똑같이 존엄하다. 때문에 남녀노소 모두 수양하고 정진하여 '마음속 신령함' 天主을 되찾고 '태어난 삶의 의미'를 다하는 것이 중요했다. 나아가 모든 인간을 경외심으로 바라볼 수 있을 때 진정한 '인간 존중과 인간 평등'이 실현될 수 있다고 보았다. 즉, 남녀평등을 넘어 만민 평등까지 이루어져야 한다고 본 것이다. 때문에 동학교도들에게 '시천주조화정 영세불망 만사지 지기금지 원위대강' 侍天主造化定 永世不忘萬事知 至氣今至 願爲大降이라는 특별한 주문을 외우는 수련을 가르쳤다.

---

226 여자는 시집가서 '시댁 봉제사(奉祭祀: 제사모시기), 빈접객(賓接客: 손님 대접하기), 여공(女功: 길쌈 등 가내수공업)과 가사·봉양·양육'에 성실히 매진하는 것이 올바른 도리라 여겼다. 그런데 학문은 일할 시간을 뺏는다. 또한 학문으로 인해 주체적 사고와 자기성찰이 강해지면 여성의 덕목인 '순종심'이 부족해진다고 여겼기 때문이다.

"(하늘과 내 안에 계신) 천주를 모시고 모든 조화 작용을 안정시키니 모든 것을 알 수 있는 지혜'를 내려 주신 그 은혜, 영원토록 잊지 못하나이다. (천지만물의 영과 형상의 바탕이 되는) 천주님의 지극한 기운이 이제 내려오니 원컨대 큰 강령降靈: 천주님의 영이 몸에 내리는 일을 내려 주시옵소서."[227]

조화라는 것은 사계절이 변화하듯 억지로 하지 않아도 저절로 변화하여 이루어지는 것이다. 수정된 세포에서 문득 심장이 뛰기 시작하고 홀연히 사계절이 변하는 등, 모든 생명과 변화의 작용이 다 조화 작용으로 이루어진다. 들끓는 욕망과 감정으로 가득한 일상이지만 고요히 마음의 소리를 듣고자 하면 내 마음이 곧 지고지순하며 조화의 근원인 '천주의 마음'임을 알게 된다. 또한 몸가짐을 바르게 하여 몸의 기운을 안정시키면 육신은 더 이상 마음의 소리를 가리지 않는다. 그러므로 몸과 마음을 안정시켜 끝내 고요해지면 '마음천주님, 한울님의 소리'를 듣게 되고, 나아가 모든 것을 알 수 있는 궁극의 지혜에 통하게 된다고 믿었다.

당시의 가장 큰 문제였던 신분 차별, 계급 차별, 직업 차별, 남녀 차별 등 온갖 차별들은 결국 본질적으로 들어가면 '인간 차별'의 문제이다. 무엇을 기준으로 차별할 것인가만 다를 뿐, 궁극적으로 사람의 '귀천'貴賤: 귀하고 천함을 나눈다는 점에서는 같은 문제다.

봉건질서가 가진 계급적 사고의 문제점은 사람을 사람으로 보지 않고,

---

227 이해를 위해 쉽게 의역하였다. '조화정'을 '조화를 정한다'고 해석하는 교단도 있다. 하지만 수운 대신사의 평소 말씀(내 마음 기둥을 굳건히 해야 도의 맛을 알고, 한결같은 생각이 여기 있어야 만사가 뜻과 같이 되리라) 등과 초학주문의 '조화정' 부분이 '영아장생'(令我長生: 내게 장생을 명령하시니) 또는 '위천주고아정'(爲天主顧我情: 천주를 위하고 나의 칠정을 되돌아보라)이었음을 살펴보건대, '천주님을 모시고 내 심신과 주변의 조화 작용을 안정시키고 나니 만사를 아는 지혜가 무궁해졌네'의 의미로 보는 것이 맞을 것이다.

끊임없이 서열을 따지며, 특정한 대상으로 보는 습관을 만든다는 것이다. 사람을 나와 똑같이 존귀한 존재로 보지 못하고 그냥 아랫사람으로, 상놈으로, 천직賤職 종사자로, 여자로만 보기 때문에 사람답게 대할 수 없는 것이다.

동학은 그런 봉건적 사고가 만연한 시대에 '인간의 본질적 가치와 존엄'을 외치며 근대적 인간상을 펼쳐냈기에 큰 의미가 있는 것이다. 서양이 천부인권이라는 근대적 평등 개념을 생각해내는 데 200여 년이나 걸렸던 것과 비교되는 부분이다. 또한 이미 우리 역사와 사상 속에 우리다운 근대화의 싹이 자라나고 있었음을 확인할 수 있는 부분이기도 하다. 어떻게 보면 동학의 '인내천'人乃天: 사람이 곧 하늘이다 사상은 가장 우리다운 '평등의 인문학'이라 할 수 있을 것이다.

> "'사람은 한울이라 평등이요 차별이 없나니라. 사람이 인위로서 귀천을 가리는 것은 곧 천의天意: 하늘의 뜻를 어기는 것이니 제군은 일체 귀천의 차별을 철폐하여 선사先師: 동학 창시자인 최수운을 이름의 뜻을 계승하기로 맹세하라'고 하여 적서의 구별을 두지 말라고 하였다."[228]

서양의 근대사에서 여성차별 문제를 본격적으로 논하게 된 중요한 계기는 영미의 참정권 운동에서 비롯한 페미니즘이었다. 반면 한국 근대사에서는 동학의 만민 평등사상 확산이 중요한 내적 계기가 되었다. 그렇다면 동학은 어떤 식으로 남녀평등 문제를 해결하려 했을까?

---

228 『천도교백년약사』, p.120.

동학, 여성을 바라보는 시선

동학의 교조인 수운 대신사는 조선의 엄격한 신분제도 속에서 자신의 두 여종을 해방했다. 그리고 한 명은 수양딸로, 다른 한 명은 며느리로 삼아 몸소 '인간 평등'의 모범을 보였다. 나아가 여성도 늘 배움과 깨달음에 정진해야 한다며 글공부를 독려했다.

인간 존중과 경외를 통한 평등사상은 해월 최시형 1827~1898, 동학 2대 교조에 의해 더욱 발전했다. 해월신사는 사회의 진정한 변화는 여성으로부터 시작해야 함을 깨달았다. 여성이 자녀를 낳고 기르고 가르치며, 집안을 일구는 '한 집안의 주인'이기 때문이다. 하지만 당시 여성들은 주자학적 남존여비와 열녀 프레임에 갇혀 가장 인간답지 못한 대접을 받고 있었다. 이에 손수 여성들을 위한 책을 지었다. 바로 유일한 저작인 『내수도문·내칙』[229]이다.

책에서 그는 최고의 극존칭 경어체로 글을 써서 직접 여성 존중의 마음을 표현했다. 그리고 남성 교인들에게 '부인에게 읽어 드리라'며 함께 익히게 했다. 여성의 문제는 여성과 남성 모두의 인식이 개선되고 사회 전체적인 가치관이 바뀌어야 해결 가능한 문제라고 생각했기 때문일 것이다.

동학에서 남자와 여자, 양반과 상민은 천주의 이치가 깃들고 영성을 품었다는 측면에서 모두 똑같이 존귀하다. 나아가 모든 생명과 물질 역시

---

229 천지조화의 이치 속에서 여성의 의의와 역할, 그리고 여성이 만들어 가는 일상생활 속에 얼마나 큰 가치가 숨어 있는지를 설했다. 하찮게 느껴지는 일상생활이 모두 도를 닦는 과정이며, 마음속 천주를 발견하고 길러내는 과정〔양천주(養天主)〕임을 밝혔다. 즉, 하찮아 보이는 '일상' 자체가 실은 성스러운 수도의 과정임을 알려 여성들이 자기비하를 멈추고 자신을 존중하도록 한 것이다.

모두가 천주의 이치가 화현된 존재들이다. 이러한 믿음과 논리에 차별이란 있을 수 없었다. 이에 해월신사는 늘 여성과 아이들도 하늘처럼 존귀하며 미래에는 여성들이 더 큰 역할을 할 것이라 가르쳤다.[230] 그리고 그러한 인식을 동학의 교세 확장과 함께 전국으로 확산시켰다. 하지만 안타깝게도 동학농민군의 뜨거웠던 근대화의 열망과 횃불은 일본군에게 참패하여 고작 1년 2개월 만에 꺼져 버리고 말았다.[231]

동학 3대 교조인 의암 손병희1861~1922 선생은 3·1운동을 주도한 민족대표 33인 중 핵심 인물이다. 그는 동학 내 친일파를 정리하면서 이름을 천도교로 바꾸고 민족계몽사업과 항일독립운동에 힘썼다. 『개벽』, 『부인』, 『신여성』, 『농민』, 『학생』, 『어린이』, 『별건곤』 등의 출판물을 수만 부씩 찍어내며 국민교육에 힘썼다. 그 과정에서 수없는 원고 삭제와 벌금 및 판매 금지를 당했고 결국 강제 폐간되기까지 했다. 또한 동덕여학교의 운영 및 여성과 어린이잡지 발간 등, 여성 교육과 어린이 계몽에도 앞장섰다. 이름이 없던 당시 여성들에게 이름을 쓰게 하고, 몸소 기생을 부인으로 맞아 여성 운동가로 성장시켰다.

의암 선생의 사위였던 소파 방정환은 여성과 어린이도 하늘처럼 모시라는 의암 선생의 가르침에 따라 어린이를 위한 활동에 매진하였고, 그의 정신은 오늘날까지도 5월 5일 어린이날로 이어지고 있다.

---

230 "이제부터 부인 도통(부인들이 도를 통하는 일)이 많이 나리니 … 지난날에는 부인을 압박하였으나 지금 이 운에 당하여서는 부인 도통으로 활인(사람을 살리는 것)하는 자 많을 것이니라."(『해월신사법설』 「부인수도」)

231 하지만 동학이 외쳤던 자주와 자강, 동학이 꿈꿨던 모든 이가 평등해지고 자유로워지는 세상! 분명 동학은 그 과정에서 실패했다. 하지만 동학으로 인해 촉발된 갑오개혁으로 신분제도가 철폐되고, 과부 재가가 허용되는 등 봉건적 폐습이 타파되어 갔다. 이에 명목적으로나마 서민들도 양반과 같은 예법을 사용하는 등, 근대적 평등 시대로 한발 한발 나아가게 되었다.

동학의 인간 평등과 여성해방 인식이 남긴 불씨

원래 동학은 삼남충청·전라·경상 지역을 중심으로 활동하던 종교였다. 하지만 일제의 핍박이 심해지자 3대 교주 의암 선생은 평안도를 중심으로 한 서북 지역으로 기반을 옮겼다.[232] 그러자 본래 동학의 터전이었던 전라도, 경상도, 강원도에서는 '보천교'1921년 설립란 이름으로 또 다른 모습의 동학이 다시금 불붙었다. 보천교는 일제의 식민정책과 수탈이 한창이던 1920년대 초, 강증산1871~1909이라는 신인과 그의 도를 이은 고판례1880~1935라는 여성 성인을 모신 종교였다.[233] 보천교는 정음정양正陰正陽: 남자와 여자의 위차를 평등하게 바로잡자는 뜻에 바탕한 여성 해원解冤: 원통함을 풀어냄을 중요한 교리로 내세웠다. 세상은 음양이 서로 극하는 상극相克의 원리로 움직여 이미 각계각층의 원한이 폭발할 지경에 이르렀는데, 그중 특히 여자의 원한이 가장 심하다고 진단했다. 그러므로 세상의 모든 음과 양이 균형을 이루는 문명을 세워 더 이상 여자가 한을 쌓지 않는 세상을 열어야 한다고 주장했다.

"이때는 해원解冤 시대라. 몇 천 년 동안 깊이 갇혀 남자의 완롱玩弄: 장난감이나 놀림감처럼 희롱함 거리와 사역使役: 부려먹음 거리에 지나지 못하던 여자의 원을 풀어 정음정양正陰正陽으로 건곤乾坤: 섭리을 짓게 하려니와 이 뒤로는 예법을 다시 꾸며 여자의 말을 듣지 않고는 함부로 남자의 권리를 행치 못하게 하리라."[234]

---

232 당시에는 북쪽 지방에 신문명이 더 발달해 있었다. 남쪽 지역은 주자학과 유교, 불교 등의 전통 사상이 강해 양반과 상민의 차별과 보수적 성향이 강하여 신학교 등의 신문물 보급과 발달이 늦었다.

233 보천교의 교주는 여성 신인의 동생인 차경석이란 인물이었다.

"선천은 억음존양抑陰尊陽: 음을 억누르고 양을 높이는의 세상이라. 여자의 원한이 천지에 가득 차서 천지 운로를 가로막고 그 화액禍厄: 예기치 못한 재앙이 장차 터져 나와 마침내 인간 세상을 멸망하게 하느니라. 그러므로 이 원한을 풀어주지 않으면 성신聖神과 문무文武의 덕을 함께 갖춘 위인이 나온다 하더라도 세상을 구할 수가 없느니라. 예전에는 억음존양이 되면서도 항언에 '음양'陰陽이라 하여 양보다 음을 먼저 이르니 어찌 기이한 일이 아니리오. 이 뒤로는 '음양' 그대로 사실을 바로 꾸미리라."[235]

보천교는 최수운 대신사의 동학을 완성시킨 참동학으로 믿어졌다.[236] 그 때문에 1920년대에 갑자기 일어난 보천교는 신도 600만에 간부의 수만 55만 7,700명에 달하는 거대 종교로 성장했다. 당시 조선의 총인구수 약 1,700만~2500만에 대비해 보면 무려 24~35%가 보천교인이었다는 계산이 나온다. 이를 통해 그 세를 가히 짐작해 볼 수 있겠다.[237] 보천교의 확장은 이 땅에 '새로운 평등의 원리'를 전국 구석구석에 보급하는 계기가 되었다.

이처럼 동학의 근대적 평등사상과 여성해방의 꿈은 천도교를 통해, 또 보천교를 통해 전국 곳곳에 퍼져 우리의 정신세계에 녹아들었다. 하지만 동학의 뒤를 이은 보천교와 항일독립운동의 길은 녹록하지 않았다. 일제의 '미신타파정책'에 의해 고유 사상, 고유 종교, 전통문화는 타도와 멸시

---

234 『증산도 도전』, 4편 59장 1~3절. 본래 보천교와 관련한 원 기록은 『대순전경』이라는 책이지만, 한문과 고어가 많아 여기서는 읽기 편하게 번역된 증산도 교단의 경전을 인용하였다.

235 『증산도 도전』, 2편 52장.

236 "최제우는 유가의 낡은 틀을 벗어나지 못하였나니 나의 가르침이 참동학이니라." 『증산도 도전』 2편 94장 9절.

237 一教人, 1924, 「方主諸公에게 一言」, 『普光』 제4호, p.8. 『普天教一般』, p.51: 장원아(2013), p.9. 재인용.

의 대상이 되었다. 특히 항일운동으로 흘러가는 막대한 자금줄을 막고, 종교 집회를 가장한 항일 모임을 막기 위해 동학 계열의 단체들은 감시와 탄압을 벗어날 수 없었다.[238] 결국 식민정책과 서학의 기세에 밀려 동학 계열은 전근대적인 미신으로 오인돼 역사에서 잊혀 갔다.

> "(최수운) 대신사는 인내천人乃天이라 했으며 해월신사는 사인여천事人如天: 사람 모시기를 하늘과 같이 하라하라 하여 부인이 우리 사회에 대한 책임과 의무가 중대하며 부인의 인격을 존중할 것을 강조했다. … 자유 평등 인격보다 먼저 스스로가 하늘임自天을 자각하면 자유를 구하지 않아도 서로 자유가 있으며, 평등을 갈망치 아니하여도 서로 평등 되어지며 인격을 요청하지 아니해도 서로 인격이 있게 된다." _ 박태준, 1920[239]

동학의 인간 평등과 여성해방의 논리는 서양의 역사 속에서 만들어진 페미니즘과는 뚜렷이 구분된다. 동학의 평등관은 남녀 차별만을 논하지 않는다. 동학은 남녀노소, 신분 고하 등을 초월해 '인간' 자체의 존엄성을 회복시키고, 모든 인간이 평등하다는 것을 알게 하는 것이 우선이라 믿는다. 신분, 권력, 지위, 직업, 성별, 경제력, 항렬, 연령 등 어떤 조건을 기준으로 서열을 만들고 그로 인한 차별을 당연시하는 가치관이 사라지지 않는 한, 한 분야의 차별만 없앤다고 다른 차별이 없어지지 않는다. 따라서 동학은 가장 상위 가치인 '인간의 본질적 존엄성과 만민의 평등'을 먼저

---

238 일제는 1915년 「포교 규칙」을 반포하여 일본의 신도(神道), 불교, 기독교만을 종교로 인정했다. 1930년대에는 본격적인 민족말살정책이 시행되며 미신 통제가 더욱 강화됐다. 보천교 교주 차경석은 '시국'(時國)이라는 나라를 세우려 하여 차천자로 불리기도 했으나 일제의 탄압과 회유에 의해 친일로 돌아서면서 외면받게 되었다.

239 박태준(1920.4), p.53.

확립하고자 했다. 인간 존중의 가치가 당연시될 때 동학이 꿈꿨던 '남녀 평등과 여성의 자유'도 진정한 완성을 볼 수 있기 때문이다.

하지만 서양 페미니즘은 계몽운동으로 남녀 차별을 부각시키고 남녀의 차이를 부정하며, 투쟁 운동으로 남녀평등을 이뤄 보고자 하였다. 그러한 사고와 행동 방식은 서양의 사상과 신앙, 그리고 역사적 사건들 속에서 이뤄진 그이들의 최선이었다.

그런데 분명한 것은, 서양의 상황 속에서 우러난 깨달음과 지혜가 우리 상황에 꼭 들어맞으리란 법은 없다는 점이다. 우리에게는 우리만의 역사적 경험과 문화적 가치, 그리고 이상에 따른 가장 '우리다운' 방식이 필요할 것이다. 애당초 서양과 우리는 인간과 여성을 보는 관점 자체가 달랐다. 그렇기에 대응 방식과 목표점도 다를 수밖에 없다. 그것을 무시하고 서양의 페미니즘을 무분별하게 우리 문화에 끼워 넣으려 한다면 이질감과 현실적 간극으로 공연한 혐오 감정만 초래할 수도 있을 것이다.

하늘 앞에 인간은 원죄를 가진 존재라고 믿는 문명과, 모든 인간의 마음 속에는 하늘이 있다고 믿는 문명의 행보가 같을 순 없다. 모든 답을 하늘에서 구하려는 문명과, 모든 답을 인간의 마음 안에서 구하려는 문명이 내놓는 답은 다를 수밖에 없다. 동학은 우리의 문제를 고유 사상과 전통적인 관점을 통해 해결점을 제시했다.

즉, 가장 우리다운 발상과 해결책으로 우리다움을 찾고자 한 것이다. 그런 점에서 동학의 만민 평등사상과 여성 해원 의식은 서양 페미니즘보다 더 큰 잠재력을 갖고 있다 할 것이다. 모든 인간의 공통적인 본질을 진심으로 경외하고 존중하는 것, 그것이 남자와 여자는 모든 게 같다고 주장하는 것보다 더 근본적이기 때문이다.

1. 오늘의 대한민국을 만들어 준 동학(1)

매년 5월 11일은 동학농민혁명의 날이다. 2021년으로 127주년을 맞이하였다. 피 한 방울 흘리지 않고 평화적으로 정권을 바꾼 '촛불혁명'의 뿌리를 생각하다 보면 동학농민혁명을 떠올리게 된다.

동학이 한국 근대사를 열었다는 것은 학계에 이견이 없다. 동학은 현재의 우리를 우리답게 만들어 준 중요한 역사이자 소중한 고유 사상이다.

해월은 "경천敬天만 있고 경인敬人이 없으면 이는 농사의 이치는 알되 실지로 종자를 땅에 뿌리지 않는 행위와 같다"라고 했다. 즉, 모든 생명과 이치의 최종 부모인 천주를 알았으면 천주의 영성이 깃든 사람을 천주처럼 공경해야 한다는 것이다. 따라서 경천은 현실 속 인간 공경을 실천하는 것으로 이어진다. 그렇기에 인간은 존중받고 공경받아야 할 존재이다. 인간은 도구적으로 이용되거나 경시되어서는 안 된다. 그리고 이러한 관점은 만물로 확장된다. 세상의 모든 생명과 사물은 모두 천주의 이치를 품어 생긴 것으로 천주의 조화에 의해 유기적인 세상을 이루고 있다. 때문에 이천식천以天食天: 하늘이 하늘을 먹인다.이라는 논리를 제시하며, 하찮아 보이는 작은 것까지도 모두 존중하고 그 안에서 천주의 이치를 발견할 수 있음을 가르쳤다. 당연히 모든 분야에서 인간 중심적이고 생태주의적인 관점으로 다가갈 수밖에 없다.

조선의 지배층은 일본의 제국주의와 연합하여 동학을 막으려 했지만, 동학농민군은 처음부터 끝까지 제국주의와 봉건질서에 반대했다. 마음속에 한울님을 품고 있는 인간은 모두가 존귀하고 신성하다고 믿는 동학에 있어서 '평등'은 어느 무엇보다 당연하고 소중한 가치였던 것이다.

동학농민군은 일종의 혁명재판소인 집강소를 설치하여 민정民政 통치를 시도했다. 백성들 스스로 탐관오리와 부정부패를 판단하고 척결하는 폐정 개혁이 진행됐다. 그것은 갑오개혁으로 이어져 조선의 해묵은 병폐들을 개혁해냈다. 갑오개혁을 통해 반상班常과 노비·천인 제도가 혁파돼 사람 사이가 평등해졌고, 과부 재혼 허용 등으로 여성의 굴레도 조금은 사라졌다. 이처럼 백성들의 손으로 이루어진 부패 척결과 제도 개혁은 한국형 민주주의와 근대화의 시발점이 되었다는 의의를 갖는다.

혹자는 우리의 근대화가 일제의 식민 통치 덕분에 이루어졌다는 '식민지 근대화론'을 주장하기도 한다. 때문에 친일 청산의 노력은 과거의 의미를 제대로 살피지 못한 결과이며, 국론 분열만 일으키는 의미 없는 짓이라고도 한다. 정말일까? 만약 동학으로 인한 갑오개혁 이

▌동학당이 탐관오리를 체포해 말에 싣고 가는 모습 _ 전남 영광 법성포, 《二.六신보, 1894.8.11.》

후, 대한제국 국민이 그들의 필요와 의식 수준에 맞게 자신의 길을 걸어갔다면 과연 우리에게 근대화란 존재하지 못했을까?

이것은 우리의 식민 역사와 근대사를 보는 관점에서도 똑같이 적용될 것이다. 우리의 근대사 중 일본의 식민 역사가 없었다 한들, 왕정 시대에 스스로 아래로부터의 혁명을 이룩해내고 인간 존중의 현대적 가치를 주장했던 동학의 정신이 과연 근대화를 이루어내지 못했을까? 오히려 더 우리다운 방식으로 근대화를 이끌어내지 않았을까?

우리가 세계에 유례없는 평화로운 정권 교체를 이뤄내고, K-한류 문화가 전 세계인의 가슴에 불을 지필 수 있는 이유는 무엇일까? 오늘날 우리는 권력자의 잘못에 당당히 촛불을 들고, 무례한 망언과 무리한 요구를 하는 일본에게 각자의 자유의지로 항의의 불매운동을 한다. 그것은 바로 폭정에 맞서 죽창과 횃불을 들고 역사를 바꿔 왔던 동학의 경험으로부터 비롯된 것이다. 그러한 역사적 경험으로 인해 전국적인 3·1운동, 창원·마산의 4·19민주혁명, 부마민주항쟁, 전국의 6·10민주항쟁, 광주의 5·18민주화운동 등이 일어날 수 있었던 것이다. 그리고 잘못된 길을 가는 지도자들을 향해 들었던 동학의 횃불은 오늘날까지도 촛불로 계속되고 있다.

2. 오늘의 대한민국을 만들어 준 동학(2)

동학사상은 현재의 우리를 우리답게 살게 해 준 가장 큰 공로자다. 또한 우리만의 평등 원리를 펼쳐낸 주역이기도 했다. 동학의 3대 교주 의암 손병희 선생은 사람들의 정신을 일깨우는 것에 큰 의의를 두고 민족의 독립을 위한 여러 계획들을 실행했다.

> "우리가 만세를 부른다고 당장 독립이 되는 것은 아니오. 그러나 겨레의 가슴에 독립 정신을 일깨워 주어야 하기 때문에 이번 기회에 꼭 만세를 불러야 하겠소." _ 의암 선생이 3·1운동 전 천도교 간부들에게 전한 말

의암 선생은 현재의 우리가 '대한민국'이란 나라에서 살 수 있게 해 준 독립운동의 밑바탕을 마련한 분이다. 그는 의친왕과 독립운동가를 양성하기로 결의하고 서울 우이동에 봉황각을 세워 3년간 483명의 인재를 키워냈다. 여기서 수많은 항일독립운동가들이 배출됐고, 3·1운동의 33인 민족 대표 중 15인도 여기서 나왔다. 인사동을 지날 때 보이는 천도교 중앙대교당도 선생이 심혈을 기울여 만든 항일운동의

서울시 유형문화재 2호, 봉황각. 천도교 지도자 양성을 위해 1912년 손병희 선생이 세웠다.

거점으로, 대한민국의 운명을 좌우할 큰일들이 많이 도모되었다.

"천도교가 없었다면 중앙대교당이 없고, 중앙대교당이 없었다면 상해임시정부가 없고, 상해임시정부가 없었다면 대한민국 독립이 없었을 것이외다."_ 백범 김구 선생 연설 중

▌천도교 중앙대교당.

또한 독립운동이 성공하고 임시정부가 활동할 수 있게 자금을 대기도 했다. 1920년대 대한제국 1,700만 인구 중 천도교 신도는 약 300만에 달했다.당시 기독교는 35만, 불교는 20만 정도였다. 의암 선생은 교인들에게 호당 10원씩 모금을 독려해 500만 원현재 가치로 약 2천억이란 거금을 모았다. 이 돈으로 중앙대교당 등 건물을 짓고 독립운동과 3·1운동을 지원했다. 하지만 일제의 끊임없는 방해와 박해로 약 129만 원에 달하는 성금을 압수당하기도 했다. 그럼에도 의암 선생은 포기하지 않고 '진보회'를 만들고 교육 사업을 펼쳐 젊은 이들을 계몽시키는 등, 더욱 피나는 노력을 했다.

"우리가 의로운 깃발을 들어 여기에 이르렀음은 안으로 못된 관리의 머리를 베고 밖으로는 횡포한 외세를 우리 손으로 내쫓고자 함이라."
_ 초기 동학 격문 중

동학의 의지는 백범 김구 선생에 의해 대한민국 임시정부로 맥을 이어 나갔다. 대한민국은 임시정부의 법통을 이었다.

10

일제가 꿈꾼 여성 교육의 목표

현모양처론

여성 교육을 바라보는 다양한 시선

1800년대 후반부터 1900년대 초중반까지, 혼란에 빠진 대한제국에서 '교육'은 중요한 열쇠였다. 마침 조선팔도를 뜨겁게 달군 동학천도교과 서학천주교의 영향으로 많은 조선의 여성들도 '배워서 새사람이 되자'는 열망을 갖게 되었다. 우리 민족에게는 자주독립과 근대화를 위해, 기독교 세력에게는 기독교의 확산과 지지를 위해, 침략자에게는 용이한 식민 지배를 위해 국민의 절반이자 2세 교육의 주체인 '여성'의 교육 문제는 늘 뜨거운 감자였다.

규방에서 가사에 전념하며 외출 시에도 장옷여성들이 착용했던 쓰개의 일종으로서 부녀자의 얼굴을 가리려 했던 풍속에서 유래된 의복을 쓰던 대한제국에서 '여성 교육'은 매우 생소한 문제였다. 하지만 어느 입장에서나 여성 교육은 각자가 원하는 밑바탕을 까는 중요한 문제였다.

▌신윤복의 그림, 〈장옷〉

때문에 각기 다른 세력에 의해, 각기 다른 목적의 여학교들이 세워졌다. 그것은 대략 네 부류로 나눠볼 수 있었다. 첫째, 기독교적인 근대 여성을 배출하고자 한 서양 선교사들, 둘째, 여권 신장에 뜻을 둔 조선의 여성 단체들, 셋째, 항일독립운동의 기반을 공고히 하고자 했던 독립협회나 천도교 등의 민족자본 진영, 넷째 황국신민화 정책을 더욱 뿌리내리고자 하던 일제였다.

최초의 여학교 설립사

여성 교육 문제를 가장 먼저 주목하고 실천에 옮긴 그룹은 개신교 선교사들이었다. 선교사들은 1886년 이화여학교를 시작으로 1887년 정신여학교, 1894년 정의여학교 등을 잇달아 세웠다. 1900년대 초에는 천주교의 신부와 수녀들도 가세해 서울뿐 아니라 다양한 지역에까지 여학교를 세웠다.

이처럼 기독교계 여학교가 늘어가자 서울의 양반 부인들도 뜻을 모으기 시작했다. 그리고 400여 명의 서울 북촌동 부인들이 중심이 되어 한국 최초의 여성 단체인 '찬양회' 1898년 9월가 만들어졌다. 찬양회의 주축은 왕실과 상류층 양반 부인들이었다. 이들은 대개 전통적 유교 교육을 충실히 받던 계층이었다. 그럼에도 남녀가 같아지는 세상을 꿈꾸며 여성 교육이 꼭 필요하다고 생각했다. 그러한 생각을 담아 「여학교 설시 통문」이란 글을 《독립신문》에 게재했는데, 이는 우리나라 최초의 '여성 단체에 의한 여성 인권 통문'이라는 의의를 갖는다.

> "우리 2천만 동포 형제가 성상 폐하의 성스런 뜻을 지키고 순종하여 예전의 나태하고 게으르던 구습은 영영 버리고, 각각 개명한 신식을 좇아 행할 때, 사사롭게 첫발을 내디뎌 '날로 새로워지고 또 나날이 새로워 짐'은 어린아이라도 저마다 아는 바이거늘, 어찌하여 우리 여인들은 한결같이 귀먹고 눈 어두운 병신처럼 깊은 방구석만 지키고 있는지 모를 일이다. 혹 신체와 수족과 이목이 남녀가 다름이 있는가. 어찌하여 병신 모양으로 사나이의 벌어 주는 것만 먹고 평생을 깊은 방 안에 처하여 그 제한만 받으리오. 이왕에 먼저 문명 개화한 나라를 보면 남녀가 매한가지의 사람이라. 어려서부터 각각 학교에 다니며 각가지 재주를 다 배우고 이목을 넓혀 장성한 후에 사나이와 부부의 뜻을 정하여 평생을 살더라도 그 사나이의 조금의 제한을 받지 아니하고 돌이켜 극히 공경함을 받음은 다름 아니라 그 재주와 권리와 신의가 사나이와 매한가지인 까닭이라. 어찌 아름답지 아니하리요. 슬프다. 돌이켜 전일을 생각하면 사나이의 위력으로 여편네를 누르려고 옛말을 빙자하여 '여성은 집 안에 거하며 말이 바깥으로 나가지 않게 하라'며 '오직 술과 밥과 옷을 베풀어야 할 뿐이다'고 하니 어찌하여 신체와 수족과 이목이 남성과 다름없는

똑같은 사람으로서 깊은 방 안에 처하여 다만 밥과 술이나 지으리오. 우리도 옛것을 버리고 새것을 따라 타국과 같이 여학교를 실시하고, 각각 여아들을 보내어 재주와 규칙과 행세하는 도리를 배워 일후에 남녀가 매한가지의 똑같은 사람이 되게 할 차, 곧장 여학교를 실시하오니 뜻있는 우리 동포 형제 여러 부녀 중 영웅 호걸님네들은 각각 분발한 마음을 내어 우리 학교 회원에 드시려거든 곧 이름을 적어 주시길 바라옵나이다."

_《독립신문》 1898년 9월 9일자 기사를 이해하기 쉽게 현대말로 고쳐 옮겼음[240]

이에 대해 《황성신문》은 "하도 놀랍고 신기하여 이를 기재한다"라며 대서특필했고, 《제국신문》도 "우리나라 부인네들이 이런 말을 하며 이런 사업 창설할 생각이 날 줄을 어찌 뜻하였으리오. 진실로 희한한 바이로다"라며 진기한 구경거리 보듯했다.

다음 달인 10월, 찬양회 회원 약 100여 명은 직접 궁궐 앞으로 가 고종에게 여학교 설립을 상소했다. 장옷을 쓰고 가마를 타야 외출이 가능했던 양반 부녀들의 이러한 행보는 더욱 '놀랍고 희한한' 일이었다. 고종은 즉시 비답을 내려 여학교의 설립을 약속했지만, 주자학적 사고로 무장한 관료들에 의해 재정을 핑계로 무산되고 말았다. 그럼에도 찬양회 회원들은 포기하지 않았다. 십시일반 마음을 모아 이듬해, 끝내 한국 최초의 여성 단체에 의한 사립 여학교인 '순성여학교' 1899년를 설립했다. 더불어 독립협회와 함께 만민공동회와 자유민권운동 등에도 참여하여 조선의 근대화를 여는 데 참여하였다.

독립협회는 '자주독립'이란 외세에 의존해서는 안 되고 국민 계몽을 통

---

240 윤치오(1908. 4), 「여자지남 월보 취지서」, 《녀자지남》.

해 스스로 해내야 한다고 믿었다. 특히 국민교육, 나아가 여성 교육도 중요하다고 생각했다. 때문에 당시 여성들의 부당한 현실을 통탄하면서 여성 교육의 열망을 자극하는 기사를 싣기도 했다.

> "여편네가 사나이보다 조금 낮은 인생이 아닌데 사나이들이 천대하는 것은 사나이들이 문명 개화되지 못하고 다만 자기 팔 힘만 믿고 압제하는 것이며, 사나이들은 수없이 축첩하면서도 여성이 개가하는 것을 천히 여김은 부당한 것이다. 조선 부인네들도 차차 학문이 높아지고 지식이 넓어지면 부인의 권리가 사나이 권리와 동등함을 알고 무리한 사나이들을 제어하는 방법을 알 것이다." _《독립신문》 1896년 4월 21일자

독립협회1896년 설립와 소속 언론지인 《독립신문》은 근대사회의 여성상을 만들어 가는 데 큰 공헌을 했다. 국민의 절반이자 가정경제와 자녀 교육의 주체인 '여성'을 교육하는 것은 독립 자주의 정신을 널리 퍼뜨릴 밑바탕이 된다고 생각했다. 그 때문에 일찍부터 다양한 교육 활동과 여학교 설립에 힘을 기울였다.

> "어진 어머니와 착한 아내의 큰 관계가 아니면 결단코 일등국과 일등인을 만들어내지 못하는지라. 이러함으로 그 여자의 학식과 도덕이 있고 없는 것으로 곧 그 국가의 문명과 야만의 구별을 가히 판단할지어늘…."
> _ 1908년도 윤치오 씨의 글을 현대말로 옮김

이들 외에도 왕실 기금으로 설립된 진명여학교1906년, 현 진명여고와 숙명여학교1906년, 현 숙명여중·여고 그리고 천도교를 비롯한 민족종교와 뜻있는 민간 지사들에 의해 동덕여자의숙1908년, 현 동덕여고 같은 사립학교들이 잇달아 문을 열었다.

일제가 최초의 관립 여학교를 세워준 까닭

1908년에는 최초의 관립 여학교인 한성고등여학교현 경기여고가 세워져 여성 교육이 제도적으로 확립되었다. 하지만 일제는 관립 학교에 대한 제도를 입맛에 맞게 손보아 여성 교육의 방향성을 통제하고 황국신민화 교육과 맞지 않는 사립학교들을 억제해 나갔다. 기독교 계열과 여성 단체, 항일운동 세력에 의해 세워진 사립 여학교들은 모두 민족의식과 독립사상을 고취시킨다는 공통점이 있었기 때문이다.

일제는 1915년 「사립학교 규칙」을 대폭 개정하여 사립학교들을 탄압했다. 조선 여성들을 전략물자화하려는 계획과 황국신민화 교육에 방해가 되었기 때문이다. 그럼 일제가 의도한 조선 여성들의 전략물자화 계획이란 어떤 것이었을까?

첫 번째는, '현모양처' 교육을 통해 남편과 자녀들을 천황을 위해 멸사봉공천황과 전체를 위해 사적인 것을 희생하라는 일제식 표현하도록 내조하고 교육하며, 황국신민화의 선동대가 되게 하는 것이었다.

둘째는, 일본 전통적인 성 인식을 조선 여성에게 전달해 부족한 성적 자원을 보충하는 것이었다. 때문에 일제가 세운 관립 여학교에서는 일본식 성 역할론인 '양처현모론'을 교육의 우선 목표로 삼았다. 양처현모론은 이후 '현모양처론'으로 변용하기에 이른다.

얼핏 '현모양처'는 우리 전통적 여성상이자 유교의 여성상으로 오인되기도 한다. 하지만 엄밀히 말하면 현모양처는 일본이 유교식 용어를 따다 만들어낸 '일제식 근대 여성상'일 뿐 유교와는 큰 상관이 없다.

유교와 주자학의 이상적 여성성

유교의 이상적 여성상은 '효부열녀'孝婦烈女: 효성스런 며느리, 여공(女功)[241]과 가사에 충실하고 정숙한 아내였다. 유학은 삼강오륜을 중시했는데 특히 '효'孝를 모든 덕목의 근본으로 삼았다. 주자학은 여기에서 한걸음 더 나아가 부계 혈통 가문의 영속성을 중시하고, 혈통의 순수성을 담보할 여성의 '열'烈: 절개, 지조을 강조했다. 효는 가깝게는 부모 봉양부터 멀게는 조상 봉제사까지 아우른다. 때문에 '좋은 여성'이란 시댁 어른들을 평생 봉양할 '효성스런 며느리'의 이미지였다. 주자학은 여기에 평생 재혼하지 않고 시댁에 뼈를 묻을, 한 가문에 대한 충성과 정절까지 덧붙였다. 하지만 자식 양육과 교육에 대해서는 '엄부자모'嚴父慈母: 엄하게 바로잡아 주시는 아버지와 자애롭게 훈육해 주시는 어머니라 하여 부모의 역할을 모두 강조했다. 조선은 학문을 중시하여 남녀 불문하고 어짊과 지혜를 갖춘 '덕' 있는 사람을 좋아했다.

일본의 이에 문화와 제국주의가 만들어낸 근대적 여성상 _ 현모양처론

반면 일본의 전통적인 '이에 문화'는 혈통의 유지보다 이에 전체의 유지와 영속성을 더 중히 여겼다. 때문에 이에를 지키기 위해서라면 친자식을 두고도 더 훌륭한 양자를 들이거나, 데릴사위로 대를 잇거나, 아예 여

---

241 여공(女功): 과거 화폐적 가치가 있는 것은 쌀과 포였다. 여성들은 농사와 길쌈을 통해 경제활동을 하고 곳간을 관리하며 가정경제를 운영해 왔다. 누에를 치고 실을 뽑아 베를 짜내는 데 관련한 생산 활동을 여공이라 한다.

성 당주를 세우기도 했다. 그렇기에 '좋은 여성'이란 역시 이에의 유지와 계승에 보탬이 되는 여성이었다. 일본은 오랜 무사 정권의 영향으로 사무라이 정신大和魂: 야마토다마시을 숭상했다. 사무라이 정신은 본질적으로 '강함'을 추구하는데, 강함의 기준은 곧 '남성다움'이었다.[242] 때문에 남자와 여자의 역할과 이미지는 조선보다 더욱 확연히 구분되었다.

이러한 바탕 위에서 메이지 정부는 근대화의 요구와 군국주의 야욕에 걸맞은 '근대적인 여성상'을 정립했다. 일단 언젠가 반드시 결혼하여 아내가 되고 어머니가 될 것을 전제로 했다. 그 전제 위에 국가를 위해 국민을 생산하고 양육하여 훌륭한 천황의 신민으로 길러내고 국가에 헌신케 하는 '총후보국銃後報國, 총후부인銃後婦人'이었다. 총후보국이란 '전장의 후방에서 나라의 은혜에 보답한다'는 뜻이며, 총후부인이란 '남자들을 전쟁터에 보내고 난 뒤 후방의 일을 내조로써 책임지는 부인'이란 의미다. 그런 요구에서 나온 것이 바로 '양처현모론'이었다.

그렇다면 양처현모의 구체적인 모습은 어떤 것일까?

우선, 남편을 즐겁게 할 기예와 내조 능력을 가진 재주 있는 아내이다. 예쁘게 수예를 놓고 집을 꾸미며, 효율적이고 깔끔한 살림 기술로 '집은 즐겁고 편안한 곳'이란 만족감을 주는 아내. 일본 정원처럼 다소 인위적인 '상냥함, 귀여움, 요염함'으로 남편의 '남성다움'은 오염시키지 않은

---

242 '강함과 남성다움'이야말로 지배계급의 정체성이자 권력을 유지하는 본질이었기에, 일본에서는 가장 중요한 가치로 숭상되었다. 일본의 학자 사토미칸노[菅野聡美]에 의하면, 사무라이들의 독특한 남색 취향은 진정한 '남성다움'을 추구하는 맥락에서 생겨난 관습이라 한다. 사무라이는 주변에 강한 남성성을 드러냄으로써 위압적인 지배를 실현하는데, 여자와의 접촉은 남성스러움을 오염시킬 수 있다는 것이다. 사무라이들이 남성 간의 사랑을 이성애보다 높이 평가하는 이유는 바로 이러한 '극단적인 남성다움의 추구' 때문이라고 한다.(菅野聡美, 2016, 참조.)

채 즐거움을 주는 여성. 또한 바깥일 하는 남편이 집안일에 신경 쓰지 않도록 가족 돌봄과 자녀 교육을 전담하는 아내. 마지막으로 자녀들을 충실한 황국신민으로 길러내 진충보국盡忠報國: 충성을 다하여 나라에 보답함의 길로 나아갈 수 있도록 교육하고 헌신하는 현명한 어머니. 이것이 바로 메이지 시대 양처현모의 이미지였다. 즉, 첫째가 집 안에서 즐거움을 주며 가사를 전담하여 내조하는 '아내의 역할'양처이었고, 둘째가 육아와 자녀 교육을 전담해 황국신민으로 키워내는 '훌륭한 어머니'현모의 역할이었다. 이로 인해 20세기 일본은 '바깥일은 남편의 일, 가사와 자녀 교육은 아내의 일'이라는 양분화된 성 역할을 정착시켰다.

현모양처론 … 19세기 후반 일본 계몽주의자들에 의해 시작된 '양처현모론'을 기반으로 한다. 집안을 잘 운영하여 남편을 편안히 해주고, 기예 등을 익혀 남편을 즐겁게 위안하는 '어진 아내'. 그리고 황국신민화 교육을 자녀들에게 성실히 수행해 가족들이 일제에 의용봉공(義勇奉公, 국가나 사회를 위해 힘을 다해 희생함)하게 하는 담대하고 '현명한 어머니'를 말함.

보통 일제시대를 식민 통치의 성격에 따라 초기 10년간의 무단정치시기헌병경찰제도, 토지조사사업, 회사령, 조선교육령 등 3·1운동 이후의 문화정치시기보통경찰, 산미증산계획, 내선융화정책 등 그리고 1930년대 이후의 대륙병참기지시기민족말살정책, 내선일체 및 황국신민화정책 등로 구분한다.

무단정치시기부터 일제는 이 땅에 '양처현모'의 여성상을 심어 놓고자 했다. 조선에서 우수한 천황의 국민을 생산하고 교육하려면 가정에서부터 변화를 일으켜야 했기 때문이다. 이에 1906년 일본 문부대신은 '여성 교육은 그 본분인 양처현모를 양성하는 데 있다'고 공표하고, 1911년부터는 양처현모 교육을 본격화했다.「여성 고등보통학교 규칙」 또 1938년에는 「고등

여학교 규정 개령」을 내놓았는데, 제1조의 내용은 "국민 도덕의 함양과 부덕의 양성에 뜻을 두고 양처현모의 자질을 얻도록 하여 이로써 충량지순한 황국 여성을 육성함에 힘써야 한다"였다. 즉, 일제가 조선 여성을 근대화시킨다는 명목으로 행했던 여성 교육의 최종 목표는 양처현모의 양성이었다. 조선 여성들을 천황에게 충성하는 양처현모로 만들어야 남편과 자녀를 병사로 길러낼 것이기 때문이었다.

"어떻게 해서든지 부녀자를 감화시키는 데서부터 들어가는 것이 지름길이다. 유럽의 선진국들이 식민지 정책 또는 종교 정책에 부녀자의 감화를 중요시하는 이유가 깊다고 생각한다. 주아심주체적 사고, 자각심이 적은 감정적인 부녀자가 남자보다 훨씬 감화시키기가 쉬운 것은 말할 것도 없는 것이다. 일단 감화된 이상 다시 그것을 고치기 어려운 것도 사실이다. 그런데 여성이 감화하면 남자는 저절로 감화되는 것이다. 이와 같이 하여 밑의 밑에서부터 두드려가지 않으면 통치의 근거가 진정하게 되어가지 못할 것이다. 조선인의 가정을 풍화風化: 교육이나 정치의 힘으로 풍습을 교화하는 것하는 것은 곧 전 사회를 풍화하는 것이니 이와 같이 하여야 비로소 우리와 저들과의 감정적 융합이란 것이 영구히 될 수 있는 것이다."

_ 1910년대 하라가 참사관이 경성여성고등보통학교를 사찰하고 쓴 「조선의 여행」 중 일부[243]

일제는 여성을 교육하면서 양처현모 교육만 할 뿐, 식견과 견해를 넓히거나 주견을 가질 수 있는 참교육은 하지 않았다. 때문에 여학교의 과목은 '수신' 교과를 근본으로 삼고, 양처현모가 되기 위한 기예와 일본어, 일본사 등에 집중됐다. 수신은 기본적으로 황국신민화 교육의 축이었는

---

243 주진오 외(2017), p.250. 재인용.

데, 특히 남성 가장의 명령을 잘 따르고 잘 참는 여성상 같은, 아내의 덕을 포함한 국민윤리 교과였다. 1911~22년까지 여자고등학교 수업시간표를 보면 매주 수신 1~2시간, 가사 2~4시간, 일본어 9~12시간, 그리고 재봉과 수예를 10시간씩 배웠다.

> "또 전혀 식견과 이론을 주장하여 교도敎導: 가르쳐서 이끎할 것은 아니니 조금이라도 식견이 열리면 자기의 주견이 서는 동시에 좋은 일로 알려니와 또 전일의 좋지 못한 일을 싫어하는 마음도 심하게 될 것은 물론이다."
> _ 경성여고보 교장 오타 히데오, 「신교육을 受한 여성의 처지에 대하여」, 《매일신보》 1916.1.1.[244]

꺼지지 않는 여성 교육의 열망

그럼에도 당시의 여성들은 더 배우고 실천하며 바꿔 가기를 원했다. 특히 대구에서 발단된 국채보상운동1907년, 일제가 대한제국을 구속하고자 떠안긴 빚을 갚아 자주성을 되찾고자 벌인 모금 운동이 전국으로 불붙어 갈 때, 대구의 남일동 여성들이 '패물폐지부인회'를 만들었다. 이후 그녀들의 취지는 자발적으로 전국각지로 퍼져 나가 30여 개에 달하는 국채보상부인회들이 생겨났다. 그녀들은 "국채를 갚고 보면 국권을 회복할 뿐만 아니라 우리 여자의 힘을 세상에 전파하여 남녀 동권을 찾을 것이다" 취지문 중라는 명확한 목표를 선언했다. 그리고 남성들보다 몇 배나 더 많은 성과를 냈다. 국사책 속에 한 줄로 남아 있는 국채보상운동의 이면에는 이처럼 주체적으로 일어나 근대사회

---

244 주진오 외(2017), p.251. 재인용.

로 나아가려 한 대한제국 여성들의 절절한 염원이 담겨 있다. 이 운동은 동아시아에서는 여성들이 자발적으로 일으킨 최초의 전국 규모 운동이라 할 수 있다. 더불어 이후 일제의 정책을 완전히 바꿔 놓은 3·1운동 및 물산장려운동으로 나아가며 여성도 남성 못지않음을 실행으로 증명해냈다는 의의가 있다.

3·1운동 하면 떠오르는 유관순 열사는 당시 몰래 태극기와 전단을 만들어서 뿌리던 여학생들의 의지를 대표한다. 실제로 어린 여학생들의 열의는 주변에 큰 자극을 주었다. 결과적으로 전국적으로 확산된 3·1운동에 매우 놀란 일제는 조선에 대한 강제 억압 정책에 한계를 느끼게 되었다. 이후로 일제는 겉으로는 유화 정책을 사용하는 한편, 내부적으로는 교묘한 떡밥을 던지는 '문화정치'로 방향을 바꾸었다.

신여성의 등장

문화정치로 인해 외면적인 억제가 잠시 누그러지자 신문, 잡지 등을 통해 조선의 계몽 활동들이 진행되어 갔다. 더불어 서구의 여성해방운동에 대한 이야기도 전해졌다. 이로 인해 특히 조선 여성들에게 더욱 가혹했던 온갖 불합리하고 차별적인 근로 조건들이 수면 위로 떠올랐다.[245] 당시 여

---

245 1929년 세계 대공황이 밀려왔다. 일제는 공황의 부담을 조선에 전가했고, 조선 민중의 생활은 더욱 피폐해졌다. 조선 남성의 임금은 일본인 노동자의 절반에 불과했고, 조선 여성의 임금은 조선 남성의 절반뿐이었다. 온종일 일하고도 조선 여성이 받을 수 있는 돈은 일본 노동자의 반의반 정도밖에는 안 되었다. 때문에 노동운동(여성노동운동), 여성농민운동, 해녀운동 등이 일어났고, 항일무장투쟁에 여성 투사들이 나타나기 시작했다.

성들은 다양한 노동운동으로 자신들의 목소리를 내기 시작했다. 더 이상 참지만은 않겠다는 분위기가 형성되기 시작한 것이다.

한편, 이 시기1920년대에 '신新여성'이라는 새로운 여성 이미지가 등장하게 된다. 교육받은 여성과 노동하는 여성, 그리고 근대화를 향한 사회 전반적인 계몽의 흐름이 당시로선 새로운 '여성의 종種'을 만들어낸 것이다. 그것은 마치 2000년대 초반, 공부 잘하고 쿨하며 능력 있는 '알파걸'[246]의 등장과도 비슷했다. 1920년대의 신여성[247]이란 학교 구경조차 힘든 시대에 교육을 받거나 유학까지 다녀온 중·상류층의 딸들이 대부분이었다. 단발머리에 짧은 한복 치마나 서구식 양장은 신新지식인이자 근대적 자유와 평등을 배운 신여성을 상징하는 스타일이었다. 이미 근대적 사고를 배운 그녀들은 조선의 가부장적 현실과 전체주의적 사고에 조용히 순응하려 하지 않았다.

> "우리는 너무 겸손하여 왔다. 아니 나를 잊고 살아왔다. 자기의 내심에 숨어 있는 무한한 능력을 자각 못 했었고 그 능력의 발현을 시험하여 보려 들지 않을 만큼 전체가 희생뿐이었고 의뢰뿐만이었다." _ 신여성 나혜석

하지만 그녀들의 앞선 의식과 행동은 당시 제도와는 잘 맞지 않았다. 때문에 신여성의 인생이 평탄치 못한 경우가 제법 있었다. 이혼을 당하거

---

246 하버드대 댄 킨들런 교수가 출간한 『새로운 여자의 탄생 - 알파걸(Alpha Girls: Understanding the New American Girl and How She is Changing the World)』(2006년)에서 처음 등장한 용어. 남녀 차별의 벽에 도전하고 저돌적으로 자신의 인생을 개척해 가는 강하고 능력 있는 여성들.

247 처음엔 신식 교육을 받은 여성들을 '신여성'이라 부르다가 점차로 단발과 미니스커트를 입은 신식 스타일의 여성들 전반을 지칭하게 되었다.

▌1924년 6월 11일자 동아일보에 실린 만화 〈신구대비〉는 신여성과 구여성의 옷차림을 대비했다. 동아일보 자료 사진; 오른쪽의 문구가 재밌다. "전에는 눈만내노터니 지금은 눈만가리는군."(《동아일보》, [동아일보 속의 근대 100景]〈33〉신여성, 2009.11.19.()

나 애당초 첩으로 들어가는 경우도 있었고, 그녀들을 이해하지 못하는 많은 이들의 조롱을 받기도 했다. 배울 만큼 배운데다 세련된 외모는 대중의 애증과 관심을 한 몸에 받기에 충분하여 더 쉽게 논란거리가 되었다. 잡지와 신문에서 신여성을 찾는 것은 오늘날 잡지에서 연예인 가십 기사 찾기처럼 쉬웠다. 이로 인해 낯선 소리를 해대는 신여성에 대한 인식은 오늘날의 김치녀, 된장녀 같은 식으로 전락하여 '향락주의자, 이기주의자, 사치 덩어리' 등으로 폄하됐다.

"조선 남성들은 이중적인 정조 관념을 가졌다. 자기 아내와 어머니, 누이, 딸은 정조를 지키기를 바라면서 남의 여자의 정조는 빼앗아 즐기기를 원한다. 나는 인형이었네. 아버지 딸인 인형으로, 남편의 아내 인형으로. 양부현부良夫賢父의 교육법이 없는 양처현모良妻賢母의 교육법은 여자에 한하여 부속물 된

교육주의이다." _ 신여성 나혜석

사람들은 자신들의 무지로 인해 파악할 수 없는 미지未知를 두려워한다. 파악할 수 없는 것은 통제의 방법도 또 변화의 방향도 알 수 없다. 그리고 그것이 일상을 침범할 때 안전할지 혹은 불편과 불이익을 가져올지 불안해지게 된다. 사람들은 두려움과 불안감을 주는 대상으로부터 본능적으로 자신을 방어하게 되는데, 그러한 메커니즘은 '혐오'와 '분노'라는 모습으로 나타난다. 그렇게 혐오로 진화한 '무지와 두려움'은 종종 군중심리로 번져 간다.

"한 가정의 주부로서는 구식 여성에 미치지 못하고 사회인으로서 부여된 역할이나 임무를 감당하지 못하는 … 가정의 주부도 적임이 못 되고 사회인으로의 가치까지 망각한 소뿔조아지작은 부르주아지란 뜻의 심성에, 체계 모르는 자유주의를 가미한 …"[248]

신여성 역시 마찬가지였다. 사람들은 낯선 그녀들을 현모양처를 기준으로 삼아 비판했다. 그래서 신여성들이 '어서 조선을 위해 가정으로 돌아가 밥하고 방걸레질하는 실천적 생활'을 해야 한다며 비판했다. 기독교 계열, 여성 단체, 항일 단체, 일제 등 다양한 이해관계 그룹들이 여성 교육을 추진했다. 하지만 교육의 결과 '배운 대로' 자식을 잘 교육하고, '배운 대로' 내조를 잘 하는 현모양처가 되기 바랐던 것은 모두가 비슷했다. 좋든 싫든 일제의 현모양처 이미지는 이미 각계각층에 깊은 영향을 주어

---

248 朴順玉(1931. 12), 「新女性評壇」, 《新女性》, 47면.

'좋은 여성의 기준점'이 되고 있었다. 그 안에서 여성의 인권과 차별 철폐 같은 문제들은 별로 고려의 대상이 되지 못했다. 현모양처론은 여학생 교육을 통해 깊이 뿌리를 내려 오늘날에도 현모양처론에 어긋나는 여성은 혐오의 대상이 되고 있다.

제국주의 입장에선 규방 안에서 가정교육만 받던 여성을 학교로 불러내 황국신민화와 현모양처 교육을 할 필요성이 있었다. 이에 이순신 어머니의 자녀 교육론으로 여성 교육의 필요성을 부각시켰고, 예술가로 알려진 신사임당은 현모양처의 대표 격으로 자리 잡게 되었다. 나혜석의 주장대로 현부양부 현명한 아버지, 어진 남편 교육은 없고, 오직 교육받은 어머니가 자식 교육을 책임지는 현모양처론이 '시대의 잣대'가 된 것이다.

일제의 현모양처 교육이 남긴 것

1910년도부터 시작된 일제의 현모양처 교육이 이 땅에 뿌리내린 결과는 '외로운 아버지와 가엾은 어머니의 탄생'이었다. 일제 군국주의식 '멸사봉공'의 짐을 지고 바깥일에만 전념하는 대신 자유롭게 로맨스를 피우던 아버지들, 가족들에게는 그저 '어렵고 먼 아버지'로 남을 뿐이었다. 가사와 내조, 자녀 교육에만 헌신한 어머니들은 '평생 고생만 하던 불쌍한 우리 어머니'로 기억될 뿐이었다.

손바닥도 마주쳐야 소리가 나고 음과 양도 합해져야 새 생명이 잉태된다. 가정마다 합의한 역할의 차이는 다를지라도 상대를 위한 내조와 존중 그리고 자녀 교육만큼은 부부가 함께 노력해야 할 것이다. 남녀의 역할을 반으로 나눠 봤자 가정에서 얻을 수 있는 기쁨과 행복도 반쪽이 될 뿐이다. '남자는 바깥일과 성적 자유, 여자는 가사·육아와 정조'를 천직으로 여기던 역사적 경험을 잘 되새겨 보자. 그러한 가치 속에서 남자도 여자도, 부모도 자식도 모두가 온전히 행복할 수 있었던가?

이제 일제 군국주의가 만들어낸 현모양처라는 이미지를 떨쳐 버리고 '존부모화부부'尊父母 和夫婦: 존경받는 부모와 조화로운 부부로 대신하는 것은 어떨까? 자식이 존경할 만한 멋진 가치관을 가지고 훌륭한 인생을 사는 부모, 그리고 서로를 존중하고 도우며 화합하는 부부. 그러한 부부가 부모가 되었을 때 화목한 가정과 훌륭한 자손은 응당 따라올 것이기 때문이다.

▌대표적 신여성 '나혜석'의 모습(문화콘텐츠닷컴)

+더 읽기 2. 양처현모론과 내선일체 교육

교육의 힘은 사람의 정신을 만들어낸다는 점에서 강력하다. 부푼 꿈을 안고 어렵게 학교 교육을 받게 된 여학생들 중 상당수는 양처현모론에 물들어 내선일체 內鮮一體: 내지인 일본과 조선은 한 몸과 같다는 식민정책 사상 에 앞장서는 길을 가게 되었다. 급기야 교육받은 일부 여성들은 애국부인회 조선본부 총후보국의 명목으로 모금하여 일제 군사 후원 국방부인회 조선본부 병사 전송 및 응원 활동 애국금차회 금비녀를 모아 군비 후원 등을 만들어 일제를 위한 모금과 위안부·징용공·출병을 장려하는 활동을 하기도 했다.

家庭

천업는애들까지

'나두 헤이다이상'

어미된책임감

"19년도부터 징병령이 조선에도 실시되게 된 것은 반도 민중의 더 말할 수 없는 기쁨이지만 아직까지 지원병에 미치지 못했던 반도인에게 이제는 떳떳한 제국의 군인으로서 국방의 중책을 지게 된 것은 크나큰 광영이며, 더구나 반도 여성으로서 받는 이 감격은 영원히 잊혀지지 않을 것입니다. 나는 우선 교육자인 입장에서 반도의 여성을 어떻게 교육하며 더구나 군인의 아내요 어머니인 중책을 감당하여 나갈 군국 여성을 연성하는 데 종래보다 더한층 결의를 새로이 하며 교양과 지식을 길러 나갈 자를 다시 한번 느끼는 기회를 가지게 될 것입니다. 먼저 내지 여성들의 본을 받아 역사에 남은 군인의

▌1942년 5월 13일자 《매일신보》에 실린 배상명의 글, '력사에남을 여성이되자'(맨 아래 테두리 친 기사)

어머니 유명한 군인의 아내뿐만 아니라 군인의 가족의 가정훈家庭訓: 가훈을 배워 반도에서도 그런 위대한 여성들을 배출해 나가는 데 학교 교육과 가정교육이 일체가 되어 매진하지 않으면 안 될 줄 압니다. 이와 같이 군국의 여성이 되려면 육체의 건강에 힘쓸 것은 더 말할 나위도 없는 일이지만 정신의 건강, 즉 일본 정신의 입장과 강하고 위대한 필승불패의 신념이 강한 정신력을 함양하여야 될 것입니다."

_《매일신보》, 1942년 5월 13일, 「역사에 남을 여성이 되자」, 배상명; 이해를 위해 당시 표현을 현대말로 고쳐 옮겼음

이 외에 다수의 굵직한 교육자들이 조선 여학생들에게 총후부인 역할과 근로정신대 지원 등을 교육했다.

나아가 모든 학교에는 일제의 군대식 문화를 도입했다. 학생들은 군대처럼 사열해 조·종례를 하고, 군가 대신 군국주의의 전투적 내용을 담은 교가를 부르며, 간부들은 팔에 완장을 차고, 일제 군국주의식 가치를 담은 학생 생활 규정을 적용하였다. 그리고 이러한 학풍은 지금까지도 전통이랍시고 이어져 일부 학교에서 반성 없이 사용되고 있다. 반민주적인 일이 아닐 수 없다.

2. 대륙병참기지 시기의 교육

1930년대 이후의 대륙병참기지 시기민족말살정책, 내선일체 및 황국신민화정책 등의 교육은 어떠했을까?

1930년대 이후, 내선일체라는 더욱 강화된 황국신민화 정책이 진행되었다. 고대 일본이 삼한을 정복했기에 내지와 조선은 뿌리가 같으므로 천황 아래서 한 몸이 될 수 있다는 구호였다. 이는 역사, 철학,

문화, 생물학 등 다양한 분야에서 시도되어 결국 일본인은 우월하고 조선인은 열등하다는 주장으로 귀결되었다. 따라서 열등한 조선인은 사회 진화의 원리에 따라 우월한 일본인과 일본 문화에 흡수되는 것이 타당하다는 명분이 세워졌다. 그 일환으로 조선인의 유전적 열등함을 찾아보겠다고 조선인들의 두개골이나 인골을 연구하는 코미디를 연출하기도 했다.

일제의 「조선통치시책 기획상의 문제안」이라는 자료를 보면 조선을 지배하기 위한 치밀한 전략을 들여다볼 수 있다.

일제의 첫 번째 전략은, 조선인의 인구 증가를 억제하는 것이었다. 조선의 민족 감정을 야마토 일본인들이 자신들을 일컫는 또 다른 표현 민족화하기 위해서는 수적·문화적 우위를 강구해야 한다는 것이 그 이유였다. 이에 일본 본토에서는 「낙태금지법」 등으로 인구 증가를 꾀하는 한편, 조선에서는 당시 2천 5백만이던 인구를 20년 후에도 현상 유지시키는 것을 목표로 삼았다. 이를 위해 조혼을 금지시키고, 여성의 혼인 연령을 20세 이상, 남성은 25세 이상 되도록 유도했다. 또 여성을 안방에서 끌어내어 노동 현장으로 유입시키고자 했다. 여성을 활용하는 방식 역시 일본식의 신분 계층 의식에 따라 진행되었다. 상류층 여성은 황국신민화의 선동대로, 중산층이나 농민 여성은 공장 등의 노동대로, 빈곤 여성들은 공창이나 정신대로 유인하는 것이었다. 그리고 이 땅에 들어와 사는 일본인과 조선인의 혼인을 장려하려 전체적으로 일본인의 후손을 늘리고자 하였다. 이를 위해 열등한 조선인은 우성인자를 가진 일본인과 결혼하는 것이 좋다는 선전을 하고 다녔다.

둘째로, 언어·역사·종교·풍습을 일본식으로 바꿔 조선의 정신을 말살하고 일본의 대화혼大和魂에 묻혀 버리도록 하는 것이었다. 이를 위해 일본의 종교인 신도를 강요하는 한편, 조선의 민간신앙들을 모조리 미신으로 몰아갔다. 또한 식민 사학과 식민 철학으로 조선인 스스로를 열등 민족으로 여기게끔 주입하고, 스스로 조선 문화와 역사를 혐오하도록 만들어 나갔다.

마지막으로 관혼상제, 가족법, 복식, 음식과 식사 양식, 주택 양식을 일본식으로 바꾸어 자연스럽게 일본 정신에 녹아들도록 하였다.

▌《내선일체》 신년호(1940년 1월 1일 창간), 경성 내선일체실천사 발행.

11

일제의 매매춘 전통과 식민 유곽 문화의 전래

현재 한국의 성 문화와 성 산업

성性은 인연을 연결하고 사랑을 완성하는 일종의 가족 창건 의식ritual이다. 성을 통해 남녀는 부부가 되고, 부모가 되고, 두 집안은 한 가족으로 엮인다. 때문에 성은 본질적으로 소비하거나 착취하는 쾌락의 도구가 될 수 없다.

또한 성은 생명 탄생의 가능성을 갖기에 책임지지 못할 상황에서 욕망으로만 접근해서도 안 된다. 쾌락만 좇는 일탈적이고 즉흥적인 성은 개인적으로도 또 사회적으로도 많은 문제와 범죄를 야기한다. 하지만 디지털과 인터넷 발달은 한편으로 음란물 산업을 기하급수적으로 발달시키는 부작용을 낳았다.

음란물은 왜곡된 성 의식을 갖게 하고 욕망을 자극하여 폭력적인 성향과 성범죄율을 높인다. 실제로 성범죄자는 하루 1차례 이상 음란물을 본 비율이 일반인의 3배에 달하며, 전체 성범죄자 중 약 33%는 범행 직전 음란물을 봤다고 한다.[249] 음란물을 많이 본 사람일수록 강압적인 성적 공상을 많이 하여 성폭력 가해 행동이 많아진다는 연구 결과도 있다.[250]

무엇보다 우리가 주목해야 할 것은 음란물들이 해가 갈수록 아동·청소년들과 가까워지고 있다는 점이다. 한 연구 결과에 따르면 청소년 시기 음란물을 시청한 41.2%는 초등학교 4~6학년 때 처음 접했고,[251] 청소년의 54.7%는 성관계 경험이 있었으며,[252] 그들의 첫 경험 나이는 평균 만 13.6세인 것으로 조사됐다. 2018~19년 기준[253]

잘못된 성 관념과 성 문화는 사회 전체를 썩게 한다. 실제로 2016년 100만 명이 이용한 소라넷부터 미투, 버닝썬, n번방 사건, 전 세계적인 아동 성 착취 사이트인 웰컴 투 비디오 사건까지, 성범죄는 점점 더 폭력적이고 변태적으로 우리 사회를 잠식해 들어가고 있다. 도대체 우리의 성 산업은 어디서부터 어떻게 바로잡아야 하나? 또한 이러한 문제의 뿌리는 도대체 어디에 있는 것일까?

그것을 알려면 일본의 성 문화를 이해할 필요가 있다. 우리의 성 산업이 일제의 성 관념과 성 문화에 기원하여 그들의 문제점을 그대로 답습했다는 것은 학계에서도 이견이 없기 때문이다.

---

249 윤정숙(2015).

250 '노출 이론'에 따르면, 무엇이든 자주 보게 되면 불쾌한 정서적 반응은 점점 줄어든다. 실제로 성폭력 영상을 많이 본 남성은 영상 속 피해자의 고통에 무뎌졌고 실제 성폭력 피해자에 대한 동정심도 낮아졌다고 한다.(Mullin and Linz, 1995)

251 최현경(2012).

252 EVE 주관, 〈2019 청소년 성(性)문조사〉, 전국 10~19세까지의 청소년 1,348명을 대상으로 한 조사. 조사 대상자의 45.4%는 남성, 48.2%는 여성, 6.4%는 인터섹스(간성)거나 성별을 고민 중이라 응답했다.

253 한국MSD, 2018년 청소년 성 건강 프로젝트 〈성대한 클래스〉 자료 중.

일본 고대의 혼인 문화 _ 쓰마도이콘

일본은 헤이안 시대 8~12세기에 이에 문화가 성립되기 시작하면서 가부장적인 혼인 제도가 시작되었다.[254] 이때 성행하던 혼인 문화는 '쓰마도이콘' 妻問婚, 妻訪婚이란 것이었다. 남자가 마음에 드는 여자의 집에 찾아가 요바후 구혼를 하고, 여자가 마음에 들어 하면 동침을 하는 것으로 혼인이 성립되었다.

당시 일본은 여러 명의 처를 인정했기 때문에 남편들은 아내들의 집을 돌며 성적 자유를 누렸다. 그러다 남편이 여성의 집에 더 이상 찾아오지 않으면 자연스레 이별로 여겨졌고, 그다음 찾아온 다른 남성과 동침해도 아무런 문제가 되지 않았다.

(당시 찾아오지 않는 남성을 그리워하는 어느 여성의 노래) : "자지도 못하고 내가 그리워하는 당신, 지금 어디서 누구와 주무시기에 기다려도 오지 않는 걸까요?" _『만엽집』 권13, 3277

(당시 어느 여성에게 거절당한 남성의 노래) : "귀뚜라미도 슬픈 듯 울고 있구나. 이 서리가 내리는 추운 밤, 거적 위에 옷소매나 깔고 나 홀로 자야 하는 걸까?" _『百人一首』

13세기 가마쿠라 막부 전까지는 아래 계급이나 피정복자의 미녀들을

---

254 일본 초기 혼인 제도는 남성이 여성의 집으로 다니는 방식이었다. 헤이안 시대에는 여성의 아버지가 혼인을 주도하기는 했지만, 여전히 일부다처제로 남편은 부인들의 집을 오갔다. 일본에 가부장적 남성 중심 이에 문화와 일부일처 혼인 제도가 확실히 자리 잡은 것은 에도 시대(1603~1867)부터로 볼 수 있다.

빼앗아 오는 약탈혼이 많이 행해졌다. 가마쿠라 막부 이후로는, 아내란 남편과 그의 이에家의 소유로 인식이 자리 잡아갔다. 이때부터 간통은 소유권 침해이자 상대 가문에 대한 모욕으로 이해됐다. 때문에 이즈음부터 사무라이들 사이에서는 '불륜'의 개념이 생기기 시작했다. 하지만 일반 백성들은 여전히 성적으로 자유로운 일탈 문화에 빠져 있었다.

일본의 기본적인 성 문화 _ 요바이

일본의 대표적인 성 문화로는 고대부터 이어진 '요바이'夜這い가 있다. 요바이는 혼인과 상관없이 좋아하는 상대와 자유롭게 성관계를 맺는 것이다. 여성은 얼굴을 가리거나 노파인 척하며 남성의 방으로 갔다. 하지만 대부분의 경우 남성이 여성의 방에 강제로 잠입하는 형태였다. 밤마다 다른 남성이 집안 여성들과 동침하고 갔는데, 찾아오는 남성이 적으면 여자 집에서는 남몰래 남자를 사서 들여보내기도 했다. 요바이 오는 남성이 적으면 성적 매력이 없다고 여겨 수치스러워 했기 때문이다.

그럼 요바이는 어떻게 진행되었을까? 농촌의 남자 아이들은 15~17세가 되면 성인으로 인정받아 와카모노구미若者組라는 조직에 들어갔다. 이 조직에는 결혼 전까지 있을 수 있었다. 낮에는 부락의 경비와 소방 등 일을 보고 밤이 되면 네야寢屋: 청년 숙식소에 모여 연장자에게 농사 기술과 성 지식 및 성 기술을 배웠다. 교육이 끝나면 무스메야도娘宿: 처자들의 숙식소를 찾아가거나 요바이를 하러 가서 배운 성 기술을 실습했다. 일종의 혼인 훈련이었다.

"지방에 따라서 형태는 다르지만 저녁 식사를 마치고 모여 밤일을 하고 거기서 자거나 했다. 젊은 남성이 그곳무스메야도을 방문하는 중에 이성관도 깊어지고 혼인을 위한 훈련도 쌓여졌다. 무스메구미娘組의 기능은 주로 혼인에 대한 훈련과 통제에 있었다. 거기에는 어떤 종류의 프리섹스 상황이 있었다. 처녀들은 요바이를 오는 청년의 숫자가 많은 것을 자랑스럽게 생각하였고 부모는 요바이를 오는 청년이 적으면 상심했다."[255]

혼인 전 성 훈련을 하는 것은 여성들도 마찬가지였다. 초경을 치르면 엄마들은 믿을 만한 마을 남성에게 약간의 선물을 주고 성교육을 부탁했다. 시간이 많이 걸릴 것이기에 일부러 점심쯤부터 데리고 갔다. 이 일을 잘 치르고 나야 언제든지 요바이를 할 수 있었다.

"그 집성교육을 부탁받은 집에서는 처녀의 모친이 인사를 마치고 돌아가면 처녀를 잠자리에 데리고 가서 성교를 하여 가르친다. 그녀가 돌아갈 때에는 출혈이 묻은 종이나 하얀 포를 주어서 돌려보낸다. 혹은 처녀의 모친이 데리러 오는 마을도 있었다고 한다. 이것으로 초교初交: 첫 성교가 끝나고 어엿한 여자가 된 것이므로 젊은이들이 요바이하러 온다."[256]

요바이에는 남녀 모두 미혼과 기혼을 가리지 않았다. 주로 남자들이 처녀와 과부에게 많이 갔지만, 남편이 멀리 출타하면 기혼 여성도 요바이가 가능했다.

---

255 山崎正夫(1978), 『三島由紀夫における男色と天皇制』, 海燕書房, p.141: 정미혜(2006), p.10. 재인용.

256 赤松啓介(1994), 『夜這いの民俗學』, 明石書店: 정미혜(2006), p.11. 재인용.

다 함께 성을 즐기는 축제 _ 우타가키와 자코네

개인적인 성 문화로 요바이가 있었다면 공동체적으로는 우타가키歌垣란 풍습도 있었다. 마을마다 길일이 되면 들이나 길가에서 미혼·기혼 남녀들이 춤추고 노래하는 축제가 우타가키였다. 일종의 성 일탈 축제였는데, 이때 모인 남녀들은 결혼 유무와 상관없이 자유로운 성관계를 가질 수 있었다.

"독수리가 집을 짓고 사는 쓰쿠바야마築波山의 모하키츠裳羽服津 언덕 위에, 젊은 남녀들이 모여 서로 어울리는 우타가키, 나도 유부녀와 놀아야겠네. 내 아내에게도 다른 남자가 놀러와 주었으면. 이 산의 신령님께서 예로부터 특별히 허락하신 행사라네. 멋쩍어도 눈감아 주게나. 오늘만큼은 무엇을 하든."[257]

일본의 일반 풍습뿐 아니라 종교인 신도에서도 성 축제는 일상적이었다. 신사神社나 사찰 행사 후에는 의례 참석자들이 남녀 혼숙하는 자코네雜魚寢라는 풍습이 있었다. 이때 자유로운 성관계가 가능했다. 어떤 신사들은 제례 후 마주치는 이성과 즉시 교합을 해야 한다거나, 여자는 날이 새기 전에 세 명의 남자와 몸을 섞어야 한다는 등의 규약을 두기도 했다. 놀랍게도 이러한 풍습은 20세기까지 이어졌다.

"여자라는 여자는 모두 그날 밤중에 이 사람 저 사람 차별하지 않고 몸을 허

---

257 『만엽집』 권9, 1759.

락하는 것이다. 기혼의 여자뿐만이 아니라 미혼의 처녀까지 좋은 신랑을 얻을 수 있다는 미신에서 아낌없이 그 몸을 미지의 남자 앞에 내던지는 것이다. 여자는 그 빈도수가 많을수록 한층 더 행복해진다고 말하고 있다. … 도쿄에서 기차로 가면 한 시간 반 정도에 도달하는 가까운 곳에, 더구나 소화昭和: 1926~1988년까지의 연호의 현대에 이러한 행사가 남아 있다니. 민족의 영원성을 엿볼 수 있어 재미있는 이야기이다."

_「이바라키현 기타소마군 고모[蛟蝄] 신사의 제례에 관한 기록 중」[258]

일본의 오래된 전통 _ 유곽의 매매춘 문화

이처럼 일본의 자유로운 성 문화는 전통적으로 혼인 제도와 별개로 자리 잡고 있었다. 때문에 이미 10세기부터 '야호치'夜発, '아소비'アソビ라는 전문 성매매 여성이 존재했다. 17세기 에도 막부에서는 아예 유곽을 공식 성매매지로 인정해 주었는데 무척 호황을 이루었다.[259] 주변에는 공식 유곽에 못 가는 이들을 위한 다양한 형태의 불법 매음이 발달했다.[260] 에도 시대 성 문화는 갈수록 발달하여 길거리 가게들은 잘 보이는 좌판에서 다양한 성행위 보조기구들을 버젓이 팔기도 했다. 『고쇼쿠타비마쿠라好色旅枕』1695년 같은 '성 보조기구 사용설명서' 등의 책들도 유행했다. 또 사찰에서는 동자승과의 남색이, 사무라이들은 미소년과 즐기는 와카슈도若衆

---

258 大和岩雄(1993), 『游女と天皇』, 白水社, pp.23~24: 정미혜(2006), p.5. 재인용.

259 '경국(傾國)의 불야성'이란 별명을 갖고 있던 요시와라는 매일 밤 다양한 계급의 사내들이 몰려들어 온갖 향락과 사치스런 밤문화를 열었다.

260 차이온나[茶屋女: 찻집 여자], 유나[湯女: 목욕탕 여자], 도메온나[留女: 여관집 여자], 센타쿠온나[洗濯女: 세탁집 여자] 등이 있었다.

道: '어린 소년의 도리'란 의미로 사무라이가 자신의 시중을 드는 어린 도제 사무라이와 성적 관계를 맺어 신뢰를 다지는 것라는 남색이, 가부키전통 공연 공연에서는 동성애와 매음 등 다양한 방식의 성 문화가 유행했다.

이들의 특징은 위 계급이 어리고 낮은 계급의 성을 성별을 가리지 않고 수탈했다는 것이다. 보통 '폭행 또는 협박에 의해 상대방의 반항을 곤란하게 하고 간음하는 것'을 강간이라 정의한다. 이병태, 『법률용어사전』 그런 의미에서 보자면, 여자의 방에 몰래 침입하는 요바이나 자기보다 낮은 계급인 동자승이나 미소년의 성을 마음 놓고 착취하는 일본의 전통문화는 강간과 별 차이가 없어 보인다. 강한 자의 욕망에 의한 수직적이고 일방적인 성관계이기 때문이다. 하지만 이러한 성 문화들은 일본에서 오랫동안 당연하고 재미있는 전통으로 여겨져 왔다.

메이지 정부의 공창제창녀촌 설립

하지만 근대에 들어 메이지 유신으로 근대화를 추구하면서 메이지 정부는 일본의 성 문화에 나름 대대적인 개혁을 단행했다. 서양처럼 일부일처제를 확립하고 호주제 시행 등으로 간통을 막고자 했다. 그럼에도 일본의 매음, 근친상간, 동성애 등의 성 문화와 창녀를 만들기 위한 인신매매는 끊이지 않았다.

일본의 유녀창녀는 대부분 인신매매로 공급되었는데, 가난한 집에서 팔려 왔거나 유녀의 사생아들이었다. 혹독한 빚에 묶여 평생을 유곽에서 성 노예로 팔려 다니다 이용가치가 없어지면 버려져 비참한 죽음을 맞이했다. 아주 어린 나이부터 성과 노동력을 착취당하며 성병과 온갖 학대 속에 방치된 그녀들의 평균수명은 30세를 넘기지 못했다고 한다.

이러한 일본의 인신매매와 성 착취 문화는 국제적인 비난을 받았기에, 메이지 정부는 「창기해방령」1872년이란 걸 공표해 국가 체면을 높여 보고자 했다. 하지만 오랫동안 자유롭고 일탈적인 성을 즐겨 온 일본은 창녀 없는 세상을 상상할 수 없었다. 결국 관리되지 않는 불법 사창만 늘어날 뿐이었다. 때문에 일본 정부는 성매매 면허와 의무적인 성병 검사, 일정 범위 안에 창녀들을 가둬 두는 집창촌일명 창녀촌 건설을 전제로 한 국가 공인 매춘면허제인 '공창제'로 노선을 바꾸었다.1876년

조선의 전통적 성 문화

반면 조선은 음란한 풍속을 싫어하는 역사적 전통으로 인해 성매매라는 것이 없었다. 기본적으로 유교, 불교, 도교는 모두 금욕주의적인 태도를 갖고 있었다. 남녀유별을 강조한 유교의 영향으로 평소에는 부부라도 안채와 사랑채에서 따로 지내다 임신이 가능한 시기에만 합방했다. 색色으로 인해 감정과 욕망이 들끓으면, 먹구름에 밝은 달이 가려지듯 바른 마음道心이 욕정에 가려진다 믿었기 때문이다. 도교에서는 성 에너지 자체를 생명의 정수로 보았다. 곧 성욕이 방출되면 정기가 훼손되며, 성적 절정감은 새 생명을 낳기 위해 생명의 정수가 분리돼 나가는 느낌이라 믿었다. 때문에 방중술도교에서 남녀 간의 성교를 통해 각기 부족한 음양을 보충하는 수련법을 익히지 않은 일반적인 성교는 생명을 갉아먹는 행위라 여겨 극도로 꺼렸다. 불교 역시 '음란한 마음'淫慾을 죄의 근본으로 보았다. 나아가 속세와의 인연을 끊고자 비구와 비구니는 비혼을 고수했다.

조선은 법률적으로도 성에 관한 범죄를 매우 엄하게 다스렸다. 일례로 화간부부 아닌 남녀가 합의하여 육체적으로 관계함은 장 80대, 외도한 유부녀는 장 90대, 간통한 남자는 장 100대, 강간은 교수형이었다. 혹 성매매를 들키면 중인은 궁벽한 지역의 관노비로 만들고, 천인은 장 100대를 친 후 귀양 3천 리를 보냈다. 보통 장 100대면 장독으로 인해 살아남기가 힘들었는데, 만약 살더라도 조선팔도 삼천리를 끌고 다니다가 섬 등으로 귀양 보냈다. 거의 유배지에 도착하기 전에 끌려다니다 고통스럽게 죽는다.

또한 주자학의 영향으로 대부분의 여성들은 '절개'에 목숨을 걸었고, 노동과 기예를 제공하는 관비나 기생들도 공식적으로 성을 제공하지는 않았다. 미천한 신분 탓에 함부로 대해지기도 했지만, 황진이나 춘향이처럼 고고한 절개를 지키고자 하면 함부로 범할 수 없었다. 때문에 절개를 지키다 열녀문을 하사받은 절기節妓: 절개를 지킨 기생와 충의로운 의기義妓: 의로운 기생가 다수 존재했다. 양반과 천인이라는 신분의 차이는 있어도 사람이 품은 고고한 지조는 모두 가치롭다고 인정한 것이다.

서학의 성 문화

조선 후기에는 서학이 자리 잡으며 순결뿐 아니라 부부간의 동정에 대한 의식도 생겨났다. 서학에서는 인간의 번식 욕망인 성욕이 인간의 원죄가 전달되는 연결점이라고 믿었다.[261] 또한 거룩한 신을 올바로 신앙하기 위해서는 스스로 동정을 지키거나 반드시 순결하고 깨끗한 처녀를 아내

---

261 『가톨릭교회 교리서』, 404, 419, 1866.

로 맞아야 한다고 믿었다. 순결하지 못한 과부, 창녀 등과 관계하는 것은 자손까지 더럽히는 일로 금기시되었다.

> "그 사제는 숫처녀만을 아내로 맞아들여야 한다. 과부나 소박맞은 여자나 창녀가 되어 몸을 더럽힌 여자, 이런 여자를 맞아들여서는 안 된다. 자기 백성 가운데에서 숫처녀를 아내로 맞아들여야 한다. 이렇게 하여 자기 백성 가운데에서 자식을 더럽히는 일이 있어서는 안 된다. 나는 그를 거룩하게 하는 주님이다." _「레위기」 21장 13~15절[262]

천주교인들은 장미 모양 구슬로 만들어진 로사리오 로사리우스, 묵주를 돌리며 영적 기도를 바친다. 붉은 장미는 그리스도의 피와 순교를 상징하고, 하얀 장미는 동정녀 마리아의 순결과 고결함을 상징한다. 성모 마리아는 처녀의 몸으로 예수님을 낳으시고 종신토록 동정을 지키셨다. 순결한 처녀의 잉태야말로 원죄 없는 생명 예수님을 낳은 '기적'의 근원으로 해석된다.

서학을 받아들인 조선의 신앙인들도 더 나은 신앙을 위해 순결과 동정을 지키고 비혼을 유지하고자 노력했다. 독신과 동정을 지키는 삶이 하느님께 온전하게 봉사하는 거룩한 삶으로 인식됐기 때문이다.[263] 이에 겉으로는 부부로 행세하며 관습의 틀에 맞추고, 실제로는 서로의 동정을 지켜주는 '동정 부부'까지 생겨났다. 대표적으로 2014년 광화문에서 프란치

---

262 한국천주교회성경공용번역본, (성경-한국천주교주교회의)

263 중국에 전해진 예수회의 가르침은 추악한 음욕을 극복하고 이기는 것을 정덕(正德: 바른 덕)이라 하며 세 가지를 들고 있다. 첫째는 동정을 지키는 것이고, 둘째는 과부나 홀아비가 수절하는 것이며, 셋째는 부부간에 절도를 지키는 것이라 하였다. 이처럼 서학에서 동정은 인간으로서의 음욕을 극복하고 하느님께 온전히 봉사하는 최고의 삶의 모습으로 인식되었다. 마테오리치와 함께 활동했던 판토하(Pantoja)의 저작인 『칠극』 중.

스코 교황에 의해 시복된 유중철 요한, 당시 19세, 이순이 루갈다, 당시 16세 부부가 있었다.[264] 이들은 부부임에도 동정을 지키다가 스스로 천주교인임을 당당하게 밝혀 의연히 순교의 길을 걸었다. 그들의 사례는 또 다른 신도들에게 성적 순결과 부부간의 동정, 그리고 순교를 최고의 신앙적 영예로 받아들이게 하는 중요한 계기가 되었다.[265] 때문에 성적 순결을 지키고자 스스로를 과부나 홀아비라 칭하는 처녀총각도 늘어 갔다. 이러한 서학의 믿음은 기독교계 여학교의 도덕 순결 교육으로 이어졌다. 그 결과 혼전 순결과 결혼 후 정조 및 성적 금욕을 중시하는 분위기가 기독교 세력을 중심으로 퍼져 나갔다.

이처럼 조선은 오랜 시간 욕망을 절제하고 인간 본연의 가치와 신념을 중시하는 문화를 꽃피우고 있었다. 일부의 일탈과 지나친 여성 성 억압 등의 문제도 있었지만 말이다.

한국 성매매 산업의 기원

이런 조선의 문화가 오랫동안 자유로운 성을 즐겨 온 일제의 정책에 맞을 리 없었다. 남성에게는 여성의 성이 꼭 필요하다 믿었던 그들은 일본 본토의 성 문화를 조선에 들여왔다. 결국 일제는 1876년 조선 강제 개항

---

264 '성모 마리아와 요셉(성모 마리아의 법적 남편)' 같은 자발적 동정 부부의 탄생은 유구한 가톨릭 역사상 다섯 손가락 안에 드는 매우 희귀한 일이다. 루갈다(세속명 이순이)는 순교 직전 옥중서신을 남겼는데, 요한(세속명 유중철)과 동정 부부로 지내며 겪었던 심한 육체적 유혹 극복기를 진솔하게 담아 읽는 이들을 감동시켰다.

265 복녀 이순이 루갈다(1782~1802)와 복자 유중철 요한(1779~1801) 부부, 복녀 권천례 데레사(1783~1819)와 복자 조숙 베드로(1787~1819) 부부.

후, 개항지의 일본인 지역을 중심으로 유곽을 만들고 매춘업을 시작했다. 러일전쟁 승리 후에는 통감부를 통해 슬며시 조선 사회에 공창과 사창을 들여왔다. 이후 용산과 함경북도 등지에 일본군이 상주하기 시작한 1916년부터는 이 땅에 완전한 형태의 공창제를 도입했다.

공창제의 특징은 공식 매춘 면허를 만들어 세금을 거두고 의무적인 성병 검사를 하며, 매춘 여성들을 한곳에 집결시켜 집창촌을 만드는 것이다. 그 제도의 이면에는 창녀를 '성 노예 상품'으로만 바라보는 일본의 문화와 관점이 녹아 있다. 에도 시대, 유녀들이 늙거나 병들어 쓸모를 다하면 길가에 버려 쓸쓸히 죽어가게 했듯이, 공창의 창녀들을 '성 상품'으로 보고 '성병의 근원'으로 치부하면서 거주지까지 한정 지으며 성 노예로서의 효용성을 최대로 뽑아내려 한 것이다.

일본이 이식한 이 공창제는 현재 한국에 자리 잡은 성매매 산업의 기원이 되었다. 그리고 다양한 파생 상품다양한 방식의 불법 성매매, 성 노예 공급을 위한 인신매매 시스템, 집단 강간 문화 등[266]을 늘려 갔다. 더불어 일본의 오래된 강간 문화인 요바이와, 위 계급이 아래 계급의 성을 폭력적으로 착취하는 슈도衆道: 사무라이 계급의 미소년 소아성애, 약한 이들은 성 노예로 만들고 착취해도 된다는 성 관념도 함께 뿌리를 내려갔다. 더불어 성을 자유롭게 즐기다 못해 점점 변태적으로 변해 가는 성 풍조 또한 다른 식민 문화와 함께 이 땅에서 사라지지 않고 여전히 성업 중이다.

---

266 일본 전통 성 의식 때 남자 아이들은 훈도시이와이[褌祝]라는 성교육 의식을 치렀다. 처음으로 어른들이 입는 훈도시(끈팬티처럼 생긴 일본 전통 하의)를 입고 정해진 장소로 가면 약속된 마을의 과부나 유부녀들이 다 함께 성 기술을 알려주고 성 실습을 해 주는 일종의 집단 강간의 형태였다.

12

한국에 꽃핀 일본의 요바이 문화

조선의 예술가인 기생이 창녀로 전락하게 된 유래

조선의 정기를 말살하고, 일본과 같은 성 산업을 도입하기 위해 일제는 조선의 기생을 창녀로 만드는 작업부터 시작했다. 본래 조선의 기생들은 수준 높은 기예와 지적 풍류를 자랑하고 있었다. 궁의 장악원과 관에 소속되어 수준 높은 전통 무용, 국악, 창 등을 익히고 계승하던 주체들이었다. 하지만 1910년 경술국치 이후 장악원이 폐지되어 갈 곳이 없어진 그녀들은 명맥을 유지하고자 기생조합훗날 일제식 권번(券番)으로 변경을 만들어 활동했다. 기생들이 전승한 전통 무용과 예술은 오늘날까지도 중요 무형문화재의 뿌리가 되고 있을 정도이다. 그렇게 어렵게 예술을 갈고 닦은 기생들의 자존심은 매우 고고했다. 일제는 그녀들을 소위 일패 기생예술을 일삼던 본래의 기생[267] 또는 예기藝妓라 불렀다.

“어찌 일개 유아탕자의 수중물이 되고 마는 것이 예기의 근본이랴. … 가무

그것은 예술이며, 적어도 우리는 예술가로다." _ 예기 윤옥향의 글 중[268]

일제는 조선의 전통문화를 미신으로 몰아가는 한편, 전통 예술의 맥을 잇던 기생들을 창녀로 만들어 공창으로 몰아넣고자 했다. 이에 우선 기생들을 예기 예술을 하는 기생 와 매춘 면허를 받은 창기 倡妓: 공창 매춘부 로 나누는 작업부터 시작했다. 이후 창기들에 대한 처우를 차츰 예기와 비슷하게 맞춰 가면서 대중들의 '기생 이미지'를 슬며시 창녀로 바꿔 나갔다. 예를 들면 이러하다. 예기인 일패 기생들은 장옷 대신 붉은 양산으로 얼굴을 가리고 검정색 외코신을 신어 일패 기생임을 표시했다. 이패 일패보다 예능이 부족한 기생 기생과, 삼패 성매매가 전문인 창녀 기생은 이것이 불가능했지만 일제는 차츰 허용함으로써 끝내 일패 기생과 창기의 구분을 모호하게 만들었다. 시간이 흐르자 결국 조선의 기생들은 거의 창기처럼 매음을 주업으로 하는 이들로 인식이 바뀌어 갔다. 더불어 일패 기생이 보유하던 전통 예술과 풍류의 맥도 함께 사라져 갔다. 덕분에 조선의 풍류와 놀이 문화도 차츰 성적으로 변해 가며 금기시됐던 매춘이 노골화되어 갔다.

본격적인 공창의 도입과 발달 과정

조선의 공창이 늘수록 일제가 가져가는 세금도 늘었고, 사창이 발달할

---

267 일패 기생은 궁 장악원이나 지방관에서 가무를 도맡던 본래적 의미의 일급 기생이다. 이패 기생은 첩살이나 은밀히 매음을 겸하여 은근자(殷勤者)로 표현되며, 삼패 기생은 매춘을 본업으로 하는 창녀(娼女)를 말한다.

268 윤옥향(1927.2).

수록 이익을 얻는 일본인도 많아졌다. 때문에 요리점에서 노래와 춤을 추는 예기, 음식점 직원인 작부, 카페나 여관 직원인 여급 등에 의한 음성적인 사창의 발달을 묵인했다. 이에 창기뿐 아니라 예기, 작부, 여급 등으로 성병 검사 대상을 확대했다. 접대업을 하는 여성들을 암묵적인 매춘부로 치부해 버린 것이다. 이는 일반 접대업에 종사하는 여성들을 바라보는 대중의 시선과 성 산업의 구도를 바꾸기에 충분했다. 당연히 일제는 불법 사창을 잘 단속하지 않았다. 이미 공식적으로 다 알려져 버린 공창 대신 매춘 산업을 다른 접대업 전체로 슬며시 이전시킨 후 은밀한 사창을 묵인하는 것, 그것이 국제적 비난을 받는 매춘 시장의 규모를 축소·은폐하기에 좋았기 때문이다. 그렇게 일제의 성 산업은 카페, 술집, 요리점, 여관 등의 접대 업종 전반으로 파고들어 갔다.

일제는 조선 여성의 성을 더 많이 착취하기 위해 접대 가능 나이도 낮추었다. 일본 여성은 18세부터 가능했지만 조선 여성은 16세부터 접대업을 할 수 있었다. 이처럼 어린 나이에 접대업을 시작했기에 임금과 환경은 일본 여성보다 훨씬 열악했다. 특히 러일전쟁으로 일제의 주력군이 주둔하던 함경북도는 아예 접대 가능 나이를 15세까지 낮추기도 했다.

조선에 일제식 매춘 산업이 뿌리를 내려가면서 성병도 심각한 수준으로 퍼져 갔다. 1934년 자료에 의하면 당시 접객 여성의 57%가 성병에 걸려 있었다고 한다. 때문에 일제는 공창뿐 아니라 사창까지도 굴욕적인 강제 성병 검사를 실시했다. 하지만 허망하게도 성 접대를 받는 남성들은 성병 검사의 대상이 아니었다. 성병의 근원은 오직 매춘부의 몸이라 인식했고, 현실적으로도 함부로 끌고 가서 검사할 수 있는 것은 매춘부만 가능했기 때문이다. 결국 그 시기 조선 전체의 성병 발병률은 45%에 이르게 되었다.[269]

일제의 공창제와 사창 문화는 일본 본토에서 사회문제가 되었던 여성 인신매매를 조선 땅에도 반복되게 만들었다. 창기나 작부를 허가받을 때, 남성 보호자 아버지, 남편 등 나 호주의 동의서는 필요했지만 여성 본인의 동의서는 필요하지 않았다. 때문에 가난한 집이나, 결손 가정의 주부나 딸들을 취업 알선, 부잣집 혼처, 유학 등의 거짓말로 꼬여낸 후 포주에게 팔아버리는 인신매매가 빈번해졌다. 설상가상으로 글을 몰랐던 가난한 집 여성들은 잘못된 계약서나 화대 장부 등을 제대로 이해하지 못하여 평생 전차금 前借金 에 묶여 이용당하다가 버려지기 일쑤였다.

이렇게 공창이 확산되며 조선의 놀이 문화도 변질돼 갔다. 한편에선 지식인들을 중심으로 당시 세태에 대한 조소와 반성의 목소리가 높아졌다.

> "아산 둔모에 콩 볶는 소리가 들린 지도 이제는 30년이 지났다. 병정의 꽁무니를 따라서 현해탄을 건너온 '니혼 무스메' 일본 계집이란 뜻 의 역사도 어느덧 30년이 되었는가 보다.
> 조선이라고, 옛적인들 기생이 없었으리오만은, 창기니 작부니 하는 새 이름을 가진 여자가 분 냄새와 합해 정조를 팔고 술판에 헛웃음을 실어 남자의 등골을 뽑게 되기는 역시 갑오년 이후의 일일까 한다." [270]

일본에서도 공창의 매춘부들은 거의 인신매매로 끌려온 여성들이었다. 때문에 국제적으로도 일본의 공창 문제에는 비난이 많았다. 국제연맹은 「부인 및 아동의 매매금지에 관한 국제조약」을 체결하고 1921년 인신매매 문제가 심한 일본에도 조인을 촉구했다. 하지만 일본은 미루고 또 미

---

269 1930년대 공창폐지회 회장 오긍익 씨의 보고자료.
270 《동아일보》, 1924년 5월 10일 2면.

뤘다. 국제사회의 안 좋은 눈길과 매춘 사업 포기가 가져올 후유증을 저울질하는 일은 쉬운 것이 아니었다. 결국 1925년에서야 식민지인 조선과 대만의 공창은 제외한다는 조건으로 인신매매 금지 조약을 비준했다. 더 깊이 살펴보자면 그나마 조선의 공창을 제외한다는 조항 덕에 일본은 결단을 내릴 수 있었다. 이즈음 일본인들은 일본 매춘부보다 화대가 싸고 어린 조선 매춘부들을 많이 찾고 있었다. 때문에 조선의 인신매매 사업도 한창 커져 가던 중이었다. 유명 유흥업소들은 가난한 부모들에게 사들인 수양딸(어릴 때 수양딸로 들여 기생 수업을 한 후 다른 포주에게 비싸게 팔았다.)들이 수십에서 수백여 명에 이를 정도였다. 그렇기에 방대해져 가는 조선의 공창이 인신매매 국제조약에서 제외된다면 창녀 확보에 크게 무리가 될 것도 없을 터였다.

기독교계의 폐창 운동

그런 와중에 기독교 세력들은 인신매매의 중심이자 성적 타락지인 공창을 폐지하자는 소위 '폐창 운동'에 열성을 보였다. 기독교의 도덕주의, 순결주의 관점에서 공창은 용납할 수 없는 타락이자 범죄였다. 때문에 조선의 기독교 세력은 일본의 기독교 폐창 운동가들과 협력하여 폐창 운동을 벌여 나갔다. 공창은 정조를 생명보다 중히 여기는 주자학의 기본 정서와도 크게 어긋나는 것이었기에 조선의 많은 단체가 폐창 운동에 함께했다. 일본의 대표적 폐창 운동가였던 '구세군 사령관' 무라야마 군페이山室軍平는 1924년 「공창제도는 남자의 음행을 공인한 것」이라는 강연회를 열었다. 그리고 "조선의 유곽 설치가 겨우 팔 년밖에 되지 않았기에 더 뿌리내리기 전에 빨리 공창을 폐지해야 한다"고 촉구했다.[271] 언론들도 조선의 정서와 맞지 않는 공창의 폐지를 거듭 촉구했다.

> "우리가 당국에 그 근본적인 대책을 제시하고 그들의 숙고를 재촉하려는 이유는, 첫째로 조선의 사정은 일본과 전혀 다르기 때문이다. 일본에서는 수백 년 동안 유곽이라는 것이 역사적인 근거가 있어서 발달해 온 것이다. 또한 일시적으로 유곽이 사회적으로 상당한 사교 기관의 가치를 발휘할 때가 있었다. 그에 대한 일본인들의 감정이 유곽의 존재 이유를 인정하는 바가 많고, 상당히 높은 인사들도 유곽 출입을 그다지 치욕으로 느끼지 않는 기풍이 있다. 그렇지만 조선은 그와 전혀 다르다. 지금 조선에 들어와 있는 공창제도는 조선에 없던 것을 최근 몇 십 년간 일본인이 조선에 수입한 제도일 뿐 아니라, 조선인의 감정에는 지극히 비루하다는 생각을 일으키는 제도이다. 따라서 조선에 와서 사는 40만 일본인의 감정과 그들에게서 배태된 일본인의 영리 행동으로 인해 경제적 파멸에 몰린 패배자의 매장처로밖에 보이지 않는다. 그러니 일본인과 조선인의 사이에 있는 이 공창제도에 관한 사회적 의의로 말하자면 실로 엄청난 차이가 있는 것이다. 그럼으로 일본에서는 하루아침에 이 제도를 폐지하는 것이 무리가 많겠으나 조선에서는 폐지하는 데 구애될 만한 작은 사회적 근거도 없는 것이다."
>
> _ 1926년 《동아일보》 기사: 이해를 쉽게 하고자 현대적인 언어로 고쳐 실었음[272]

서구 열강의 비난과 기독교 세력의 강한 폐창 운동은 일본 정부를 더욱 압박했다. 특히 국제연맹은 각국에 전문 조사단을 파견하여 여성들의 인신매매 현황을 조사하기까지 했다.1931년 하지만 오랜 공창 문화를 포기하

---

271 「公娼制度는 男子의 淫行을 公認, 二十六日 公會堂에서 뿌리가 굳세게 박히기 전에 건전한 여론을 일으키라, 山室大佐의 獅子吼」, 《매일신보》, 1924년 2월 28일 3면: 박정애(2009), p.108. 재인용.

272 《동아일보》, 1926년 8월 6일 1면.

자니 뒤따를 일본 국민의 반발과 일탈도 부담됐다. 결국 일본의 지배자들은 공창 폐지 결정을 각 지방 현으로 떠넘겼다. 1935년, 일본은 47개 현 중 14개 현에서 공창 폐지를 결정했고 차츰 확산해 갔다.

하지만 조선에서는 오히려 카페 당시 카페 여급들은 불법 성매매를 겸하기도 했다가 호황을 이루며 유흥업과 사창이 더욱 활발해지는 기현상이 일어났다. 돈을 쓰는 큰 고객들은 대개 일본인이었다. 대한제국의 이름과 존재부터 무시했던 일제는 대한제국 여성들의 지조와 일상 역시 '조센징'이라는 말로 뭉개며 일본의 도구로 전락시켜 갔다.

공창에서 위안부로

그렇다면 기독교계와 지식인, 여성 단체들의 강렬한 폐창 운동에도 불구하고 어떻게 조선의 매춘 산업은 커져만 갔던 걸까? 1940년대는 중일전쟁1937년과 태평양전쟁1941년 등으로 일제가 본격적인 전시체제로 들어간 시기였다. 일제는 조선에도 전시 총동원 정책을 시행하며 숟가락까지도 수탈해 갔다. 이미 일본은 1920년대 세계경제 대공황으로 인한 극심한 피해를 조선 착취로 메꿔 오던 중이었다. 계속된 수탈의 결과 조선의 경제는 몹시 처참해졌다. 이것이 돈이 되는 인신매매와 매춘의 고리를 끊어내지 못한 큰 이유였다.

그러던 중, 일제가 갑자기 조선의 매춘 사업을 억제하고 인신매매로 잡혀 온 여성들을 앞장서서 풀어 주는 희한한 일이 벌어졌다. '유흥과 향락으로 인한 사치를 줄이자'라는 구호와 함께였다. 실제로 1940년 8월, 약 보름 동안 동대문, 중구, 종로에서만 526명의 유흥업소 수양부모가 경찰

서로 소환됐다. 그들은 자신들이 인신매매해 온 수양녀들을 전원 해방하겠다고 약속한 뒤에야 집으로 돌아갈 수 있었다.[273] 마치 세계적인 폐창운동과 세계의 이목으로 인해 하루아침에 개과천선이라도 한 듯했다. 도대체 일제에게 무슨 속셈이 있었던 것일까?

접대부들은 이미 신원 등록이 돼 있어 파악과 관리가 수월했다. 그리고 상당수가 인신매매를 당한 후 매춘을 했기에 수탈해도 가족 반발이나 국민 반감이 일반인보다 크지 않았다. 일제는 그런 점을 노렸다. 접대부들을 생계 대책 마련 없이 갑작스레 해방시킨 후 당황한 접대부들을 곧장 전시특별청년부대, 전시위안대 등으로 동원해 갔다.

"직장을 중심으로 한, 부내 각 직장의 특설청년대 조직은 지난 5월 22일 경성부청년단 결성 이후 우후죽순과 같이 각 직장에서 궐기하여 도합 25부대의 편성을 보게 되었다. 여기에 규합된 대원은 남자 5,991명, 여자 6,872명. 도합 실로 12,866명을 돌파, 일찍이 보지 못한 직장 청소년의 대동단결을 보게 되었는데 특히 접객업에 종사하는 권번, 카페, 빠-, 조합, 유곽 등이 자진하여 참가하였다. 이 특설청년대 25개 대는 11만을 포용한 경성청년단에 편입되어 금후 규율 있는 통제와 훈련을 받은 것은 물론이거니와 이로서 종래 아무런 시국적 훈련이 없이 무풍지대에 방임되었던 1천3백의 기생이며 1천6백의 여급과 1천8백으로 헤아려지는 창기들도 새로운 '국민조직'의 한 분자로서 참가하여 국방증가 체제 확립에 힘찬 출발을 짓게 되었다."

_ 1941년 《매일신보》 기사 [274]

---

273 박정애(2009), p.160.

274 《매일신보》 1941년 6월 18일 조간 3면.

▌직장의 특설청년대 조직 사진(《매일신보》, 1941년 6월 18일)

일제의 이중적인 여성 관념 및 일본군의 특이한 점

일제가 가진 여성의 성에 대한 관념은 상당히 이중적이었다. 집 안의 아내들은 남편에게 안락하고 즐거운 가정을 제공할 기예를 기본 소양으로 갖춰야 했고, 가사와 육아를 전담해 남편을 바깥일에 전념케 해야 한다고 믿었다. 따라서 아내들은 전장에 나간 남편이 안심하고 싸울 수 있도록 정조를 굳게 지킬 것을 교육받았다.

> "자기 아내의 순결을 안심하고 전장으로 나갈 수 있다는 것은 군의 사기에 영향을 끼치는 것이다."[275]

때문에 남편을 전장에 보낸 부인이 정조를 잃는 것은 "자기만의 향락

---

275 《서울신문》 1953년 3월 22일: 주진오 외(2017), p.317. 재인용.

을 누려 보자는 불순한 감정으로 인간으로서 생각조차 할 수 없는 일"이라며 매도했다. 하지만 남성에게는 다른 잣대가 적용됐다. 남성이 이성을 멀리하면 우울증이나 성격 이상 등의 문제가 생긴다며 사회에는 공창을, 전장에는 위안대를 설치했다.

> "이성에 대한 동경에서 야기되는 생리작용으로 인한 성격의 변화 등으로 우울증 및 기타 지장을 초래함을 예방하기 위하여 본 특수 위안대를 설치하게 되었다." _ 특수위안대의 설치 동기

일본의 오래된 사무라이 문화는 인간의 생명보다 전체의 영속성을 더욱 중요시한다. 그래서 여성 인식뿐만 아니라 인권 의식도 그리 좋지 못했다. 때문에 일본의 전쟁 수행에는 유별난 점들이 있었다. 첫째로 패배자의 목숨은 존중하지 않았다. 때문에 적군의 포로가 되면 즉시 자결하고, 패배한 적군은 현지에서 학살하여 포로로 만들지 말라고 지도했다. 이로 인해 뤼순 대학살약 2만 명 난징 대학살약 20~30만 명 등 일본군이 가는 곳마다 대규모의 학살이 잇따랐다. 마찬가지로 일본군이 퇴각할 때면 끌려간 조선인과 위안부들도 학살당하거나 버려졌다. 둘째, 늘 위안부들을 끌고 다녔다. 청일전쟁부터 태평양전쟁까지 일본군은 항상 주변에 유사 위안소나 위안소들을 설치했다.[276] 명분상으로는 군인들의 성병을 막기 위해 '관리된 공창'이 필요하다는 논리였다.[277]

---

276 大江志乃夫, 『兵士たちの日露戦争』, 1988, 朝日新聞社: 정진성(2004), p.34. 재인용.
277 大谷正, 『兵士と軍夫の日清戦争:戦場からの手紙をよむ』, 2006, 東京:有志舍, p.183: 강정숙(2010), p.26. 재인용.

미군의 〈일본군 포로 심문보고서 제49호〉 … 첫 번째, '위안부'라는 말은 특이한 일본적 표현이다. 두 번째, '위안부'는 일본군이 싸우기 위해 가는 곳이면 어디서건 발견된다. 세 번째, 일본제국은 위안부의 위안으로 병사들이 전쟁을 위해 멸공봉사하기를 바랐다. 네 번째, 병사들의 성병을 관리했다.

사기와 인신매매를 통한 위안부 조달

일본의 전쟁 수행 방식은 자원을 현지 조달하는 것이 우선이었다. 일본군은 위안부 수요가 급증하는 데 반해 공급이 부족해지자, 결국 병참기지라고 여긴 조선에서 현지 조달을 시도했다. 때문에 일제는 조선 근대화라는 명분으로 조선 여성의 조혼을 금지시키고 낙태를 묵인했다. 그리고 젊은 여성들에게 교육받고 사회로 나가 노동할 것을 권장했다. 겉으로 볼 때는 굉장히 근대적이며 남녀평등을 위하는 정책같이 보였다. 하지만 실상은 조선의 인구 증가를 막고, 미혼 여성들을 집 밖으로 끌어내기 위한 꼼수였다. 결국 살림에 보탬이 되고자 집 밖으로 나온 순진한 소녀들은 취업 사기, 유학 사기, 결혼 사기, 협박, 근로정신대 공출 등으로 끌려가 광산, 공장, 위안소 등에서 영문 모를 착취를 당했다.

"20만 명의 부녀자를 노예사냥처럼 전장에 몰아넣고, 패전 후 현지에 버려둔 채 철수함으로써 대다수를 죽게 한 행위가 유태인을 가스실에 가두어 집단 학살한 나치스 범죄와 무엇이 다른가!"
_ 정신대 납치에 앞장섰다가 후일 과거를 참회한 요시다 세이지 씨의 증언

"그것은 모집이 아니라 노예사냥보다 더한 체포 구금이었으며, 1943년 무렵에는 미혼 여성들은 거의 근로정신대에 끌려가서, 주로 젊은 주부들을 연행했다." _《한국일보》[278]

일본군의 무리한 위안소 운영

일본의 잘못된 성 관념으로 인해 허다한 조선의 여성들이 인신매매를 당해 비참한 상황을 맞이했다. 일본 군 위안부의 원칙은 병사 100~150명당 위안부 1명 충당이었다. 때문에 군이 직접 운영하는 군 위안소는 터무니없이 무리한 운영을 했다. 일례로 한 위안소의 경우, 위안부들은 오전의 2시간 산책 이후 저녁 9~12시까지 위안소에 있어야 했다. 이용하려는 병사가 많았기에 하사관 이하 병사들의 1회 이용 시간은 30분씩이었다.[279] 때문에 주기적으로 이루어진 성병 검사에서 '미란'糜爛: 성기가 헐어 문드러짐이란 결과를 받은 여성들이 많았다. 열악한 운영 실태는 다른 곳도 크게 다르지 않았다.

조선인 위안부 30명이 일본군 4천 명을 상대했다는 중국의 보고서도 있다. 이러한 악조건 속에서 일본군은 해결책보다 '위안부 수가 적어 단지 정욕을 채우는 데 불과하다. 좀 더 위안부를 늘려서 정신적 위안도 줄 수 있도록 하라'는 더욱 무리한 요청만 본국과 주고받을 뿐이었다.[280]

---

278 《한국일보》 1992년 1월 17일 자.

279 이용이 끝나면 병사들은 돈과 바꿀 수 있는 군표를 주고 갔지만 외출도 제대로 못하는 위안부에게는 아무 의미가 없었다. 게다가 2차 대전이 끝나면서 군표는 모두 휴지 조각이 되고 말았다. 하지만 당시 군표를 지급했다는 이유 때문에 보상을 했다느니, 접대부였다느니 하는 소리가 나오고 있으니 통탄할 일이다.

본래 세상에는 수요가 있으면 공급이 따라가게 마련이다. 그래서 일본군이 직접 끌고 다니며 관리하는 공식적인 '군 위안소' 외에 사실 더 많은 군 전용 위탁 위안소들이 일본군 주둔지를 따라다녔다. 수많은 포주가 더 많은 조선의 소녀들을 타국의 군 전용 위탁 위안소에 공급했다. 때문에 알려진 정식 군 위안부보다 훨씬 많은 여성이 취업 사기나 인신매매 등으로 끌려가 돌아오지 못한 역사가 되었다.[281] 학계에서는 그녀들의 수를 대략 20만 명 정도로 헤아린다.

일제의 군 위안소는 왜 비난받아 마땅한가?

인간의 감각은 늘 더 큰 자극을 추구한다. 때문에 게임이든 성이든 그것에 일단 무뎌지기 시작하면 더욱 깊은 중독에 빠져든다. 일본은 과거부터 엄격한 신분 계급제와 살벌한 사무라이 문화에서 오는 스트레스를 성 탐닉으로 풀었다. 문제의 본질과 정면 승부하지 못하는 비겁한 방식은 시간이 흘러도 여전했다. 엄습하는 전쟁의 고통을 더 약자인 여성을 강간하는 자극으로 해소하려 했다. 병사들의 두려움을 '여성 정복'이라는 잘못

---

280 현재 중국 후베이성 우한〔武漢〕의 일부에 해당하는 한커우〔漢口〕 지역은 1940년 당시 일본의 조계지(상대국을 개항시키면서 얻은 외국인 전용 거주 치외법권 지역)였다. 그곳에 주둔하던 제3사단 예하 독립산포병 제3연대의 문서 중.(양수조, 2004).

281 당시 한커우의 한 지역인 적경리라는 한 마을에서만 30채의 위안소와 위안부 300명이 있는 특수 위안소가 있었다. 하지만 일본의 성 문화는 그것으로 만족하지 못했다. 민간 유흥업자들이 전시임에도 부대 주변에 20개의 창녀촌을 만들었고, 약 3천 명 이상의 창녀가 영업을 하고 있었다고 한다. 그중 많은 수가 인신매매나 취업 사기로 끌려와 전차금(포주가 매춘부를 사올 때 들인 일종의 빚)에 묶여 돈 한 푼 제대로 못 버는 조선 소녀들이었다.(강정숙, 2010, p.142.)

된 목표와 포상으로 가리고자 했다. 곧, 성욕 분출이라는 욕망의 힘으로 이성을 억누르고자 한 것이었다.

하지만 일본군의 잘못된 성 관념은 오히려 주체할 수 없는 성욕과 폭력적인 성 문화만 일으켰다. 이러한 문제는 매일 위안부들을 검사하던 일본 군의관조차 통탄할 정도였다.

> "'일본 군인은 왜 이토록 성욕의 면에서 이성을 유지하지 못하는가' 하고 나는 대륙에 상륙함과 동시에 즉시 통탄했고 전쟁 생활을 하는 1년 동안 내내 통감했다. 그러나 군 당국은 그다지 이상하다고도 여기지 않고 이 방면에 대해 훈계하는 것을 들어 본 적이 없다. 게다가 군이 경영하는 위안소를 왕성하게 설치하여 군인을 위해 천업부(더러운 직업에 종사하는 여자)를 제공했다. 그리고 창부로 인해 성병을 군인 사이에 만연하게 했고 결국 그들을 수용하는 병참병원을 만들었다. … 군 당국은 군인의 성욕을 억제하는 것이 불가능하다고 하여 중국 부인을 강간하지 않도록 하기 위해 위안소를 만들었지만, 강간은 더욱 왕성하게 이루어져서 중국 양민은 일본 군인을 보면 반드시 무서워했다. 장교는 솔선하여 위안소에 갔으며 병사에게도 이를 권유하고 위안소는 공용으로 정해졌다. 생각이 있는 병사는 위안소의 내용을 알고 군 당국을 비웃었을 정도이다. 그런데 위안소에 가지 못하는 정도의 병사는 병신이라고 매도하는 장교도 있었다. 요컨대 전쟁 생활은 살풍경하기 때문에 미쳐 버릴 듯하다. 이것을 억제하기 위해서 병사에게 여자를 안게 하는 것보다 좋은 방책은 없다고 생각한 것이다. 그러나 일본 군인이 전쟁을 하러 와서 틈만 나면 의기양양한 모습으로 위안소에 다니는 모습을 보고 중국인은 비웃고 있었다."
>
> _ 당시 육군 군의관 하야오 도라오의 기록 중 [282]

---

282 강정숙(2015).

일본은 패전 후 미군에게 점령당하면서 즉시 공창을 폐지했다. 그러는 한편, 다수의 일본 여성을 보호한다는 명분하에 미군만을 상대하는 위안소RAA: Recreation and Amusement Associatio, 특수위안시설협회를 도쿄에 조직했다. 약 7만 명에 이르는 매춘부들 대부분은 자원한 일본 여성들이었다. '전체를 위해 한 몸을 희생한다'라는 전체주의식 투지도 대단해서 하룻밤에 47명의 미군을 상대하는 여성도 있었다고 한다. 일본 특유의 가미카제식 인사 원리와 '남성은 여성의 성으로 위안을 받아야 일탈하지 않는다'라는 성 관념이 또다시 모습을 드러냈다. 하지만 유엔사령관 맥아더 장군은 민주주의 이상에 어긋난다며 연합군의 출입을 금지해 버렸다.

청산하지 못한 일제의 공창이 우리에게 남긴 것

이러한 일제의 성 전략은 우리 역사로 건너와 미군정과 이승만 정권에서도 그대로 계승됐다. 해방 후인 1947년, 한국은 이미 공창제 폐지와 매춘 금지를 입법·공포했었다. 미군에 의해 설립된 '부인국'1946년 설립, 훗날 부녀국이 여성운동 단체들과 함께 전개한 폐창 운동의 뜻깊은 결과였다. 미군정도 공창과 사창이 민주주의의 이념에 어긋난다는 것에 합의했기에 완전한 폐기를 인정했다. 하지만 현실은 다르게 돌아갔다. 일본군이 두고 간 군 시설에는 미군 시설이 들어왔다. 일본군 주변에 위안소들이 있었듯 미군기지 주변에는 기지촌이 생겨났다. 일본이 매춘 여성들에게 강제 성병 검사를 실시하던 방식 그대로 미군정도 기지촌 여성들을 검사했다. 창기와 작부들은 곧 양갈보와 양공주가 되었다. 그리고 미군을 상대로 하는 '댄스 홀, 카바레, 카페, 빠–' 등, 사창을 겸비한 유흥업소가 우후죽순 늘어났다. 하지만 밀매음은 미군정에 의해 슬며시 묵인되었다.

1950년 6·25전쟁이 터지자 이승만 정권은 유엔 병사들의 성적 일탈을 예방한다는 명분 아래 오히려 '양갈보'들을 조용히 지원했다.[283] 양갈보들에게 면허세와 특별행위세 등을 징수했는데, 미군을 상대로 한 매춘은 외화벌이와 세금벌이의 한 방법이 되었다. 때문에 애써 이룬 '공창 폐지 상태'를 유지한다거나 기지촌의 밀매음을 개선할 의지가 없었다. 그렇게 여성의 성은 '필수불가결한 상품'이라 여기며, '패배자와 약자는 성마저 착취당해도 된다' 여기고, 공창과 위안대를 만들어서라도 남자들의 성욕은 해소시켜야 한다는 일제식 성 관념은 우리 풍속에 계속 녹아들어 갔다.

그리고 약 50여 년이 지난 2004년 9월, 일명 「성매매방지법」법률 제7212호이 대한민국에서 시행됐다. 그러자 남성계의 반대가 줄기차게 이어졌다. '한국남성협의회'라는 단체는 「성매매방지법」이 "남성의 신체 자유와 행복 추구권을 침해한 것"이며 "남성들에 대한 인권 침해뿐 아니라 생존권, 나아가 행복추구권까지 현저하게 박탈하고 있다"라는 내용으로 국가인권위원회에 진정서를 제출했다.[284] 나아가 진정서가 처리되지 않으면 헌법소원까지 진행하겠다고 공표했다. 매춘을 금지하는 「성매매특별법」「성매매방지법」과 「성매매처벌법」이 남성의 인권과 행복추구권을 침해한 것이며, 생존권까지 위협한다는 이 주장은 당시 많은 남성의 뜨거운 지지를 받았다. 그러는 동시에 아내들의 혼전 순결과 높은 정조 관념은 당연시됐다.

---

283 1951년 7월 7일 「전시생활개선법안」을 만들어 외국인에 대한 성 접대에 예외사항을 넣었다.
284 한국남성협의회의 회장이 2004년 11월 1일 국가인권위원회에 낸 「성매매특별법」에 대한 진정서.

▌〈"성 특별법, 신체자유·행복추구권 침해" 진정〉, 2004년 11월 2일, SBS 뉴스

일제가 남긴 성 인식의 특징

일제가 이 땅에 심어 놓은 그들의 성 인식은 다음과 같이 몇 가지 특징을 갖고 있었다.

첫째, 여성의 성을 바라보는 인식이 매우 이중적이었다. 여성은 순결한 아내와 성욕 해소를 위한 창녀로 이분화되며, 특히 창녀의 성은 '나와는 다른 대상'인 양 물질화·타자화되어 있었다. 애당초 사랑과 성을 별개로 보며 전체주의적 사고로 개인을 도구처럼 인식했기에 여성의 타자화가 더욱 수월했다. 게다가 오랜 문화적 특성까지 더해져 자신보다 낮은 계급이나 여성의 성을 수탈하는 것을 큰 문제로 여기지 않았다. 일본은 오랫동안 낮은 계급에 처한 약자는 가축처럼 수탈당하는 삶을 사는 것이 당연시되어 왔다. 때문에 약자에 속하는 계급 사이에서는 경제적으로 도움이 되지 않는 자식이 태어나면 바로 죽여 없애는 '마비키'間引き[285] 같은 풍속이 유행하기도 할 정도였다.

둘째로, 성은 사랑이나 자식 생산과 분리된 별도의 기능이기에 도구적 가치와 상품성이 있다고 보았다. 일본 전국시대의 잦은 전란은 남성의 수를 급격히 줄게 했다. 15세기 초 조선통신사의 기록에는 일본의 여성이 남성보다 두 배쯤 많아 보인다는 내용이 보인다. 실제로 전란을 피하고자 사찰로 숨어드는 남성도 많았다. 때문에 큰 사찰들은 1~3천 명 정도의 남성들이 우글거리기도 했다. 전쟁의 전면에 선 상부 계층인 사무라이들도 남성만의 문화를 만들기는 마찬가지였다. 결과적으로 사찰과 사무라이의 남색과 남성 간의 사랑은 만연했다. 그 와중에 여성의 성은 다른 남성과 요바이로 공유할 수 있는 그런 것이었다. 그런 역사에서 비롯된 일본의 전통적 여성상은 대략 이러했다. 남성의 사랑과 정사 요구를 언제든 거부하지 않고 즐기는 듯한, 상냥하면서도 아랫사람답게 귀엽고 요염한 여성이었다. 나아가 아내에게 요구되는 가장 중요한 역할도 양육, 가사, 봉양보다 남편을 위한 안락한 가정 유지와 심신의 위안이었다. 때문에 여성의 성은 중요한 '자원'이거나 '상품'으로 인식될 수밖에 없었다.

셋째로 여성의 성은 남성들이 일상적으로 반드시 누려야만 하는 기본 요소로 인식됐다. 남자 아이가 요바이를 갈 연령이 되면 마을의 과부나 유녀들이 스승褌親, 훈도시오야으로 나서 첫 경험을 가르쳤다. 이때 배운 성의

---

285 일본 특유의 이에〔家〕 문화는 계급과 성별에 따른 역할의 차이와 그에 기인한 차별이 주요 원리였다. 때문에 아래 계층이나 하급 여성들은 가축과 같은 삶을 살았다. 그러다 보니 하급 계층에서는 마비키〔間引き〕라는 풍습이 유행하기도 했다. 마비키란 '솎아내다'는 뜻으로 필요 없는 아이들을 솎아낸다는 뜻이다. 집안 경제에 도움이 되지 않는다고 판단된 여아나 장남 외의 아이들은 태어나는 즉시 다리로 눌러 죽여 버렸다. 마비키가 얼마나 심했던지 이를 금지한 메이지 유신 시대까지 하류층에는 피임법이 딱히 없었음에도 자식의 수가 평균 1~2명이 고작이었다고 한다.

기술은 요바이의 성공률을 높이거나 더 많은 아내와 관계를 맺는 데 중요했다. 때문에 끝내 마땅한 훈도시오야를 구하지 못하면 어머니가 직접 아들의 첫 경험 상대를 해 주며 성 기술을 가르치기도 했다. 우리 관념에서 보면 놀랄 일이겠지만, 일본에는 아버지가 죽으면 아들이 어머니를 취하고, 어머니가 죽으면 아버지가 딸을 취하는 지역 풍습이 있었다. 즉, 남성에게는 여성의 성적 위안이 꼭 필요하다는 관념이 문화적으로 내재해 있는 것이다. 이러한 성 관념 때문에 반드시 일본인 거주지 주변에는 공창이 세워졌고, 일본군 주둔지에는 위안소가 세워졌으며, 남성들 문화 곳곳에는 성과 관련된 온갖 상품이 발달했다.

일본의 성 문화가 우리 문화에 남긴 흔적

일본은 현재 세계적인 '성진국'으로 불리며 온갖 변태적이고 엽기적인 AV Adult video를 생산하는 것으로 유명하다. 그런데 그것을 시청하고 잘 이용하는 나라가 바로 우리나라다. 이렇듯 오랜 시간 일본의 성 문화는 다양한 방면으로 우리 문화에 녹아들어 현재에 이르고 있다. 그 결과, 이제 우리나라는 전 세계가 경악하는 'n번방'이나 '웰컴 투 비디오', '리벤지 포르노' 같은 것들을 생산해내고 있다.

역사적으로 따져 보면 우리는 반만년을 공창과 공식적인 매춘 없이 살아왔다. 일제식 공창이 도입된 역사는 이제 막 백 년을 채웠을 뿐이다. 하지만 식민사관, 식민 풍속과 마찬가지로 일제의 폭력적 성 관념과 착취적·도구적 성 문화는 현재 우리의 문화 속에 깊숙이 자리 잡고 말았다.

일례로 성범죄는 남성의 강한 성 본능으로 일어나는 '어쩔 수 없는 사건'이라 여기는 인식이 아직도 굳건하다. 때문에 성매매를 합법화하여 남성들의 성욕 해소 통로를 열어 주는 것이 성범죄 예방에 도움이 될 것이라는 주장이 공고하다. 또한 웬만한 성범죄는 '남성의 우발적인 성 충동은 어찌할 수 없음을 참작한다'라며 솜방망이 처벌을 내리기도 한다.

하지만 실제 성범죄의 70% 이상은 계획적이고 의도적인 범죄라는 통계가 있다. 올바른 성 의식을 가지고 진실한 사랑과 충실한 가정생활을 하는 대부분의 남성은 성 충동이 들더라도 책임감 있게 행동한다. 대부분의 사람은 춥다고 옷가게를 털지 않고, 배고프다고 지나는 이의 음식을 뺏지 않듯이 말이다. 오히려 성매매의 인정은 '성은 매매 가능한 상품'이며 '여성의 몸은 쾌락의 도구'라는 왜곡된 인식만 만들어낸다.

특히 우리 사회에 담장 없이 널려 있는 성매매의 파생 상품인 음란물 역시 마찬가지다. '남성의 성욕은 막을 수 없다'라는 면죄부는 여기서도 발휘된다. 포르노 보는 여자는 이상해도 포르노 보는 남자는 당연하게 여긴다. '남자는 성욕을 배출해야 하지만, 여자는 정숙해야 한다'는 성에 대한 이중적 잣대가 그대로 작동한다. 심지어 청소년이라도 여학생이 음란물을 보다 걸리면 심각한 문제가 되지만, 남학생의 경우는 자연스러운 성장 과정으로 치부된다.

때문에 음란물은 애당초 남성을 주 고객으로 삼아 제작되며, 이에 미성년 남성도 큰 죄책감 없이 야동을 구해 볼 수 있는 환경이 조성된다. 그리고 심지어는 미성년 청소년이 큰 죄책감 없이 소아성애물·성 착취물을 만들거나 돌려 보는 상황까지 이르렀다. 실제로 2020년 'n번방 사건'에 연루된 다수의 성 착취 가해자와 시청자는 10대들이다.

지금은 성 문화에 대한 반성과 고찰이 필요한 때

무엇이든 처음이 어려운 법이고 낯설어야 조심하는 것이다. 익숙해지면 차츰 그 이상의 것을 탐해가는 게 인간의 습성이다. 2009년 EBS에서 방영한 〈아이의 사생활 II〉에서 충격적인 실험을 했다. 남자 대학생 120명을 세 그룹으로 나눠 각각 '자연 다큐멘터리, 일반 포르노, 하드 포르노'를 15분간 보여주었다. 이후 다트판에 사물과 얼굴 사진을 붙이고 다트를 던지게 했다. 그러자 하드 포르노를 본 사람들이 자연 다큐멘터리를 본 이들보다 8배나 더 사람의 얼굴에 다트를 많이 던졌다. 특히 여성의 얼굴에 다트를 더 많이 던졌다. 포르노 시청이 사람을 물건처럼 보게 만들고 공격성을 8배나 증가시켰던 것이다.

누구나 음식 냄새를 맡으면 먹고 싶어지고, 평소 생각에 없던 제품도 홈쇼핑을 보다 보면 사고 싶어지는 법이다. 애당초 음식 냄새를 맡지 않았다면, 홈쇼핑을 보지 않았다면, 먹지도 사지도 않았을 것들이다. 음란물 역시 마찬가지다. 미국의 한 연구에 따르면, 포르노 잡지 판매율이 높은 주일수록 성폭력 발생 비율도 높았다고 한다.[286] 캐나다에서 이루어진 다른 연구에서도 성폭행과 아동 성범죄자들은 포르노 노출 비율이 월등히 높았다고 한다.[287] 음란물은 오히려 성욕을 자극한다. 더불어 비현실적이고 폭력적인 연출로 보는 이의 정신을 파괴한다.

---

286 L. Baron, M. A. Straus(1984), *Sexual Stratification, Pornography, and Rape in the United States* : 이인숙(2013), p.2389. 재인용.

287 W. L. Marshall, *Pornography and Sea Offenders*, In D. Zillmann & J. Bryant(Eds), NJ: Erlbaum, 1989: 이인숙(2013), p.2389. 재인용.

한 번 성에 대한 인식과 관점이 왜곡돼 버리면 건강한 사랑을 하기가 쉽지 않다. 인간에게는 육체적 사랑만 있는 게 아니다. 진정한 행복은 정신적인 사랑에서 나온다. 그리고 정신적인 사랑은 상대를 '인격과 개성을 가진 인격체'로 존중하고 공감하려는 마음에서 비롯된다. 성 인식이 왜곡되고 육체적 사랑만 알게 되면 정신적 사랑은 힘들어진다. 그리고 잘못된 성 인식은 나이·성별과 상관없이 연결된 모든 삶을 파탄으로 몰고 갈 수 있다. 그런 점에서 지금은 우리의 성 문화에 대한 반성과 고찰이 절실히 필요한 때라 할 것이다.

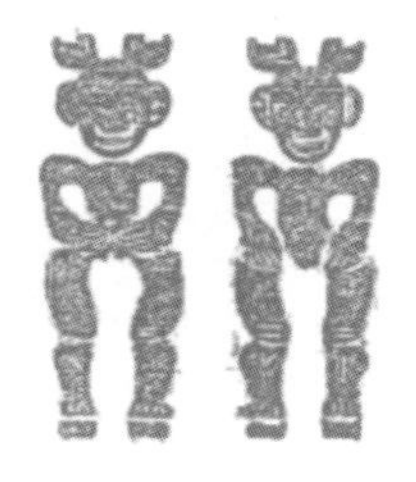

제 5 장

큰 파도를 넘어 '우리다움'의 문화로

01
경쟁의 시대, 혐오의 문화

'보이지 않는 손'에 대한 의구심

"우리가 저녁 식사를 기대할 수 있는 건, 푸줏간 주인, 술도가 주인, 빵집 주인의 자비심 덕분이 아니다. 그들이 자기 이익을 챙기려는 생각 덕분이다. 우리는 그들의 박애심이 아니라 자기애에 호소하며, 우리의 필요가 아니라 그들의 이익만을 그들에게 이야기할 뿐이다." _ 고전경제학의 창시자 애덤 스미스

'보이지 않는 손'이라는 시장경제의 새로운 눈을 열었던 애덤 스미스.1723~1790 그의 이론은 오늘날까지도 경제 이론의 초석이 되고 있다. 그런데 그 굳건한 이론에 불과 22세의 존 내시1928~2015라는 청년이 풀지 못할 숙제를 내밀었다.

"네가 생각하는 것을 내가 생각하고 있다고 네가 생각하리라 나는 생각한다." _ 존 내시

사람들이 자신의 이익을 지키려는 욕망으로 인해 작동하는 시장의 '보이지 않는 손', 하지만 내시는 그것이 틀렸다고 보았다. 수없이 많은 배신과 경쟁이 반복되는 험난한 세상에서 사람들을 움직이는 것은 이익보다 더 근원적인 무언가가 있으리라 생각했다. 그래서 제시한 것이 수능에도 종종 등장하는 '죄수의 딜레마'라는 게임 이론이다.

죄수의 딜레마

'죄수의 딜레마'의 내용은 대략 이러하다. 두 죄수를 각각 다른 취조실에 넣고 진실을 말하라고 했을 때 둘 다 묵비권을 사용하면 모두 1년 형만 받게 된다. 둘에게는 가장 큰 이익이다. 때문에 모두에게 가장 큰 이익이 되는 '묵비권 행사'가 가장 당연한 선택이 될 것 같다.

하지만 함정이 하나 있다. 혹 상대가 배신해서 범행을 자백하면 자백한 자배신자는 석방되지만, 묵비권을 사용한 자협력자는 10년 형을 받게 된다. 데미지가 정말 크다. 그리고 만약 상대를 못 믿고 둘 다 자백하게 되면 두 사람 모두 5년 형을 받게 된다. 그래도 10년 형에 비하면 중박이다. 그렇기에 다른 방에 갇혀서 상대의 선택을 알 수 없는 두 사람은 깊은 고민에 빠져든다. 상대를 믿고 모두에게 가장 큰 이익이 될 선택을 할 것이냐, 상대를 믿지 않고 가장 안전한 선택을 할 것이냐!

이것이 '죄수의 딜레마'라 불리는 이유는, '보이지 않는 손'을 작동하게 하는 기본 원리인 '이익'과 반대되는 결과를 볼 수 있기 때문이다. 대부분의 사람은 가장 큰 이익이 아님을 알면서도 '자백'을 선택하는 딜레마에 빠진다. 자백하는 것이 안전한 결과를 보증하기 때문이다. 즉, 안전을 추구하는 본능이 이익 선택보다 더 크게 작용한다는 것이 '죄수의 딜레마'가 보여주는 교훈이다.

팃포탯 전략

미국 미시간대학교 정치학과의 로버트 액설로드 교수는 죄수의 딜레마에서 가장 좋은 전략은 무엇일까 하는 호기심을 가졌다. 이에 죄수의 딜레마 게임을 컴퓨터 프로그램으로 반복해 보는 모의 시뮬레이션 게임 대회를 개최했다. 단순한 호기심에서 시작된 대회였지만, 세상에 큰 깨달음의 단서를 제공했다. 참가 프로그램들이 보여준 천태만상의 전략과 대처가 사람들의 다양한 행동심리를 잘 투영했기 때문이다. 그리하여 게임의 결과를 정리한 액설로드의 『협력의 진화』1984년는 이후 수십 년간 정치학·경제학·사회학·인류학·응용생물학·전산학·사회심리학 등 다양한 분야에서 수백 편의 관련 논문을 쏟아지게 했다.

이 대회는 총 2회에 걸쳐 이뤄졌고, 2차 대회는 6개국 62개 프로그램이 참가할 정도로 세계적인 관심을 끌었다. 대회에 참여한 프로그램들은

		죄수2			
		자백(배신)		묵비권(협력)	
		죄수1	죄수2	죄수1	죄수2
죄수1	자백(배신)	5년(1점)	5년(1점)	석방(5점)	10년(0점)
	묵비권(협력)	10년(0점)	석방(5점)	1년(3점)	1년(3점)

▌( ) 안의 점수는 액설로드 교수가 개최한 대회에서 프로그램들이 얻어가는 점수

맞붙은 상대와 죄수의 딜레마 게임을 200회 반복했다. 점수 배점표는 위 도표의 괄호 안의 점수 모든 프로그램은 한 번씩 맞붙어야 했고, 그 과정과 전략은 모두 투명하게 공개되었다. 때문에 참가자들은 우승 프로그램의 특성을 잘 알고 철저히 대비하였다. 하지만 놀랍게도 두 대회 모두 최종 우승은 액설로드 교수의 '팃포탯'[288]이란 프로그램이 차지했다.

이러한 결과가 세상을 놀라게 했던 이유는 팃포탯의 전략이 너무나도 단순했기 때문이다. 그럼에도 팃포탯을 염두에 두고 설계된 온갖 복잡한 프로그램들은 팃포탯의 '단순한 전략과 일관성'을 결국 이기지 못했다. 팃포탯은 처음에는 무조건 협력하고, 이후부터는 상대의 선택에 똑같이 반응했다. 즉, 처음에는 신사적으로 '협력'하고, 그럼에도 상대가 배신하면 바로 배신으로 '응징'했다. 하지만 다음 수에서는 완전히 '용서'하고 다시 협력으로 응수하는데, 이 단순함을 반복하는 것이 팃포탯의 전략이었다. 즉, 어느 프로그램이든 팃포탯과 몇 수만 두어 보면 '협력엔 협력으로, 배신엔 바로 응징, 하지만 용서하고 다시 협력'이라는 일관된 태도를 금세 파악할 수 있었다.

게임이 모두 끝나고 얻은 결과는 흥미로웠다. 게임이 반복될수록 낙관적이고 협력적이며 명료한 일관성을 보인 프로그램들은 쾌거를 거두었고, 비관적이고 배신과 영악함을 반복하는 프로그램들은 형편없는 점수를 기록했다. 많은 이들을 주목하게 한 것은 팃포탯은 상대를 무찔러서 우승한 게 아니란 점이었다. 팃포탯은 대전한 상대보다 한 번도 높은 점수를 얻은 적이 없었다. 하지만 상대로부터 협력적인 태도를 이끌어 모두

---

288 팃포탯(tit for tat)이란 '이에는 이, 눈에는 눈'처럼, 상대가 '팃' 하고 치면 나도 '탯' 하고 받아친다는 의미이다.

함께 좋은 점수를 얻었기에 결국 가장 높은 총점을 얻을 수 있었다.

"텃포탯은 자기 성공의 발판을 파괴하지 않는다. 그 반대로, 다른 성공적인 전략들하고 어울려 상호작용함으로써 번성한다."[289]

기버와 테이커

하버드대 수리생물학자 마틴 노왁은, 선행은 절대 잊지 않되 악행은 더러 용서하는 '너그러운 텃포탯 전략'[290]이 바로 성공한 기버의 전략과도 같다고 분석한다. 기버란 미국 펜실베이니아대학교 애덤 그랜트 교수가 제시한 인간의 세 가지 분류이다. 베풀고 돕는 데 더 큰 의미를 느끼는 이타적인 기버giver, 받은 만큼 되돌려 주는 호혜주의로 손해와 이익을 저울질하는 안전주의자 매처macher, 조심스럽고 방어적이며 준 것보다 더 많이 받기를 바라는 이기적인 테이커taker가 바로 그것이다. 초반에는 타인과 조직을 돕는 데 시간과 정열을 쏟는 기버의 성과가 가장 낮았지만, 시간이 갈수록 주변의 지지와 인정을 얻어 결국 성공의 사다리 가장 꼭대기에

---

289 로버트 액설로드(2016), 이경식 역, 『협력의 진화』, 서울: 시스테마, p.145.

290 "너그러운 텃포탯 전략은 상대가 배신할 때마다 똑같이 대처하는 대신, 약 3분의 2만 경쟁적으로 행동하고 세 번에 한 번 정도는 협력적인 태도를 유지하는 전략이다. 노왁은 '너그러운 텃포탯 전략을 활용하면 기존의 텃포탯 전략에 쉽게 대응하고 사기꾼으로부터 자신을 보호할 수 있다'고 말한다. 너그러운 텃포탯은 지나치게 가혹해지는 일 없이 베푸는 행동에는 보상하고 테이커의 행동은 억제하는 균형을 이룬다."(애덤 그랜트, 2013, p.301)

291 그리고 가장 성과가 좋은 것은 테이커였다. 하지만 테이커의 가면은 오래가지 못했고 받은 대로 돌려주는 매처들이 끝내 테이커를 응징하기 때문에 테이커는 성공의 사다리 꼭대기에는 도달하지 못했다고 한다.(애덤 그랜트, 2013)

는 기버가 있었다고 한다.[291]

이러한 결과는 우리에게 더 많은 생각을 해 보게 한다. 남을 이용하는 사람은 성공하고, 돕기만 하는 사람들은 늘 손해 볼 것 같지만, 실제로는 그렇지 않다는 것이다. 그 이유는 사람들 모두가 가지고 있는 공통적인 '마음'에 원인이 있다. 이타적이고 협력적인 사람에게는 신뢰를 느끼고, 기쁨과 안정감을 얻으며, 그 따뜻함을 함께하고 싶다는 동조 의식을 느끼게 된다. 때문에 이타적인 사람이 많아지면 그 조직과 사회는 더욱 신뢰가 깊어지고 안정적이며 다 함께 성공할 수 있는 사회가 된다. 하지만 한 조직과 사회에 이기주의자테이커가 늘면 중간에서 저울질하는 자매처도 늘고, 그들 간의 마찰과 배신도 늘어 경쟁과 불신이 주류가 되는 사회가 될 것이다. 그리고 만약 경쟁과 불신이 주류가 돼 버리면 다시 신뢰로 회복하기는 매우 어려워질 것이다.

그러나 현실을 돌아보면, 성공한 기득권 중에는 이기적인 테이커와 기브앤테이크가 명확한 매처들이 더 많아 보인다. 역시 이론과 현실은 다른 걸까? 배신과 경쟁이 횡행하는 죄수의 딜레마와 같은 현실을 타개할 방법은 없는 것일까?

구글 딥마인드의 인공지능 게임이 보여준 시스템의 중요성

인공지능AI 알파고를 개발했던 구글 딥마인드는 2017년, 죄수의 딜레마와 같은 상황에서 인공지능들은 무엇을 배우고 어떻게 행동할지를 실험해 보았다. 처음 게임은 인공지능들끼리 경쟁적으로 사과를 모으는 게임이었다. 두 번째 게임은 주변의 다른 인공지능과 협업하면 더 많은 점수를 얻는 사냥 게임이었다. 결과는 흥미로웠다. 더 정교하게 프로그래밍된 인공지능일수록 경쟁해야 하는 게임에서는 더 공격적이었고, 협업해야 하는 게임에서는 더 협력적이었다. 즉 별다른 주관적 성향, 편향된 가치, 반사회적 성향 등이 없는 객관적인 인공지능조차도 전체적인 룰과 방향성에 따라 공격성을 보이기도 하고 협력성을 보이기도 한 것이다.

이러한 결과는 우리에게 시사하는 바가 매우 크다. 사회체제가 경쟁을 통해 이익을 얻는 구조일 때, 사람들은 더 치열한 경쟁을 하며 공격적이게 된다. 반면 사회체제가 협력에 더 큰 보상을 줄 때, 사람들은 더욱 협력적이며 신뢰가 가득한 문화를 갖게 될 것이다. 즉, 사람들의 행동과 생활 방식을 만드는 것은 개개인의 문제보다도 전체적인 문화와 시스템의 영향이 더 큰 것이다.

우리들의 자화상

그렇다면 현재 우리 사회는 어떠한 사회구조를 가지고 있는가?

겉으로는 평등을 지향하지만 계층 간 출발선이 다르고 동원할 수 있는 자본력과 영향력도 다르다. 또 그 어느 때보다도 모든 부분에서 경쟁이 극심하다. 심지어 아이가 태어나는 순간부터 비교와 경쟁은 시작된다. 키는 몇 센티인지, 몸무게는 얼마인지, 어느 유치원에 들어가는지, 아이큐는 얼마이고, 상장은 몇 개나 받아 오는지…. 좋은 대학만 가면 끝날 것 같은 경쟁은 이후 취업, 승진, 결혼, 출산, 육아, 자녀 문제, 재산, 지위 등 무덤에 들어가는 순간까지도 끝나지 않는다. 이처럼 매 순간 비교와 경쟁이 반복되는 시스템 속에서 우리는 살아간다.

게다가 세대 간 차이도 그 어느 시대보다 크다. 유난히 빠른 격동기를 겪어 왔기에 세대마다 경험한 사회상과 받아 온 교육의 차이가 너무나 큰 것이다. 심지어는 한집에서 사는 부모·자식 간에도 가치관, 인식, 사고 구조, 지향성, 사회화, 생활 방식, 언어 등이 다 다르다. 하지만 이러한 차이와 모순을 감당하는 것은 고스란히 젊은 세대의 몫이 된다. 권위주의가 익숙한 기성세대들에게 배움과 변화는 아랫사람의 몫일 뿐이다. 예를 들어 성 평등을 배우고 인권 개념에 익숙해진 젊은 세대가 사회에 나가면 성차별과 불합리가 만연한 낡은 문화와 마주하게 된다. 정작 양성평등 교육을 받아야 하는 건 차별과 권위적 환경에 익숙한 기성세대이지만, 기득권의 위치에 있는 그들은 구태여 변화를 원하지 않는다. 결국 온갖 괴리와 불합리에 분노하면서도 그냥 참거나 큰 결심을 하는 등의 노력은 젊은 세대의 몫이 된다.

무엇이든 문제의 본질을 직시해야 근본적인 문제가 해결되고 혐오 감정은 건전한 방향으로 풀어질 수 있다. 더 근본적인 상위 가치를 공감하며 협력의 태도를 유지하려는 자세가 사회에 널리 퍼져 있으면, 협력과 배반을 선택해야 할 때 사람들은 협력을 더 많이 선택할 것이기 때문이다. 그리고 그렇게 되면 더 나은 환경을 만들어 갈 수 있을 것이다.

오늘날의 문제 역시 마찬가지이다. 점점 가열되는 여혐과 남혐 및 온갖 혐오 문화를 떨쳐내고, 불평등과 불합리한 사회구조를 바꿀 수 있는 가장 멀고도 가까운 방법은 바로 문화의 힘일 것이다. 개인이 전체에 미치는 영향은 약하지만, 올바름으로 향하는 생각들이 모여 거대한 동조 의식이 생기면 공분을 일으키고, 문화가 변화하기 시작하며, 마침내 풍속이 변화하면서 가치가 바뀐다. 그렇게 사회 전반의 가치가 바뀌면 법과 제도가 바뀌고, 그 과정을 통해 사회 시스템도 변화하게 된다.

02
우리는 진짜로 여성을 혐오하는 것일까?

4070이 살던 시대

지금의 4070 기성세대는 일제강점기의 잔재를 다 청산하지 못한 상태에서 군부독재와 산업화를 겪으며, 높은 출산율과 고도의 경제 성장기를 보낸, 치열한 경쟁의 시대를 보냈다. 일명 베이비붐 세대 6·25 이후 출산율이 급증한 1955년부터 산아제한정책으로 출산율이 떨어지기 시작한 1963년에 출생한 세대이다. 그들은 권위주의적인 아버지가부장와 희생적인 어머니또는 누나의 모습에 익숙하다. 또한 당시 사회제도는 경쟁을 선호하지는 않았음에도 높은 인구밀도 덕에 불가피한 과열 경쟁을 경험해 왔다. 그들은 오늘날 가정과 사회 등 모든 분야에서 지도적인 위치에 속해 있다. 현재 사회 활동이 가장 왕성한 X세대 1964~70년대 세대 역시 부모 세대의 영향과 사회적 분위기로 인해 지금의 분위기와는 완전히 다른 세상을 살아왔다.

그들의 시대는 경쟁의 시대였다. 1970년대 경쟁 과열을 이유로 초·중·고등학교 평준화가 되기 전까지 베이비붐 세대는 중학교 입학시험부터 경쟁을 반복해야 했다. X세대 역시 고입선발고사연합고사 점수로 고등학교를 선택·입학하던 세대이다. 인문계·공고·상고·농고·야간고등학교의 입학 가능 점수가 달랐다. 그래서 소위 명문고들이 존재했고 학교 간에 서열이 생겼다. 출산율이 높았기에 모든 분야에서 경쟁률이 뜨거웠다. 과열 경쟁은 그저 익숙한 일이었다. 그럼에도 불구하고 정신적으로는 지금보다 풍요로웠다. 빈부 격차와 계층 간 격차가 크지 않았고, 대기업과 중소기업 간의 차도 적었으며, 비정규직도 없었고, 별일이 없는 한 직장은 평생을 보장했으며, 외벌이만 해도 일가족 건사와 집 장만까지 가능했다. 예금이자는 20%에 육박했고, 부동산은 사는 족족 올랐으며, 증시도 연일 호황이었다. 경쟁은 심했지만 출발선이 비슷했고 기회는 열려 있었기에 어느 정도 공정하게 노력한 결과를 얻을 수 있었다.

2030이 사는 시대

하지만 지금 시대는 '경쟁을 위한 경쟁'의 시대다. 경제는 성장하고 자본은 풍요로워졌지만 빈부 격차와 계층 격차는 더욱 벌어졌고 모든 차이는 더욱 심하게 벌어졌다. 정규직과 비정규직은 물론 원청과 하청, 같은 회사 내에서도 직군과 직급에 따라 아예 다른 신분처럼 취급되곤 한다. 대입은 차치하고 공공기관에서 단기 인턴 한 명 뽑는데도 경쟁률이 어마어마하다. 그러다 보니 근면한 부모들은 자녀의 일에 더욱 두 팔을 걷어붙이게 되었다.

지금 시대는 부모 찬스가 필수가 되어 부모의 계급이 곧 자녀의 계층과 신분을 만든다. 또한 경쟁 역시 공평하지 않다. 극심한 부익부 빈익빈과 계층 격차는 간극을 따라잡을 수 없을 만큼 벌어졌고, 계층 간 사다리는 치워진 지 오래다. 부모의 후광 없이 개천에서 용 나는 일은 거의 불가능해졌다. 때문에 평등을 지향한다는 시대를 살아가면서도 계층 간 출발선과 자본력·영향력이 다르다는 것을 실감하며 이런 현실과 이런 제도에 괴리감을 느낀다.

게다가 사회 관념 역시 많이 달라졌다. 기성세대는 권위주의와 서열화, 그리고 남녀 차별이 일상적인 시대를 살아왔다. 남성은 태어나 세 번만 울고①태어날 때, ②부모님 돌아가셨을 때, ③나라가 망했을 때 여성은 헌신적이고 늘 순종해야 한다고 배워 왔다. 때문에 작은 권력이라도 가지면 권위적으로 아랫사람을 부리고 뒤풀이로 단란주점이나 노래방 등에서 여자 시중을 받으려는 남성과, 회의 시 커피를 타고 다과를 준비하며 평생 말단직에 머무는 여직원을 이상하게 여기지 않았다. 오늘날 사회 곳곳에서 온갖 종류의 미투가 터져 나오는 것은 기성세대가 가진 이러한 낡은 관념 때문이다.

사회문제화되는 젊은 세대의 분노

하지만 이러한 차이와 모순을 감당하는 것은 고스란히 젊은 세대의 몫이다. 권위주의가 익숙한 기성세대에게 배움과 변화라는 것은 아랫사람의 몫일 뿐이다. 본래 가진 것이 많아 지킬 것도 많은 자는 안전과 보수를 지향하며 기존 방식을 쉽게 바꾸려 하지 않는다. 때문에 아직 가진 것이 적고 힘도 부족한 세대가 참고 맞추는 경우가 대부분이다. 즉, 4070의 관념과 관습을 20대에게 요구하면서 세상의 변화에서 오는 괴리와 갈등은 20대의 인내로 무마시키려 한다. 그것은 주로 '나 때에는 더 열심히 살았다느니, 나 때에는 어땠느니' 하는 식으로 드러나기에 젊은 세대는 그들을 가리켜 보통 '라떼-꼰대'라 돌려 말하기도 한다. 결국 온갖 괴리와 불합리에 분노하면서도 그냥 참거나, 변화를 위해 도전을 감내할 책임은 젊은 세대가 도맡게 된다.

이런 연유로 계층·계급·성별 간 경쟁에서 여타 세대보다 불리한 위치에 처한 2030세대의 분노가 극심하다. 그 어느 세대보다 고[高]스펙을 갖췄지만, 경력자 선호 현상에 오히려 최고의 실업률을 기록하는 세대가 되었다. 부동산과 경제 환경은 매우 열악해져서 아무리 노력해도 내 집 장만은 멀기만 하고, 눈 씻고 방법을 찾아봐도 계층 간 이동은 요원하다. 결혼·출산·취업·주택 구매 등, 포기해야 하는 것이 하도 많아서 'N포 세대'라 불리기도 한다.

그중 심상치 않은 20대 남성의 분노는 사회적 이슈가 되기도 한다. 가뜩이나 계층 간, 남성 간의 경쟁도 치열한데 그나마 독점하던 파이[고위임원직]의 3~5%는 여성들이 가져가 버린다. 심지어 교육·보험·돌봄 서비스·금융 등 자주 접하는 몇몇 분야는 여초 현상으로 남성은 낄 자리도 없어 보인다. 예전이라면 당연하게 성취했을 것들이 이제는 당연하지 않게 되었고, 모든 분야에서 터무니없을 정도로 뜨거워진 경쟁률은 버겁기만 하다. 이처럼 인구밀도가 높은 산업화 시대에 좋은 성과를 내던 과열 경쟁 시스템은 이제 적정선을 넘어서 자식 세대의 분노와 절망을 만들어내고 있다.

한편, 2030여성이라고 분노하지 않는 것이 아니다. 이미 현실은 국제화 시대이며 4차 산업혁명을 완성해 가는 최첨단 시대지만, 사회구조의 밑바탕에 깔린 관념과 제도는 세상의 변화 속도를 따라잡지 못한다. 헌법은 개인의 자유와 평등 및 행복추구권을 보장하며 이미 성 평등적이지만, 그러나 풍속의 변화는 '아직'이다. 농경시대의 대가족 중심 가족 이데

올로기, 주자학적 남성·시대 중심 가문문화, 일제강점기의 연공서열 조직문화와 상명하복 호주제의 잔재, 산업화 시대의 분업적 성 역할 가부장제 등이 뒤얽혀 현실과의 괴리를 만들어낸다. 특히 인구밀도가 높던 산업화 시대에 만들어진 과도한 경쟁 시스템은 5차 산업혁명을 준비하는 오늘날의 현실과 더 큰 불협화음을 내고 있다.

방향을 잃은 분노가 향하는 곳

문제는 이러한 불안과 피로 속에 방향을 잃은 분노가 엉뚱한 공격성으로 번져 간다는 것이다. 계층·세대·성별·지역·기타 특성 등 자신과 다른 기준에 속한 이들을 가르고 비교하면서 분노와 증오를 쏟아낸다. 하지만 이렇게 계층·세대·성별 등을 기준으로 사람을 나누다 보면 상대를 인격적으로 느끼지 못하고 모호한 대상으로 인식하게 된다. 그런 대상화가 깊어질수록 증오의 방향은 더욱더 모호해진다. 수많은 오해와 편견이 쌓이고 뭉쳐 거대한 개념 덩어리가 되고, 그곳에 생각이 묶일 때 이유 없는 혐오와 증오의 감정이 발산된다.

그 결과 우리 사회는 점점 더 '곤충 전시관'이 되어 간다. 아기엄마는 맘충, 남자는 한남충, 노인은 틀딱충, 미성년자는 급식충, 보수는 일베충, 진보 여성은 메갈충, 대학생은 학식충, 진지한 사람은 진지충…. 생각을 표현하는 도구이자 정신을 조각하는 언어는 온통 혐오 표현이 잠식해 가고, 혐오 문화 또한 나날이 거세져 간다. 그중 역사적으로 오랫동안 습관화된 여혐 문화는 특히나 도를 넘어 살인까지 일으킬 정도로 심각한 사회문제가 되고 있다.

혐오 감정의 허구성

사실 혐오 감정은 대부분 모호한 대상화가 일으킨 착각이자 허구이다. 즉, 문제의 본질을 회피하려는 일종의 방어기제다. 때문에 혐오의 대상마저 모호하다. 여성이란 단어에서 '김치녀'를 떠올리고 혐오 감정을 느끼는 남성이라도 자신의 어머니·누나·여동생·애인·아내·딸 등을 김치녀라 부르며 증오하지는 않는다. 문제의 핵심이 여성인가? 여성이 함께 경쟁하기 때문에, 여성이 혜택을 다 가져가서, 여성이 가사와 육아에 전념하지 않은 채 사회 경쟁에 뛰어들어서 이처럼 불안한 현실을 맞이하게 된 것인가? 사실 우리는 진짜 문제가 무엇인지 모르는 게 아니다. 다만 외면하거나 더 쉬운 길을 택할 뿐이다.

누군가 김치녀라고 부르는 그 어떤 여성도 더 깊이 들여다보면 의미 있는 인생이며 누군가에게는 소중한 존재이다. 혐오를 하는 사람들도 그 사실을 모르지 않는다. 다만 '여성·장애인·소수자' 등 주변인들이 막연히 규정하는, 자신과 다른 대상들에게 모든 답답함을 뭉쳐서 '탓'을 돌리고 혐오 감정을 쏟아낼 뿐이다. 탓을 돌리면 합리화가 되는 것 같고, 남들이 혐오하는 것을 함께 혐오하면 동조 심리로 죄책감도 옅어지고 감정의 찌꺼기도 어느 정도 배설되기 때문이다. 하지만 실제로 혐오하는 것은 문제의 본질을 외면하고픈 자신의 아픈 모습일 뿐이다.

흔히 역사는 반복된다고 한다. 사회가 불안해질수록 사람들은 문제의 본질을 보기보다 가장 만만한 대상에게 분노와 혐오 감정을 배출하려 한다. 그것이 가장 안전하기 때문이다. 예나 지금이나 사람들은 파악되지 않는 것을 두려워한다. 통제할 수 없는 것처럼 불편하고 불안한 것도 없기 때문이다. 따라서 혐오와 차별로 자신이 더 우위임을 확인하며 안도감을 얻으려 든다. 그런 식으로 통제할 수 없는 것을 장악하려 하거나 자신의 영역에서 떨구려 애를 쓴다.

혐오 문화로 이득을 얻는 자는 누구?

하지만 '탓'을 하여 얻는 일시적 평안은 문제의 본질에 눈감고 적절한 변화와 쇄신을 막아 결국 더 큰 것을 잃게 한다. 과거 조선은 사회적·사상적 경직성과 지배층의 무능과 부패로 인해 생긴 병자호란과 임진왜란의 충격을 여성에게 돌려 환향녀와 열녀를 만들었다. 그 때문에 근본적인 문제를 성찰하고 쇄신할 기회를 놓치고 말았다.

문제의 본질을 감추고 기존 시스템 유지를 원하는 기득권들, 미디어의 조급함과 인기를 위해 예민한 곳을 과장하는 특성, 본질을 외면하고자 하는 묵은 관념의 관성에서 오는 반발, 그리고 대중의 무관심이 그러한 혐오 문화를 지속시키고 가열시킨다. 그렇게 역사는 대중의 관심을 다른 곳으로 돌리고자 마녀사냥을 반복해 왔다. 큰 불을 작은 불로 막듯이, 분노의 배출구를 열어 줌으로써 기존 시스템을 지키고 변화를 막을 수 있다고 보기 때문이다.

하지만 분명한 것은, 우리는 남녀 간에 경쟁을 하고 있는 게 아니라는 사실이다. 우리가 남혐과 여혐으로 눈을 돌린 사이에 더욱 본질적인 것을 놓치고 있다. 성 대결을 한다고 해서 당면한 문제가 해결되지 않는다. 오히려 더 큰 문제는 상대에게 던지는 혐오가 돌고돌아 결국은 자신에게 되돌아온다는 점이다. 내가 동조한 여성 및 남성 혐오는 언젠가 내 가족이나 지인에게 되돌아온다. 때문에 휘둘림 없이 문제의 본질을 직시할 필요가 있다. 그렇게 해서 근본적인 문제가 해결돼야 분노와 혐오 감정이 건전한 동력으로 승화될 수 있다.

우리는 진정으로 서로를 혐오하는가?

2020년 10월, 울산의 한 고층 주상복합건물에서 대형 화재 사건이 발생했다. 강풍주의보까지 내려져 불길은 순식간에 꼭대기까지 타고 올라간 일촉즉발의 상황이었다. 그런 위기 상황에서 남자들은 어린아이, 여성, 노인 등을 앞으로 보내고 자신들은 뒤로 물러섰다.

2020년 11월, 인천의 한 공장에서도 급박한 폭발 사고가 있었다. 현장에 있던 남성들은 여성 노동자들이 먼저 구조되도록 돕다가 결국 참변을 벗어나지 못했다. 그들의 숭고하고 의로운 행동에 남녀는 없었다. 그저 서로를 도와주고 지켜 주고 싶은 마음이 있었을 뿐이다. 되돌아보면 이러한 마음이야말로 바로 우리 자신의 진심이자 본모습이라 할 수 있을 것이다. 남혐과 여혐을 떠나, 실은 함께 돕고 배려하며 같이 살아가고자 하는 진심 말이다.

03

전통문화의 올바른 방향을 찾아서

진정한 우리다움이 진정한 세계화

역사와 전통에서 찾아야 할 의미 _ '우리다움'이란 무엇인가?

사람도 세상도 때로는 무덤까지도, 자신이 가는 곳을 아는 사람에게는 길을 비켜 준다. 하지만 정처 없는 방랑자는 옆으로 밀쳐낼 뿐이다. _ 로마속담

보고도 보지 못하는 게 있다. 익숙한 것은 너무도 당연히 여겨져서 무엇이 문제인지 잘 보이지 않는다. 하지만 사람은 결국 사회 시스템에 의해 사회화되며 관습과 문화를 통해 다듬어진다. 그렇게 자신도 모르는 사이에 일정한 모습으로 만들어져 간다. 한 사회에서 살아가는 한 누구도 관습과 문화 그리고 그 바탕인 관념에서 벗어날 수 없다. 마치 영국인은 티타임에 큰 의미를 두며 중국인은 대체로 빨간색과 숫자 8을 좋아하는 것과 같다. 때문에 혼란과 위기의 시대에는 더욱더 올바른 문화와 시스템을 만들어 갈 상위 가치와 적절한 기준을 찾아 나설 필요가 있다. 가치와 기준이 분명해야 추구할 목표와 변화할 방향이 분명해지기 때문이다.

우리는 앞장에서 우리 문화와 관련한 신화·관습·역사 등을 살펴보았다. 역사에서 의미를 찾아내지 못하면 역사는 그냥 재밌는 이야기로 끝날 뿐이다. 하지만 역사에서 문화의 원형과 변천 과정을 이해하고 진정한 가치와 의미를 찾아내면 구태의연한 관념과 관습을 쉽게 떨쳐 버릴 수 있다. 그러면 한결 가벼운 채로 새로운 길을 찾아낼 수 있다. 즉, 현재가 만들어진 의미를 깨달아야 역사가 현실에서 새롭게 태어날 수 있는 것이다. 더불어 가장 편안하고 가치 있는 '우리다움'을 분명히 알고서 새로운 길을 찾아 나아갈 수 있다.

새는 하늘을 날아야 행복하고 물고기는 물속을 헤엄쳐야 행복하듯, 모든 존재는 가장 자기다울 때 행복하다. 문화 역시 마찬가지다. 가장 우리다운 문화가 가장 편안하고 아름다운 문화가 된다. 또 다양성과 다채로움이 중요해진 세계화 시대에 고유하고 개성적인 문화는 오히려 가장 세계적인 문화가 될 수 있다. K-POP과 한류 등이 이미 그것을 전 세계에 증명하고 있다.

전통문화의 의미

그렇다면 전통문화는 해당 민족에게만 의미가 있는 것일까?

사람들은 한 사회를 이루고 문화를 공유하면서 서로 공명하고 동조하며 다음 세대로 문화를 재생산해 간다. 때문에 누구라도 다른 문화에 들어가 시간이 흐르면 그곳의 문화에 동화된다. 그러므로 전통문화는 민족과 지역을 넘어 그 문화를 공유하고 사용하는 모든 이에게 영향을 미친다고 할 수 있다.

그렇다면 어떻게 해야 우리에게 자연스러우면서도 현대사회에 적합한 여성 문화·가족문화를 만들어 갈 수 있을까? 그것을 이해하기 위해서는 먼저, 우리의 사고 구조 깊숙한 곳에서 작동하는 전통 사상이라는 것이 세상을 어떻게 바라보는지를 알아 둘 필요가 있다. 사상은 세계관을 만들고, 세계관은 가치관을 만들며, 가치관은 관념과 관습을 만들고, 관념과 관습은 문화와 제도를 만들며, 문화와 제도는 사람의 사고 구조와 행동 양식을 만들기 때문이다.

'우리다움'의 특징 ① _ 정의를 숭상하고 사람을 사랑하는 문화 감성

첫째, 우리 전통문화는 하늘을 공경하고 사람을 사랑하는 경천애인敬天愛人 사상을 기본 골자로 한다. 하늘을 정신적·육체적 부모로서 공경하고, 그 자녀인 '사람'을 사랑하는 전통이다. 하늘을 공경하는 정신은 하늘의 본질인 진리와 정의를 숭상하게 하고, 인간을 널리 사랑하는 마음은 서로를 보듬고 돕기를 좋아하는 모습으로 드러난다. 이것은 국경과 인종, 계급과 성별을 넘어 유효하다. 이것이 오늘날까지 우리 헌법에 새겨져 있는 홍익인간의 이념이다.

우리는 종종 '양심을 찾아라'는 등의 말을 하곤 한다. 사람의 마음은 진리道와 이치의 근원인 하늘로부터 생겨난 것인데 본심本心, 양심良心이라고도 표현한다. 사람의 본래 마음인 양심은 교육과 학습으로 만들어지는 것이 아니다. 누구나 본성적으로 갖고 태어나는 것이다.

그러한 양심엔 가장 순수하고 선한, 도덕의 근원인 하늘과도 같은 이치가 담겨 있다. 때문에 어린아이도 옳고 그름을 느끼고, 사악한 범죄자조차도 본능적으로 선한 행동을 할 때가 있다. 도덕 잣대가 태어나면서부터 마음속에 갖춰져 있기 때문이다.

실제로 우리 몸도 선한 생각을 하거나 선한 행동을 할 때 긍정적인 반응을 보여준다. 사람이 선한 행동을 하거나 보게 되면 오랫동안 심리적 만족감을 느끼며 면역수치와 엔돌핀 및 건강지수가 좋아지는데 이를 헬퍼스 하이Helpers High 효과 혹은 마더 테레사 효과라고 한다.[292] 반대로 나쁜 생각을 하거나 나쁜 행동을 하면 건강에 안 좋은 수치들이 상승하는데, 사람은 유전적으로 선을 좋아하고 악을 싫어하는 성향을 갖고 태어난다는 증거라 볼 수 있겠다.

이처럼 사람의 몸과 마음은 하늘과 같음을 믿었기에 우리의 전통은 사람을 중심에 놓고 사람을 이롭게 하는 사상과 문화를 만들어 왔다. 사람이 곧 하늘임을 천명하고 인간 존중과 인간 평등을 주장한 동학의 인내천 사상이 좋은 예이다.

'우리다움'의 특징② _ 인간 중심의 문화 감성

---

292 "사람의 침에는 면역항체 'Ig A'가 들어 있는데, 근심이나 긴장상태가 지속되면 침이 말라 이 항체가 줄어든다. 연구를 주관한 대학교수는 실험 전에 학생들의 'Ig A' 수치를 조사하여 기록한 뒤, 마더 테레사의 일대기를 그린 영화를 보여주고 'Ig A' 수치가 어떻게 변화하였는지를 비교 분석하였다. 결과는 'Ig A' 수치가 실험 전보다 일제히 높게 나타났으며 이 효과에는 봉사와 사랑을 베풀며 일생을 보낸 테레사 수녀의 이름을 붙였다. 이와 함께 실제로 남을 도우면 느끼게 되는 최고조에 이른 기분, 즉 헬퍼스 하이(Helper's High)가 있다. 남을 돕는 봉사를 하고 난 뒤에는 거의 모든 경우 심리적 포만감, 즉 '하이' 상태가 며칠 또는 몇 주 동안 지속된다. 의학적으로도 혈압과 콜레스테롤 수치가 현저히 낮아지고 엔돌핀이 정상치의 3배 이상 분비되어 몸과 마음에 활력이 넘친다고 한다."(《네이버 지식백과(두산백과)》, '마더 테레사 효과')

둘째, 주체적인 인간 중심의 사상을 갖고 있다. 혹자는 우리나라를 종교백화점이니, 세계에서 가장 많은 기독교 종파가 번성한 곳이라느니 하는 평을 하기도 한다. 유난히 종교적 감성이 발달한 것을 두고 하는 말이다. 이것은 사람의 존엄성을 도덕의 근원인 하늘과 연결시키는 뿌리 깊은 영성 문화와도 관련이 있다. 논리적인 이성 문화가 발달한 서양에 비해 우리는 가슴과 영감을 움직이는 감성과 영성 문화가 발달했다. 이러한 특징은 이미 고조선 시대부터 찾아볼 수 있었다.

고려대 명예교수인 설중환 박사는 단군 시대부터 내려온 한민족의 이상적 인간관과 이상향을 다음과 같이 요약했다.

"사람에게는 모두 하나님 내려와 계신다는 일신강충一神降衷 모티브, 그러므로 사람은 누구든지 스스로의 안에 있는 하나님을 찾아 그와 하나가 되어야 한다는 성통광명性通光明 모티브, 이후 하나님의 뜻대로 이 세상을 이치로 바로잡아야 한다는 재세이화在世理化 모티브, 마지막으로 세상을 널리 이롭게 하는 대인이 되어야 한다는 홍익인간弘益人間 모티브 등이 그러하다."[293]

한국 전통철학의 키워드

고유 사상의 중요 키워드	해 석	의 미
일신강충(一神降衷)	하느님이 사람의 본성 안에 계시다.	신성과 진리가 마음에 내재함. 인간 중심주의
성통광명(性通光明)	사람의 본성은 진리(광명)와 통한다.	
재세이화(在世理化)	현실 세상 속에서 이치로 다스려 교화한다. 현실 세계를 이상향으로 만든다.	현실 중심주의
홍익인간(弘益人間)	널리 모든 인간을 이롭게 하라.	인류에 대한 보편적 박애와 평등. 인본주의

---

293 설중환(2010), p.10.

이러한 이상향은 우리 역사 내내 계승되었다. 〈광대토대왕 비문〉에도 새겨진 고구려 시조 고주몽의 유훈인 '이도여치'以道與治: 도로써 세상을 다스린다는 진리와 정의의 실현 정신을 잘 보여준다. 신라의 시조 박혁거세의 이름을 『삼국유사』는 '광명이세'光明理世: 밝고 환한 빛으로 세상을 다스린다라고 해석했다. 광명이세에는 신라의 개국 정신이 담겨 있다. 신에게 의존하지 않고 사람의 본성에 내재한 하늘의 광명을 밝혀성통광명 세상을 바르게 한다는 인간 주체적인 사고가 담겨 있다. 이처럼 외부에 의존하지 않고 누구나 자신을 믿으라는 이론적 바탕이 굳건했기에, 오히려 다양한 종교 문화와 영성 문화를 수용하고 융합할 수 있었다. 인간의 존재 의의와 가치가 명확했기에 하나의 종교나 교리에 갇히지 않고 필요에 따라 변용이 가능했던 것이다.

'우리다움'의 특징③ _ 보편·평등한 미래지향적 인본 사상

셋째, 홍익인간은 모든 인간을 향한 보편적 존중과 평등을 지향한다. 보통 자기 민족만의 우수성과 특수성을 강조하는 것과 달리 홍익인간은 나와 너를 넘어 '우리 모든 인간'을 이롭게 할 것을 천명한다. 세계사에서 보기 드문 건국이념이다. 17·18세기 들어서야 천부인권天賦人權이라는 이름으로 인간의 보편적 존중과 평등이 자리 잡기 시작한 서양과 대비되는 부분이다.

특히 홍익인간은 인본 사상이라는 점에서 상당히 미래지향적이다. 세상은 우선 '나'라는 존재가 있어야 느낄 수 있다. 내가 없으면 내가 느끼고 인식하는 세계 역시 존재할 수 없다. 물론 객관적인 타인의 세계는 존재하겠지만, 내가 느끼고 구성하는 '나만의 세계'는 존재하지 않는다. 그런 점에서 세계가 먼저냐, 내가 먼저냐를 따지고자 한다면 당연히 '나라는 존재가 우선'이 된다. 인간과 하늘의 관계도 마찬가지다. 하늘도 인간이 있어야 믿고 경외할 수 있는 것이다. 행위의 당사자인 인간이 없으면 신앙도 존재할 수 없다. 이러한 관점에서 세계의 중심은 '인간'이라고 보는 것이 인본 사상이다. 사람이 모든 일의 중심이자 근본이라는 것이다. 이에 천신인 환웅도 인간 세상에 내려가길 소원했고, 한국 신화 속 다양한 신들은 늘 인간 세상을 관찰하거나 직접 인간으로 태어나기도 했다.

나아가 인간을 사랑하고 생명을 바르게 이끄는 것이 종교의 본질이며, 종교 교단을 위해 생명이 있는 게 아니라는 뚜렷한 의식이 있었다. 이에 살생을 피하는 중들도 백성이 위험에 처하면 죽창을 들고 산에서 내려와 승병이 되었고, 일제에게 나라를 빼앗길 때는 다양한 종단의 인사들이 종교를 가리지 않고 힘을 모아 다 함께 의병 활동을 하기도 했다.

'우리다움'의 특징④ _ 주체적·자율적 문화에서 나오는 자유로움

넷째, 우리 전통 사상은 신과 인간의 관계에서 인간의 위상을 분명히 했다. 진리의 기준이 신에게 있다면 인간은 순종하는 타율적 존재가 된다. 하지만 진리가 내부에 있으면 인간은 수도를 통해 스스로 이상을 이루는 자율적 존재가 될 수 있다. 별것 아닌 듯한 이 차이가 인간의 주체성과 자율성에 큰 차이를 만든다. 진정한 자유란 올바른 정의 내에서 자신답게 생각하고, 본성대로 살아갈 수 있는 것을 말한다. 매는 하늘을 활공하고 말은 땅을 박차며 고래는 바다를 유영할 수 있는 것이 바로 진정한 자유라 할 것이다.

그러면 인간의 주체성과 자율성을 중시한다는 것은 현실 속에서 구체적으로 어떻게 드러날까? 만약 올바름의 근거가 하늘에 있다면 주체와 자유를 찾기 위해 하늘신에 의지해야 한다. 하늘의 선택을 받는 선민選民사상은 결국 선택을 받는 것이 중요해진다. 반면 하늘의 자손이라는 천손사상은 결국 아버지와 같은 존재로 '성장을 하는 것'이 중요해진다. 때문에 '인간의 주체성·자율성·완성 가능성'이라는 측면에서 문화의 이상과 방식은 크게 달라진다.

내 마음이 옳다고 느끼면 행동하는 것이다. 신이 판단하는 게 아니라 이 순간에 존재하는 내가 판단한다. 내 마음이 뭉클해지면 가서 돕고, 옳은 일이라 느껴지면 죽음이 예상돼도 기필코 하는 것이다. 그런 마음이 이 땅에서 수많은 의인과 의병을 일으켰고, 동학농민혁명과 여러 민주화 혁명 및 촛불혁명을 만들었다.

'우리다움'의 특징⑤ _ 생명과 평화를 사랑하는 인仁의 문화

다섯째, 어진 마음仁으로 생명을 살리기 좋아하고 평화를 사랑하는 동방예의군자국東方禮義君子國이다.

이웃 나라 중국에는 오래전 우리의 옛 모습을 보여주는 여러 기록이 남아 있다. 그들은 우리를 동쪽에 사는 이夷족이란 의미로 '동이'東夷라 불렀다. 그리고 동이의 후손이 세운 나라를 대략 부여, 고구려, 동옥저고구려에 흡수됨, 한韓: 고조선에서 유래한 마한, 변한, 진한으로 후에 신라, 백제가 되었음 등으로 기록하고 있다.『삼국지』「위서 동이전」 우리의 오래된 특징을 어슴푸레한 중국의 옛 기록에서 찾아

볼 수 있다.

> "(이夷라는 글자는 동쪽에 사는 이들을 뜻하는데 '클 대大' 자와 '활 궁弓' 자로 만들어진 글자이다.) 사람은 대개 살아가는 땅의 성질에 순응해 성격이 형성된다. 오직 동이東夷만이 클 대 자에서 유래했는데, 그들이 대인들이기 때문이다. 동이는 풍속이 어질고 오래 살며 군자가 죽지 않는 나라이다. 살피건대 그곳 하늘은 크고 땅도 크며 사람 또한 크다. … 이夷는 공평平하다는 뜻으로도 쓰이니 군자란 동이 사람 같은 이를 말하며, 동이 사람과 같은 행실은 복을 불러온다. … 공자가 '도가 행해지지 않으니 나는 뗏목을 타고 바다를 건너 군자가 죽지 않는 동이의 나라에 가고 싶다'라고 말했는데, 이러한 까닭이다." _『설문해자』[294]

> "'이夷'라는 글자는 바르다正는 의미로 만들어졌는데, 옛 문자의 '어질 인'仁 자와 같다." _『설문통훈정성』[295]

동아시아를 대표하는 사상인 유교는 '인'仁의 철학이다. 유교는 인을 완성한 성인군자가 되려는 학문이기 때문이다. 본래 '어질 인仁'이란 글자는 우리 민족의 옛 이름인 이夷라는 글자에서 나왔다. 어진 군자가 끊이지 않고 나오며 바르고 공평한 문화를 가진 동이의 문화는 당시 가장 이상적인 군자의 문화로 여겨졌다. 그리하여 공자는 자신의 꿈이 이루어지지 않자 바다 건너 동이국으로 가고 싶어 했다.

---

294 『설문해자』: 夷 "(東方之人也 從大從弓) 蓋在坤地頗有順理之性, 惟東夷从大, 大人也. 夷俗仁, 仁者壽. 有君子不死之國. 按天大地大, 人亦大… 夷, 平也. 此與君子如夷, 有夷之行降福… 故孔子曰道不行 吾欲之君子不死之國 九夷 承孚 浮於海 有以也…."

295 『說文通訓定聲』: "夷字亦作正, 與古文仁同."

동이의 풍속을 가장 이상적이고 인간다운 문화로 보았던 고대의 시각은 글자로도 남았다. 동양 최초의 문자인 갑골문·금석문은 동이족이 사는 곳을 '인방'人方이라 표시했다. 즉, 처음에 인人이란 글자는 동이족을 지칭하는 문자였다. 하지만 여기서 차츰 사람人이란 의미와 동이夷가 나누어지고, 여기서 다시 어질다仁라는 글자가 파생하였다.[296]

사람은 자기 얼굴을 스스로 보지 못한다. 거울이나 사진을 통해야만 비로소 자신을 볼 수 있다. 사회상이나 문화 역시 마찬가지다. 같은 문화를 공유하는 이들은 자신들의 모습을 정확하게 볼 수 없다. 오히려 객관적인 이방인의 눈으로 볼 때 진정한 모습이 더 잘 보이는 것이다. 그런 점에서 군자국인 동이를 상징하는 글자에서 '사람人과 어질다仁'라는 글자가 나왔다는 것은 자못 의미심장하다.

> "동방을 이夷라 하는데, 이夷라는 것은 곧 뿌리이다. 그들은 어짊仁을 말하고 생명을 살리기 좋아하는데, 마치 만물이 땅에 뿌리박고 나오는 것과 같다. 천성이 유순하고 도道로 다스리기가 쉬우므로 군자가 죽지 않는 나라이다."
> _『후한서』「동이전」[297]

동양의 중요 고전인 『주역』이란 책에서는 하늘과 인간의 공통점을 '생명을 사랑하는 마음'에서 찾는다. 우선, 하늘은 만물을 낳고 또 낳는 '생생지덕'生生之德을 가지고 있다. 따뜻한 햇볕이 식물과 동물 등 뭇 생명에 끝

---

296 류승국(2010), pp.274~275.
297 『후한서』「동이전」: "'東方曰夷.' 夷者, 柢也, 言仁而好生, 萬物柢地而出. 故天性柔順, 易以道御, 至有君子不死之國"

없이 에너지를 전해 주는 것을 생각하면 이해가 쉽다. 한편, 사람은 하늘의 덕을 닮아 생명을 돌보고 살리기 좋아하는 '호생지덕'好生之德을 갖고 있다. 사람의 본성과도 같은 이 특징을 공자는 '인'이라고 표현했는데, 우리말로는 얼마음, 영혼이 짙다는 의미로 '어질다'라고 표현한다. 즉, 생명을 살리기 좋아하는 '인·어짊'은 마음의 본성이다. 누구나 눈앞에서 어린아이가 우물에 빠지려 하면 자기도 모르게 구하려 하고, 죽어가는 동물의 울음소리를 들으면 돕고 싶어 한다. 그렇게 생명을 측은하게 느끼는 마음이야말로 우리 마음이 본래부터 '인仁하다'는 증거라고 맹자는 말했다.사단 중 '측은지심' 그런 인의 마음이 감정으로 드러나면 사랑이 되는데, 사랑은 동서고금 모든 종교와 가르침의 근본이었다. 나아가 사람 간에 어진 사랑의 마음을 올바로 표현하는 행실이 바로 예禮인데, 예를 잘 실천하는 동이 사람의 풍속을 두고 당시인들은 '동방예의지국'이라 평하였다.

어짊을 이룬 대인과 군자가 끊임없이 나오는 군자국으로서 동이의 풍속은 당시의 모범이 될 만했다.

'우리다움'의 특징⑥ _ 정의로움과 예를 중시하는 동방예의 군자국

그리고 동방예의지국의 문화는 오늘날까지도 면면히 이어지고 있다. 공공장소에서 노트북이나 핸드폰을 두고도 안심하고 화장실을 다녀올 수 있는 문화, 지하철에서 물건을 분실해도 거의 찾을 수 있는 문화, 택배를 문 앞에 갖다 놔도 온종일 안심할 수 있는 문화, 누군가의 어려운 사연이 알려지면 도움의 손길이 줄을 잇는 문화, 나라에 위기가 닥치면 다 함께 나서서 힘을 모으는 문화…. 우리에게는 당연한 이러한 일상 속에 우리다움이 녹아 있다. 우리에게는 당연한 일상이 다른 나라에서는 당연하지 않은 것이 그 증거라 할 것이다.

> "동방에 오래된 나라가 있으니 이름하여 동이東夷라 한다. … 처음에 신인神人 단군이 있었는데 마침내 아홉 이족九夷이 받들어 임금으로 추대하니 요임금 태평성대로 유명한 고대 중국의 성왕과 같은 시대이다. 순임금 요임금 다음 대의 왕으로 태평성대를 이루었다도 동이에서 태어나 중국에 들어가 천자가 되어 나라를 다스리니 모든 왕 중에 으뜸이었다. … 비록 그 나라가 크지만 교만하여 지나친 자부심을 갖지 않았고, 병력이 강하더라도 타국을 침략하지 않았다. 풍속이 순박하고 후덕하여 다니는 이들은 서로 길을 양보했고, 먹을 것이 있으면 서로 미루며, 남녀가 거처를 달리하여 이유 없이 동석하지 않으니 가히 '동방예의 군자국'이라 부를 만했다." _『동이열전』, 공빈 作[298]

> "동이는 천성이 유순하다." _『논어』[299]

> "동해의 안쪽, 북해의 모퉁이에 나라가 있으니 이름하여 조선이다. 그 나라 사람들은 물가에 살며 사람을 가까이하고 사람을 사랑한다. … (중국 기준으로) 바다 동쪽에 있는 군자국 사람들은 의관을 잘 갖추고 검을 찬다. 양보하길 좋아하며 다투지 않는다." _『산해경』[300]

옛사람들에게 의관은 매우 귀하고 상징적인 것이었다. 신분 계급과 직

---

298 『동이열전』(공빈 作): "東方有古國名曰東夷,… 始有神人 檀君 遂應九夷之推戴而爲君與堯竝立, 虞舜 生於東夷 而入中國爲天子至治 卓冠百王…其國雖大 不自驕矜其兵雖强 不侵人國, 風俗淳厚 行者讓路 食者推飯 男女異處 而不同席可謂東方禮儀之君子國也"

299 『논어』「공야장」: "東夷, 天性柔順"

300 『산해경』「해내경」: "東海之內, 北海之隅, 有國名曰, 朝鮮天毒, 其人水居, 偎人愛人…"; 『산해경』「박물지·외편」: "海東有君子國 衣冠帶劍 好讓不爭"

급에 따라 항시 유념해야 할 것을 옷에 장식해 넣었고, 패옥 등을 허리에 차서 걸을 때마다 짤랑거리는 소리를 내어 걸음걸이 등의 행동과 마음가짐에 긴장을 놓지 않았다. 동이 사람들은 의관을 정제文하고 허리엔 검을 찼다武고 한다. 불의不義는 단칼에 베어 버리겠다는 정의로운 마음을 늘상 잊지 않기 위해 항상 검을 차는 것이다. 1900년대 중반까지도 정장에 중절모까지 잘 갖춰 쓴 어르신들을 심심찮게 볼 수 있었다. 지금도 우리나라는 유난히 옷차림에 신경 쓰고 패션 감각이 좋은 나라로 해외에 알려졌는데, 이처럼 예나 지금이나 우리는 머리부터 발끝까지 의관을 잘 갖추는 것으로 유명했다. 항상 의관에 신경 쓰고 바르게 갖추는 것은 단지 외양을 잘 보이기 위해서가 아니라 내면까지도 단정하게 유지하기 위함이다.

더불어 사람을 사랑하고 서로 사양하며 양보하길 좋아했다. 때문에 힘이 강해도, 남을 침범하지 않는 평화주의를 지키면서도 불의함과 침략은 용납하지 않겠다는 정의심의 표현으로 늘 검을 찼고 다녔다. 이같이 어짊의 학문文과 평화의 상무 정신武을 겸비한 정신문화는 어려운 시기마다 승병, 의병, 동학농민군 등을 일으키며 나라를 구했고 오늘날까지도 그 모습이 이어져, 정의롭지 못한 정권을 탄핵하는 시위마저도 평화적으로 이뤄내는 모습은 전 세계적인 감동 스토리로 회자되고 있다. 승리보다 함께 화합하며 서로를 살리는 평화를 보다 소중히 여기는 전통문화의 DNA가 지금까지도 진하게 전해지고 있는 것이다.

04

한국 전통 사상의 특징

중中의 철학

중심잡기의 중요성

우리 전통문화의 근간이 되는 한국 사상의 또 다른 특징은 중中의 철학이다.

하루는 TV에서 기묘한 돌 쌓기를 하는 기인의 모습을 보게 되었다. 금방이라도 무너질 듯한 아슬아슬한 돌탑이 완성되었다. 하지만 간당간당한 모습과 달리 돌탑은 의외로 강한 바람 앞에서도 굳건했다. 취재하던 기자가 그 비결을 묻자 기인은 '무게중심을 잘 잡는 것'이라고 답했다.

모든 것에는 중심점이 있다. 중심이 잘 잡힌 팽이가 넘어지지 않듯, 치우치지 않고 중심을 잘 잡으면 어떠한 상황에서도 올곧게 서 있을 수 있다. 그 간단한 이치는 모든 곳에 적용된다. 일의 본질을 파악하고, 근본 문제를 해결하려면 중심점을 찾아 바로잡아야 한다. 그래야 치우친 것들이 중심을 잡고, 저울은 정확한 측정을 시작한다. 이 간단한 진리는 복잡한 인간 사회에도 그대로 적용된다.

세상 모든 것의 중심점

사회에서 일어나는 모든 일의 중심에는 사람이 있다. 그리고 사람의 중심에는 마음이 있다. 그렇기에 마음먹기에 따라, 마음 씀에 따라 인생은 전혀 다른 모습으로 펼쳐진다. 그런 마음에도 중심점이 있는데, 바로 '믿음신념'이다. 신념이 얼마나 깊으냐에 따라 마음의 단단함도 달라진다. 약 3천 년 전, 요임금은 어질다고 소문난 순에게 왕위를 전하면서 마음의 중심을 잡는 비법도 함께 전해 주었다.

"인심人心: 인간의 마음은 오직 위태롭고 도심道心: 도리에 따르는 마음은 오직 은미하니, 오직 너의 마음속 소리를 정밀하게 살피고 오직 올바른 본마음을 한결같게 하여 진실로 그 중中을 잡아라!" _『서경』[301]

마음의 소리라고 모두 같은 것이 아니다. 사람에게는 두 개의 마음이

▌중심점(wikipedia.org, *Akrobati*)

---

301 『서경』「대우모」: "人心惟危, 道心惟微, 惟精惟一, 允執闕中"

있다. 생명을 이어 가기 위해 생기는 식욕·탐욕·성욕 같은 욕망, 기쁨·슬픔·분노·원망 같은 감정, 끊임없이 밀려왔다 쓸려가는 파도 같은 그 욕망과 감정이 '인심'을 만든다. 욕망과 감정은 우리가 어떤 일을 겪을 때마다 쉴 새없이 들끓고 출렁여 진짜 자기 마음이 무엇인지 알아볼 수 없게 만든다.

반면, 양심이자 본심인 '도심'은 진정한 본마음이지만, 너무나 은미하고 오묘해서 고요히 살피지 않으면 좀처럼 알아차릴 수가 없다. 욕망과 감정의 소리가 양심과 본심의 소리보다 더 크고 절실하기 때문이다. 그러므로 세상과 자신의 문제를 원만히 풀어내고, 세상을 올바로 살아가려면 진정한 자신의 목소리에 힘써 귀 기울여야 한다. 마음을 고요히 가라앉히고 지금의 내 생각과 느낌이 '진정한 내 마음'인지 정밀하게 살펴야 한다. 그리하여 지금의 이 마음이 '진짜 내 마음이고 진정한 내 길'임을 알았다면, 그 마음을 한결같이 지키며 우직이 실천해 나가야 한다. 그것이 자연스럽게 중도中道에 자리하고 중용中庸을 지키는 방법이다. 그런 의미에서 모든 답은 이미 내 마음 안에서 항상 나와 함께하는 것이다.

88서울올림픽의 로고에는 왜 삼태극이 사용되었나

그리고 그러한 깨달음은 기록 이전 시대부터 우리와 함께하며 위기의 순간마다 기적을 일으키는 핵심 키워드가 되었다. 그 정신적 정수를 잘 표현한 것이 바로 한국의 대표 관광 상품인 태극선이나 88서울올림픽 공식 로고 등에 그려진 '삼태극'이란 것이다. 삼태극 문양은 전통적으로 사찰, 궁궐, 대문, 일상용품 등에 흔히 사용되었다.

보통 '태극'이라고 하면 중국을 떠올리지만, 전통적으로 사용된 모양

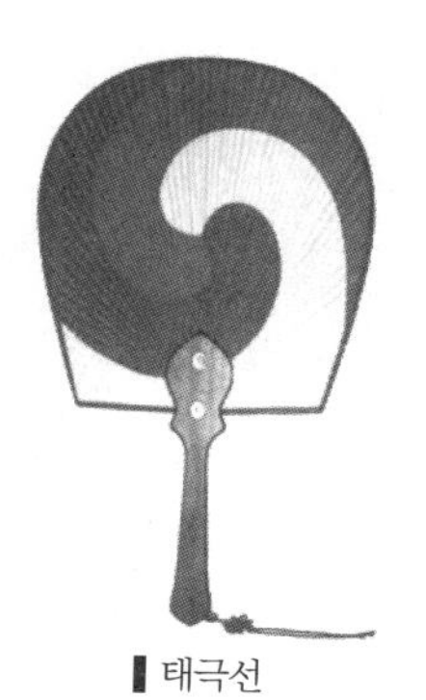

▌태극선

▌88서울올림픽 로고

중국과 일본의 삼파문과 한국의 삼태극

①

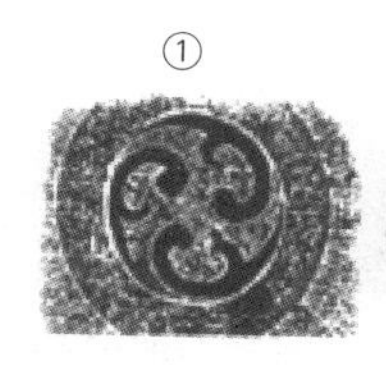

②

③

④

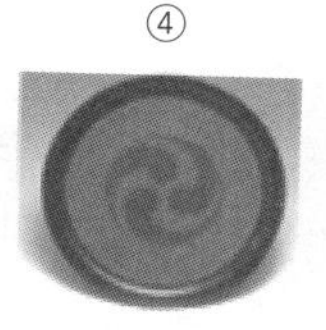

⑤

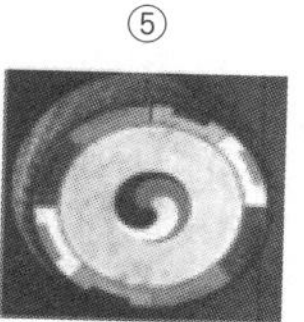

▌① 중국 춘추시대 청동기 삼파문(우실하, 2010, p.123: 사해원 외, 1999, p.610 재인용)
② 중국 전국시대 마차바퀴 삼파문(우실하, 2010, p.124: 사해원 외, 1999, p.607 재인용)
③ 진(秦)대 청동기의 삼파문(우실하, 2010, p.126: 吳山, 1993, p.92 재인용)
④ 일본 슈리성공원 소장, 쇼왕조 왕실의 '주칠 삼파 문양 쟁반'의 삼파문
⑤ 조선시대 응고(應鼓)의 삼태극 문양

태극의 변천과 초기 태극기의 태극 문양

①

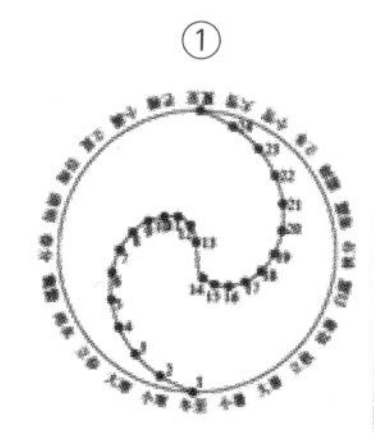

②

③

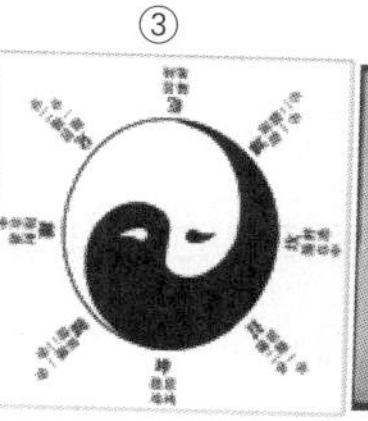

④

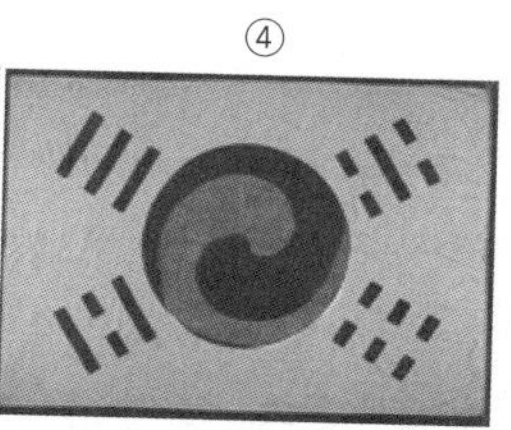

▌①『주비산경』의 해 그림자 길이를 그린 것. 약 7세기경.(신희정, 2017, p.72 재인용)
② 명나라의 상수학자 래지덕(來知德)이 그린 태극원도. 16~17세기경.
③ 명나라 초, 조휘겸(趙撝謙)이 은사에게 얻었다는 천지자연 태극도. 14세기경.
④ 고종이 하사한 현존 최고의 태극기인 '데니 태극기' 앞면. 1886~1890년경.

을 보면 중국과 한국은 확연히 다른 모습을 보인다. 본래 태극은 태양 에너지陽의 강약과 관련이 있었다. 중국 후한 시대에 만들어진 『주비산경』약 132~192년 제작이란 천문서에는 매일 정오에 규표해시계와 비슷한 관측기에 생기는 해의 그림자를 기록한 내용이 실려 있다. 그런데 그림자의 끝점을 1년간 연결하면 태극 모양이 그려진다. 그것은 어둠과 밝음, 차가움과 뜨거움 등 상반된 성질을 상징하는 음과 양이 끝없이 순환하는 원리를 표현한 태극이 되었다. 태극은 한·중·일 삼국에서 오랫동안 사랑받아 왔는데, 특히 우리나라는 국기로도 사용하고 있다.

한편 중국, 일본과 달리 우리가 오랫동안 고유하게 사용해 온 또 다른 모습의 독특한 태극이 있다. 그것이 바로 '삼태극'이다. 동아시아에는 예로부터 '천지인'하늘·땅·사람을 세상의 큰 축으로 보는 '삼재三才 사상'이라는 것이 있었다. 그리고 그것을 하늘·땅·사람의 세 기운을 상징하는 삼파문곡옥 모양인 파(巴)자가 세 개 붙어 있는 문양으로 표현하곤 했다. 대개 중국과 일본은 세 개의 기운이 중심을 향해 돌아 들어가는 이미지를 사용한다. 하지만 우리의 삼태극은 그와는 조금 다르다. 세 기운이 틈 없이 완전한 원이 되어 끝없이 도는 모습을 형상한다. 음과 양을 상징하는 태극의 가운데 핵을 황극皇極이라 부르는데, 삼태극은 특별히 황극을 드러내기 위한 상징이다.

삼태극이 전하는 지혜 _ 중도(中道)를 잡아라

그 이유를 유추해 보려면 옛날이야기 하나를 꺼내 볼 필요가 있다. 기자조선을 세운 기자가 옛 고향인 상나라 땅을 지날 때, 그 소식을 들은 주나라 무왕은 현인으로 알려진 기자를 찾아와 나라를 올바로 다스리는 방법을 물었다. 그러자 기자는 동이족 왕인 우임금의 도道라며 아홉 가지 조언을 해 주었다. 그 내용이 『서경』에 '홍범구주'(洪範九疇: 아홉 가지 큰 규범)라는 가르침으로 전해진다. 기자의 마음에 남아 고조선의 큰 원칙이 되었을 '홍범구주', 그 핵심은 다스리는 자가 모든 분야의 '중도'中道를 잡아 문화와 정사의 표준을 세우고 직접 실천해 백성을 감화시키라는 것이었다. 이때 중심점중도인 '표준'을 황극이라 표현한다.

홍범구주의 첫 번째 가르침은 바로 화·수·목·금·토라는 오행을 통해 자연의 성질을 이해하는 것이었다. 여기서 황극을 오행의 관점으로 해석하면 '흙·중앙·믿음信'이 된다.

오행(五行)에 담긴 의미

오행	화(火)	수(水)	목(木)	금(金)	토(土)
상징	불	물	나무	쇠	흙
방위	남	북	동	서	중앙
색	붉은색	검푸른색	녹색	흰색	황색
덕	예(禮) 예의	지(智) 지혜	인(仁) 사랑	의(義) 정의	신(信) 믿음
성질	양태극 (陽太極)	음태극 (陰太極)	양태극	음태극	황극(皇極)

삼태극 역시 오행의 관점으로 보면 불붉은색: 하늘과 물푸른색: 바다로 된 태극에 생명이 살아가는 터전인 흙노란색: 인간을 더한 모습이다. 즉, 삼태극은 인간이 자연과 더불어 온전한 '한 세계'이자 세상을 구성하는 중요한 한 요소라는 깨달음을 상징화한 것이다.

이러한 삼태극 사상 안에는 전 세계적인 대립과 화합의 문제를 풀어낼 실마리가 담겨 있다. 삼태극에서 세 요소음·양·중는 서로 대등한 한 축을 차지하며 서로를 지탱하고 보완해 마침내 완전한 원을 만든다. 또한 상반된 성질로 인해 생기는 문제를 조율하려면 양극단의 중심[중용]을 붙잡아야 한다는 것을 표현한다. 문제 해결은 원리나 이론[하늘: 양]만으로 안 되고, 자본과 재원[땅: 음]만으로도 안 된다. 실질적으로 실행하고 만들어내는 인간[中]이 참여해야 한다는 인간 중심적 사고와, 자연과 인간이 화합해야 한다는 조화의 사고방식이 필요하다. 이 같은 인간 중심의 중[中]의 철학이 바로 우리의 전통적 사유의 본질이다.

때문에 우리 문화에는 어떤 분야건 그 중심에 인간이 들어 있다. 예를 들자면, 전통 공연 문화에 대본[하늘·형이상·이론]과 무대 및 배우[땅·형이하·자원] 외에, 관객[인간·중·융합처]이라는 요소가 더 들어가는 것 등이다.

그렇다면 한국 사상의 핵심이라 할 '중의 철학'이 만들어낸 우리 문화만의 특성은 어떤 것이 있을까? 대략 마음과 감성 중심의 문화, 현실의 문화, 공감의 문화, 융합과 창조의 문화, 흥의 문화, 실천적 문화, 대동과 온정의 문화 등을 들 수 있겠다.

중의 철학이 만든 전통문화의 특징① _ 마음을 성찰하는 문화

첫째, 중의 철학은 곧 마음과 성찰의 문화를 만들어냈다. 사람의 중심은 마음이다. 사람이 사람다울 수 있는 것은 생각하고 성찰할 수 있는 '마음'이 있기 때문이다. 본래 마음은 어느 쪽에도 치우치지 않는 중의 속성을 갖는다. 때문에 마음은 선과 악, 따뜻함과 차가움, 밝음과 어둠을 모두 품을 수 있다. 따라서 사람은 히틀러 같은 행동도 또 마더 테레사 같은 행동도 할 수 있다. 우리 전통문화는 특히 사람의 마음을 깊이 공감하고 양심을 믿으며 따뜻한 인정을 듬뿍 녹여내는 것이 특징이다. 즉, 모든 분야를 통틀어 무게중심과 기준을 사람의 마음에 두기에 사람의 감성을 중시하고 내면을 성찰하는 문화 감성을 갖고 있다.

일례로 사상사를 살펴보자면, 유교와 불교는 동아시아 전반에 영향을 주었지만 특히 이 땅에서는 꽤 독특한 모습으로 꽃을 피웠다. 원래 유교는 세상을 탐구하는 방법을 두 가지로 제시한다. 가깝게는 내 몸에서 살피고近取諸身(근취저신) 멀게는 사물에서 살피는 것遠取諸物(원취저물)이다. 중국 성리학이 외부에 집중하여 이기론을 따지는 데 치중했다면, 조선 성리학은 자기 마음속에서 진리를 찾는 심성론에 집중했다. 정말로 모든 것에 이치가 깃들어 있다면 멀리 갈 것 없이 자신에게서 찾는 것이 가장 쉽고 현실적인 방법일 것이다. 그래서 조선 성리학은 사단칠정과 인심도심설人心道心說 같은 마음과 본성에 대한 논쟁에 푹 빠졌다. 그것은 마음에서 진리를 찾고 현실에 적용하는 방법을 논쟁한 것으로서 중국이나 일본의 성리학과는 또 다른 모습이다.

중의 철학이 만든 전통문화의 특징② _ 다양성을 융합하는 창조적 문화

둘째, 중의 철학은 '중도 감수성'을 높여 다양성을 균형 있게 융합하는 창조적 문화 감성을 만들었다.

마음은 생각과 행동의 중추이다. 그러므로 어떤 상황에서도 중심점을 잡을 수 있는 잣대가 된다. 마음의 중심을 잘 잡도록 만드는 문화는 다양한 것을 조합하는 융합 능력과 그것을 새로운 것으로 창조해내는 창의력을 갖는다. 상반되는 것들을 대할 때 무게중심을 잘 잡아내기 때문이다.

'만유인력의 법칙'과 같은 보이지 않는 형이상形而上의 이치는 사과라는 형이하形而下의 사물을 통해 현실로 드러난다. 지나칠 수 있는 현상 속에서 이치를 발견해내고 응용하여 현실을 변화시키는 힘은 사람의 마음에 달려 있다. 마찬가지로 보이지도 않는 추상적인 이치나 꿈은 마음을 통해 생각이 되고 행동이 되어 현실을 바꿔 나간다. 그런 면에서 마음은 삶의 모습을 바꾸는 가장 본질적인 것이다. 따라서 판단의 기준을 자기 내면에서 찾는 것에는 대단한 강점이 있다. 바로 융합 능력과 창의력이 높아진다는 것이다. 나만의 기준을 가진 장인과 남의 기준에 맞추려는 장인은 스케일이나 깊이 면에서 다를 수밖에 없는 것과 같다.

결국 판단 기준이 이미 내 안에 있다고 믿는 사회는 신이나 외부의 무언가로부터 기준을 찾으려는 사회보다 멘탈이 강하고 문화 창조력도 높다. 그것은 마치 무게중심이 잘 잡힌 배일수록 많은 짐을 싣고도 높은 파도를 잘 건널 수 있는 것과 같다. 자신을 믿고 지금, 이때, 이곳, 이 상황에서 가장 적절한 중도를 직감적으로 찾으려는 문화 감성은 다양하고 이질적인 문화 요소가 들어와도 안정적으로 자신만의 답을 찾아 나간다. 어느 분야에서든 한쪽으로 치우치지 않고 중심을 잡아 적당함을 찾아가는 이 '중도 감수성'은 다양한 것들을 자연스럽게 융합하는데도 탁월한 역량을 보여준다. 이로 인해 우리 문화는 다양한 문화를 빠르게 받아들이면서도 우리 것으로 소화하고, 다시 새로운 것으로 창조해내는 창의력이 높은 것이 된다.

이러한 특징은 이상과 현실, 대립하는 성격의 사상과 문화, 이질적인 종교, 기타 온갖 다양한 문화에 이르기까지 거의 모든 분야를 섭렵한다. 때문에 학문, 종교, 문화, 예술, 음식, 복식, 놀이 등 다방면에서 새로운 것들이 신속하게 생겨난다. 실제로 우리 역사는 유입된 다양한 사상과 종교를 배척하기보다 수용하여 더욱 발전시키는, 뛰어난 융합 능력을 보여

주었다. 그러기에 유교, 불교, 도교, 그리스도교 등 다양한 문화를 받아들여 우리 방식대로 소화하고 새로운 모습으로 발전시켜 나갔다.[302] 또한 백제, 신라, 고려 모두 활발한 국제도시를 유지하며 찬란하고 창조적인 문화 전성기를 이루어낸 것도 같은 이치다.

그러한 문화 DNA는 오늘날에도 여전히 작동 중이다. 예전엔 먹고 살기조차 힘든 개발도상국이었지만, 현재는 세계의 과학기술을 선도하는 창의적인 기술력을 선보이고 있다. 식민정책으로 오랫동안 고유문화를 억압당했지만, 세계의 다양한 문화를 우리식으로 재해석한 한류는 오늘날 세계에 공감을 전하며 널리 사랑받고 있다. 다양함을 받아들이는 것에만 그치지 않고 새로움으로 한발 더 나아가는 문화적 창조 역량은, 마음의 직감에서 답을 찾는 문화 감성에서 기인한다 할 것이다.

중의 철학이 만든 전통문화의 특징③ _ 현실을 즐길 줄 아는 흥의 문화

셋째, 중의 철학은 현실을 신명 나게 즐기는 문화, 흥의 감성을 만든다.

---

302 진실된 문제의식은 자신의 속에서 나와야 한다. 그래야 진실하고 지치지 않는 동력을 가질 수 있다. 우리의 융합 정신은 그런 면에서도 절묘하게 드러났다. 한국의 성리학은 형이상의 이치와 형이하의 세계가 하나이면서도 둘이 되고, 둘이면서도 하나가 되는〔一而二, 二而一〕 그 묘처를 기발하게 분석하고 이해해냈다. 율곡 이이가 조선 성리학의 거두로 인정받는 것은 그것을 잘 설명해냈기 때문이다. 중국 불교는 중심되는 경전이나 수행법을 중심으로 다양한 종파로 쪼개져 발달한 것이 특징이다. 반면 우리 불교는 한쪽에 치우치지 않고 두루 합해서 중도의 모습을 만드는 원융회통이 특징이다. 신라에 들어온 여러 종파의 대립을 '한마음〔一心〕'을 중심으로 융합시킨 원효의 화쟁사상과 의상의 원융사상, 대립하는 선종과 교종 및 유교와 불교를 융합시키고자 했던 보우의 사상 등이 좋은 예이다. 덕분에 유난히 다양한 종파가 평화롭게 발달했다. 다양한 장점을 융합하고 합쳐 보려는 성격이 강하다는 것을 알 수 있다.

과거에서 현재로, 현재에서 미래로 모든 것은 시간의 흐름에 따라 시시각각 변화한다. 과거·현재·미래에서 중은 곧 현재이다. 사람은 늘 현재를 살아가며, 현재를 기준으로 과거와 미래가 구분되기 때문이다. 하지만 생각은 과거 아니면 미래에 치우쳐 있기 일쑤이다. 현실에 살면서 현실에 집중하는 것만큼 어려운 일도 없다. 하지만 중의 철학은 지금의 이 현실에 집중하게 한다. 정신없이 흘러가 버리는 시간이지만, 우리 문화는 시간의 흐름을 즐기며 그 시기에 꼭 챙겨야 할 것을 기억하게 만들었다.

명절과 기념일뿐 아니라 일 년 24절기, 양의 숫자가 겹치는 날1월 1일 설날, 3월 3일 삼짇날, 5월 5일 단오, 7월 7일 칠석, 9월 9일 중양절 등에 일 년 내내 작은 축제가 이어졌다. 작은 축제들은 해당 시기에 꼭 해야 할 일들을 간단한 절기 행사와 제철 음식으로 즐기게 해 준다. 이를 보통 세시풍속이라 부른다. 예를 들면 새 물건이 나기 전에 묵은 나물과 견과류를 먹어 치우고 소원 빌기를 통해 한 해 계획을 세워 보는 정월 대보름, 온 집안을 청소하고 팥죽을 먹으며 한 해를 마무리 짓는 동지, 봄꽃으로 만든 화전을 먹으며 꽃놀이를 즐기는 삼짇날, 부채를 준비하고 그네를 뛰는 단오 등, 제철 음식과 작은 화합의 행사를 통해 때에 맞는 일을 하고 계절에 맞는 유희를 즐기며, 이를 통해 매 순간 시간의 변화와 그 의미를 되새겼다. 나아가 혈연을 넘어서 이웃과 두루 온정을 나누며 진심으로 마음을 합하고, 일상의 고단한 일들을 신명 나는 흥으로 마무리 짓는 지혜를 키워 갔다.

이러한 공감과 신명의 문화는 고난과 역경마저 흥으로 이겨내는 저력이 되었다. 대표적인 것이 함께 농사를 짓거나 토목공사 같은 큰일을 할 때 다 함께 부르는 노동요가 있다. 돌아가면서 한 사람이 즉흥적으로 앞부분을 메기면 일정한 후렴구를 다 함께 받아 부른다. 일상 속에서 토해내지 못한 응어리진 마음이 노래를 통해 풀어지고 위로받았다. 모두가 주인공이 되며 서로를 공감하고 격려하면서 다 함께 한을 풀어내다 보면 고된 노동도 어느덧 끝나고 하루해도 저물었다. 대표적인 것이 전남·충남 등지에서 부르던 〈육자배기〉나 〈진도아리랑〉, 영남의 〈옹헤야〉, 강원도에서 부르던 〈아라리〉나 〈정선아리랑〉 등이 있다.

이러한 정서는 놀이 문화에도 그대로 적용되었다. 다양한 것들을 비빔밥 비비듯 융합하여, 참여한 대중과 공감하며 흥을 나누는 특징을 보여준다. 판소리, 풍물, 탈춤, 사당패 등의 서민 문화로부터 연등회, 팔관회, 제천행사 등의 국가적인 행사에 이르기까지, 정해진 놀이의 기본 틀이 있더라도 그 순간의 현실에 걸맞은 진한 공감으로 감성을 고조시키고 신나게 어우러져 놀다가 마침내 깊은 동조 의식으로 하나되게 만들었다. 다양한 분야의 공연이 공통적으로 관중과 소통하고 어우러지는 '하나됨'과 '함께함'을 중요시했다. 그리고 대개는 아픔과 상처가 치유되는 대동굿, 대동잔치로 마무리되었다. 그렇게 한바탕 대동놀이가 끝나고 나면 얽히고설킨 일과 감정들은 어느덧 풀려 버렸다.

이처럼 우리 문화는 고난과 위기를 겪을 때마다 오히려 현실의 고난을 수용하며 슬기롭게 이겨내는 지혜를 만들어냈다. 굴곡 많은 역사 속에서 자라온 우리 전통문화는 쓰러질 듯한 고난이 닥쳐와도 신명 나는 흥으로 서로를 붙잡아 주고 다시 일어서게 만드는, 그야말로 흥의 문화인 것이다. 그러한 문화의 힘이야말로 숱한 고난과 역경 속에서도 수없이 기적을 만들어낸 우리 전통문화의 진정한 저력이자 가치라 할 것이다.

05

진정한 우리다움과 조화의 문화

각자의 삶을 존중하며 함께 돕는 대동 정신

동아시아의 공통된 유토피아 _ 태평성대 이야기

아주 먼 옛날에 가장 위대한 태평성대를 이루어냈다는 요임금이 있었다. 어느 날 그는 자신의 나라가 정말로 태평한지 또 자신이 백성에게 정말 필요한 왕인지 알고 싶어졌다. 이에 평민의 옷으로 갈아입고 민가로 나가 보았다. 큰길로 나가자 아이들이 어울려 놀며 노래를 부르고 있었다.

"우리 백성이 이렇게 잘사는 것은 그분의 지극한 덕 아닌 게 없네.
알아채지 못하면서도 임금님의 법에 따르고 있다네."[303]

백성을 교화하기 위해 만든 요임금의 법과 문화가 생활을 윤택하게 하고 편안하게 풍속에 젖어 들어가 정치나 법을 생각하지 않더라도 자연스

---

303 『십팔사략』「제순편」: "立我烝民 莫匪爾極, 不識不知, 順帝之則"

럽게 법을 따르게 된다는 노래였다. 다른 곳에서는 한 노인이 한 손으로 부른 배를 두드리고 한 발로 박자를 맞춰 가며 노래를 부르고 있었다.

> "해가 뜨면 일을 하고, 해가 지면 일을 쉬네. 우물 파서 물 마시고, 밭을 갈아 밥 먹으니 임금의 노력이 내게 해 준 것이 무엇이 있다는 말이던가!"[304]

당시의 백성들은 임금이 누군지 정치가 무언지 생각해 볼 이유가 없을 정도로 자신의 삶에 만족했다고 한다. 이렇게 백성이 잘 살고 편안한 모습을 태평성대라 부른다.

고조선과 동시대를 보냈으며 동이족 출신의 왕[305]이라는 설을 가진 요 임금과 태평성대에 관한 이 이야기는, 유교를 창시한 공자를 비롯해 다양한 생각을 했던 많은 이들의 공통된 꿈이 되었다. 예를 들면 청나라의 황제 체제를 유지하되 입헌군주제를 주창한 강유위, 그에 반해 청나라를 사회진화론적으로 혁명해야 한다고 주장했던 양계초, 삼민주의를 제창하여 중국에 민주주의의 씨를 뿌린 손문, 반反공산주의자로서 우리 임시정부를 지원해 대한민국 건국훈장을 받은 대만의 초대 총통 장개석, 그리고 이들과 전혀 다른 길을 갔던 중국 공산주의 혁명가 모택동 등, 이렇게 시대와 빛깔이 서로 다른 그들이었지만 그럼에도 그들 모두는 약 3천 년 전부터 줄기차게 이어져 온 하나의 꿈을 가슴에 품고 있었다. 그들이 꿈꾼 공통된 이상향, 그것은 바로 '대동세계'大同世界였다.

---

304 『십팔사략』「제순편」: "日出而作, 日入而息, 鑿井而飮, 耕田而食, 帝力何有於我乎."

305 요를 동이족이었던 소호 금천의 증손자라고 보는 설도 있다. 기타 활동 무대와 혈통 계보가 동이족과 관련이 많아서 동이족이라는 설이 있다.(정암, 2018).

대동세계의 모습

특히 우리 역사는 대동세계의 실현에 그 어느 나라보다 더 많은 관심과 의지를 보였다. 조선 초 조광조의 도학道學, 율곡 이이의 사상, 성호 이익·혜강 최한기 등의 실학자, 박은식 등의 독립운동가, 유인식·신채호 등의 애국 계몽가, 대종교의 나철 등 대동세계의 꿈은 우리 역사의 곳곳에서 줄곧 상기되어 왔다.

그럼 대동세계란 어떤 세계였을까? 유교의 가장 오래된 경전 중 하나인 『예기』에 그려진 대동세계의 모습은 다음과 같았다.

> "큰 도道가 행해지니 천하는 모두公를 위한 것이다. 어진 자를 천거하고, 능력 있는 자에게 역할을 주어서 믿음을 익히며 화목함을 닦는다. 그러므로 사람들은 자신의 부모만을 부모로 여기지 않고, 자기 자식만을 자식으로 여기지 않는다. 노인은 삶을 잘 마칠 수 있고, 젊은이들은 자신의 힘을 다 발휘할 수 있으며, 어린아이는 어른으로 잘 클 수 있고, 홀아비·과부·고아 그리고 의지할 곳 없는 자와 병든 자들은 모두 부양받을 길이 있다. 남자는 걸맞은 직분이 있고, 여자는 돌아갈 편안한 집이 있다. 재화가 낭비되는 것을 싫어하지만, 자신의 이익만을 위해 쌓아 두지 않는다. 몸소 힘쓰며 노력하지 않는 것을 싫어하지만, 그 힘을 자신의 영달만을 위해 쓰지는 않는다. 그러므로 모략이 생기지 않고 도둑이나 난동을 부리는 자들이 생기지 않으니 바깥문을 잠그지 않아도 된다. 이러한 세상을 대동사회라 부른다." _『예기』「예운」

대동세계, 그것은 한 번도 실현된 적이 없던, 도달할 수 없는 이상향이었다. 그럼에도 삼천 년이란 시간을 넘어 줄곧 꿈꾸어 온 까닭은 대략 이러한 이유일 것이다.

우선, 대동세계에서 개인은 전체를 위하고, 전체는 개인을 위하여 구성원의 안정된 삶을 보장한다. 금수저가 아니어도 합당한 인품과 능력에 따라 적합한 자리를 얻고, 나이가 들고 약해져도 안정된 삶을 유지하게 한다. 삶의 끝점에 선 노인들을 잘 돌보아 안심하고 삶을 마무리 지을 수 있게 하고, 젊은이들은 누구나 꿈을 이룰 수 있는 자신의 일을 가지며, 어린아이는 안전하게 커갈 수 있고, 사회적 약자도 안심하고 살아갈 수 있도록 돌봄과 보호를 받는다.

자원과 힘은 꼭 필요한 곳에만 알뜰하게 쓰여 축적된 여분이 많지만, 누구도 그것을 독점하지 않아 꼭 필요한 곳에 전해지며 모두가 혜택을 누리는 사회 시스템. 그리하여 안심하고 정직하게 일할 수 있으며 모두를 위해 봉사하려는 마음이 절로 우러나오는 사회. 그러므로 누구든 살아가는 동안, 인간으로서 안정된 삶을 누리고 인간답게 삶을 마칠 수 있다. 따라서 남의 것을 빼앗거나 해칠 이유가 없으니 범죄가 없고, 궁극적으로 사람을 진심으로 믿을 수 있는 사회, 그것이 바로 대동세계이다.

고대 시대의 모습이라는 대동세계는 오히려 현재보다 더 민주적이며 진취적이다. 대동세계는 오늘날 표현으로 치자면, 공정한 인재선발제도와 훌륭한 복지 및 사회보장제도를 가지고 있는, 인간이 인간답게 살아갈 수 있는 사회이다. 가장 공정하게 운용되는 민주주의의 황금시대가 있다면 대동세계 같은 모습일 것이다. 나라의 주인인 국민 모두가 지위와 재산 등에 상관없이 인간다운 인권과 자유, 그리고 평등을 보장받는 사회이기 때문이다.

그것은 한정된 자원을 소수가 독점하지 않아서 남과 우열을 비교할 필요가 없고, 기득권의 기준과 다르다 하여 차별하지 않아서 소모적인 경쟁이 필요 없기에 가능한 것이다. 때문에 가족 이기주의나 집단 이기주의에 빠지지 않고, 갈 곳 없는 노인과 사회적 약자를 내 가족처럼 보살피는 등 오히려 선한 본심에 충실할 수 있다.

또한 사회 전반에 사람을 사랑하는 인仁의 마음, 사람에 대한 믿음, 협동과 조화의 정서를 유지하는 문화가 작동하기에 가능하다. 그러한 문화적 바탕이 있으면 사소해 보이는 일이나 약한 존재라도 모두 존재의 이유가 있으며, 고유한 재능과 역할이 있음을 서로 존중하게 된다. 그러기에 누구에게든 합당한 자리가 있어야 하며, 소외되거나 불안함 없이 자기다운 삶을 살아갈 수 있어야 한다는 합의가 생긴다. 이것이 바로 대동세계라는 것이다.

우리 전통문화의 큰 줄거리 _ 대동사상

그러면 고대의 대동세계가 오늘날에도 의미를 가지는 이유는 과연 무엇일까?

우리 문화에는 대동정신이라는 이름으로 대동세계의 이상이 면면히 이어져 왔다. 이미 1,700여 년 전 신라 초기부터 '두레'라는 이름으로 기록에 등장하기 시작했다. 나라와 이웃에 큰일이 있을 때면 모두가 힘을 보태는 두레나 품앗이를 했고, 나라의 위기를 보면 목숨을 걸고 앞장서며 대동의식을 드러냈다. 이웃과 가족처럼 온정을 나누고 서로 공감하며 어려운 일을 함께 나누던 전통은 최근까지도 전해져 왔다. 때문에 우리말과 풍속에도 대동의식과 관련한 흔적이 곳곳에 남아 있다. 대동계, 대동두레, 대동강, 대동미, 대동법, 대동제, 대동잔치 등이 좋은 예이다.

이 외에도 대동의식은 우리 정서 깊은 곳에 각인되어 풍속을 만들어 왔다. 연세 드신 분들은 오가다 만난 청년을 자식처럼 생각하고, 청년들은 연세 드신 분들을 부모나 삼촌, 이모처럼 생각한다. 이런 마음은 언어를 통해서도 드러난다. '내 자식 같다', '우리 부모 같다', '이모·삼촌' 등의 표현이 내 부모만을 어른으로 여기지 않고 내 자녀만을 아이로 여기지 않는 정서를 잘 반영한다. 그리고 그렇게 생각하는 데서 공감과 인정이 녹아 나온다.

자식뻘의 객을 만나면 하나라도 더 주려 하고, 부모뻘의 어른을 만나면 하나라도 더 챙겨 드리려 노력한다. 모르는 노인이라도 자리를 양보하고, TV에서 어려운 이웃의 사연이 방영되면 도움의 손길이 이어지며, 노블레스 오블리주를 실천하는 기업이나 정의로운 의인의 소식이 들리면 돕지 못해 안달이 난다. 지나는 외국인이라도 온정을 듬뿍 담아 도움을 주려 하고, 곤란에 빠진 사람을 보면 생각할 틈도 없이 박차고 일어나 손을 내민다. 세계 어느 나라에서도 보기 힘들고 많은 이들을 감동하게 만드는 '인정과 온정의 문화'가 아직도 작동하고 있는 것이다.

이처럼 서로 돕고 온정을 나누며 한 가족같이 서로를 위하려는 대동의식은 1인 가구와 개인주의가 확장되는 현대사회의 소외와 외로움 문제를 해결해 가는 데 적절한 부분이 많다.

또한 대동의식은 오늘날까지도 '정의를 추구하는 문화, 의리 문화, 두레식 위기 극복 문화'로 나타나고 있다. 1907년에는 국채를 갚아 주권을 지키려는 국채보상운동이 있었고, 1997년 IMF 때는 외환 위기를 극복하고자 전 국민이 약 227톤의 금을 모았다. 2007년 태안 앞바다가 기름 유출 사고로 죽음의 바다가 되었을 때 전국에서 찾아온 123만 명의 자원봉사자가 검은 기름을 닦아 이뤄낸 기적은 아직도 세계적인 감동 실화로 회자된다. 또한 2019년부터 시작된 '코로나19'로 한창 방역 물품이 부족할 때 전 세계의 6·25 참전용사들에게 방역 물품을 전달한 일은 많은 이의 코끝을 찡하게 만들었다. 이 외에도 국내외에서 이웃을 돕고자 자신마저 돌보지 않았던 수많은 의인들의 감동 스토리가 '세상은 아직 살 만한 곳이구나'라고 하는 희망을 전해 주고 있다.

우리가 되찾아야 할 진정한 전통문화의 가치

4차 산업혁명이 불러온 초연결 사회는 '사람 간의 신뢰와 존중'을 더욱 부각시킨다. 5차 혁명으로 가기 위한 AI, 생명과학, 친환경 기술의 발달은 '인간과 문화'에 대한 근본적인 성찰을 하게 만든다. 더불어 코로나19가 불러온 비대면과 온라인이 일상화된 포스트 코로나 시대의 세계화 코드는 '안전' 및 '감성과 온정의 나눔'이 될 것이다.

그러한 측면에서 대동사상은 미래지향적이라 할 수 있다. 한·중·일 중에서 우리 문화와 가장 가까웠던 대동사상은 세계시민 사상이나 그 어느 사상보다 가장 인권적이고 자유로우며 평등하다. 또한 민주주의의 원칙에 가장 근접한 사회보장 시스템을 보여준다.

사실 세상살이가 힘든 이유는 경쟁과 비교, 대립과 반목으로 인한 다툼과 분열에 끝이 없기 때문이다. 일단 사회에 불신과 경쟁의 풍조가 자리 잡으면 다시 신뢰와 이타심을 회복하기는 쉽지 않다. 세상이 더 풍요로워져도 삶은 더 각박하게 느껴진다. 옆 사람을 믿을 수 없고 협력할 수 없는 경쟁 분위기가 더 강해지기 때문이다. 하지만 잘못된 시스템을 만드는 것도 사람이고, 그것에 영향을 받는 것도 사람이다. 가장 우리다우면서도 가장 세계적이며 미래지향적인 문화! 이제까지 살펴보았듯 우리 전통문화가 가진 인간 중심 문화, 생명을 사랑하고 보호하려는 어짊ᄃ의 문화,

현실을 중시하여 균형과 조화를 잡으려는 중中의 문화, 그리고 각자의 고유한 삶을 지켜 가도록 상부상조하는 대동의식 속에서 미래의 문화가 나아갈 방향을 찾을 수 있지 않을까?

06
전통에서 되돌아보는 이상적인 가족문화

한국 중년 여성에게만 있는 특이한 병

대체적으로 30대 후반에서 50대 정도를 중년이라 부른다. 그런 중년의 시기에 한국 여성들이 유독 잘 걸리는, 한국에만 존재한다는 이상한 병이 하나 있다. 바로 '홧병'火病이다. 왜 한국의 중년 여성들은 '홧병'이란 것에 걸리는 걸까?

지금의 중년 세대는 1960~80년대 초중반에 태어나 가부장적 양성 차별 사고가 자리 잡고 있던 1980~2000년대 초중반에 청춘을 보냈다. 남편과 자식을 향한 헌신과 시부모 봉양을 여자의 인생이라 생각하는 사회 분위기 속에서 자란 중년 세대에게 가부장적 사고는 그들의 내면에 깊숙이 잠재해 있다. 때문에 막상 자신들은 자식에게 봉양을 기대하지 못하고, 부모 봉양에는 책임감을 느끼고 자식의 교육 및 취업과 결혼에 큰 투자를 하지만 막상 좋은 대학과 직장에 들어가고 무사히 혼사까지 마쳐도 마냥 안심할 수 없는 '낀-세대'이다. 급변하는 세계는 '다양한 개성을 존중하고 각자의 삶을 소중히 여기는 세상'을 꿈꾸지만 중년 여성들에게는 아직 먼 이야기다. 부모 세대는 전통적인 며느리를, 중년 남편은 가정적이고 헌신적인 아내를, 자식 세대는 여전히 희생적인 엄마를 기대한다. 현대사회와 아랫세대가 외치는 탈脫가부장 문화와 양성평등 사회라는 이상에 공감하면서도 아직은 가부장적 사고에서 자유롭지 못하다는 딜레마에 빠져 있다.

드라마, 소설, 영화 등 수많은 문화 콘텐츠 속에서 '엄마'라는 존재는 거의 가족과 가정 유지를 위해 모든 것을 희생하고 헌신하는 존재로 그려진다. 그렇게 가족을 위해 자신을 돌볼 여유조차 없이 희생하고 봉사할 때 사람들은 '아름다운 어머니의 모습'이라며 박수를 보낸다. 그런 어머니상은 매우 역사가 길어 사람들의 잠재의식 속에 깊이 뿌리를 내리고 있다. 그러다 보니 집안 구성원들의 내적 만족도가 떨어지거나 조화가 깨지면 그 탓은 엄마에게 돌아가기가 일쑤다. 애당초 그런 일은 엄마의 역할이라 교육받고 암묵적으로 동의하고 있었기 때문이다. 유부남이 꼬질꼬질하거나 비쩍 마르면 잘 챙겨 주지 못한 아내가 문제, 아이가 마르거나 공부를 못하면 양육을 잘못한 아이 엄마가 문제, 시댁 제사상이 부실한 건 며느리의 문제, 심지어는 남편의 바람마저 평소 꾸미지 않은 아내가 문제라고 취급하기도 한다.

그래서일까? 엄마들은 몸살이 나도 가족들 저녁 밥상을 챙기고, 워킹맘들은 휴가나 병가조차 가족과 아이를 위해 아껴 둔다. 남편과 아이보다 자신을 먼저 챙길 때면 알 수 없는 죄책감을 느끼며 가족을 위한 헌신과 희생을 자처한다. 사회에서 벌어지는 차별에는 한 번쯤 항거도 해 보지만, 가정 내에서 일어나는 차별에는 묵묵히 순응한다. 이것이 중년 여성들, 이 사회 엄마로서의 삶이다.

무급 돌봄노동을 당연시하는 우리 가족문화의 현실

한때는 손에 물 한 방울 묻히지 않던 소녀였지만, 결혼 후에는 가족 모두가 서서히 엄마의 돌봄 대상이 되어 간다. 남편은 손이 가장 많이 가는 '큰아들'이 되고, 아이들은 '돌봄 대상 2호, 3호…'가 된다. 점점 연로해지는 양가 부모님 역시 엄마의 돌봄 레이더망 안에 들어온다. 특히 시부모님에 대한 중압감은 더욱 무겁게 다가온다.

그리고 이것은 전업주부만의 상황이 아니다. 맞벌이를 한다고 크게 달라지는 것도 없다. 똑같은 시간에 퇴근을 해도 아내는 살림과 육아의 주체가 되고, 남편은 돕고 거드는 입장이 된다. 갑자기 아이가 아프거나 어린이집이 휴원하면 허둥지둥 바빠지는 것은 대개 엄마들이다. 퇴근 후 집안일을 마무리 짓고, 아이를 챙기며, 남편과 시댁 일을 챙기는 것도 역시 아내들이다.

이러한 상황에 어울리는 옛말이 하나 있다. '남자는 나이 들어도 다 애다'라는 말이다. 연애할 때만 해도 '오빠' 소릴 들으며 모든 걸 다 챙겨 주던 '만능 맥가이버 남친'은 남편이 되면서 돌봄과 챙김을 받는 대상으로 변해 간다. 냉장고 안의 반찬도 잘 못 찾고, 집안일은 물론 자기 자신을 챙기는 일도 서투르다. 가끔 모임 때 각 집 남편들의 어수룩한 이야기를 듣고 있자면 시간 가는 줄 모를 지경이다. 어느 집 남편은 결혼한 지 8년째인데 여태 세탁기를 쓸 줄 모른다고 한다. 어느 집 남편은 여행 가방을 잘 못 싸서 출장 갈 때마다 속옷 등을 일일이 챙겨 줘야 한다고 한다. 아내들은 결혼과 함께 힘센 만능 슈퍼우먼으로 변해 가고, 남편들은 조금씩 큰아들이 되어 간다. 사실 여자라고 태어날 때부터 살림과 육아 능력을 탑재하고 나오는 것도 아닌데 말이다.

이 이상한 현상의 답은 어쩌면 간단한 곳에 있을지도 모른다. 남편들이 원래부터 못하는 게 아니라 잘 할 필요가 없기 때문이 아닐까? 아내들 사이에서는 남편을 '우리집 큰애'로 부르는 것이 일상적인 우스개로 당연시되곤 한다. 하지만 '남자는 원래 그래'라는 남편의 합리화와 아내의 암묵적인 인정 속에 '남자는 그래도 돼'라는 룰이 무한 반복되는 것은 아닌지! 남친은 여친을 챙기지만, 남편은 아내의 챙김을 받는다. 아내는 남편의 엄마가 아니다. 아내한테 큰아들이 된다는 것은 곧 아내의 돌봄과 챙김을 당연히 여기겠다는 또 다른 표현일지도 모르겠다.

우리의 전통문화와 가족문화가 나아가야 할 길

과거 가부장적 호주제 체제에서 결혼한 남성은 '가장'가독이 되며, 가장은 가정 내 모든 권한을 독점했다. 반면 여성은 남성의 통제를 받는 종속물이었다. 며느리가 '며늘(기생하다는 뜻)+아이(兒)'의 합성어라거나, 올케가 '오라버니(올)의 계집(케)'이라는 설도 이러한 사고를 반영하는 것이리라 그 때문에 남편에 대한 희생과 봉사는 여성들의 첫 번째 존재 이유였다. 1980~90년대까지도 한자와 예절 교육용으로 아이들에게 많이 읽히던 『소학』이란 유교 경전의 전반부는 "여자는 감히 남편의 옷걸이에 자기 옷을 걸지 않으며, 감히 남편의 옷상자에 자기 물건을 넣지 않는다"라는 가르침으로 시작했다.

하지만 지금은 그런 계급사회도 봉건사회도 아니다. 그래서 겉으로는 차별적인 제도가 많이 사라졌다. 그럼에도 문화와 관념 속에 봉건시대의 가치와 본질은 아직 그대로 남아 있다. 때문에 가장은 돌봄나쁘게 말하면 아내의 시중과 헌신과 존중나쁘게 말하면 가족의 순종을 받는 것이 당연하다는 생각이 기성세대에게 일부 남아 있다. 그래서 퇴근 후 소파와 일체가 되어 밥상을 받는 남편의 모습은 당연하지만, 아내가 그렇게 행동하는 것은 이질적으로 느껴진다. 그런데 정말 큰 문제는 부모 세대의 그러한 모습이 자녀에게도 영향을 미쳐 조화로운 가족문화로의 진행을 더욱 더디게 만든다는 것이다.

세상의 변화에 맞춰 가족문화도 변해야 한다고 생각은 하지만, 마음 한편에서는 전통문화를 거스르고 훼손하는 것 같은 죄책감에 막상 어떻게 바꿔 가야 할지 혼란스럽기도 하다. 그렇지만 원래 전통 예학이 가장 중요시하던 가치는 바로 '변화하는 현실에 맞추는 것'時中이었다. 따라서 전통문화의 중심 가치는 지키면서, 현재와 맞지 않는 말단 풍속은 바꿔 가는 것이 바로 진정한 의미의 전통문화 계승이라 할 것이다.

이제 조선 시대 두 여성의 삶을 통해 전통적인 여성의 삶과 가족문화를 상기해 보면서 긴 이야기를 마치고자 한다.

자신이 인생의 주인인 삶을 살아간 신사임당

율곡은 16세 때 어머니 신사임당을 여의고 슬픔을 달래기 위해 「돌아가신 어머니의 행적先妣行狀」이란 기록을 남겼다. 율곡이 묘사한 신사임당의 모습은 이러했다.

"어린 시절부터 유교 경전에 통하시고, 능히 글을 잘 지으시며… 성품이 효성스러워서 부모님께 병환이 생기면 반드시 안색에 슬픔이 드리우셨다. 그랬다가 병이 나은 뒤에야 원래대로 돌아오셨다. 내 아버님과 혼인을 하자 외할아버지 신진사께서 아버님께 말씀하시길 '내가 딸이 많은데 다른 딸은 시집가도 서운하지 않았으나 너의 처사임당만은 내 곁에서 떠나보내고 싶지가 않구나'라고 하셨다. 그렇게 신혼살림이 아직 오래되지 않았을 때 진사께서 돌아가시니, 삼년상을 마치고서야 한양에 계신 시어머니 홍씨를 뵈러 가셨다. … 내 아버지의 성품이 호탕하여 살림을 돌보지 않으셨기에 가정 형편이 매우 어려웠으나, 어머니께서는 절약하며 웃어른을 공양하고 아랫사람을 길러내셨다. … 아버님께서 어쩌다 실수하시면 반드시 간언하시고, 자녀에게 과실이 있으면 훈계하시며, 좌우의 사람들에게 죄가 있으면 문책하시었는데 종들이 모두 경대敬待하였다. … 어머니께선 평소 필적이 남다르셨는데 7세 때 안견의 〈산수도〉를 따라 그리신 작품이 매우 절묘했다. 또한 포도를 그리셨는데 세상에 흉내 낼 수 있는 사람이 없었다. 그 그림을 모사한 병풍과 족자 등이 세상에 많이 전해 온다."[306]

이처럼 대학자 율곡의 눈에 비친 어머니 신사임당의 모습은 남편 내조, 시부모님 봉양, 자녀 교육에만 매진하는 헌신적인 현모양처의 모습은 아니었다. 아들 율곡이 기억하는 신사임당은 어린 나이부터 학문에 능통하여 시와 그림 솜씨가 남달랐으며, 친정아버지의 삼년상을 치를 만큼 친정에도 잘 하였고, 어려운 가계를 바르게 이끌면서도 시와 예술을 즐기며 자신의 재능과 꿈을 당당히 실현해 가는, 자신의 삶을 사는 여성이자 존경할 만한 어른의 모습이었다.

실제로 그녀는 올바르지 못한 일에 침묵하지 않고 현명한 방식으로 의견을 밝히며 남편이라도 간언과 훈계를 서슴지 않는, 주체성과 소신이 있는 여성이었다. 남편인 이원수는 한때 당시 최고 권세를 누리던 5촌 당숙인 이기를 찾아다닌 적이 있었다. 권력자인 친척과 가까이하여 이득을 얻

---

306 『율곡전서』「선비행장」.

어 보고자 한 것이었다. 그러자 신사임당은 잘 타이르며 만류했다. 이후 이기와 그의 무리는 을사사화1545년의 원흉으로 지목돼 대대적으로 숙청당했는데 이원수는 신사임당의 조언을 들은 덕분에 무사할 수 있었다. 율곡의 표현에 따르면 남편 이원수는 호방하게 놀기를 좋아하였고, 실제로 바깥으로 나돌며 두 집 살림을 하기도 했다. 그런 성격의 이원수였지만 아내인 신사임당이 조언을 하면 그녀의 말은 따를 수밖에 없었다.

또한 그녀의 글과 그림은 당시 워낙 유명하여 모사품이 떠돌 정도였다. 심지어는 훗날 숙종 임금까지도 신사임당의 『초충도첩』을 빌려 와 모사한 병풍을 만들고는 감상평을 담은 시를 쓰기도 했다. 당시의 유명한 양반 실세들 역시 그녀의 글과 그림에 다양한 칭송의 글을 남겼다.

조선의 여성, 신사임당의 삶에서 배우는 전통의 지혜

이러한 신사임당의 삶에서 몇 가지 지혜를 발견할 수 있다.

우선, 비교하는 마음 없이 자신의 삶을 살아가는 모습을 들 수 있다. 어린 율곡이 서당에서 일등을 하고 그 사실을 자랑한 적이 있었다. 그러자 신사임당은 남과 비교하고 이기려 하는 아들의 공부 자세를 꾸짖었다. 그리고 학문의 본질인 '자신을 찾는 공부'爲己之學로 나아갈 것을 일깨웠다.

우리 사회는 유교의 체면치레를 중시하는 문화와 식민 시대의 군국주의 서열 문화, 그리고 산업 발전 시대의 경쟁적 이데올로기가 더해져 늘 주변과 비교하는 것이 습관화돼 있다. 획일화된 학교생활과 조직 문화, 그리고 이어지는 무한 경쟁 체제가 우리를 그렇게 길들여 버렸다. 특히 급격한 사회 변화와 높은 인구밀도에 기인한 과열 경쟁 시대를 살아온 기성세대에게서 이러한 특징은 더욱 두드러진다. 그래서 가족이 모이면 어느새 대화는 성공의 기준으로 여겨지는 학교, 직장, 결혼, 자녀, 재산 문제에 관한 훈계와 충고로 마무리된다.

하지만 비교하는 마음이야말로 모두를 상처받게 만드는 근원이다. 비교란 하면 할수록 모두의 자존감에 상처만 준다. 비교를 하다 보면 결국 서운함과 원망감은 덤으로 따라온다. 그런데 곰곰이 생각해 보면 첫 마음부터 서운함으로 시작하는 인간관계는 별로 없다. 오히려 그 반대인 경우가 많다. 자식을 낳고서 건강하고 행복하기만 바라던 처음의 마음, 사랑하는 배우자와 예쁘게 살기만을 바라던 처음의 마음, 며느리를 맞이할 때 듬뿍 사랑을 주려던 처음의 마음, 배우자의 부모를 뵈면서 잘 해드리고 싶었던 처음의 마음…. 이렇듯 이 '처음의 마음'을 잊지 않고 모든 것을 비교하려는 마음을 버리면 훨씬 더 평화로운 가족문화를 만들어 갈 수 있을 것이다. 본래 '넘사벽'의 단점은 꼭꼭 감춰져 있는 법이다. 즉, 비교하기 시작하면 자기 자신까지도 마음에 들지 않고 서운해지는 것이 바로 인간이다. 그렇기에 가정이 화목하려면 어른들부터 비교하는 마음을 버리고 올바른 삶의 모범이 되도록 노력할 필요가 있다.

하지만 안타깝게도 신사임당은 후세 송시열 같은 성리학자나 또는 정치적 필요에 의해 '율곡의 훌륭한 어머니로서의 모습'만 부각되었다. 게다가 식민 시대에는 일제의 현모양처론의 모델로 신사임당이 이용되기도 했다. 그러나 오히려 신사임당에게 덧씌워진 현모양처의 틀이야말로 가족문화를 서서히 분열시키고 무너지게 만드는 독으로 작용하고 있다. 현모양처의 압력이 강해질수록, 집안에서 남편과 아이만 바라보던 여성은 가족에게 자신의 꿈을 투영시켜 그 가족을 통해 못 이룬 자신의 꿈을 대신 이루려 하기 때문이다. 그런데 한 발만 물러나면 다른 게 보인다. 각자가 자기다운 자신의 인생을 살면서 상대의 삶도 존중할 때 저울추는 자연히 중심을 잡게 된다. 자신부터 주체적인 삶을 살아야 타인의 삶도 올바로 바라보고 인정할 수 있게 되는 것이다.

사람은 생각하고 공부하며 성장해 나가는 것에서 존재의 의미를 느낀다. 하나를 밝히고 또 하나를 밝혀 가며 한 단계씩 성숙해 간다. 그것이 생명의 불꽃을 살라 가는 '삶'이 주는 즐거움이다. 오늘날 우리가 '조선의 여성 신사임당'에게서 볼 수 있는 가장 큰 가르침은, 처한 환경 속에서 자신에게 충실하고 자신다운 삶을 살아낸 주체적인 '인생사'가 아닐까!

어느 시대나 주체적으로 살고자 했던 이 땅의 여성들

조선의 주자학이 극성기에 이르러 여성에겐 글자조차 가르치지 않던 18·19세기, 그나마 깨어 있는 실학자로 알려진 성호 이익조차도 여성은 애당초 학문을 마음에 담을 필요가 없다고 훈계할 정도였다.[307] 그럼에도 자신의 꿈을 이루려 노력하는 많은 여성이 있었다. 비록 여성 교육이 제한되고, 여필종부와 삼종지도로 묶여 철저히 남성과 가문에 소속된 존재

---

307 "글을 읽고 의리를 강론하는 것은 남자가 할 일이요, 부녀자는 질서에 따라 조석으로 의복과 음식을 공양하는 일과 제사와 손님을 받드는 절차를 시행해야 하니 어느 사이에 책을 읽겠는가? 부녀자 중에 고금의 역사를 통달하고 예를 논하는 자가 있으나, 반드시 몸소 실천하지 못하고 폐단만 많은 것을 흔히 볼 수 있다. 우리나라 풍속은 중국과 달라서 무릇 문자의 공부에도 힘을 쓰지 않으면 안 되니, 부녀자는 처음부터 마음에 둘 것이 아니다. 어린아이들이 보는 『소학』과 『내훈』 등도 모두 남자가 익힐 일이니, 부녀자로서는 묵묵히 자기 할 일 하며 그 요지만을 알고 일에 따라 교훈으로 삼을 뿐이다. 만약 부녀자가 누에 치고 길쌈하는 일을 소홀히 하고 먼저 학문에 힘쓴다면 이것을 어찌 옳다고 하겠는가?"(『성호사설』).

로 살아간 그녀들이었지만, 주체성 강한 삶을 살던 유전자는 속일 수 없었나 보다.

신사임당뿐만 아니라 여중군자로 일컬어진 여학자 장계향1598~1680, 여성 철학자 임윤지당1721~1793, 여성 저술가 이사주당1739~1821, 나라님도 못한다는 가난한 백성을 구제한 김만덕1739~1812 등의 많은 여성 선비들이 있었다. 또한 허난설헌1563~1589 같은 여성 문장가뿐 아니라 180여 권의 소설을 짓는 여성이나 가부장제를 비판하는 여성 저술가, 자신의 문집을 남기는 여성 학자 등도 등장했다. 이처럼 활발한 여성들의 지식 활동과 더불어 여성들을 상대로 책을 빌려 주는 세책가貰冊家가 성행하기도 했는데, 당시 실학자였던 이덕무는 이러한 세태를 다음과 같이 비판하기도 했다.

> "언문으로 번역한 책들을 보느라고 집안일은 내버려 두고 여인의 소임을 게을리해서는 안 되는 것이다. 하지만 돈을 내 책을 빌려 읽느라고 한 집안의 재산의 기울이는 부인도 있을 정도다."

그런 그녀들의 인생에는 지기지우知己之友: 자신을 가장 잘 알아주는 벗와 같은 배우자가 있었다. 조선 시대 하면 아내의 처지가 오늘날보다 훨씬 고단하고 천대받았을 것 같지만 그렇지 않은 경우도 많았다.

원래 특이하지 않으면 얘깃거리가 되지 않는 법이다. 부부는 서로를 보완하고 화합하는 일심동체로 여겨졌기에 모든 것을 함께했다. 촌수도 무촌이고, 상대의 신분은 곧 배우자의 신분이기도 했다. 그래서 부인은 남편의 품계에 따라 내명부 품계를 받았고, 혹 왕실 인연이나 기타 특별 사연으로 부인의 품계가 높아지면 남편의 품계도 함께 높아졌다. 모든 제사나 기타 행사 등에는 원칙적으로 부부가 함께했고, 상대가 주관하는 분야의 일을 존중하고 간섭하지 않았다. 때문에 남편은 안살림의 일에 대해서는 부인의 뜻에 따랐고, 부인은 남편의 바깥일에 간여하지 않았다. 실제로 많은 양반집 부부는 서로에게 존칭하며 경대했고, 서로의 권한을 존중하며 상대의 역할를 존중했다.

빙허각 이씨에게 배우는 이상적인 부부 관계

이빙허각1759~1824은 우리 역사상 최초의 가정백과서인 『규합총서』 8권을 지었다. 빙허각은 이 외에도 『빙허각시집』 1권, 『청규박물지』 5권도 지었다. 예부터 내려오는 글들 중 가정 살림에 유용한 것들을 가려 뽑아 자신의 소견을 덧붙였다. 인터넷도 도서관도 없이 교통마저 불편하던 시절이었으니, 유교 경전도 아닌 잡학 도서를 구해 보는 것이 결코 쉬운 일이 아니었을 것이다. 또한 세탁기도 농기계도 없던 시절, 집안일과 농사일을 돌보느라 온종일 동동거려도 하루는 짧았을 것이다.

원래 빙허각은 세종대왕의 열일곱 번째 왕자인 영해군의 후손으로서 좋은 환경에서 자랐다. 하지만 혼인 후 번창하던 남편의 집안이 정치적으로 몰락하면서 가산이 기우는 바람에 손수 차밭을 운영하며 생계를 책임져야 했다. 한창 어려울 때는 비싼 이자로 빚까지 져서 저당 잡힌 집안 살림들이 나날이 물 마르듯 없어졌다고 한다. 게다가 시어머니는 "사물에는 각각 본분이 있으니 여자의 일은 오직 술과 음식, 실과 삼베뿐이다"라고 훈계할 정도로 여성의 학문에 부정적이었다. 그런 힘든 와중에도 빙허각은 남편을 공부시키고 열심히 책을 구해 읽으며 사색했다.

마침내 그녀는 당나라 때의 대학자 육구몽이 지은 『입택총서』란 책의 체계를 따라 자신이 모은 방대한 지식과 지혜를 엮어냈다. 그런 아내를 남편 서유본은 늘 독려하고 책도 구해 주며 응원했다. 마침내 빙허각이 책의 마지막 문장에 종지부를 찍었을 때, 그는 아내의 책에 『규합총서』라는 이름과 함께 책의 서문에 축하시를 남겨 주었다.

"아내가 여러 가지 책에서 가려 뽑아 항목별로 나누었다. 시골 살림을 경영하는 데 요긴하지 않은 것이 없고 초목, 새, 짐승의 성질을 아주 상세히 기록하였다. 내가 책의 이름을 『규합총서』라고 지어 주었다."

산에 사는 아내는 벌레나 물고기에 박식한데
시골 살림을 경영하는 솜씨 또한 성글지 않네.
밝은 달 비치는 갈대밭에서 함께 꿈을 꾸며
『입택총서』를 따라 총서를 엮었다네.

서로가 존경하고 심중을 이해하며 가치를 인정해 주는 지기지우와 같은 부부의 사랑이었다. 빙허각은 남편 서유본이 죽자 상을 마치고는 식음을 전폐하다가 66세의 나이로 남편을 따라갔다. 죽기 전에 〈절명사〉 한 수를 남겨 놓았는데 다음과 같았다.

사는 것은 취한 것이요 죽는 것 또한 꿈이리니
살고 죽는 것은 본디 참이 아니라네.
부모에게 받은 목숨 어찌하여 티끌처럼 여기겠는가.
태산과 홍해처럼 서로 베풀며
의義를 따라 살아갔다네.
우리 혼인할 때의 사랑을 생각하니

세상 그 어떤 것도 비할 것이 없었다네.
평생의 짝을 이루어 아름다운 부부의 연을 맺은 지 어언 50년.
내가 받은 사랑의 기쁨을 잊을 수가 없으니
지기知己의 은혜에 보답해야만 하리.
이제 죽을 자리를 얻었으니
나의 일편단심은 신께나 질정 받으리.
나 죽어 지우에게 사례하리니
어찌 내 몸을 온전케 하겠으리오.

세상을 살아가면서 가장 행복한 일 중 하나는 바로 지기지우를 만나는 일일 것이다. 지기지우의 관계는 상대를 존중하고 인정하는 것에서 시작한다. 조선 시대 빙허각 부부의 사랑은 서로를 가장 잘 알아주고, 보완하며, 완성해 주는 이상적인 지기지우의 모습이었다. 우리가 과거 전통에서 배울 지혜란 바로 이런 부부의 모습이지 않을까?

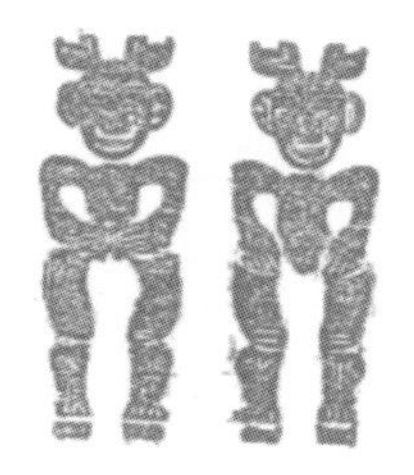

에필로그

새로운 시대를 위한 이상

01

양성평등을 넘어 양성조화로

가치 획일화가 사회와 가족문화에 미치는 영향

세상에는 같은 지문을 가진 사람이 한 명도 없다. 자연계 역시 완전히 같은 것은 하나도 없다. 심지어는 같은 나무에 매달린 나뭇잎조차 똑같은 모양의 잎맥은 단 한 장도 없다. 다양성은 생태계를 최적의 상태로 유지·발전시키기 위해 자연이 선택한 최고의 전략이다. 다양성을 유지함으로써 각 존재는 각기 다른 장단점으로 서로를 보완하고 지탱해 간다. 이는 곧 인간 사회에서도 그대로 적용된다. 획일성이 줄고 다양성이 많아질수록 해당 조직은 더욱 안정되고, 더 큰 역량과 창의력을 발휘할 수 있다. 마치 똑같은 소리를 내는 피아노 열 대보다 다양한 음색을 내는 열 가지의 악기가 더 깊은 어울림을 표현하는 것과 같다.

하지만 불행히도 현재 우리 사회는 다양성을 별로 내켜 하지 않는다. 몇 가지 기준만으로 사람을 판단하려 애쓴다. 소수의 가치만을 중시하고 나머지는 대수롭지 않게 여기는 '가치 획일화'가 심각한 상태로 진행 중이다. 사람을 몇 가지 기준으로 줄 세우기 위해 만들어진 과한 경쟁과 그에 따른 차별이 구조적으로 정당화되면서 사회는 더욱 획일화된 모습으로 향하고 있다. 몇몇 학교와 직장만이 자랑거리가 되고, 특정 직업과 전공만이 선호되며, '다 똑같이 생긴 성형미인'이니, 재벌 3세나 로열패밀리 등의 '금수저'니 하는 말들이 생겨났다.

그중 가치 획일화가 가장 두드러진 분야로 사회계층 시스템을 들 수 있다. 몇 가지 기준만이 능력의 잣대로 굳건히 자리 잡고 성공을 보증한다. 그 기준이란 대체로 학벌, 특별한 외모바비인형 같은, 자본력, 집안과 권력부모의 지위 등이다. 대부분 더 많은 자원을 활용할 수 있는 기존의 기득권에 유리하다. 그럼에도 경쟁 선발이란 원리와 '똑같은 시험, 똑같은 선발 절차' 등의 포장지로 꾸며져 겉으로는 사뭇 공정하고 정의로워 보이기도 한다. 또한 다양한 개성과 특성보다는 정해진 기준에 딱 맞는 '틀에 박힌 인재'가 진짜 인재로 여겨져, 기준과 다른 개성을 가진 이들은 그들이 가장 잘할 수 있는 일마저 하지 못하는 경우가 많아졌다.

세상은 획일화의 한계와 다양성이 주는 가치를 매우 잘 알지만, 현실을 움직이는 한정된 기준은 남보다 우위에 선 특권층의 유지 본능과, 새롭게 기득권으로 올라서고자 하는 욕망으로 오늘도 견고히 유지되고 있다. 그리고 그로 인한 온갖 차별의 정당성과 그에 대한 사회적 울분은 혐오 문화나 묻지마 범죄 등으로 발전해 사회 전체를 위태롭게 하고 있다.

이러한 문제는 사회의 기본 단위이자 가장 편안해야 할 가정에서도 별반 다르지 않다. 몇몇 소수의 기준만이 '정상 가정', '정상적인 가족문화'의 모범이 되어, 조금 다른 모습으로 살아가는 가정이나 가족 구성원에게 차별과 혐오의 정당성(?)을 부여한다. 더욱이 다양성보다 획일성을 더 당연시하는 데서 오는 병폐는 특히 여성에게 더 많이 적용된다. 정해진 기준과 다른 모습으로 살아가거나, 자신만의 스타일로 인생을 사는 여성의 삶은 비난받아 마땅하다는 공감대가 형성되기도 하는 것이다.

평등한 문화를 위해 투쟁보다 화합에 집중해야 하는 이유

사회가 다양성을 유지해야 하는 본질적인 목적은 서로 부족한 곳을 보완하고 조화를 이루어 화합과 평화를 이루기 위한 것이다. 가치 획일화로 인한 차별과 혐오 문제에 대한 해답을 찾기 위해 많은 이들이 서양철학에서 새로운 관점을 모색해 보곤 한다. 여성의 차별 문제 해소를 위해 서양의 여러 페미니즘을 도입하는 것 등이 좋은 예이다.

하지만 전 세계에 영향을 미친 서양철학은 대개 만물을 투쟁의 대상으로, 자연을 정복의 대상으로 본다는 특징이 있다. 근대 서양철학의 또 다른 큰 축인 변증법 역시 A와 B의 대립이 투쟁을 통해 발전한다는 논리를 보여준다. 그런데 투쟁의 논리는 있으나 화합의 논리가 없다는 문제가 있다. 결과적으로 투쟁을 반복할 뿐, 화합과 평화로 나아가기엔 부족하다는 한계가 있는 것이다.

실제로 마르크스는 계층과 빈부의 대립에 관한 문제 제기는 잘 했지만, 투쟁을 통해 변화를 도모하자고 한 결과는 전 세계에 엄청난 희생을 불러왔다. 공산주의는 계급 혁명을 주장하면서 자산가[부르주아지]를 적으로 규정하며 그들의 인권과 생명은 무시하는 결과를 낳았다. 국민에게서 주권이 나오는 것과 노동자[프롤레타리아]에게서만 주권이 나오는 것은 엄연히 다른 것이다. 하지만 그의 계승자들도 결국 노동자의 인권과 생명만을 중시하고, 투쟁적 노선을 제창하여 보복적인 숙청을 함으로써 전 세계를 냉전의 시대로 몰아넣었다. 우리는 이러한 역사를 반면교사로 삼을 필요가 있다.

서양철학과 서양의 역사적 모순에서 기인한 페미니즘 역시 유사한 방향성을 보이는 것은 어쩌면 당연한 일이다. 그렇기에 주의 깊게 생각해 볼 필요가 있다. 여성의 차별받는 면에만 집중하고 남녀의 실질적인 특성 차이를 부정하며 투쟁적 노선을 제창하는 방식은 결코 평화와 화합으로 나아갈 수 없다. 자칫 여성의 인권과 생명만을 중시하거나 오히려 여성성을 부정해야 할 것으로 매도하여 끝없는 반목과 냉전으로 빠져들 수도 있는 것이다. 실제로 극단적 페미니즘인 워마드는, 수많은 차별을 발견하고 상대의 행동을 그대로 보여주는 미러링, 그리고 여성을 외모로 판단하는 세태에 반대하는 탈코르셋으로 투쟁을 이어 나갔다. 하지만 결국 평등과 화합을 이뤄내지는 못하였다.

양성평등을 넘어 양성조화의 문화로

그러한 측면에서 조화와 화합을 추구하는 중中의 철학과 다양성을 중시하던 우리 전통문화의 특성은 사회와 가족문화 속 양성차별 문제를 해결하는 데 더 큰 잠재력이 있다 할 것이다.

전통문화의 관점에서 남성과 여성은 서로 조화를 이루고 완성해 가는 음양의 관계이다. 모든 음과 양은 자석의 N극과 S극처럼 상반된 성향을 갖는다. 한편, 자석을 둘로 나누면 N극이었던 부분은 계속 N극을 유지하지 않고, 다시 N극과 S극으로 나뉜다. 나뉘어도 본래부터 갖고 있던 두 극 자석의 성질을 그대로 유지하는 것이다. 음양도 마찬가지이다. 음과 양은 상반된 특성을 보이지만, 크게 보면 두 속성을 모두 갖춘 태극의 일부이다. 이러한 원리로, 겉모습이 양적인 남성의 내면에는 음적인 여성성이 있고, 겉모습이 음적인 여성의 내면에는 오히려 양적인 남성성이 있다.

다만 각자 다른 음양의 비율이 서로 간에 차이를 만든다. 그것은 성별을 넘어 개개인에게도 모두 적용된다. 어떤 남성은 여성성이 더 강하기도 하고, 어떤 여성은 남성성이 더 드러나기도 한다. 하지만 중요한 것은 모든 인간은 남성성과 여성성을 모두 갖춘 똑같은 인간이라는 사실이다. 그렇기에 성별이라는 드러나 보이는 관념을 깨고 사람을 그냥 사람으로만 보면, 남성과 여성은 서로를 이해하고 화합해 갈 잠재력이 무궁무진하다. 우리 내면에는 상대를 공감할 수 있는, 같은 성향이 이미 존재해 있기 때문이다.

하지만 오랫동안 세계는 남성성에 속하는 것을 높이고 여성성에 속하는 것을 낮춰 왔다. 그런 점에서 양성은 차별적이었다. 때문에 양성평등을 외치는 목소리가 그 어느 때보다도 드높다. 남성 혐오 같은 단어가 생겨나고 시댁 등의 전통적인 가족관계, 나아가 명절 등의 전통문화까지 혐오하기도 한다.

본래 음과 양은 상생과 상극의 관계이다. 서로를 완성해 주기도 하지만, 대립하기 시작하면 상반된 특성으로 인해 서로를 해치는 천적이 된다. 물[음]을 덥혀 순환하게 하는 것은 불[양]이지만, 물을 증발시키는 것도 불인 것과 같다. 때문에 같으니 다르니, 평등하니 차별받니를 따지는 것에 너무 집중하다 보면 자칫 다툼에 매몰되어 서로를 해치는 앙숙이 될 수도 있다. 그것은 싸움을 할 때 누가 더 잘못했고 누구의 피해가 더 큰지를 비교하기 시작하면 끝이 없는 것과 같다. 평등에 집중하여 하나하나 비교하고 차별을 곱씹다 보면 결국 해소되지 못한 원망과 바로 해결되지 못하는 서운함이 다툼으로 발전하는 것이다.

그러므로 차별을 발견하고 투쟁하는 것도 중요하지만, 그것만으로는 화해의 이론이 나올 수 없음을 분명히 인식할 필요가 있다. 어떤 식으로 비교하든, 어떤 식으로 차별을 발견하고 고쳐 나가든 결국 저울은 완전한 평형을 이루지 못한다. 한쪽을 개선하면 그로 인해 서운해지는 누군가가 반드시 생겨나기 때문이다. 오늘날 문제가 되고 있는 일부 젊은 남성층의 여성 혐오와 반페미니즘 현상은 그로 인한 문제의 일부분일 것이다.

사람을 변화시키는 데는 꾸지람보다 칭찬과 감화가 낫고, 다툼을 끝내는 데는 징벌보다 용서가 나으며, 모두의 발전을 위해서는 소모적인 경쟁보다 공동의 목표로 향하는 합일된 마음과 협동이 더 효과적이다. 그러므로 기존의 편견을 발견하여 고쳐 나가고 우리다운 좋은 방식을 되살리는 데 힘을 모아 전체적인 조화와 화합이라는 상위 가치를 추구하는 것이 더 필요한 일이다.

남녀 간의 물리적·정서적인 차이를 애써 부정할 필요도 없다. 제도와 교육에 의해 성 역할과 성 인식이 만들어지는 측면도 있지만, 그럼에도 성별 자체가 갖는 자연적인 차이는 분명히 존재한다. 차이마저 부정하고 모두가 같다고 주장하는 것은 넓게 보면 개개인의 차이도 부정한다는 것과 다를 바 없다. 어차피 세상 모든 존재는 사람이 만든 범주에 묶일 만큼 똑같은 것은 하나도 없다. 중요한 것은, 남녀가 같음을 주장하며 평등을 끌어내는 것보다 모든 다름을 당연하게 받아들이고, 다양성의 필요를 존중하며, 공평한 결과를 이끌어낼 수 있는 '관점의 변화'가 우선일 것이다.

강은 더 많은 물줄기를 받아들일수록 더 깊고 넓어진다. 우리 사회도 이와 비슷하다. 성별·계급 및 여러 조건의 차이를 뛰어넘어 각자가 가진 모든 다름은 우리 사회를 지탱하는 소중한 자산이다. 그리고 그것을 깨닫고 존중하는 방향으로 관점과 태도의 변화가 있어야 우리 사회도 좀 더 깊고 넓어질 것이다.

그것은 결코 어렵고 생소한 것이 아니다. 그렇게 남녀의 차이를 존중하면서도 자신의 개성을 꽃피울 수 있도록 문화적 중심을 잡아갈 지혜가 이미 우리 역사적 경험 속에 존재한다. 남성성이 중시되는 봉건시대의 한계 속에서도 주체적이고 활달한 삶을 살아간 신라와 고려 여성들의 모습이야말로 그 증거일 것이다. 또한 그것이 우리 전통문화 속에 담긴 한국 철학이 보여주는 양성조화적이며 미래지향적인 가능성일 것이다.

02

새로운 시대, 우리가 나아갈 길

평등의 인문학

초연결 시대에 새롭게 떠오르는 전통문화의 가치

2019년 말부터 전 세계적으로 유행한 코로나19는 지구촌의 삶을 통째로 바꿔 놓았다. 비대면과 거리두기가 일상화되고, 다양한 분야가 온라인으로 이동하면서 재택근무와 배달 문화가 급격히 증가하는 유례없는 변화를 겪고 있다. 그리고 이러한 변화는 코로나19 이전 상태로 다시는 되돌아갈 수 없다는 예측과 함께 '포스트 코로나 시대'라는 신조어도 만들어냈다. 나아가 인터넷 사용 시간이 늘면서 전 세계는 오히려 인터넷을 통해 더욱 가까워지는 현상도 나타나고 있다. 이같이 사람 간의 물리적 거리는 멀어졌으나 인터넷을 통해 더욱 가까워지는 새로운 사회현상에 따라 사회 문화나 가족문화 역시 새로운 질서를 필요로 하고 있다.

특히 유튜브의 발달은 견문의 폭을 전 세계로 확장하여 '다양한 개성'이 전하는 새로운 가능성과 지혜에 눈뜨게 하고 있다. 또한 전 세계의 문화가 서로 비교되면서 새로운 세계 질서에 적합한 문화가 자연스럽게 견주어지기도 한다. 동시에 이제까지 지역과 국력의 한계 등으로 잘 알려지지 못했던 지역 문화와 지역의 전통에 대한 관심이 부각되기도 한다. 대표적인 것이 전 세계적인 문화로 자리 잡은 K-POP, K-드라마, K-FOOD, K-패션 등의 한류가 있다. 그런데 그에 대한 반발로 중국의 '문화 동북공정'이나 일본의 '역사 왜곡'은 더욱 정도가 심해지고 있다. 지금 벌어지고 있는 문화 전쟁은 그간 수면 아래에서 묻혀 있던 한국 문화의 위상과 정체성에 대한 관심과 성찰을 촉구하고 있다. 나아가 오랫동안 당연시하며 잊고 지내 온 우리 안의 소중한 잠재성을 되돌아보게 하는 계기가 되고 있다.

극심한 인간소외와 차별의 시대에 우리 문화가 나아갈 길

BTS뿐만 아니라 한국관광공사와 함께한 이날치의 '범 내려온다' 등의 퓨전 국악과 K-POP이 세계를 열광시키는 이유는 그 안에 '사람'이 들어 있기 때문이다. 따뜻한 사람의 감성과 온정, 어려움 속에서도 함께 앞으로 나아가려는 희망의 정서가 느껴지기 때문이다. 사람 안에서 희망을 발견하고, 열심히 살아가는 사람 냄새가 폴폴 나는 '인간 중심'의 정서야말로 한류 안에 녹아 있는 전통문화의 강점이다. 사람의 마음을 믿고, 그로 인한 정의로움을 믿고, 또 내일을 믿는 나를 믿기에 변화를 두려워하지 않으며, 아무리 다양한 변화가 닥쳐와도 비빔밥처럼 포용하여 조화시키는 중中의 정신이 빛나고 있기 때문이다. 이러한 문화적 강점은 분명 동아시아의 그 어떤 문화와도 다른, 우리 문화의 고유성이라 할 만하다.

하지만 현재 우리가 사는 이 자본주의사회는 인간소외 현상이 극심하다. 물질에 파묻히다 보니 가진 것이 많아야 인권과 자유, 평등을 누릴 수 있다. 극단으로 치달은 종교는 신만 바라본 나머지 인간을 잃어버리고 심지어는 테러의 원인이 되기도 한다. 또 코로나19로 인해 사람 간의 거리와 격차는 더욱 멀어지고 있다. 그렇지만 물질의 가치도, 신의 의미도, 경쟁의 필요도 결국 인간 속에서 찾아야 비로소 인간답게 살아갈 수 있는 문화가 되는 것이다.

지금 우리 시대의 문화는 가장 근본인 인간을 잃어버리고 있는 중이다. 이에 계층과 남녀 차별을 넘어 인간 본연의 가치와 의미를 회복하는 일이 매우 시급한 숙제가 되었다.

본래 인仁이란 글자는 동이족 문화를 표현하는 데서 나왔다는 말이 있을 만큼 우리 전통문화의 정서를 잘 표현하는 개념이다. 우리 문화는 현실 중심적이며 실천을 중요시했기에, 어짊仁의 정서를 기반으로 한 도道: 사람이 마땅히 가야 할 사람다운 길와 그 실천인 덕德을 중시했다. 지금도 우리 문화는 내면적인 수양과 도덕성을 중요하게 여기고, 이론보다 실천을 높이 평가하며, 누군가를 돕는 일에 충동을 느낀다. 또한 정의를 따르는 윤리적 사고를 판단의 최우선 기준으로 삼는 경향이 많다. 이러한 한국 철학의 맥은 '한국식 근대'를 연 동학농민혁명을 통해서 인간의 존재 자체를 존중하고, 차별을 반대하며, 남녀가 서로 존중하며 완성해 주려는 화합과 조화의 논리로 발전해 갔다. 그것은 우리 역사가 자생적으로 피워낸, 민중에 의한 '한국식 근대화'와 '한국식 민주주의'라는 꽃봉오리였다.

우리가 계승하여 활용하고 발전시켜 가야 할 전통문화란 바로 이러한 정신일 것이다. 여성 차별 문제, 남녀 갈등 문제, 가족 문제에 대한 해답은 어쩌면 '진정한' 전통문화 속에서 찾을 수 있을지 모르겠다. 우리다운 'K-여성학'의 발견 역시 의외로 전통문화 속에 답이 있을지도 모른다. 단재 신채호 선생의 말처럼 중독中毒: 모화·사대주의 왜독倭毒: 식민사관 양독洋毒: 실증사관을 극복하고, 잊혀진 전통문화의 본래 정신을 살펴보는 것이 가장 우리다운 해결 방안을 찾아내는 지름길이 되지 않을까? 다양한 독자만큼이나 다양한 해결 방안이 제시되었으면 하는 마음이 크다.

후기

"좀 더 우리다워질 필요가 있습니다."

1

우리나라 역사와 문화가 모화사상과 식민사관, 그리고 급작스런 서양 문화의 영향으로 뿌리와 원형을 잃은 채 방황한 시간이 참으로 오래되었습니다.

뿌리가 잘리고 고향을 잊었으니 가느다란 실바람에도 더욱 휘청거리고 점점 갈 곳 모르는 처지가 되어 가는 것 같습니다.

그래서 지금도 많은 분들이 무언가 바로잡고자 노력하지만 정작 한국의 철학과 원형 문화에 대한 자료를 구하기가 쉽지 않다 보니, 상대적으로 접근성이 좋은 서양철학을 기준 삼아 한 치 앞도 보이지 않는 변화무쌍한 국제 시대를 힘겹게 열어 나가고 있습니다.

2

사실 제가 이렇게 긴 글을 쓰게 된 데에는 간절한 이유가 있었습니다.

대학원 시절, 성균관대 동아시아학술원 BK21 사업으로 중국과의 '역사 전쟁'인 동북공정 연구에 참여한 적이 있습니다. 그때 중국의 동북공정과 일본의 식민사관으로 우리의 역사, 철학, 문화가 철저하게 왜곡되거나 삭제된 것에 많은 안타까움을 느꼈습니다. 거기에 서양의 역사 경험에 맞춰진 서양철학과 페미니즘까지 더해져, 마침내 우리 전통문화는 고리타분하고 남녀 차별적이어서 타파해야 할 그 무엇으로 인식되는 것에 큰 문제의식을 갖게 되었습니다.

이에 사람들이 여전히 전통이라 믿고 있는, 저 성 불평등하고 부조리한 많은 것들이 실은 변질된 모화사상과 일제 식민 문화의 잔재임을 알리고 싶었고, 우리 사회에서 진정한 양성평등과 여성학이 올바로 정립되려면 오히려 양성을 조화롭게 보았던 전통 정신을 고찰하여 좀 더 '우리다워질 필요가 있겠다'는 메시지를 전하고 싶었습니다.

식민사관 속에서 더욱 일그러져 버린 우리 여성의 삶은 하루속히 일제의 잔재를 청산해야 할 또 다른 이유이기도 합니다. 결국 우리 사회를 잠식한 여성에 대한 불합리한 관념을 바로잡기 위해서는, 식민 문화를 청산하고 전통 정신을 현대사회에 맞게 재해석하여 '우리다운 여성학'이 일어나야 한다는 것을 은연중에, 그러나 힘주어 전하고도 싶었습니다. 그리하여 과거사로부터 진정 자유로워질 지식을 대중적으로 전달하기 위해, 고대사회로부터 대한제국에 이르기까지 우리 여성들의 삶을 보여주며 여성 문화의 원형과 '우리다움'을 찾기 위한 글을 쓰게 되었습니다.

마침 요즘 중국의 일방적인 문화 공정에 대한 반작용 때문인지, 아니면 BTS 같은 문화 정서[소위 한류]가 기존의 한국 고유의 멋과 어우러진 치명적인(?) 매력 때문인지, 한국 문화가 전 세계에서 뜨겁게 재조명되고 있습니다. 이러한 변화를 바라보면서 '우리다움이란 뭘까? 우리의 고유성은 어떤 색깔이었을까? 우리는 어떤 계기로 이렇게 변해 왔을까?' 하는 관심이 더욱 거세게 일어나리라는 바람을 가져 봅니다.

3

제가 어릴 적부터 많은 역사책을 사 주며 역사의 중요함을 일깨워 주신 엄친 이갑수 경산복지재단 전 상무님, 늘 절대적인 믿음과 지지로 포기를 포기하게 해 주신 자모 강영희 여사님, 퇴근 후 저녁마다 글 쓰러 나가는 이 부족한 엄마를 항상 격려하고 스터디카페 동무가 되어 준 사랑하는 딸 장연우, 그리고 고리타분한 글을 응원하고 멋진 작품으로 재탄생시켜 주신 아이필드 유연식 대표님께 특별한 감사 인사를 올립니다.

참고문헌

| 고전류 |

『가톨릭 교회 교리서』
『만엽집』
『성경』(한국천주교회 성경 공용 번역본)
김대문 저(2002), 『화랑세기』, 소나무.
김안국(2017), 『역주 이륜행실도』, 세종대왕기념사업회.
김정수(2010), 『역주 삼강행실도』, 세종대왕기념사업회.
낙빈기 저/ 김대성 역(2014), 『금문신고1~8』, 미래교통.
반고·범엽 저/ 김하나·이미영 역(2013), 『한서』 『후한서』, 팩컴북스.
사마천 저/ 소준섭 역(2016), 『사마천 사기 56』, 현대지성.
세종대왕기념사업회 편집부(2019), 『역주 동국신속삼강행실도』, 세종대왕기념사업회.
소혜왕후 저/ 이경하 역(2011), 『내훈』, 한길사.
안지추 저/ 유동환 역(2005), 『안씨가훈』, 홍익출판사.
여정덕 저/ 허탁 역(1998~2001), 『주자어류1~4』, 청계.
왕가 저/ 김영지 역(2011), 『습유기』, 지식을만드는지식.
왕숙 저/ 임동석 역(2009), 『공자가어』, 동서문화사.
유향 저/ 이숙인 역(2013), 『열녀전: 비범한 여인들은 어떻게 살았을까』, 글항아리 동양고전.
윤용남 외 9인 역(2018), 『완역 성리대전』, 학고방.
이일봉 저(1998), 『실증 환단고기』, 정신세계사.
전통문화연구소(1988), 『서경집전』
전통문화연구소(1998), 『주역전의(상, 하)』
전통문화연구소(2007), 『논어집주』
전통문화연구소(2010), 『소학집주』
정병섭 역주(2010~16), 『역주 예기집설대전 시리즈』, 학고방.
정약용, 『여유당전서』(2012), 다산학술문화재단.
주희 저/ 이주행 역(2001), 『주자어류』, 소나무.
주희 저/ 임민혁 역(1999), 『주자가례』, 예문서원.
지재희 역(2000), 『예기(상, 하)』, 자유문고.
차종천 역(2000), 『구장산술 주비산경』, 범양사.
천도교중앙총부출판국(2001), 『천도교 경전』, 보성사.
최형주 역(2004), 『산해경』, 자유문고.

| 단행본 |

강정숙(2015), 『일본군 '위안부', 알고 있나요』, 한국독립운동사연구소.
글림자(2018), 『조선시대 우리옷 한복 이야기』, 혜지원.
김두진(1999), 『한국고대의 건국 신화와 제의』「신라 탈해신화의 형성기반」, 일조각.
김성호(1982), 『비류백제와 일본의 국가기원』, 지문사.
김헌선(2018), 『한국구비문학대계』, 역락.
다카하시 도루 저/ 이형성 역(2001), 『다카하시 도루의 조선유학사』, 예문서원.
동북아역사재단 한국고중세사연구소(2020), 『역주 중국 정사 동이전1』, 동북아역사재단.
로버트 액설로드 저/ 이경식 역(2016), 『협력의 진화』, 서울: 시스테마.
류승국(2010), 『유가철학과 동방사상』, 성균관대학교 동아시아학술원,
마테오리치 저/ 송영배 역(2010), 『천주실의』, 서울대출판문화원.
백양 저/ 김영수 역(2014), 『백양 중국사』, 역사의아침.
부사년 저/ 정재서 역(2011), 『이하동서설(夷夏東西說)』, 우리역사연구재단.
빙허각(2018)/ 『여훈언해·규합총서』(영인판), 학자원.
신지수, 수신지(2018), 『며느라기』, 귤프레스.
신채호 저/ 김종성 역(2014), 『조선상고사』, 위즈덤하우스.
양국주(2012), 『바보야, 성공이 아니라 섬김이야』, 서빙더피플.
애덤 그랜트 저/ 윤태준 역(2013), 『Give and Take』, 생각연구소.
우실하(2004), 『동북공정의 선행 작업들과 중국의 국가 전략』, 울력,
유라쿠 천황 저/ 고용환·강용자 역(2009), 『만엽집』, 지만지.
윤홍식(2012), 『윤홍식의 한글 천부경과 삼일신고』, 퍼플.
이기동·정창건(2019), 『환단고기』, 행촌.
이기훈(2015), 『한국 고대사의 모든 비밀, 동이한국사』, 책미래.
이병태, 『법률용어사전』
이수건(1984), 『한국중세사연구』, 일조각.
이영노(2000), 『해월신사법설 해의』, 천법출판사.
이인호(2004), 『사기 본기』, 사회평론.
이종욱(2016), 『상처받은 신라』, 서강대학교출판부.
이화여자대학교 한국여성연구회 편(1988), 『한국여성관계자료집: 한말여성지』, 이화여자 대학교 출판부.
전경목(2013), 『고문서, 조선을 말하다』, 휴머니스트.
정약용 저/ 다산학술문화재단 편(2013), 『정본 여유당전서11~12』, 사암.
정진성(2004), 『일본군 성노예제』, 서울대출판부.
주진오 외(2017), 『한국여성사 깊이 읽기: 역사 속 말없는 여성들에게 말 걸기』, 푸른역사.
증산도 편집부(2017), 『증산도 도전』, 상생출판사.

진기환(2018~9), 『원문 역주 후한서1~10』, 명문당.
천도교중앙총부교사편찬위원회(1981), 『천도교백년약사』, 미래문화사.
최석완 역(2017), 『일본 여성의 어제와 오늘: 성, 사랑, 가족을 통해 본』, 어문학사.
최영성(1999), 『최치원 전집』, 아세아문화사.
한국고대사회연구소편(1992), 「황룡사 구층목탑 찰주본기」, 『역주한국고대금석문』Ⅲ, 가락국사적개발연구원.
한국여성연구소 여성사연구실(2008), 『우리 여성의 역사』, 청년사.
『해월신사법설』
허신·단옥재 저/ 금하연 역(2018), 『한한대역 단옥재주 설문해자』, 일월산방.
홍인숙(2019), 『열녀×열녀』, 서해문집.
菅野聡美(2016), 「性(セクシュアリティ)」: 米原謙 編著, 『「天皇」から「民主主義」まで』, 京都 : 晃洋書房.

| 학위논문 |

강정숙(2010), 「일본군 '위안부'제의 식민성 연구」, 성균관대 사학과 박사논문.
김두헌(1989), 「조선 효종 대의 노비추쇄에 대한 재검토」, 전북대 사학과 석사논문.
무함마드 깐수(1990), 「신라·아랍-이슬람 제국 관계사 연구」, 단국대학교 사학과 석사논문.
문미경(2014), 「갑골문에 나타난 여성의 사회적 지위와 역할 연구」, 숭실대학교 대학원 중어중문학과 석사학위논문.
민준호(2010), 「은허 5호묘의 명문 연구: 부호 자형 분석을 중심으로」, 대전대학교 대학원 중국언어문화과 석사학위논문.
박정애(2009), 「일제의 공창제 시행과 사창 관리 연구」, 숙명여대 사학과 박사학위논문.
송영선(2006), 「茶禮祭祀의 淵源과 展開 및 그 特性에 관한 硏究」, 성균관대학교 유학과 박사학위논문.
양수조(2004), 「일제의 강제 동원령과 일본군 '위안부'의 실태」, 충남대 교육대학원 석사학위논문.
이숙인(1996), 「중국고대의 여성윤리사상 형성에 관한 연구」, 성균관대학교 대학원 동양철학과 박사학위논문.
이슬비(2018), 「눈치와 정서조절의 관계」, 경북대 심리학과 석사학위논문.
장원아(2013), 「1920년대 보천교의 활동과 조선 사회의 대응」, 서울대학교 국사학과 석사학위논문,
장주은(2012), 「그리스의 민주정치와 여성」, 이화여자대학교 교육대학원 석사학위논문.
최현경(2012), 「청소년의 인터넷 음란물 접촉이 성 의식·성행동·성폭력 인식에 미치는 영

향」, 동국대 사회복지학 석사학위논문,

| 학술논문 |

김경란(2013), 「조선후기 무성층의 존재형태와 성관획득 경로」, 『사학연구』 No.110.
김기림(2013), 「19세기 혼인 습속에 대한 고찰」, 『한국고전여성문학연구』 제26권.
김두진(2010), 「『화랑세기』에 나타난 신라 여성의 사회적 지위와 활동」, 『현상·해석학적 교육연구』 7권 2호.
김선주(2011), 「신라 경덕왕대 삼모부인의 생애와 정치적 의미」, 『역사학연구』 Vol.44.
김용선(1998), 「고려 귀족의 결혼 출산과 수명」, 『한국사연구』 제103호, 한국사연구회.
김정숙(2010), 「신라시대 여성의 직조활동과 관직 진출」, 『민족문화논총』 44호, 영남대 민족문화연구소.
박남수(2011), 「신라의 의생활과 직물생산」, 『한국고대사연구』 Vol.64.
박혜숙(2006), 「갑·금문에 반영된 은상시기 여성의 사회적 지위」, 『중국문화연구』 Vol.8.
설중환(2010), 「단군신화에 나타난 한국의 이상적인 인간관」, 『국학연구론총』 제5집.
손병욱(2012), 「신라의 사상과 문화에 끼친 환웅(풍백) 의식의 영향과 그 연맥」, 『동학학보』 Vol.26.
송진(2001), 「은대 여장군과 그 성격-안양 은허 부호묘 분석을 중심으로-」, 『서울대 동양사학과 논집』 Vol.25.
송화섭(2007), 「지리산의 노고단과 성모천왕」, 『도교문화연구』 Vol.27.
우실하(2006), 「동북공정의 최종판 '요하문명론'」, 『고조선단군학』 Vol.15.
우실하(2010), 「삼태극/삼원태극 문양의 기원과 삼파문의 유형 분류: 다양한 삼태극 문양의 활용을 위하여」, 『동양사회사상』 제21집.
윤정숙(2015), 「성범죄자 집단에 나타난 성범죄 유발요인의 음란물 이용에 대한 예측」, 『한국심리학회지 사회 및 성격』 Vol.29, No.3.
이강식(2002), 「고조선의 국가 정통성을 계승한 신라」, 『신라학연구』 Vol.6.
이인숙(2013), 「대학생들의 인터넷 음란물 추구성과 성폭력(강간) 통념 수용태도」, 『한국산학기술학회논문지』, Vol.14, No.6.
이형성(2011), 「다카하시 도루의 조선유학사 서술의 문제점」, 『대동철학』.
정미혜(2006), 「江戶 초기의 일본 성 문화 형성 요인」, 『일본문화학보』.
정암(2018), 「요임금과 은나라 시조 설, 주나라 시조 후직은 동이족&대한민국 국호와 시경 한혁」, 『동양예학』 39권, 동양예학회.
정원철(2016), 「중국 고대 문명 연구의 회고와 전망」, 『동북아역사논총』, No.53.
정진영(2019), 「대구지역 한 양반가의 일기자료를 통해본 18세기 혼인풍속」, 『고문서학회』 Vol.54, 한국고문서학회.

조범환(2009), 「일제강점기 일본인 연구자들의 신라 화랑 연구」, 『신라사학보』 No.17.
하현진(2010), 「『화랑세기』에 나타난 신라 여성의 사회적 지위와 활동」, 『현상·해석학적 교육연구』 Vol.7, No.2.
Mullin, C. R. and Linz, D.(1995), Desensitization and Resensitization to Violence Against Women : Effects of Exposure to Sexually Violent Film on Judgement of Domestic Violence Victims, *Journal of Personality and Social Psychology*, Vol.69, No.3.

| 잡지·기사류 |

강준만(2018), 「소통하는 페미니즘: 한국 페미니즘 논쟁사, 2008~2018(2)」, 『인물과 사상』(243), 인물과사상사.
경향일보(2008.11.3.), 「부호는 정복전쟁 이끈 천하여걸」.
동아일보(1924.5.10.), 「女人虐待, 공창폐지는 매소부 자신이」.
동아일보(1926.8.6.), 「朝鮮의公娼廢止方針을勸한다」.
매일신보(1941.6.18.), 「妓生, 女給도 傘下에 完成된 特設青年隊, 職域別로써 25個隊를 編成」.
朴順玉(1931.12.), 「新女性評壇」, 『新女性』,
박태준(1920.4.), 「부인해방과 사인여천주의」, 『천도교회월보』 제116호.
송의호(2019. 6.), 「선비정신의 미학(39), 두 스승 순절 지켜본 탁와(琢窩)」, 『월간중앙』.
여성가족부(2019), 「희망고백 100그라운드: 61번째 희망고백러 최재천의 "과학자가 호주제폐지에 함께 한 이유"」.
연합뉴스(2008.11.3.), 「〈사람들〉 은허 유적의 산증인 정전샹」.
윤옥향(1927.2.), 「예기의 입장과 자각」, 『장한』.
윤치오(1908.4.), 「여자지남 월보 취지서」, 『녀자지남』.
중앙일보(2018.3.8.), 「성폭행 피해자 44% 강간으로 인정 못 받아」.
진주원(2018.10.09.), 「(여성신문-만남)포털에 거절당한 '며느라기', 미혼 여성까지 사로잡다」, 『여성신문』.
한국일보(1992.1.17.), 「모집 아닌 체포 … 집단 강간행위로」.
한겨레(2020.6.30.), 「노동자 수 대비 임원 수 남녀 격차 7.3배나 벌어져」.

| 국사편찬위원회 한국사 데이터 베이스 |

경국대전, 고려사, 고려사절요, 동문선, 동사강목, 삼국사기, 삼국유사, 제왕운기, 조선왕

조실록

| 기타 인터넷 자료 |

두산백과사전

빅카인즈 : 2000년 이전의 모든 신문 및 잡지 자료.

통계청(2015), 「인구주택총조사」.

한국MSD, 2018년 청소년 성건강 프로젝트 〈성대한 클래스〉 자료, https://drive.google.com/file/d/1rTsoMGOOfKYtPHG2UwWT5SPEvPP4ZyUN/view 〈2019 청소년 성(性)문조사〉, EVE 주관,

찾아보기

항목

인명

서책·잡지·신문·화첩·비명

그림·표